T0400320

Poetik der Nation

Studia Imagologica

AMSTERDAM STUDIES ON CULTURAL IDENTITY

Series Editors

VOLUME 25

The titles published in this series are listed at *brill.com/imag*

Poetik der Nation

Englishness *in der englischen Romantik*

Ulrike Kristina Köhler

BRILL
RODOPI

LEIDEN | BOSTON

Cover illustration: A lion walking to left in a field, startled by a cockerel, talking to him from a tree; in an oval, within rectangular frame, against striped background; illustration to T. Dyche's 'A Guide to the English Tongue' (Newcastle: 1781); proof. 1781 Wood-engraving. © The Trustees of the British Museum.

Library of Congress Cataloging-in-Publication Data

Names: Köhler, Ulrike Kristina, author.
Title: Poetik der Nation : *Englishness* in der englischen Romantik / Ulrike Kristina Köhler.
Description: Leiden ; Boston : Brill Rodopi, 2019. | Series: Studia imagologica, 0927-4065 ; volume 25 | Author's revised doctoral dissertation. | Includes bibliographical references and index. |
Identifiers: LCCN 2019023159 (print) | LCCN 2019023160 (ebook) | ISBN 9789004407770 (hardback) | ISBN 9789004407787 (ebook)
Subjects: LCSH: English literature--18th century--History and criticism. | English literature--19th century--History and criticism. | Romanticism--England. | National characteristics, English, in literature.
Classification: LCC PR447 .K64 2019 (print) | LCC PR447 (ebook) | DDC 820.9/0050932--dc23
LC record available at https://lccn.loc.gov/2019023159
LC ebook record available at https://lccn.loc.gov/2019023160

Typeface for the Latin, Greek, and Cyrillic scripts: "Brill". See and download: brill.com/brill-typeface.

ISSN 0927-4065
ISBN 978-90-04-40777-0 (hardback)
ISBN 978-90-04-40778-7 (e-book)

This book is printed on acid-free paper and produced in a sustainable manner.

Meinen Eltern

Inhalt

Danksagung

Dieses Buch konnte gelingen, weil es viele Menschen innerhalb und außerhalb der Universität auf seinem Werden begleitet haben. Dank gebührt an erster Stelle Prof. Dr. Emer O'Sullivan, die mich im besten Sinne als Doktormutter betreut hat und mir jede mögliche Unterstützung hat zuteilwerden lassen, um akademisch flügge zu werden. Dies gilt für mich als Wissenschaftlerin wie als Lehrende. Die Leuphana Universität Lüneburg hat meine Promotion großzügig mit einem Stipendium gefördert und damit einen wesentlichen Beitrag dazu geleistet, dass dieses Buch geschrieben werden konnte.

Für die Ermutigung, nach Abschluss der Promotion noch ein nicht unerhebliches Stück Weges zu gehen, um eine Dissertation in eine nicht nur wissenschaftlich spannende, sondern zugleich lesevergnügliche Monografie zu verwandeln, danke ich sowohl Prof. Dr. Emer O'Sullivan als auch Prof. Dr. Joep Leerssen und Prof. Dr. Christoph Heyl. Prof. Dr. Christoph Heyl fand während all der Jahre des Nachdenkens, Lesens und Schreibens stets Zeit, gemeinsam mit mir meine Forschung zu reflektieren, und er hat mir mit vielen Anregungen mehr als nur einmal den Weg aus dem Wissenschaftsdickicht gewiesen. Zeit, meine Forschung zu diskutieren, fanden auch Prof. Dr. Dr. Nils Ole Oermann und Dr. Steffi Hobuß. Im Promotionskolloquium von Prof. Dr. Emer O'Sullivan durfte ich meine wissenschaftlichen Gehversuche im geschützten Raum vorstellen. Insbesondere das konstruktive Feedback von Dr. Martina Seifert, Dr. Jana Pohl, Yasmin Lehmann und Anika Ullmann haben mir geholfen, meine eigene Forschung kritisch zu bespiegeln. Vor allem Yasmin Lehmann hat dieses Buch auf einer langen Wegstrecke begleitet und ist mir nicht nur eine geschätzte Kollegin, sondern auch eine liebe Freundin, die stets ein offenes Ohr hatte, wenn meine Forschung und das Drumherum ins Stocken gerieten. Meine weiteren Kolleginnen und Kollegen am Institute of English Studies, sei es aus der Literaturwissenschaft, der Didaktik, der Linguistik oder den Area Studies – allen voran Joannis Kaliampos und Beatrice Brodesser –, haben eine Atmosphäre geschaffen, in der es sich vergnügt forschen ließ.

Außerhalb des Institutes haben meine Freunde Dr. Andreas Heinen, Annette Grigoleit, Birgit Kilpert, Sylvia Vieth und Albrecht Bauer auf vielfältige Weise zum Gelingen dieses Buches beigetragen. Bedanken möchte ich mich auch bei meinen studentischen Hilfskräften, stellvertretend bei Linda Dütsch, Karoline Bonk und Steffi Beckert. In verschiedenen Phasen der Promotion haben sie mich engagiert unterstützt, u. a. bei der Recherche, die für eine blinde Wissenschaftlerin nicht immer einfach ist und im Hinblick auf Faksimiles bis heute unmöglich. Selbst bei den ungewöhnlichsten Fragen haben die Bibliothekarinnen und Bibliothekare der Leuphana Universitätsbibliothek nie aufgegeben und stets eine Lösung gefunden. Für das Lektorat meiner Dissertation danke ich Beate Carle und Sabine Arendt. Das Lektorat und Korrektorat für dieses Buch haben Sabine Arendt, meine Mutter und Yasmin Lehmann übernommen und unverdrossen jedes Kapitel und jeden Absatz nach der Überarbeitung noch einmal gelesen. Wenn es nötig war, hat meine Mutter geduldig jedes Zitat ein zweites und drittes Mal geprüft und dazwischen der Wissenschaft kulinarischen Beistand geleistet. Besonderer Dank gebührt meinen Eltern Eva Luise und Horst Köhler auch deshalb, weil sie trotz vieler Verpflichtungen der Wissenschaft zuliebe zeitweilig eine Wochenendehe geführt haben, mir jede mögliche Unterstützung zuteilwerden ließen, um in meine Forschung abzutauchen, und nicht zuletzt deshalb, weil sie alles getan haben, um das Wiederauftauchen fröhlich zu gestalten. Abschließend gebührt mein Dank Masja Horn, die mich von Seiten des Verlages in jeder Hinsicht mit Geduld und Rat unterstützt hat.

Lüneburg, im Juni 2019
Ulrike Kristina Köhler

KAPITEL 1

Einleitung

> I travelled among unknown Men,
> In Lands beyond the Sea;
> Nor England! did I know till then
> What love I bore to thee.
>
> 'Tis past, that melancholy dream!
> Nor will I quit thy shore
> A second time; for still I seem
> To love thee more and more.
>
> Among thy mountains did I feel
> The joy of my desire;
> And She I cherished turned her wheel
> Beside an English fire [...]
>
> WORDSWORTH W. 2000 [1807a]: 237.

Diese passionierten Verse gehen weit über ein persönliches Bekenntnis eines Heimkehrers hinaus.[1] Lyrisch verdichtet artikulieren sie die romantische Hinwendung zur Nation und deren identitätsstiftende Bedeutung für das Individuum, dem die Aufklärung den mythischen Zugang zur Welt genommen hat. Zugleich offenbaren die Verse das Vermögen von Literatur, ein englisches Eigenbild zu entwerfen, und sie lenken den Blick auf die Bedeutung, die dabei der literarischen Form und ihrer epochenspezifischen Ausprägung zukommt. Dies schließt mit ein, dass gerade solche Elemente eine Funktion übernehmen können, die nicht national konnotiert sind. So sind es in William Wordsworths Gedicht nicht zuletzt der Pinselstrich der Lyrik – die charakteristische Verknappung der Sprache – und die Farben der Romantik – der emphatisch-patriotische Ton und das Pittoreske –, die England als zeitentrücktes Idyll zeichnen und so *Englishness* mit einer tiefen Heimatverbundenheit verknüpfen. Eine entscheidende Rolle übernimmt darüber hinaus der eingeschriebene Adressat, also der Leser, der in der Textstruktur erkennbar

1 Der Dichter hatte in Frankreich gelebt und später Reisen nach Deutschland und in die Schweiz unternommen (vgl. Gill 2000: xxvii–xxviii).

 | DOI:10.1163/9789004407787_002

ist. Er kann die Leerstellen des Gedichtes assoziativ füllen und zu einem nationalen Selbst in Beziehung setzen. Angesichts des breiteren Kontextes des Gedichtes erscheint der europäische Kontinent, den erst die Französische Revolution und im Anschluss die Napoleonischen Kriege erschütterten, als implizierte Abgrenzungsfläche. Vor ihrem Hintergrund hebt sich *Englishness* in skizzierter Weise klar konturiert ab.

Mit diesen punktuellen Ausführungen zu Wordsworths Gedicht ist der Gegenstand der vorliegenden Untersuchung umrissen: das Verhältnis von Gattung und Nation im Zusammenhang der englischen Romantik. Gefragt wird sowohl nach den gattungsspezifischen Erscheinungsformen eines englischen Eigenbildes als auch nach den jeweiligen Gattungselementen und Verfahren, die sie gemeinsam hervorbringen. Dabei wird eine weitwinklige Perspektive eingenommen. Diese berücksichtigt konkrete Repräsentationen von Nationen – nationale Stereotype oder nationale Topoi – genauso wie Gattungselemente, die zunächst in keinem sichtbaren Kontext des Nationalen stehen. Eine solche Herangehensweise ermöglicht es, diejenigen Gattungselemente, die der imagologische ‚Radar' bis jetzt nicht ausreichend erfasst hat, auf eine mittelbare Funktion hin zu überprüfen.

Mit ihrem Gegenstand wendet sich die Arbeit, wie der anschließende Stand der Forschung zeigt, einem noch nicht hinreichend ergründeten Feld innerhalb der Imagologie zu. Gerade weil sie eine mittelbare Funktion von Gattungselementen mit bedenkt, schärft sie den Blick sowohl für die Diversität der gattungstypischen Erscheinungsformen von *Englishness* als auch für die Elemente der Gattungen, die in ihrem Zusammenspiel den jeweiligen Entwurf generieren. Ziel der Arbeit ist es zugleich, einen Beitrag zur Weiterentwicklung des imagologischen Forschungsansatzes zu leisten. Schließlich muss die Imagologie ihr Analyseinstrumentarium erweitern, um auch diejenigen Elemente von Gattungen berücksichtigen zu können, die nur eine mittelbare Funktion beim Erzeugen nationenbezogener Bilder übernehmen.

Nach diesen Vorbemerkungen stehen zunächst der Forschungszusammenhang und dann der zeitgeschichtliche Rahmen des Untersuchungsgegenstandes im Mittelpunkt. Auf dieser Grundlage wird der Untersuchungsgegenstand detaillierter bestimmt und zu einem allgemeinen Begriff ‚Gattung' ins Verhältnis gesetzt. Die Einleitung schließt mit allgemeinen Leitfragen und einer Skizze zum Aufbau der Arbeit.

1.1 Der Untersuchungsgegenstand im Forschungszusammenhang

Die Imagologie hat mittlerweile ein weites Forschungsgebiet erschlossen und sich mit unterschiedlichen nationenbezogenen Bildern in der Literatur und in der neueren Forschung auch in anderen Medien auseinandergesetzt (siehe u. a. Fischer 2000, Meyer S. 2003 und Neumann 2009).[2] Forschungsschwerpunkte bilden Autostereotype (siehe u. a. Blaicher 2000), spezifische Heterostereotype und ihre Funktion für die Herkunftskultur (siehe u. a. O'Sullivan 2007 und Seifert 2016), die wechselseitigen Repräsentationen von Nationen (siehe u. a. Florack 2001) sowie der zeitliche Wandel nationenbezogener Bilder (siehe u. a. O'Sullivan 1990 und Blaicher 1992). Einen zuverlässigen Überblick über die Breite der imagologischen Forschung verschafft Joep Leerssens Online-Bibliografie, die unter http://imagologica.eu/bibliography zur Verfügung steht.[3] Aufgrund der Breite des imagologischen Forschungsgebietes und der Menge an Publikationen konzentriert sich der weitere Abriss des Forschungsstandes auf untersuchungsrelevante Beiträge. *Imagology: The cultural construction and literary representation of national characters: A critical survey* (2007), herausgegeben von Manfred Beller und Joep Leerssen, stellt die Grundzüge imagologischen Arbeitens vor und fasst in knappen Artikeln die Darstellungen einer Vielzahl europäischer Nationen zusammen, wie sie sich in europäischer Literatur und Kultur finden. Eine eindrucksvolle Fülle von Beiträgen und Überblicksartikeln, die deutlich machen, welche entscheidende Rolle die Romantik für die Entwicklung des Nationalismus in Europa spielte, bietet die *Encyclopedia of Romantic Nationalism in Europe* (2018a), ebenfalls von Leerssen herausgegeben. Unter der Perspektive des Nationalen sind insbesondere die in der englischen Romantik entstandenen Gattungen *Gothic novel* und Historischer Roman untersucht worden, wobei im Fall des Historischen Romans das Forschungsinteresse in erster Linie dem kulturellen Erinnern galt (siehe u. a. Schmitt 1997 und Wein 2002 bzw. Rigney 2012). Britische Reiseberichte des 18. Jahrhunderts haben ebenfalls in einem ähnlichen Forschungsinteresse gestanden (siehe u. a. Turner 2001). Wegweisend entfaltet Birgit Neumann die „spezifische[n], historisch gewachsene[n] Formenrepertoires" (Neumann 2009: 314) des Reiseberichtes, der satirischen Druckgrafik, des Dramas, der Lyrik und des Romans. Damit hat sie die „Rhetorik der Nation" (ebd.), die in den genannten Gattungen wirksam ist, in ihrer „medienspezifischen Differenzqualität, historischen Variabilität und nationalkulturellen Funktionalität" (ebd.: 387) beschrieben. Mit ihrem Ansatz einer kulturhistorischen Imagologie hat Neumann zudem die Imagologie in theoretischer Hinsicht vorangetrieben und die Forderung nach mehr Interdisziplinarität, wie sie sich beispielsweise bei Joachim Fischer findet, umgesetzt (vgl. Fischer 2000: 7). Besonders relevant für den vorliegenden Untersuchungsgegenstand ist, dass

2 Besondere Aufmerksamkeit hat hier das Bilderbuch, und damit auch die Interaktion von Bild und Text, erfahren (siehe u. a. O'Sullivan 2009 und 2014 sowie Meyer S. 2017).

3 Die Seite wurde zuletzt am 5. Dezember 2018 besucht.

Neumann die Einsichten der kulturwissenschaftlichen Gedächtnisforschung wie auch die der Narratologie für die Imagologie fruchtbar gemacht hat. Narrative Elemente hat auch Ruth Florack in ihrer Untersuchung deutscher und französischer Literatur berücksichtigt (siehe Florack 2007a). Sie hat darüber hinaus, wie Joep Leerssen, Aspekte, die die Rezipientenseite betreffen, in ihre Überlegungen eingebunden (siehe Leerssen 1997). Einen diesbezüglich richtungsweisenden Beitrag stellt Emer O'Sullivans *Das ästhetische Potential nationaler Stereotypen* (1989) dar.

Nicht hoch genug einzuschätzen hinsichtlich einer theoretischen Fundierung der Imagologie sind Joep Leerssens Beiträge. Leerssen hat die Muster freigelegt, denen (nationale) Stereotype ungeachtet ihrer Spezifik unterliegen, und er hat die Funktionsweisen aufgezeigt, denen sie gehorchen (siehe u. a. Leerssen 1997 und 2000). Mit den Strukturen (nationaler) Stereotype hat sich zudem Manfred Beller in zahlreichen Publikationen befasst (siehe u. a. Beller 2007c und 2012).

Darüber hinaus hat sich die Imagologie mit den Versuchen früherer Epochen, scheinbare Nationalcharaktere wissenschaftlich zu begründen, eingehend auseinandergesetzt und sich eindeutig von ontologischen und biologischen Erklärungsansätzen distanziert. Inwieweit entsprechende Erklärungsversuche die Literatur und andere Medien im 18. Jahrhundert beeinflussten, hat die Imagologie ebenfalls zu ihrem Thema gemacht (siehe u. a. Stanzel 1998, Meyer S. 2003, Neumann 2009 und O'Sullivan 2017). Eine Pionierarbeit, die die Forschung vielfach aufgegriffen hat, ist *Die Klimatheorie in der englischen Literatur und Literaturkritik* (1977), in der Waldemar Zacharasiewicz Texte von der Mitte des 16. Jahrhunderts bis zum frühen 18. Jahrhundert untersucht.

Bis dato fehlt allerdings eine vergleichende Studie zu essayistischen, narrativen wie lyrischen Gattungen, die die Aufmerksamkeit auf die gattungsspezifischen Differenzqualitäten beim Erzeugen von *Englishness* und damit auch auf die gattungstypischen Erscheinungsformen derselben lenkt. Die im analytischen Teil vorgenommene Untersuchung widmet sich daher diesem Forschungsdesiderat. Anders als etwa Neumanns *Rhetorik der Nation* (2009), die sich zudem mit *Britishness* und nicht mit *Englishness* befasst, ist die vorliegende Arbeit weniger auf die Wirkmacht nationaler Eigen- und Fremdbilder ausgerichtet. Sie lenkt den Blick nicht von der Gattung ausgehend nach außen, sondern von außen nach innen. Damit legt sie das intrinsische Gattungsgefüge in seiner Gesamtheit unter das literaturwissenschaftliche Mikroskop, um so die einzelnen Gattungselemente genau zu erkennen. Auf dieser Basis können erstens konkrete Darstellungen des national Eigenen und des national Anderen besser in ihren feinen Nuancierungen nachgezeichnet werden. Zweitens lassen sich damit deutlicher als in früheren Arbeiten Elemente von Gattungen, die in einem minder offensichtlichen oder keinem sichtbaren nationalen Kontext stehen, dahin gehend überprüfen, inwieweit sie mittelbar dazu beitragen, *Englishness* zu generieren. Diese Elemente können narrativer, formaler, ästhetischer oder auch paratextueller Natur sein; sie bilden also ein breites und heterogenes Spektrum ab. Zu untersuchen sind außerdem der in die jeweilige Gattung eingeschriebene Adressat und die in einer Gattung aktivierten kulturellen Wissenselemente ohne nationale Konnotation. Mit dem Ins-Blickfeld-Rücken des Gattungsgefüges als Gesamtheit versteht die vorliegende Arbeit Ruth Floracks Kritik am zu engen Fokus auf nationenbezogene Bilder und Stereotype, der in der älteren Forschung dominiert (vgl. Florack 2001: 28), als Appell, dem gern nachgekommen wird. Um die Analyse der Gattungen erfolgreich durchführen zu können, integriert die Arbeit neben Einsichten der kulturwissenschaftlichen Gedächtnisforschung insbesondere literaturwissenschaftliche Konzepte bzw. Kategorisierungen weit stärker als bisher in das Analyseinstrumentarium der Imagologie. Letztere sind vor allem bei der imagologischen Untersuchung der Elemente von Gattungen unverzichtbar, die zum originären Forschungsfeld der Narratologie oder der Rezeptionsästhetik gehören. Die Arbeit ist daher als eine vergleichende Fallstudie zu verstehen, die zugleich die Imagologie in theoretischer Hinsicht weiterdenken will.

1.2 Zeitgeschichtlicher Rahmen des Untersuchungsgegenstandes

Um 1800 – die Romantik als literarische, ästhetische und intellektuelle Bewegung ist voll im Gang – erscheint die Nation in weiten Teilen Europas als ungebrochene, unumwunden positive Projektionsfläche. Als politische, kulturelle oder sprachliche Gemeinschaft beginnt sie ihre identitätsstiftende Kraft eruptiv zu entfalten.

Abhängig von der weiteren Ausprägung des Bedingungsgeflechtes, innerhalb dessen sich europäische Nationen entwickelten, erhielten sie eine unterschiedliche Akzentsetzung. Aufgrund der napoleonischen Fremdherrschaft war Deutschland, anders als Frankreich, nicht als Staatsnation zu denken.

> Unter dem einheitsstiftenden Druck der Fremdherrschaft gewann der romantische Nationen-Code an Attraktivität; [...] Die im romantischen Nationen-Code angelegte Spannung zwischen der beklagenswerten Gegenwart und einer als Kulturnation idealisierten Gemeinschaft bot [...] eine Orientierung für breite Massen (Giesen/Junge 1991: 303).

Ein erwachendes Selbstverständnis osteuropäischer Nationen speiste sich aus dem Bestreben, sich vom Habsburgischen Reich und im Zuge dessen von Deutsch als der Sprache der Unterdrücker zu emanzipieren, weshalb das

Bewusstsein für die eigene Sprache – Ungarisch, Serbisch und Rumänisch – stieg (vgl. Szegedy-Maszák 1986: 46).

Entscheidende Faktoren, die auch ein englisches Selbstverständnis schärften, sind die Französische Revolution und die Napoleonischen Kriege.

> The whole period 1789–1830 was indeed one of tremendous energy and remarkably diverse activity, much of this profoundly influenced by a newly heightened consciousness of the threat posed by England's resurgent and dangerous neighbor across the Channel (Newman 1997: 227).

Während des 18. und frühen 19. Jahrhunderts stärkten die Auseinandersetzungen mit den römisch-katholischen Ländern Frankreich und Spanien das religiöse Selbstverständnis. "Protestantism was able to become a unifying and distinguishing bond as never before" (Colley 2005: 18). Das expandierende Empire und das mit ihm verbundene Selbstverständnis, die vorherrschende Großmacht zu sein, spielten in England ebenfalls eine wesentliche Rolle. Die Bevölkerung der Kolonien bot eine ‚geeignete' Abgrenzungsfläche (vgl. ebd.: 5). Linda Colleys Aussage über die Briten lässt sich auf Engländer bzw. England übertragen, wie ein in der Forschungsliteratur verschiedentlich zitierter Brief von Horace Walpole eindrücklich belegt (vgl. u. a. Newman 1997: 59). Walpole antwortet auf die sich selbst gestellte Frage nach dem gegenwärtigen Zustand Englands (nicht Großbritanniens) mit folgendem Befund:

> A sink of Indian wealth, filled by nabobs […]! […] A gaming, robbing, wrangling, railing nation, without principles, genius, character or allies; the overgrown shadow of what it was (Walpole 1967 [1773]: 499).

Trotz des weltumspannenden Empire blieb Europa das dominierende zeit- und ideengeschichtliche Bezugssystem, innerhalb dessen sich auch das weitere ‚Gestaltannehmen' der Nation vollzog. England positionierte sich hier zwischen kontinentaleuropäischen Nationen und innerhalb Großbritanniens. Seit dem *Act of Union* (1707) waren England, Wales und Schottland vereint, was spürbare Bestrebungen, eine britische Identität zu schaffen, nach sich zog (vgl. Colley 2005: 1). *Britishness* hat *Englishness* jedoch nicht ausgelöscht, vielmehr ist eine Dominanz von *Englishness* gegenüber *Britishness* zu konstatieren, die aus Englands bis in die Gegenwart fortdauernder „hegemony over the rest of the British Isles" (Kumar 2006: 1) herrührt. Die identitätsstiftende Wirkung von *Englishness* erstreckte sich auf *Britishness*, da England zum „British default" (Leerssen 2018b: 821) wurde. So ist das *Britishness* innewohnende protestantische, freiheitliche wie machtvolle Selbstverständnis weitgehend eine Adaption von *Englishness* und nicht etwa von *Welshness* oder *Scotishness*. Großbritannien stellte bei seiner Gründung 1707 vor allem eine „union of policy" (Colley 2005: 12) dar und wurde als Zusammenschluss von Nationen wahrgenommen, so auch von dem einflussreichen Klimatheoretiker William Falconer, der zwischen den „nations of Great Britain" (Falconer 1781: 174) unterscheidet.

Die Hinwendung zur Nation wurde während der englischen Romantik vor allem im Bedürfnis offenkundig, ihre kulturellen Koordinaten zu bestimmen. Der gotische Architekturstil, das ästhetische Konzept des Pittoresken und nicht zuletzt Literatur wurden mit nationalen Zuschreibungen belegt. Neben ihrer Rezeption ist es aber die Literatur selbst, die mit ihrem „welterzeugenden [...] Charakter" (Neumann 2006b: 99) *Englishness* hervorbringt. Dies gilt gleichermaßen für die Lyrik frühromantischer Dichter, wie des eingangs zitierten William Wordsworth (vgl. Newman 1997: 240), und für epochentypische Prosa, wie die *Gothic novel*.

Die Umbruchstimmung, die die englische Romantik kennzeichnet, fand ihren Ausdruck jedoch nicht nur in dem potenzierten Interesse an der Nation, sondern artikulierte sich auch im Hinblick auf die Literatur in einem ‚innovativen' Gattungsverständnis. Gegenläufig zu den klassizistischen Regelpoetiken galten Gattungen nun nicht mehr als präskriptive Formen, denen Literatur Folge leisten sollte. Stattdessen bildeten sie überschreitbare Grenzen oder bewusst gewählte Formen, mit denen sich die unbändige Kreativität des Dichters in Bahnen lenken ließ. Sie stellen in den Worten Percy Bysshe Shelleys „the alloy of costume, habit, etc." dar, welche die „planetary music" des Dichters für die Wahrnehmung ‚Normalsterblicher', „for mortal ears" (Shelley P. 2002 [1840]: 517), überhaupt erst erfahrbar macht.[4] Das romantische Gattungsverständnis ist national konnotiert, denn neoklassizistische Regeln galten als „old French school of poetry" (Hazlitt 1967b [1819]: 161). Sie wurden als „a foreign, colonizing influence" (Duff 2009: 33) wahrgenommen, die die Entwicklung der eigenen Literatur von ihrem ‚natürlichen' Weg abgebracht habe (vgl. ebd.).

1.3 Konturierung des Untersuchungsgegenstandes und Bestimmung des allgemeinen Arbeitsbegriffs ‚Gattung'

Die exponierte Rolle romantischer Literatur beim Erzeugen von *Englishness*, der innovative Charakter des romantischen Gattungsverständnisses

4 Shelley verfasste *A Defence of Poetry; or, Remarks suggested by an Essay entitled ‚The Four Ages of Poetry'* (im Folgenden *A Defence* of *Poetry*) bereits 1821 in Pisa, doch die Veröffentlichung erfolgte erst posthum 1840 (vgl. Drabble 2000c: 266).

sowie das Auskristallisieren neuer Gattungen während der Epoche legen die Untersuchung des Verhältnisses von Gattung und Nation nahe. Eine vergleichende Analyse des politischen Essays, des Reiseberichtes, der *Gothic novel* und der Ballade eignet sich hier besonders, um dieses komplexe Verhältnis zufriedenstellend zu klären. Dieses weite Gattungsspektrum berücksichtigt narrative wie lyrische, polyvalente wie populärliterarische Texte und solche mit einem unterschiedlichen Grad an Fiktionalität. Die polyvalente Kunstballade eröffnet einen weiten Deutungshorizont. Demgegenüber lassen sich die *Gothic novel* und beispielsweise Balladen mit einer politischen Botschaft aufgrund ihrer vergleichsweise leichten Zugänglichkeit und hohen Auflagenstärke als populärliterarisch klassifizieren.[5] Das Personal der *Gothic novel* und der Kunstballade stammt aus dem Reich des Fiktionalen, hingegen haben der politische Essay, der Reisebericht und Balladen, die zeitgeschichtliche Ereignisse wie die Schlacht bei Waterloo inszenieren, einen identifizierbaren Kern in einer außerliterarischen Welt.

Jede der vier Gattungen ist durch ein heterogenes „Bündel von Merkmalen" (Suerbaum 2004: 95) charakterisiert, die einleitend zu den jeweiligen Analysekapiteln aufgeschlüsselt werden. Untersucht wird eine für die jeweilige Gattung repräsentative Auswahl von Texten. Dabei orientiert sich die Größe der Korpora an den Gattungen, sodass sich die mögliche Heterogenität Letzterer angemessen abbilden lässt. Die Beschränkung auf Europa als geografischen wie kulturellen und (zeit-)geschichtlichen Bezugsrahmen ist nicht allein wissenschaftspragmatischen Motiven geschuldet, sondern erklärt sich weit stärker aus der untersuchten Epoche heraus: Das Gestaltannehmen der englischen Nation war, wie kursorisch erhellt, in einen gesamteuropäischen Prozess eingebettet. Nicht nur das romantische Gattungsverständnis, sondern auch zentrale romantische Konzepte – die Imagination, die mit ihr verbundene Überhöhung des Dichtergenies und der Subjektivität sowie die Ästhetik des Erhabenen und des Pittoresken – entspringen der europäischen Geistesgeschichte.

Wenn in den vorausgegangenen Überlegungen von Gattungen die Rede war, geschah dies auf der Grundlage, dass die Kenntnis von Gattungskonventionen zu den basalen Verständigungsschemata in der Alltagskommunikation über Literatur wie auch im literaturwissenschaftlichen Diskurs zählt. Doch insbesondere bei einer vergleichenden Fallstudie und folglich für die vorliegende Arbeit ist es zwingend, einen allgemeinen Gattungsbegriff zu bestimmen. An einen solchen müssen die Definitionen der zu analysierenden Gattungen

5 Siehe zum Begriff ‚Populärliteratur' Seite 124, Fußnote 1.

anschließbar sein, denn Gattungen sind nicht anhand von „*ad hoc* eingeführten Kriterien" (Fricke 1981: 112)[6] zu definieren.

Im Anschluss an den Konsens von Gattungstheorie und -geschichte lässt sich das heterogene Gattungsspektrum der Arbeit in folgendem allgemeinen Gattungsbegriff fassen: ‚Gattung' bezeichnet eine kontextgebundene Einheit, d. h. eine „geschichtlich bedingte Verständigungs- und Konventionsfor[m]" (Neumann/Nünning A. 2007: 4), die literarische Texte anhand einer ähnlichen Kombination von Merkmalen in Textgruppen gliedert (vgl. Baßler 2010: 56). Die Merkmale können u. a. „inhaltliche[r] und formale[r], qualitative[r] und quantitative[r]" (Suerbaum 2004: 95) Natur sein und eine unterschiedliche Gewichtung erfahren (vgl. ebd.). Der Begriff hat also einen deskriptiven und flexiblen Charakter.

Somit handelt es sich bei Gattungen eben nicht um „existierend[e] oder gar präexistent[e] ‚genera'" (Zymner 2003: 87), sondern um „Mengen gleichartiger Texte" (Baßler 2010: 56). Folglich ist der Grad der Literarizität nicht ausschlaggebend, wenn Texte in Gattungen klassifiziert werden, und ein Text muss zwar die wesentlichen, aber nicht alle Gattungskennzeichen aufweisen, damit er sich einer Gattung zuordnen lässt.[7]

Zu den konsensuell akzeptierten gattungsgeschichtlichen Erkenntnissen gehört, dass Gattungen „geschichtlich situierbare Gebilde" (Kaiser 1974: 34) darstellen. Sie entwickeln sich, indem sich „durch die ständige intertextuelle Bezugnahme bzw. Reaktualisierung vorgängiger Texte" (Neumann/Nünning A. 2007: 13) Gattungsstrukturen manifestieren bzw. neu herausbilden. Entstehen also während einer Epoche Texte mit ähnlichen Kennzeichen, beginnt ein Konventionalisierungsprozess, der schließlich in eine Gattungsbildung mündet (vgl. ebd.). Mit der Verarbeitung des zeitgeschichtlichen Kontextes deuten Gattungen über ihre formalästhetische, intrinsische Welt hinaus, denn sie bewegen sich „zwischen literarischer Eigengesetzlichkeit und geschichtlicher Sozialabhängigkeit" (Voßkamp 1994: 260). Ändern sich die Fragen oder werden neue Antworten auf soziokulturelle Entwicklungen gesucht, sterben Gattungen ab, erhalten veränderte Akzentuierungen und verzweigen sich in weitere Gattungen oder Untergattungen. Sie sind mit Wilhelm Voßkamp als

6 Hier und in folgenden Zitaten stammen die Hervorhebungen aus dem jeweiligen Originaltext. Nur Hervorhebungen durch die Autorin werden eigens ausgewiesen.

7 Werden daneben Gattungen als narrativ oder lyrisch beschrieben, wird damit auf die in der deutschen Literaturwissenschaft etablierten, aber definitorisch unscharfen Grobklassifizierungen Goethes zurückgegriffen. Der Dichter unterscheidet zwischen drei scheinbar überzeitlichen, kontextenthobenen Naturformen: „Es gibt nur drei echte Naturformen der Poesie: die klar erzählende, die enthusiastisch aufgeregte und die persönlich handelnde: Epos, Lyrik und Drama" (Goethe 1949 [1827]: 187).

„geschichtliche ‚*Bedürfnissynthesen*'" beschreibbar, in denen sich „bestimmte historische Problemstellungen bzw. Problemlösungen" (Voßkamp 1977: 32) ausdrücken.[8]

Die vier Gattungen, die den vorliegenden Untersuchungsgegenstand bilden, reflektieren das zeitgeschichtliche Interesse an der Nation. Neben einem verzweigten Geflecht anderer Aspekte verdichten und vertexten sie dieses, wie die Analysen zeigen werden, in der ihnen eigenen Weise. Gattungen kristallisieren sich in der Regel langsam aus und stellen infolgedessen ein „Kontinuum von Erscheinungsformen" dar, „zwischen denen die Übergänge fließend sind" (Neumann/Nünning A. 2007: 3). So kann sich das gattungskennzeichnende Schauerliche der *Gothic novel* in Schauplätzen, die eine morbide Atmosphäre erzeugen, wie Gruften oder Friedhöfen, konkretisieren. Gattungsbestimmend werden diese Schauplätze jedoch erst in dem sich aus der *Gothic novel* heraus entwickelnden Vampirroman.

Um der Wandlungsfähigkeit von Gattungen und damit auch ihren fließenden Grenzen sowie dem prinzipiell kreativen Gehalt von Literatur Rechnung zu tragen, stützt sich die vorliegende Definition auf ein bewährtes Partizipationsmodell. In seiner Quintessenz sind Gattungen als Kategorien zu verstehen, die dem Prinzip der Familienähnlichkeit gehorchen, oder, um es mit den Worten Alastair Fowlers zu sagen: "Representatives of a genre may [...] be regarded as making up a family whose septs and individual members are related in various ways, without necessarily having any single feature shared in common by all" (Fowler 1982: 41). In *Kinds of Literature* (1982) greift Fowler auf das Modell der Familienähnlichkeit zurück, das der wittgensteinschen Sprachphilosophie entstammt (vgl. ebd.). Dieses Modell erlaubt es, auch solche Termini definitorisch zu greifen, die sich einer trennscharfen Taxonomie entziehen (vgl. Suerbaum 2004: 94), wie eben Gattungen oder das von Wittgenstein ganz allgemein angeführte Spiel:

> Wir sehen ein kompliziertes Netz von Ähnlichkeiten, die einander übergreifen und kreuzen. Ähnlichkeiten im Großen und im Kleinen.
> Ich kann diese Ähnlichkeiten nicht besser charakterisieren als durch das Wort ‚Familienähnlichkeiten'; denn so übergreifen und kreuzen sich die

8 Diese „Anbindung von Gattungsgeschichte an Sozialgeschichte" (Kohns 2012: 59) veranschaulicht Voßkamp anhand des deutschen Bildungsromans, den er als „die narrative Darstellung der Ausbildung eines individuellen Charakters in der konfliktreichen Auseinandersetzung mit der Realität" (Voßkamp 1994: 259) beschreibt.

> verschiedenen Ähnlichkeiten, die zwischen den Gliedern einer Familie bestehen (Wittgenstein 2003 [1945]: 57–58).

Wie ein Familienmitglied, das eindeutig einer Familie zuzuordnen ist, ohne mit seinen Verwandten jedes Merkmal zu teilen, muss auch ein Spiel bzw. Text nicht alle, sondern nur eine Reihe prägnanter Merkmale aufweisen, um als Spiel bzw. als einer Gattung angehörig zu gelten (vgl. Suerbaum 2004: 95). Für die *Gothic novel* bedeutet dies, um ein Beispiel zu geben, dass sowohl M. G. Lewis' *The Monk* (1796) als auch Mary Shelleys *Frankenstein or, The modern Prometheus* (1818) zur Gattung gehören, da beide Romane das Schauerliche ausarbeiten, das charakteristisch für die *Gothic novel* ist. Allerdings tun sie dies sowohl hinsichtlich der Handlung als auch in Bezug auf die Figuren in unterschiedlicher Weise. In Lewis' Roman entfaltet sich der Plot der verfolgten Unschuld vor einer mittelalterlichen Kulisse. Mit ihrem Entwurf eines Wissenschaftlers, der die Grenzen des Moralischen wie des Menschenmöglichen sprengt, beschreitet Shelley hingegen innovative Wege in der durch Konventionalisierung geprägten Gattung.

Die Bestimmung von ‚Gattung' als flexibler Kategorisierungseinheit, wie sie hier zugrunde liegt, ermöglicht es, auch Kennzeichen für Textgruppen mit einem hybriden oder experimentellen Charakter aufzustellen. Relevant im Hinblick auf den Untersuchungsgegenstand ist dies für den politischen Essay ebenso wie für die Ballade.

1.4 Allgemeine Leitfragen und Aufbau der Arbeit

Die weitwinklige Perspektive der Arbeit erfasst für jede zu untersuchende Gattung das gesamte Spektrum ihrer Elemente. Darin enthalten sind konkrete Repräsentationen des Nationalen, also nationale Stereotype sowie historische Ereignisse und mythologische Topoi, die national aufgeladen sind. Ein Gattungsspektrum schließt aber auch alle anderen Gattungselemente ein, die keine oder eben keine offensichtliche nationale Konnotation haben. Diese können narrativer, formaler, rhetorischer, ästhetischer oder rezeptionsästhetischer Natur sein. Damit herausgeschält werden kann, welche der Gattungselemente unmittelbar oder mittelbar beteiligt sind, *Englishness* zu erzeugen, und um zu eruieren, wie die Elemente dabei zusammenwirken, orientiert sich die Analyse an folgenden Leitfragen: Gibt es gattungstypische Erscheinungsformen von *Englishness* in Gattungen der englischen Romantik? Wenn ja, wie unterscheiden sie sich voneinander? Welche Elemente des gattungsspezifischen Formenrepertoires sind hier gegebenenfalls beteiligt? Welche konkreten

Repräsentationen von Nationen, wie nationale Stereotype, können unmittelbar zum Erzeugen eines englischen Eigenbildes beitragen? Übernehmen bzw. inwiefern übernehmen narrative, formale, rhetorische, ästhetische oder rezeptionsästhetische Elemente der Gattungen mittelbar eine Funktion? Welche Rolle spielen kulturelle Wissenselemente, die nicht national konnotiert sind? Greifen die einzelnen Elemente beim Generieren von *Englishness* ineinander und wenn ja, inwiefern? In theoretischer Hinsicht wird gefragt, welche vor allem literaturwissenschaftlichen Herangehensweisen und Termini sich stärker als bisher für ein imagologisches Forschungsinteresse gewinnbringend einsetzen lassen.

An die Einleitung schließen sich daher in Kapitel 2 Überlegungen zur Imagologie als Forschungsansatz an. In diesem Rahmen werden auch Kernthesen formuliert und die innovative Herangehensweise der Arbeit skizziert. Um herausarbeiten zu können, mit welchen Farben der Epoche das jeweilige gattungstypische Eigenbild gemalt ist, folgt in Kapitel 3 die genauere Einordnung des Untersuchungsgegenstandes in die Epoche. Die weit umfangreicheren Kapitel 4 bis 7 widmen sich dann der Analyse des politischen Essays, des Reiseberichtes, der *Gothic novel* bzw. der Ballade. Kapitel 8 stellt die vier gattungsspezifischen Erscheinungsformen von *Englishness* und die diesbezüglich relevanten Gattungselemente einander gegenüber. Abschließend wird aufgezeigt, wie sich die entwickelte Herangehensweise über die vorliegende Untersuchung hinaus für imagologische Forschungsfragen ertragreich machen lässt.

KAPITEL 2

Imagologie: ein Ansatz zur Erforschung nationenbezogener Bilder in der Literatur

Das Forschungsinteresse der Imagologie gilt insbesondere den nationenbezogenen Bildern in der Literatur. Ihrem Ursprungskontext, der komparatistischen Literaturwissenschaft, entsprechend werden sowohl Bilder vom national Eigenen wie vom national Anderen als auch deren Wechselbeziehung betrachtet. Dies geschieht unter der Prämisse, dass Literatur kultur- und epochenspezifische Vorstellungen von Nationen widerspiegelt, prägt, verdichtet und hinterfragt:

> The question of cultural, national, and ethnic identity is particularly noticeable in the field of literature, which of all art forms is most explicit in reflecting and shaping the awareness of entire societies and which often counts as the very formulation of that society's cultural identity (Leerssen 2000: 268).

Damit ist eine weitere Prämisse der Imagologie verbunden, nämlich dass nationenbezogene Bilder in Texten nicht bloß „Rückschlüsse auf die Vorstellungs-‚Welt' eines einzelnen Autors erlauben [...], sondern daß sie darüber hinaus repräsentativ sind für Kollektivvorstellungen" (Florack 2001: 17).

Die Imagologie will über die Analyse und Dekonstruktion nationenbezogener Bilder Vorurteilen und xenophoben Strömungen entgegenwirken und damit einen Beitrag zur Völkerverständigung leisten.

> Es ist [...] ein Kuriosum der historischen Bewußtseinsbildung, daß politische Konflikte [...] leichter dem Vergessen überantwortet werden als die offenbar in tiefere Schichten des Bewußtseins abgesunkenen Bilder vom Anderen, dem fremden Nachbarn; Bilder, die in Zeiten der politischen Spannung und der kriegerischen Auseinandersetzung aus einem nie bewußt inventarisierten Fundus von Vorstellungen vom Fremden, von verallgemeinernden Vorurteilen über den Anderen, aufsteigen oder aufgerufen werden. Hier muß dem Vergessen durch aufklärendes Bewußtmachen nachgeholfen werden (Stanzel 1998: 11).

 | DOI:10.1163/9789004407787_003

Mit ihrem konstruktivistischen Ansatz trägt die Imagologie „grundsätzlich zur Relativierung des Konzeptes ‚Volkscharakter'" (Dyserinck 2012: 26) bei und hebt sich scharf von der vom Positivismus geprägten Völkerpsychologie ab. Ebenso unterscheidet sie sich signifikant von imagologischen Studien der ersten Hälfte des 20. Jahrhunderts. Denn bis in die 1940er-Jahre hinein beschäftigte sich der Forschungszweig vordringlich mit dem Inventarisieren nationaler Stereotype in literarischen Texten und verfolgte häufig einen stoffgeschichtlichen Ansatz (vgl. Leerssen 2007: 20). Dies basierte auf der Annahme, dass Nationalitäten ‚tatsächlich' existierten und Autoren diese in ihren Texten – mehr oder minder ‚korrekt' – abbildeten (vgl. ebd.: 20–21). Ab 1945 begann sich diese Vorstellung zu wandeln (vgl. ebd.: 21). Die Neuausrichtung der Imagologie und das damit verbundene Ins-Blickfeld-Rücken der Bedeutung des historischen und kulturspezifischen Kontextes für das Herausbilden nationenbezogener Bilder sind vor allem das Verdienst des Aachener Komparatisten Hugo Dyserinck (vgl. ebd.: 23).

Auf diese allgemeinen Vorbemerkungen folgt ein historischer Exkurs zum Konzept ‚Nationalcharakter', sowie zur Klimatheorie und Temperamentenlehre. Hier zeigt sich in aller Deutlichkeit, wie sich die Imagologie von Vorstellungen abhebt, die im 18. und 19. Jahrhundert zum allgemeinen Weltwissen gehörten. Gleichzeitig werden so Denkmodelle vorgestellt, die bei der Analyse der *Gothic novel* eine zentrale Rolle spielen. Die anschließende Bestimmung des terminologischen Repertoires der Arbeit stützt sich sowohl auf den imagologischen Forschungskonsens als auch auf Einsichten anderer Disziplinen, die Schnittstellen mit der Imagologie aufweisen. Eine Bestandsaufnahme der Imagologie, die sich längst zur Strukturanalyse gewandelt hat (vgl. Leerssen 2000: 271), ist dann die Voraussetzung, um die Kernthesen zu formulieren und die Herangehensweise der Arbeit zu skizzieren. Das Augenmerk gilt hier den Gattungselementen, die mittelbar zum Generieren von *Englishness* beitragen, aber bis jetzt von der Imagologie weitgehend vernachlässigt geblieben sind, gerade weil bisherige Analyseverfahren sie nicht erfassen.

2.1 Historischer Exkurs: das Konzept ‚Nationalcharakter', Klimatheorie und Temperamentenlehre

Das Nachdenken über Nationen sowie über das, was sie vermeintlich ausmachen soll, ist so alt wie Nationen selbst und den vorherrschenden Denkmodellen der jeweiligen Epochen unterworfen. Im Europa des 18. Jahrhunderts differenzierte sich das Konzept ‚Nationalcharakter' oder ‚Volksgeist' weiter aus und verfestigte sich zum Konsens:

> The informal, anecdotal belief in different national characters formed the unquestioned cognitive ambience of cultural criticism and reflection until the late eighteenth century (Leerssen 2007: 17).

Das Konzept ‚Nationalcharakter' begreift Nationen als Kollektivindividuen, denen ein spezifisches, unveränderliches Wesen eigen sein soll (vgl. Florack 2001: 24–25).

> Was im Lateinischen gewöhnlich ‚natura' oder, wie bei Scaliger, ‚ingenia populorum' heißt, im Deutschen ‚Nationalgeist', ‚Nationalcharakter', ‚Natur' oder ‚Naturell' eines Volkes genannt und im Französischen als ‚naturel', ‚caractère', ‚esprit' oder ‚génie d'une nation' bezeichnet wird, setzt sich im 19. Jahrhundert in der Vorstellung vom ‚Wesen' eines Volkes fort (ebd.: 25).

Literatur wurde im 18. und 19. Jahrhundert „als textuelle Manifestation eines genuin nationalen ‚Volksgeistes'" (Neumann 2009: 33) und daher als Quellenmaterial verstanden. Nationalen Stereotypen kam in diesem Zusammenhang eine tragende Rolle zu, weil sie als verdichtetes Abbild von Nationalcharakteren gelesen wurden. Wie sehr Nationalstereotype bereits zum institutionalisierten Wissen der Zeit zählten, manifestiert sich eindrücklich an folgendem Eintrag in Ephraim Chambers Enzyklopädie (1728), die am Ende des 18. Jahrhunderts, also zu Beginn der englischen Romantik, immer noch aufgelegt wurde:

> Each *nation* has its peculiar character; and it is proverbially said, *Light as a Frenchman, Waggish as an Italian, Grave as a Spaniard, Serious as an Englishman, Fierce as a Scotsman, Drunken as a German, Idle as an Irishman, Deceitful as a Greek* (Chambers 1788: 573)[1].

Das theoretische Instrumentarium, mit dem Nationen und ihr angebliches Wesen im 18. und frühen 19. Jahrhundert immer noch taxonomiert wurden, boten die Klimatheorie und die Temperamentenlehre (Säftelehre).

> [D]as Konzept vom Nationalcharakter ist gemeinsamer Wissensbestand der europäischen Kulturen, sofern sie auf die Antike und deren Klima- und Temperamentenlehre zurückgehen (Florack 2001: 27–28).

---

1 Da eine Seitenangabe fehlt, ist hier die Imagenummer in der Datenbank *Eighteenth Century Collections Online* angegeben.

Die seit der Antike überlieferte Klimatheorie stellt einen scheinbar naturgegebenen Zusammenhang zwischen der Umgebung von Menschen und ihrer physischen, psychischen und intellektuellen Verfasstheit her (vgl. Beller 2007a: 298).[2] Hitze und Kälte, Feuchtigkeit und Trockenheit sowie weitere klimatische Bedingungen sollten das Temperament (die Verfasstheit) von Menschen beeinflussen (vgl. ebd.: 299). Die von medizinischem Interesse geleitete Temperamenten- bzw. Säftelehre versucht, eine Korrelation zwischen der psychischen und physischen Verfasstheit von Menschen und den vier Körpersäften – gelbe Galle, schwarze Galle, Blut und Schleim – herzustellen, zwischen denen im Idealfall ein Gleichgewicht bestehen soll (vgl. Meyer S. 2003: 334). Liegt jedoch ein Ungleichgewicht vor, bedingt dieses der Temperamentenlehre zufolge eines der vier Krankheitsbilder bzw. Temperamente oder Humoraltypen, die Menschen als Sanguiniker, Phlegmatiker, Melancholiker oder Choleriker prägen (vgl. ebd.: 334, 337). An dieser Stelle überlappen sich die Klimatheorie und die Temperamentenlehre, denn laut Letzterer bedingen die verschiedenen Klimazonen, welcher der vier Säfte im Überfluss vorhanden und folglich auch welcher der vier Humoraltypen wo zu finden sein soll.

Diese Theorien wurden in unterschiedlichen Epochen der europäischen Geistesgeschichte wiederbelebt und mit variierenden Akzentsetzungen weitergesponnen.[3] Unabhängig von der jeweiligen Ausprägung ist, dass die Klimatheorie und die Temperamentenlehre das Herkunftsland des jeweiligen Theoretikers in der „begünstigten Mittelzone“ (Zacharasiewicz 1977: 24) situieren und die dort lebenden Menschen damit zum Idealtypus stilisieren.[4] Über das Verfahren der geografischen Verschiebung wurden die Klimatheorie und die Temperamentenlehre also im Sinne anthropologischer Hierarchisierungen

---

2 Hippokrates nahm eine Dreiteilung derjenigen Erdteile vor, die in der Antike bekannt waren. Er postulierte, dass sich die Bevölkerung der nördlichen Hemisphäre (die Skythen), die der südlichen (die Ägypter) und die Bewohner der ‚wohltemperierten‘ Mittelzone (die Griechen und die Bewohner von Teilen Kleinasiens) voneinander unterscheiden. Als Ursache ihrer scheinbaren Unterschiede nannte er die jeweiligen atmosphärischen und meteorologischen Bedingungen (vgl. Zacharasiewicz 1977: 24). Die Bewohner der nördlichen Hemisphäre charakterisierte er als physisch robust, jedoch intellektuell schwach. Der Bevölkerung der südlichen Hemisphäre unterstellte er, dass es ihr an Mut und Beherztheit fehle, während sie sich gleichzeitig durch besondere Fertilität auszeichne. Aufgrund des günstigen Klimas sollten die Griechen selbst über eine Reihe positiver Eigenschaften verfügen (vgl. ebd.).

3 Siehe zur Temperamentenlehre im Mittelalter Harald Derschkas *Die Viersäftelehre als Persönlichkeitstheorie. Zur Weiterentwicklung eines antiken Konzepts im 12. Jahrhundert* (2013).

4 Eine derartige Verschiebung hat Zacharasiewicz beispielsweise bei Jean Bodin beobachtet, der zunächst Frankreich in der optimalen Zone lokalisiert (vgl. Zacharasiewicz 1977: 81). Vor seiner Abreise nach England erweitert er den Radius der begünstigten Zone, sodass in seinem Schema nun das Nachbarland ebenfalls dort angesiedelt ist (vgl. ebd.: 91).

funktionalisiert. Eine verstärkt nationale Ausrichtung erhielt die Klimatheorie dann im 18. Jahrhundert, denn „[d]urch die Fundierung nationaler Unterschiede in der Natur [...] legitimiert und naturalisiert die Klimatheorie alle [...] gesetzten nationalen Hierarchien" (Neumann 2009: 86).

Den Weg bereiten half hier Pierre Charrons schematisierendes Werk *De la Sagesse* (1601), dessen englische Übersetzung mehrere Auflagen erfuhr und noch im 18. Jahrhundert nachwirkte (vgl. Zacharasiewicz 1977: 96–97 und 412). Von besonderem Interesse für die vorliegende Arbeit sind Falconers strahlkräftige *Remarks on the Influence of Climate, Situation, Nature of the Country, Population, Nature of Food, and Way of Life on the Disposition of Temper, Manners and Behaviour, Intellects, Laws and Customs, Form of Gouvernment, and Religion, of Mankind* (1781) (im Folgenden *Remarks on the Influence of Climate*). Wie ein Blick in das Inhaltsverzeichnis zeigt, bleibt bei ihm zwar ein dreigliedriges Zonenschema unangetastet bestehen, daneben nimmt aber die Gegenüberstellung eines kalten (nördlichen) und eines warmen (südlichen) Klimas breiten Raum ein (vgl. Falconer 1781: ix–xvi). Er bedient sich also, wie Birgit Neumann festhält, „[i]n bekannter Manier [...] [des] dichotome[n] Nord-Süd-Schemas" (Neumann 2009: 100).

Bereits im 18. Jahrhundert hatten die Klimatheorie und die Temperamentenlehre längst den Wissenschaftsdiskurs überschritten (vgl. ebd.: 88). Sie gehörten zu einem breiteren allgemeinen Wissen und stellten ein „transmediales [...] Phänomen" (ebd.: 89) dar. So flossen sie beispielsweise in die weit rezipierten moralischen Wochenschriften zu Beginn des Jahrhunderts ein, wenn hier die scheinbar englische Eigenart des *spleen* besprochen wird (vgl. Zacharasiewicz 1977: 557–558). Im 19. Jahrhundert fand die Theorie sogar Eingang in didaktisches Anschauungsmaterial für Kinder (vgl. O'Sullivan 2017: 60–63). Inwiefern die Klimatheorie und in geringerem Maße die Temperamentenlehre ihren Niederschlag auch in der *Gothic novel* fanden, ist Gegenstand von 6.3 und 6.4.

2.2 Terminologisches Repertoire der Arbeit

Nationenbezogene Bilder, nationale Stereotype und Topoi sind keine „Widerspiegelungen von bestehenden Realitäten" (Dyserinck 2012: 25) oder gar das Substrat empirischer Beobachtung. Infolgedessen sind sie weder als Taxonomierungsinstrument eines angeblichen Nationalcharakters oder Volksgeistes misszuverstehen noch lassen sich in der Literatur Indizien für einen wie auch immer gearteten Nationalcharakter entdecken. Darstellungen von Nationen sind „Gebilde der Vorstellung, eben [...] Fiktionen" (Stanzel 1998: 11), die in der Literatur tradiert, hervorgebracht und in alte oder neue Sinnzusammenhänge eingebunden werden. Dieser imagologische Konsens ist das Fundament, auf der die mittlerweile breit gefächerte Terminologie der Imagologie – und damit auch die der vorliegenden Arbeit – steht. „[N]ationenbezogene Bilder (Images)" (Florack 2001: 1), „Fremd- und Eigenbilder" (u. a. Blaicher 1992: 1), „mirages" (Stanzel 1998: 11) sowie „nationale[..] Stereotype[..]" (u. a. O'Sullivan 1989: 7) und „Nationaltopos" (Florack 2007a: 161) gehören mittlerweile zur geläufigen imagologischen Terminologie, die sich im Rahmen der Weiterentwicklung des Forschungsansatzes ausgebildet hat. Um spezifische nationenbezogene Bilder zu benennen, hat es sich zudem etabliert, die Substantivierung des Adjektivs, das die Nation bezeichnet – so etwa „*Britishness*" (Neumann 2009: 36) oder „Englishness" (O'Sullivan 2015: 87) – zu verwenden. Trotz einer semantischen Nähe haben all diese Begriffe ihren eigenen Bedeutungsschwerpunkt, sodass für jede Fragestellung mit einer passgenauen Terminologie gearbeitet werden kann. *Englishness* (englisches Eigen- oder Selbstbild) – der zentrale Begriff der vorliegenden Untersuchung – ist in Grenzen flexibel, durchlässig und facettenreich und kann sowohl einen breiten, changierenden Fächer von Eigenschaften als auch ein schmales Bündel von Attributen umfassen. Gleiches gilt für sein Pendant: ‚Bild des national Anderen'. Um 1800 war der europäische Kontinent durch kulturelle Vermittlung, Zeitungsnachrichten und Reisen der englischen Öffentlichkeit vertraut. Aus diesem Grund erscheint der geläufige Terminus ‚Fremdbild' in diesem Zusammenhang nicht ganz treffend, transportiert er doch die Assoziation von etwas Unbekanntem, Unvertrautem.

Die semantische Quintessenz von ‚Nationales Stereotyp' und seiner Varianten ‚Auto-' und ‚Heterostereotyp' – ebenfalls zentrale Begriffe der verwendeten Terminologie – ist mit dem Titel des von Günther Blaicher 1987 herausgegebenen Sammelbandes als „[e]rstarrtes Denken" beschreibbar. Weit enger gefasst als nationenbezogene Bilder stellen sie „schablonisierte oder schematisierte Vorstellungsinhalte" (Six 1987: 41) über angebliche Nationalcharaktere dar und weisen Nationen und ihren Mitgliedern wenige einprägsame Merkmale zu. Weil Stereotype in unterschiedlichen literarischen Gattungen, Medien und Diskursen in Erscheinung treten, handelt es sich bei ihnen um „transmediale Phänomene" (Neumann 2009: 89). Außerhalb der Literatur, gemeint ist hier in einem alltagsweltlichen Kontext, sind Stereotype nach den Erkenntnissen der Sozialpsychologie „Orientierungshilfen", die „innerhalb der sozialen Gruppe, die sich mit ihrer Hilfe verständigt, ein Gefühl kollektiven Zusammenhalts" (Florack 2001: 2) hervorbringen. In diesem Sinne führte Walter Lippmann ‚Stereotyp' bereits in den frühen 1920er-Jahren als Begriff in die Sozialwissenschaften ein:

> For the most part we do not first see, and then define, we define first and then see. In the great blooming, buzzing confusion of the outer world we pick out what our culture has already defined for us, and we tend to perceive that which we have picked out in the form stereotyped for us by our culture (Lippmann 1961: 81).

Dieser Aspekt von Stereotypen ist für die vorliegende Untersuchung deshalb bedeutsam, weil er erhellt, dass Stereotype im Umkehrschluss immer auch Elemente der Kollektivvorstellungen ihrer Herkunftskultur transportieren und diese somit analytisch erschließbar machen. Gerade in diesem Zusammenhang gilt es, sich zu vergegenwärtigen, dass Stereotype nicht wertneutrale Bedeutungsinhalte vermitteln, sondern „assoziationsbeladene Elemente" (O'Sullivan 1989: 218) darstellen.

Der Begriff ‚Topos', der die imagologische Terminologie der Arbeit komplettiert, entspringt, anders als ‚Stereotyp', der antiken Rhetorik und meint zunächst einen konventionalisierten Gemeinplatz (vgl. Beller 2007d: 441).[5] Auf Nationen gewendet bezieht sich dieser *locus communis* auf eine allgemeine, weithin akzeptierte Aussage über eine Nation. Ein solcher nationaler oder Nationaltopos – etwa „‚deutsche' Treue und Redlichkeit" (Florack 2007a: 161) – kann, wie bisherige imagologische Studien nachgewiesen haben, sowohl in narrativen als auch in dramatischen Texten ein strukturierendes Element darstellen (siehe dazu 2.3).

Wenn hier oder an anderer Stelle in dieser Arbeit von ‚Nation' die Rede ist, geschieht dies auf der Basis von Erkenntnissen der Nationenforschung Anderson'scher Prägung. Entsprechend wird Nation als eine vorgestellte Gemeinschaft verstanden, als „imagined [...] community" (Anderson 2006: 6), die Individuen zu einem ‚Wir' verbindet. Dieses ‚Wir' gründet sich auf Vorstellungen und Konsensbildung der Mitglieder:

> [They are] *imagined* because the members of even the smallest nation will never know most of their fellow-members, meet them, or even hear of them, yet in the minds of each lives the image of their communion (ebd.).[6]

5 Die Definition beschränkt sich auf einen Arbeitsbegriff für die vorliegende imagologische Untersuchung. Hingewiesen sei aber an dieser Stelle dennoch darauf, dass sich die Vorstellung von ‚Topos' als *locus communis* bereits im Humanismus stabilisierte (vgl. Beller 2007d: 441).

6 Eine explizite Bezugnahme auf Andersons Nationenkonzept innerhalb der Imagologie findet sich sowohl bei Stanzel als auch bei Beller (vgl. Stanzel 1998: 9 und Beller 2007b: 11).

Daraus resultiert jedoch nicht, dass die Existenz von Nationen in Abrede gestellt wird. Allerdings gelten Nationen nicht mehr wie in einem existenzialistischen Ansatz als kontextunabhängige Daseinsformen, sondern als „products of history" (Cubitt 1998: 2), als Phänomene der jüngeren Geschichte, die aus einem historischen, kulturellen und sozioökonomischen Bedingungsfeld erwachsen sind:

> [Die Nationenforschung] hält die Nation für eine zwar geschichtsmächtige, aber keineswegs unausweichliche Form der kollektiven Identität, die nicht naturgegeben ist, sondern als Ergebnis unterschiedlicher geschichtlicher Bedingungen und unter unterschiedlichen kulturellen Bezügen *sozial konstruiert* wird (Giesen 1991: 11–12).

Demnach eignen sich Nationen als „imaginative field on to which different sets of concerns may be projected" (Cubitt 1998: 1). Als flexible, gesellschaftsordnende Konstrukte unterliegen Nationen einem „offenen und fortlaufenden Prozess der Formgebung" (Neumann 2009: 16), einer Formgebung – und dies ist zentral für die vorliegende Arbeit –, die sich eben in weiten Teilen auch und gerade in der Literatur vollzieht.

2.3 Imagologie als analytischer Ansatz: eine Bestandsaufnahme

Als Strukturanalyse erforscht die Imagologie die Funktionsweisen und Strukturierungsprinzipien nationaler Stereotype und nationenbezogener Bilder genauso wie etwa die Funktion nationaler Topoi als Elemente, die die Handlung motivieren. Auto- wie Heterostereotype generieren – so der imagologische Forschungskonsens – ihre Bedeutung erst aus einer Kontrastrelation heraus:

> Comparative study offers the impression of a rhetorical game with an invariant array of binary-opposed character traits; some ten to fifteen characterological polarities will cover the greater part of the terms in which our national auto- and heterostereotypes are articulated (Beller 2007c: 432–433).

Weil die Heterostereotype als Kontrastfolie wirken, zeichnet sich auf dieser das Autostereotyp trennscharf ab, sodass die (meist) positiven Eigenschaften, die der eigenen Nation zugeordnet werden, als klar umrissene Qualitäten hervorstechen.

Insbesondere Joep Leerssen hat in seinen wegweisenden imagologischen Beiträgen eine Reihe basaler Strukturierungsprinzipien, oder „imagemes" (Leerssen 2000: 279), aufgedeckt, die nationalen (aber auch regionalen oder kontinentalen) Stereotypen unterliegen.[7] Relevant für die vorliegende Arbeit ist das Imagem der „North-South opposition" (ebd.: 276), in dem nördlich gelegene Nationen mit südlich gelegenen kontrastiert werden (vgl. ebd.). In diesem Oppositionspaar wird der Norden als verantwortungsbewusst, zuverlässig, intellektuell, geschäftstüchtig, egalitär und phlegmatisch positioniert gegenüber dem aristokratischen, an Hierarchien orientierten, sinnlichen, geselligen, extrovertierten wie unzuverlässigen Süden (vgl. ebd.).

Ein Strukturierungsprinzip, das ganz unterschiedliche, ineinander verflochtene Elemente eines literarischen Textes erfassen kann, hat Florack in nationalen Topoi identifiziert und damit narratologische Aspekte in ihre imagologische Untersuchung eingebunden. Nationale Topoi können, so Floracks Erkenntnis, die Figurencharakterisierung bestimmen und auch auf der Ebene der Handlung impulsgebend wirken. Florack zeigt dies, um ein Beispiel zu geben, anhand des Topos des „lasterhaft[en,] [...] oberflächlich[en] und falsch[en] und mithin [...] moralisch fragwürdig[en]" (Florack 2007a: 187) Französischen in Luise Gottscheds aufklärerischer Komödie *Die Hausfranzösin oder die Mammsell* (1744):

> *Veranschaulicht* wird die sittliche und wirtschaftliche Gefahr, die von französischem Einfluß ausgehen soll [...], durch die Figurengruppe, welche die französischen Negativtopoi verkörpert. Von Eitelkeit und Hochmut zeugt das anmaßende Auftreten der Hausfranzösin [...], die – in Widerspruch zu ihrem niedrigen Stand – allein aufgrund ihrer französischen Herkunft als etwas Besonderes behandelt zu werden beansprucht (Florack 2007a: 184).

Die nationalen Topoi charakterisieren nicht nur Figuren, sondern leiten auch die Handlung, da hier das positive Eigene durch das negative Andere in Konflikte gerät, die jedoch erfolgreich ‚gemeistert' werden.[8] Die Weichen, narratologische Fragestellungen in die imagologische Analyse einzubinden, hat Emer O'Sullivan bereits in den späten 1980er-Jahren gestellt, wenn sie Folgendes konstatiert: „Nicht die Tatsache, daß er [der Schriftsteller] Stereotype

7 Im Folgenden werden für das englische ‚*imageme*' bzw. ‚*imagemes*' als deutsche Äquivalente ‚Imagem' bzw. ‚Imageme' verwendet.

8 So entführt die französische Dienerschaft im eben angeführten Beispiel eine der Töchter des Hauses, um Druck auf die Herrschaft auszuüben (vgl. Florack 2007a: 185).

verwendet, sondern welche er verwendet und wie, ist das eigentlich Interessante" (O'Sullivan 1989: 217). Im Rahmen ihrer Untersuchung des ästhetischen Potenzials nationaler Stereotype anhand eines Korpus deutschsprachiger Kinder- und Jugendliteratur hat sie dargelegt, dass nationale Stereotype im narrativen Textgewebe verschiedene Funktionen übernehmen. Sie können u. a. als „bloße Markierungen für den Schauplatz [...] dienen" (ebd.), aber auch in die Handlung eingeflochten sein (vgl. ebd.).

Narratologische Fragen integriert auch Neumann in ihre imagologische Untersuchung und nimmt hier eine theoretische Fundierung vor. Im Anschluss an die Narratologie hält sie fest, „dass formale Verfahren keine neutralen Darstellungstechniken" bilden, „sondern immer semantisiert sind" (Neumann 2009: 67). In diesen theoretischen Bezugsrahmen ist ihre folgende Aussage hinsichtlich nationenbezogener Bilder eingespannt: „Narrationen zeichnen sich durch bestimmte bedeutungsgenerierende Verfahren aus, [...] die strategisch für die Vermittlung von Fremd- und Selbstbildern genutzt werden können" (ebd.: 66). Zu diesen zählen „Plotstrukturen, Figurenkonstellationen, Fokalisierungsstrategien und bestimmte Stilmittel" (ebd.). Auf dieser theoretischen Grundlage hat sie beispielsweise für die britische Komödie des 18. Jahrhunderts schlüssig dargelegt, dass in dieser Gattung „die im *romance plot* angelegte figurale Kontrastrelation zwischen einem Liebespaar und den *blocking characters* mit der identitätskonstituierenden Dichotomie von national Eigenem und Fremdem" (ebd.: 314) einhergeht.

Neumann integriert jedoch nicht nur theoretische Aspekte und Kategorien der Narratologie in ihr Analyserepertoire, sondern sie schlägt auch einen produktiven Bogen zur kulturwissenschaftlichen Gedächtnisforschung, die wiederum ihre theoretische wie terminologische Grundlage in weiten Teilen den Geschichtswissenschaften verdankt. An dieser Stelle ist der für dieses Forschungsgebiet zentrale Terminus ‚kulturelles Gedächtnis' zu klären. Unter diesem ist der „jeder Gesellschaft und jeder Epoche eigentümliche[..] Bestand an Wiedergebrauchs-Texten, -Bildern und -Riten" zu verstehen, mit dem eine Gruppe „ihr Selbstbild stabilisiert und vermittelt" (Assmann 1988: 15). Es handelt sich dabei um „ein kollektiv geteiltes Wissen vorzugsweise (aber nicht ausschließlich) über die Vergangenheit, auf das eine Gruppe ihr Bewußtsein von Einheit und Eigenart" (ebd.) gründet.[9] Neumann knüpft an die Überlegungen zum kulturellen Gedächtnis u. a. insofern an, als sie nationenbezogene Bilder

9 Jan Assmann knüpft in seinen wegweisenden Überlegungen zum kulturellen Gedächtnis an Maurice Halbwachs' Modell zur Erinnerungskultur an, das dieser bereits in den 1920er-Jahren entwickelte (vgl. Assmann 1988: 10, siehe auch das Kapitel *Die soziale Konstruktion der Vergangenheit: Maurice Halbwachs* in Assmann 2007: 34–48).

als Teil dieses Gedächtnisses versteht. Es ist – so ihre wertvolle Erkenntnis – eine Voraussetzung, dass das Lesepublikum eine „Bezugnahme auf ein gemeinsames (Bild-)Gedächtnis" leisten können muss, um die „Rhetorik der Nation" (Neumann 2009: 11) (also die sprachlichen wie symbolischen Zeichen, mit denen sich die Nation über sich selbst verständigt) entschlüsseln zu können. Hier integriert Neumann nicht nur Aspekte des kulturellen Gedächtnisses, sondern sie berührt gleichzeitig die Rezipientenseite. Das Lesepublikum wurde bereits zuvor in imagologischen Beiträgen berücksichtigt. So konstatiert Florack, dass „nationale Stereotype auf das (rudimentäre) Wissen [verweisen], das die Leser über ein Volk haben" (Florack 2007a: 39). An anderer Stelle hält sie fest:

> Wenn literarische Figuren durch Nationalcharakteristika als Fremde ausgewiesen sind, deren besondere Eigenschaften sich in ihrem Verhalten zeigen [...], so gehorcht ihre Gestaltung dem schon von Aristoteles geforderten Prinzip der *Wahrscheinlichkeit*. Wahrscheinlich ist, was dem Rezipienten plausibel und stimmig erscheint (ebd.: 160).

Aspekte der Rezeption haben auch Leerssen und insbesondere O'Sullivan in ihren theoretischen Überlegungen zu nationalen Stereotypen thematisiert. So haben sie auf den „recognition value" (Leerssen 1997: 130) oder „Wiedererkennungseffekt" (O'Sullivan 1989: 216) nationaler Stereotype hingewiesen. Im Rückgriff auf Isers Konzept des impliziten Lesers hat O'Sullivan gezeigt, dass nationale Stereotype als „literarische Stenographie" zu verstehen sind, die, weil Bekanntes angesprochen wird, beim Leser „eine weitgehend vorprogrammierte Aktualisierung aus[lösen]" (ebd.: 217), d.h. bestimmte Assoziationen intuitiv in Gang setzen.[10]

Die vorangegangene Bestandsaufnahme hat einerseits das differenzierte Instrumentarium der Imagologie abgebildet, andererseits hat sie diejenigen Stellen offengelegt, bei denen sich Lücken ergeben. Sie hat gezeigt, dass der Sucher im imagologischen Objektiv stets eng auf das Nationale eingestellt bleibt. Zwar hat die Imagologie in den letzten Jahren auf das Analyseinstrumentarium der Narratologie zurückgegriffen, aber dieses wird in der Regel zur Untersuchung solcher Aspekte eingesetzt, die explizit mit der Repräsentation von Nationen verbunden sind. Die Imagologie hat des Weiteren begonnen, die „Verflechtung der Forschung zum Kollektiven Gedächtnis [...] mit der

---

10 Die Imagologie greift hier auf die Einsichten der Rezeptionsästhetik zurück, die spätestens mit Wolfgang Iser in den 1970er-Jahren anerkannt hat, dass „Texte im Gelesenwerden ihre Realität gewinnen" (Iser 1994a: 61).

Stereotypen- und Imageforschung" (Krnić 2012: 127) wahrzunehmen, aber diese konzentriert sich weitgehend auf ein nationales Bildgedächtnis. Wird der Rezipient thematisiert, steht dieser dabei in der Regel entweder im Zusammenhang des Erkennens nationaler Stereotype oder es wird die Wirkmacht nationenbezogener Bilder auf ein intendiertes nationales Lesepublikum diskutiert. Das Potenzial, das die Narratologie und ihre Kategorisierungen, die kulturwissenschaftliche Gedächtnisforschung sowie das Konzept des impliziten Lesers für die Analyse nationenbezogener Bilder und ihrer Erzeugung bergen, hat die Imagologie bei Weitem noch nicht ausgeschöpft.

2.4 Kernthesen und Herangehensweise

1. Unterschiedliche Gattungen der englischen Romantik entwerfen jeweils ein gattungstypisches englisches Eigenbild, indem eine Reihe klar umrissener Eigenschaften eine englische Konnotation erhält.
2. Erst das Zusammenspiel verschiedener Gattungselemente, nicht ein einzelnes Element, generiert die jeweilige Erscheinungsform von *Englishness* in all ihren Facetten.
3. Neben personifizierten Darstellungen von Nationen oder nationalen Topoi tragen in mittelbarer Weise Elemente von Gattungen zum Erzeugen von *Englishness* bei, die nicht oder nicht offensichtlich national konnotiert sind.

Von diesen allgemeinen Kernthesen leiten sich weitere Thesen ab, die sich auf Gattungselemente ohne nationale Bedeutungszuschreibung und deren mögliche mittelbare Funktion fokussieren:

4. In narrativen Gattungen können die Figurengestaltung, das Handlungsmuster, Erzähl- und Perspektivierungsverfahren *Englishness* indirekt mit hervorbringen.
5. Ton und Sprachduktus sowie formale Elemente leisten ebenfalls einen Beitrag, was in besonderem Maße für lyrische Gattungen gilt, da hier die genannten Elemente zentral im Textgefüge sind.
6. Kulturelle Wissenselemente spielen jenseits des sichtbar national Symbolträchtigen eine Rolle beim Erzeugen eines englischen Eigenbildes. Dies sind Inter- und Paratexte und unter ideengeschichtlichen Gesichtspunkten im Fall der Romantik auch die Konzepte des Erhabenen und Pittoresken sowie das Konzept der Imagination.
7. Ein mehr oder minder klar umrissener Adressat, der in eine Gattung eingeschrieben ist, sowie die Leerstellen, die in einer Gattung auftreten, können ebenfalls indirekt zum Generieren von *Englishness* beitragen.

8. Bei der Analyse des eingeschriebenen Adressaten geben die kulturellen Wissenselemente Auskunft über dessen nationale Konnotation.

Aus diesen Kernthesen ergibt sich folgende Anforderung an die imagologische Untersuchung der Gattungen: Sie muss neben den konkreten Darstellungen von Nationen die verschiedenen Elemente des Formenrepertoires einer Gattung daraufhin überprüfen, inwieweit sie unmittelbar oder eben mittelbar daran beteiligt sind, ein englisches Eigenbild zu zeichnen. Zielführend ist hier eine Herangehensweise, die sich das *close reading* der produktionsästhetischen Textanalyse zu eigen macht, während gleichzeitig Erkenntnisse und Terminologie anderer literatur- und kulturwissenschaftlicher Teilgebiete in die imagologische Analyse eingebunden werden. Dazu zählen die Erkenntnisse der Narratologie, die Einsichten der kulturwissenschaftlichen Gedächtnisforschung und die der Rezeptionsästhetik. Mit *close reading* ist hier „eine Form der sehr detaillierten, gründlichen, textnahen und intensiven Lektüre und Interpretation" (Nünning A. 2004: 87) gemeint.[11] Sie ist die Voraussetzung, um in einem ersten Schritt die Elemente, die die vier Gattungen ausmachen, nuanciert zu erfassen. Im zweiten Schritt erlaubt das *close reading*, herauszuarbeiten, ob bzw. inwiefern die Elemente zum Generieren von *Englishness* beitragen und wie dieser Beitrag aussieht. Allerdings sind an dieser Stelle die Erkenntnisse und die Terminologie der oben genannten literatur- und kulturwissenschaftlichen Teilgebiete einzubeziehen. Im Fall von narrativen Gattungen bietet es sich an, die von der Narratologie erarbeitete Differenzierung zwischen *story* und *discourse* aufzugreifen.[12] Sowohl die Figurencharakterisierung als auch die Ebene der Handlung sind zunächst ungeachtet nationaler

---

11 Das *close reading* hat seine theoretischen Wurzeln im *new criticism*, dessen Postulat des „Autonomie-Charakters literarischer Werke" (Brenner 1998: 83) hier allerdings nicht gefolgt wird. Dies liegt nicht zuletzt im vorliegenden Untersuchungsgegenstand begründet, denn die imagologische Forschungsfrage lässt sich kaum zufriedenstellend beantworten, ohne den Kontext der zu analysierenden Gattungen zu berücksichtigen.

12 ‚*Story*' bezeichnet, ‚was' erzählt wird und ‚*discourse*' die Art und Weise, ‚wie' erzählt wird (vgl. Shen 2008: 566). An französische und russische Strukturalisten anknüpfend führte Seymour Chatman die beiden Begriffe ‚*story*' und ‚*discourse*' 1978 mit folgender Definition in die narratologische Terminologie ein:

> [E]ach narrative has two parts: a story (*histoire*), the content or chain of events (actions, happenings), plus what may be called the existents (characters, items of setting); and a discourse (*discours*), that is, the expression, the means by which the content is communicated (Chatman 1980: 19).

Unter *story* fallen also u. a. die Figuren und die fiktive Welt. Zum *discourse* gehören die Erzähl- und Perspektivierungsverfahren. Die bisweilen kontroverse Debatte, die in der Narratologie über die Analyse von Erzähltexten geführt wird und die sich u. a. in einer Begriffspluralität ausdrückt, kann in dieser Arbeit nicht erörtert werden. Vielmehr wird auf die konsensuellen Einsichten der Narratologie zurückgegriffen und mit derjenigen

Zuschreibungen zu betrachten. Bei den Figuren ist jenseits ihrer Nationalität zu fragen, ob sie als eindimensionale Typen oder als mehrdimensionale Individuen mit psychologischer Tiefe gestaltet sind. Erst im Anschluss hieran ist festzustellen, inwieweit sich eine Korrelation zwischen ihrer Beschaffenheit und ihrer Nationalität nachweisen lässt. Bei der Analyse dieser Elemente von *story* sind die von der Narratologie entwickelten Modelle zur Figurencharakterisierung stärker zu berücksichtigen als bisher (siehe 6.6.2). In Bezug auf die Handlung ist in einem ersten Schritt zu klären, ob der Handlung ein, und wenn ja, welches Muster zugrunde liegt. Erst in einem zweiten Schritt wird nach nationalen Zuschreibungen gefragt.

Bei der Analyse der zentralen Aspekte des *discourse*, also der Erzählinstanz oder Erzählsituation und der Perspektive (Fokalisierung), muss – unabhängig von möglichen nationalen Konnotationen – zunächst die Frage beantwortet werden, wer aus wessen Perspektive das Geschehen wiedergibt. Bei einer Erzählinstanz, die außerhalb der narrativen Welt angesiedelt ist, und einer Perspektive, die zwischen Figuren wechselt, ist dennoch zu überprüfen, inwieweit diese indirekt daran beteiligt sind, *Englishness* zu generieren. Liegt eine relative Nähe zwischen Autor und der sprechenden Instanz im Text vor, wie dies beim Reisebericht und politischen Essay der englischen Romantik der Fall ist, lässt sich nicht von der Nationalität des Autors linear auf die des reisenden Ichs oder des eingeschriebenen Essayisten schließen. Stattdessen sind Indikatoren in der jeweiligen Gattung aufzuspüren, mit denen sich dann Aussagen über das reisende Ich bzw. den eingeschriebenen Essayisten sowie über die Qualitäten, die ihnen zuerkannt werden, treffen lassen. Die kulturellen Wissenselemente, die in einer Gattung aktiviert werden, sind hier in die Überlegungen einzubeziehen. Sie bilden das kulturelle Bezugssystem der Gattungen und lassen daher Rückschlüsse auf die jeweiligen Sprecher in den Gattungen zu. Im Hinblick auf kulturelles Wissen wird der Terminus hier im Anschluss an Assmanns Definition vom kulturellen Gedächtnis als weitgefasster „Sammelbegriff“ (Assmann 1988: 9) verstanden. Er schließt neben historischem Wissen solches über ästhetische Konzepte, geläufige Intertexte und Gattungskonventionen gleichermaßen ein. Mit Intertexten sind hier und im Folgenden im Anschluss an Gérard Genette Zitate und Anspielungen auf literarische oder nicht literarische Texte gemeint (vgl. Genette 1993: 10). Es geht also um „direkte[..] Text-Text-Beziehungen im Sinne der Anwesenheit eines bestimmten

Terminologie operiert, die sich für die Analyse des imagologischen Untersuchungsgegenstandes bestmöglich eignet.

Textes in einem anderen“ (Hallet 2006: 56).[13] Es gilt zu ergründen, inwieweit die kulturellen Wissenselemente ein englisch konnotiertes Bezugssystem der Gattung erkennen lassen. Die Arbeit macht sich hier Einsichten der kulturwissenschaftlichen Gedächtnisforschung zunutze, nämlich, dass erstens kollektiv geteiltes Wissen seine Bedeutung innerhalb des sozialen Milieus erhält, durch das es codiert ist, und zweitens, dass es stets Bedürfnissen unterliegt:

> Vergangene Ereignisse verwandeln sich nicht ohne weiteres in Erinnerungen; sie werden dazu gemacht durch das kollektive Bedürfnis nach Sinnstiftung, durch die Traditionen und Wahrnehmungsweisen, die aus den gesellschaftlichen Milieus erwachsen. Insbesondere Nationen produzieren derlei kollektive Erinnerungen (François/Schulze 2003: 13).

Literatur übernimmt hier eine entscheidende Rolle, da sie kulturelles Wissen perpetuiert, verbreitet und an seiner Entstehung mitwirkt (vgl. Neumann 2006a: 46).[14]

Wenn bei der Untersuchung der vier Gattungen der jeweilige eingeschriebene Adressat sowie die Leerstellen daraufhin überprüft werden, inwieweit sie am Entwurf eines englischen Eigenbildes mitwirken, stützt sich die Arbeit vor allem auf folgende Einsicht der Rezeptionsästhetik:

> [D]em Verfasstsein [...] [von] Texte[n] [müssen] Aktualisierungsbedingungen eingezeichnet sein, die es erlauben, den Sinn des Textes im Rezeptionsbewußtsein des Empfängers zu konstitutieren (Iser 1994a: 61).

Der in dieser Arbeit verwendete Begriff ‚eingeschriebener Adressat‘ meint einen Leser, der den Sinnhorizont eines Textes bzw. einer Gattung erschließen und zu einem Selbst in Beziehung setzen kann. Diese Definition gründet sich auf Kernaspekte von Isers Konzept des impliziten Lesers. In seiner Synthese fasst es

> die im Text ausmachbare Leserrolle, die aus einer Textstruktur und einer Aktstruktur besteht. Richtet die Textstruktur den Blickpunkt für den Leser ein, so heißt dies, daß sie insofern einer grundlegenden Gegebenheit

13 Einen guten Überblick über die verschiedenen Spielarten des Intertextualitätskonzeptes und ihre theoretischen Rahmen bietet beispielsweise Allen Grahams *Intertextuality* (2000).

14 Hier zeigt sich, dass kulturelles Wissen kein „statischer Informationsspeicher“ (Neumann 2006a: 45) ist, sondern ein offenes Reservoir mit Zu- und Abflüssen (vgl. ebd.).

> unserer Wahrnehmung folgt, als unsere Weltzugänge immer nur perspektivischer Natur sind. [...] Ein solcher Blickpunkt situiert den Leser zum Text, damit er den Sinnhorizont zu konstituieren vermag, auf den ihn die Abschattungen der dargestellten Textperspektiven hinführen (ebd.: 66).

Relevant für das vorliegende imagologische Forschungsinteresse ist hier vor allem, dass dem Leser eine Funktion bei der Sinnkonstitution eines Textes zukommt. Daraus resultiert aber nicht, dass der reale Leser diese Rolle akzeptiert oder ausfüllen kann. Bedeutsam für die Analyse ist außerdem die Erkenntnis, dass Texte „Vororientierungen" (Iser 1994b: 96) enthalten, die aufzeigen, wie die „Leerstellen" (ebd.: 62), die die Texte hervorbringen, gefüllt werden können. Texte und folglich Textgruppen, mit anderen Worten Gattungen, bieten damit Hilfestellungen an, wie die Sinnkonstitution eines Textes bzw. einer Gattung gelingen kann. Bei der imagologischen Untersuchung, wie sie in den Kapiteln 4–7 vorgenommen wird, steht die Frage im Mittelpunkt, welche Vororientierungen die vier Gattungen anbieten, um einen national konnotierten Deutungshorizont zu erschließen, und ob bzw. auf welche Weise der eingeschriebene Adressat so eine nationale Zuschreibung erfährt. Hier sind wiederum die kulturellen Wissenselemente, die in einer Gattung zum Tragen kommen, zu betrachten. Dies gilt sowohl für nationale Bilder und Topoi als auch für kulturelle Wissenselemente, die nicht national konnotiert sind. In ihrer Gesamtheit zählen sie zu den Vororientierungen, die die Bedeutung einer Gattung mit konstituieren. Folglich lässt das kulturelle Wissen nicht nur Rückschlüsse auf die Erzählinstanz, sondern eben auch auf den in eine Gattung eingeschriebenen Adressaten zu. Letzterer muss die Gattung im Idealfall in allen Facetten decodieren können. Dazu gehört auch das Identifizieren von ästhetischen Konzepten, das Erkennen von Intertexten und Gattungskonventionen. Werden diese Anforderungen an den eingeschriebenen Adressaten herausgefiltert, lassen sich Aussagen über dessen Beschaffenheit treffen. Damit gewinnt er zunächst als Leser mit benennbaren Qualitäten Gestalt. Um im Anschluss die nationale Konnotation dieses eingeschriebenen Adressaten feststellen zu können, muss geprüft werden, inwieweit die aktivierten kulturellen Wissenselemente tatsächlich zu einem Bezugssystem gehören, das sich als primär oder spezifisch englisch beschreiben lässt.

Die Ausführungen haben den theoretischen Bezugsrahmen der Arbeit abgesteckt und vor allem dargelegt, wie die Imagologie im Zusammenhang der vergleichenden Gattungsuntersuchungen weiterentwickelt wird. In den einzelnen Analysekapiteln wird dann das Analyseinstrumentarium für die jeweilige Gattung spezifiziert. Hier wird an einzelnen Stellen auf Erkenntnisse anderer Disziplinen zurückgegriffen bzw. deren Terminologie angewendet.

Dies gilt für die Textlinguistik, die wertvolle Erkenntnisse darüber geliefert hat, wie über Sprache Nähe bzw. Distanz aufgebaut werden kann. Relevant wird dies im Zusammenhang mit der Untersuchung des politischen Essays, in dem sich der Essayist an seine Rezipienten wendet. Als lyrische Gattung lässt sich insbesondere die romantische Ballade nur im Rückgriff auf die Rhetorik zufriedenstellend betrachten, denn die Rhetorik bietet die differenzierte Terminologie, um Tropen und andere Stilfiguren zu untersuchen.

KAPITEL 3

Englische Romantik: Verortung des Untersuchungsgegenstandes in der Epoche

Die englische Romantik ist durch einen tiefgreifenden geistesgeschichtlichen Wandel gekennzeichnet, der in einem experimentellen und revolutionären Charakter sowie in einer Verschmelzung von Avantgardistischem und Tradiertem zum Ausdruck kommt.[1] Die neuen Wege bedeuteten eine Abkehr von den rigiden Hierarchien des Ancien Régime, die sowohl die Gesellschaft als auch die Kunst ordneten. Der Wandel ging mit einer Kritik am Rationalismus der Aufklärung einher und wandte sich gegen dessen Postulat vernunftgelenkten Denkens, das das Empfindsame und Mythische sowie das Übernatürliche und nicht rational Verstehbare weitgehend ausblendet. Zugleich sind aufklärerische Einsichten die notwendige Voraussetzung, damit sich romantische Konzepte und Vorstellungen überhaupt entwickeln konnten. Schließlich durften nun bis dahin scheinbar unverrückbare Wahrheiten hinterfragt werden. Die Französische Revolution, die Proklamation der amerikanischen Unabhängigkeit (1776), die beginnende Industrialisierung, der Prozess der Verstädterung sowie ein wachsendes bürgerliches Selbstvertrauen beförderten den Wandel. Auf den Punkt gebracht ist der politische wie künstlerisch-literarische Umbruch, der das Selbstverständnis der Kulturschaffenden der Epoche entscheidend prägte (vgl. Ruston 2007: 1), bei William Hazlitt. Retrospektiv urteilt der Spätromantiker über die Ereignisse des ausgehenden 18. Jahrhunderts:

> There was a mighty ferment in the heads of statesmen and poets, kings and people [...]. Nothing that was established was to be tolerated [...] kings and queens were dethroned from their rank and station in legitimate tragedy or epic poetry, as they were decapitated elsewhere (Hazlitt 1967b [1819]: 161–162).

Da der bisweilen eruptive Prozess der Veränderung nahezu alle Bereiche des Geisteslebens durchströmte, ist die englische Romantik nicht als ‚bloße' literarische Bewegung zu verstehen. Es ist aber gerade die Literatur und die

1 Mit ‚Avantgardistischem' ist Innovatives, Neues und Wegweisendes gemeint. Der Begriff bezieht sich hier also nicht auf die Bewegung in den bildenden Künsten zu Beginn des 20. Jahrhunderts.

 | DOI:10.1163/9789004407787_004

Diskussion über diese, in der die Umwälzungen zwischen 1789 und 1832 signifikant hervortreten. Relevant für den Untersuchungsgegenstand sind die folgenden paradigmatischen literatur- und ideengeschichtlichen Neuorientierungen: Literatur ist als etwas organisch Gewachsenes und als Ausdruck subjektiven Empfindens zu begreifen. Gattungen stellen nun einerseits eine notwendige Kanalisierung für die Imagination des genialischen Dichters dar, andererseits sind Gattungsgrenzen für die dichterische Imagination überwindbar. Dieses Literatur- und Gattungsverständnis fußt auf dem in der Philosophie beheimateten Konzept der Imagination sowie auf dem der Genieästhetik, die beide in der englischen Romantik einer neuen Deutung unterzogen wurden. In der Betonung des persönlichen Empfindens für das literarische Schaffen spiegelt sich die für die Epoche charakteristische ‚Entdeckung' der Subjektivität.

Die Imagination und die mit ihr assoziierte Genieästhetik ordnen dem Dichter gottähnliche schöpferische Fähigkeiten und das Vermögen zu, transzendentale Einsicht zu erlangen.[2] Auf diese Weise wird der Dichter außerhalb der Gesellschaft – der Sphäre des Menschen – gestellt, während ihm zugleich die Aufgabe zuteilwird, die gewonnene Einsicht über seine Lyrik weiterzugeben, um so zum Erhalt gesellschaftlicher Moral beizutragen. Die Natur wird als materielle – überhaupt erst sinnlich erfahrbare – Ausformung des Transzendenten interpretiert, die als positiver Gegenpol zur Gesellschaft wahrgenommen wird. Die Hinwendung zur Natur vollzieht sich in einem subjektiven Erleben, das sich in emotionaler Bewegtheit und einem weltentrückten Bewusstseinszustand äußert.[3] In ästhetischer Hinsicht ist romantische Naturwahrnehmung und -darstellung durch die Konzepte des Erhabenen und Schönen sowie des Pittoresken geprägt.

Das romantische Interesse an Tradiertem und an Traditionen artikulierte sich u. a. darin, dass das Mittelalter, eine (vor allem) vergangene Volkskultur und deren Literatur ins Blickfeld rückten. So experimentierten Dichter der Romantik mit volkstümlichen Gattungen und Stoffen, womit sie zugleich die

2 Hier und im Folgenden ist mit ‚transzendentaler Einsicht' oder dem ‚Transzendenten' das Göttliche, das jenseits der sinnlich wahrnehmbaren Welt Liegende gemeint, das eine Vorstellung von den Dingen bietet. Dabei wird nicht der Anspruch erhoben, diesen die abendländische Philosophie seit der Antike prägenden Begriff des Transzendenten und seine verschiedenen Konzeptualisierungen und Interpretationen durchdrungen zu haben.

3 Lyrisch verdichtet finden sich romantisches Naturverständnis, Subjektivität und Genieästhetik beispielsweise in dem vielfach anthologisierten Gedicht *I wandered lonely as a Cloud* (1807), in dem William Wordsworth einen Dichter als lyrisches Ich entwirft, das ein traumartiges, überwältigendes und Harmonie stiftendes Naturerlebnis schildert. Wordsworths Gedicht findet sich u. a. in dem von Stephen Gill herausgegebenen Band *William Wordsworth. The Major Works* (2000) und in der *Norton Anthology of English Literature* (vgl. Gill 2000: 303–304 und NAEL II 1993: 186–187).

Regeln der normativen Poetiken des 18. Jahrhunderts unterliefen. Das Mittelalter eröffnete in der sogenannten ‚Schwarzen Romantik' außerdem einen Raum, in dem sich das Abgründige, Schauerliche und das Unbewusste des Menschen gestalten ließ, und nicht zuletzt erlaubte es, der von der Aufklärung entzauberten Welt wieder eine mythologische ‚Heimat' zu geben.[4]

Vorboten der englischen Romantik lassen sich bereits Mitte des 18. Jahrhunderts erkennen. David Duff nennt in seiner Einführung zum *Oxford Handbook of British Romanticism* (2018) sogar großzügig das Jahr 1760 als Beginn der Epoche (vgl. Duff 2018: 1). Relevant für die vorliegende Untersuchung sind insbesondere zwei Veröffentlichungen aus dem Jahr 1765: Thomas Percys *Reliques of Ancient English Poetry* leiteten die Renaissance der Ballade ein (vgl. Roe 2008a: 6). Der Untertitel – *A gothic story* – der zweiten Auflage von Horace Walpoles *The Castle of Otranto* sollte begriffsprägend für die romantische Gattung *Gothic novel* werden (vgl. Robertson 2001: 291). In diesem Roman kündigt sich das romantische Interesse am Mittelalter an, das in Walpoles Landsitz Strawberry Hill seine architektonische Ausformung fand:

> The revival of **Gothic** styles was part of the Romantic interest in the medieval [...]. One eclectic example is Strawberry Hill, the home of Horace Walpole [...]. Walpole extended and rebuilt parts [...] until it became a small gothic castle (Ruston 2007: 57–58).

Im zweiten Drittel des 19. Jahrhunderts begann sich das literarische Schaffen zu wandeln (vgl. Seeber 2004: 263), und die Auseinandersetzung mit einer „sich rasch modernisierenden Gesellschaft" (ebd.) stand nun im Mittelpunkt.[5] Romantische Konzepte und Vorstellungen verloren ihr innovatives und bisweilen revolutionäres Potenzial und wurden in den bürgerlichen Geschmackskanon integriert.

Diesem knappen wie zugespitzten Abriss der englischen Romantik liegt ein Epochenverständnis zugrunde, das auf den Einsichten beruht, dass erstens Geschichte kein „kontinuierlicher Fluß ohne Zäsuren ist", sondern dass sich immer wieder „Umbrüche und Umwälzungen ereignen" (Broich 2004: 137). Zweitens ziehen diese Umbrüche „epochemachende" (ebd.) Veränderungen

---

4 ‚Schwarze Romantik' aktiviert ein ganzes Spektrum miteinander verbundener Assoziationen. Der Begriff ruft, um mit Jürgen Klein zu sprechen, „Archaisches, Dunkelheit, anthropologische Urgründe des Menschen, die Psyche" (Klein 2005: 10–11) auf. Er insinuiert „das nicht Verstehbare, Übernatürliches und Natürliches, vor allem auch die unbekannte und nicht kommunikative Natur, das Erhabene" (ebd.: 11).

5 So wird etwa in dem breit angelegten Sozialroman – u. a. in Dickens' *Nicholas Nickleby* (1838–1839) und *Bleak House* (1852–1853) – der Wandel der Zeit porträtiert (vgl. Seeber 2004: 264).

nach sich, die ihren Niederschlag auch und gerade in der Literatur finden. Epochen, ähnlich wie Gattungen, stellen damit literaturwissenschaftliche Ordnungsgrößen dar (vgl. ebd.). Diese sind jedoch keine feststehenden Einheiten, sondern Kategorien, die im Lichte neuer Forschungsergebnisse neu zu verhandeln sind. Das gilt besonders für die englische Romantik, da englische Dichter und Intellektuelle der Zeit sich selbst nicht als solche verstanden, und anders als in Deutschland klassifizierten sie ihre Literatur nicht als romantisch (vgl. Perry 1998: 4–5). Eine Ursache für die Ablehnung ist die Bedeutung des Eigenschaftswortes *romantic* (vgl. ebd.: 5). Dieses meinte vom 17. bis ins frühe 19. Jahrhundert „[o]f a fabulous or fictitious character; having no foundation in fact“ (OED 1961: 769) und entsprang etymologisch der Gattung der Romanze, die fabulöse, unrealistische Begebenheiten erzählt. Dass der skizzierte ideen- und literaturgeschichtliche Wandel in England dennoch konsensuell als romantisch bezeichnet wird, geht auf den französischen Literaturhistoriker Hyppolite Taine zurück (vgl. Perkins D. 1993: 96). Rückschauend stellte er eine Parallele zwischen dem literarischen und künstlerischen Schaffen in England und Frankreich her.[6]

In diesen Rahmen ist der weitere Epochenabriss eingespannt. Um die in den Kapiteln 4 bis 7 zu untersuchenden Gattungen und die sie repräsentierenden Texte im Zusammenhang romantischen Literaturschaffens zu situieren, stehen zunächst die namhaften literarischen und intellektuellen Zirkel der Zeit im Mittelpunkt. Das romantische Literatur- und Gattungsverständnis sowie dessen innovative und revolutionäre Implikationen werden dann wie die Konzepte der Imagination, der Subjektivität und der Genieästhetik im Anschluss aufgefächert. Die Anmerkungen zu den Konzepten des Erhabenen und Pittoresken sind in die Ausführungen zur romantischen Landschaftsästhetik eingebettet. An entsprechenden Stellen werden die in der europäischen Geistesgeschichte verankerten Wurzeln der genannten Konzepte und Vorstellungen kursorisch nachgezeichnet, wobei insbesondere auf die Parallelen zur deutschen Romantik hingewiesen wird.[7] Diese Parallelen sind insofern

6 Bei Taine heißt es:

> Alors parut l'école romantique anglaise, toute semblable à la nôtre par ses doctrines, ses origines et ses alliances, par les vérités qu'elle découvrit, les exagérations qu'elle commit et le scandale qu'elle excita. Ils formaient une secte, ›secte de dissidents‹ en poésie (Taine 1999 [1878]: 285).

7 In den englisch-deutschen Beziehungen während der Epoche der Romantik kommt Coleridge eine herausragende Rolle zu (vgl. Ashton 1998: 496). Er hat sich nicht nur mit Kant, Schelling, Schiller und A.W. Schlegel auseinandergesetzt, sondern darüber hinaus haben die Vorstellungen dieser Vordenker der deutschen Romantik auch Eingang in seine Schriften gefunden (vgl. ebd.: 498).

signifikant, als gerade in der deutschen Romantik das genannte Literatur- und Gattungsverständnis eine theoretische Fundierung erfahren hat, die in Teilen auch in England Beachtung fand. Die Assoziation einer Volkskultur mit der Nation und die antiquarische ‚Aneignung' der Vergangenheit unter nationalen Vorzeichen sind in England und noch stärker in Deutschland ohne die Romantik nicht zu denken. Die gegenstandsrelevanten Aspekte dieses Prozesses bilden dann auch die Brücke, die zur Untersuchung der vier Gattungen und ihren gattungstypischen Erscheinungsformen von *Englishness* überleitet.

3.1 Literarische und intellektuelle Zirkel

Um 1800 bildeten sich verschiedene literarische und intellektuelle Zirkel und die Literaturschaffenden der Zeit verstanden sich als „members of a series of self-conciously defined groups" (Casaliggi/Fermanis 2016: 75). Im London der 1790er-Jahre entwickelte sich ein Kreis um das Schriftsteller- und Intellektuellenpaar Mary Wollstonecraft und William Godwin (vgl. Brekke/Mee 2009: xiii). Sie stritten in ihren politischen wie literarischen Texten für eine demokratische Republik und forderten verbindliche Menschenrechte.[8] William Wordsworth, Samuel Taylor Coleridge und Robert Southey bildeten den Kern der *Lake School* (vgl. Ruston 2007: 81).[9] In *Lyrical Ballads* (1798) machten Wordsworth und Coleridge ‚einfache' Menschen aus einem ländlichen Milieu zu Protagonisten der Poesie. Hier zeigt sich also auf signifikante Weise das romantische Bestreben, einen ästhetischen mit einem sozialen Wandel zu verschränken (vgl. McEathron 1998: 144). Auch der junge Southey hatte seinen

---

8 Mit dem Ziel politischer Teilhabe kämpfte Wollstonecraft für die Frauen- und Mädchenbildung: "[I]t was the need actively to develop women's talents, particularly their intellectual abilities, which made their plight central to any consideration of how to foster republican virtue" (Brekke/Mee 2009: xii). Einer breiteren Öffentlichkeit bekannt war Wollstonecraft zudem aufgrund ihrer *Letters written during a short residence in Sweden, Norway, and Denmark* (1796), die u. a. von ihrem späteren Mann William Godwin begeistert aufgenommen wurden (vgl. ebd.: ix) (siehe zu Wollstonecrafts Reisebericht Kapitel 5). Der ehemalige Dissenter Godwin war von den Idealen der Französischen Revolution überzeugt und beeinflusste u. a. Wordsworth, Coleridge und Shelley (vgl. Seeber 2004: 225, 243, 247 und 253). Zeitweilig unterhielt er Kontakte zur radikalen *London Corresponding Society* (vgl. Mee 2016: 43) (siehe zur *LCS* 4.2).

9 Die drei Dichter verstanden sich selbst nicht als Begründer einer lyrischen Schule. Bei dem Begriff ‚*Lake School*' handelt es sich ursprünglich um eine Art ‚Label', mit dem die drei Lyriker, die eine Zeit lang im *Lake District* lebten, von ihren Kritikern belegt wurden (vgl. Ruston 2007: 91).

radikalen Ansichten in der Lyrik Ausdruck verliehen und sich wie Wordsworth und Coleridge der Ballade zugewandt (vgl. Majeed 2001: 713).[10]

John Keats, Percy Bysshe Shelley und Lord Byron, also der Kern der zweiten Generation romantischer Lyriker, „gewinnen ihr eigenes Profil in der Auseinandersetzung mit Wordsworth, dessen ästhetische und politische Rolle bei aller Bewunderung […] auf Kritik stößt" (Seeber 2004: 250). Der Byron-Shelley-Zirkel verbrachte eine Schaffensperiode am Genfer See. Hier entstehen Teile von Byrons Versepos *Childe Harold's Pilgrimage* (1812–1818) und Mary Shelley beginnt die Arbeit an *Frankenstein or, The modern Prometheus* (1818) (vgl. Joseph 1998: v), einem Roman, der das romantische Interesse am Schauerlichen auf besondere Weise ausgestaltet und das Feld der Wissenschaften als Raum des Abgründigen inszeniert.

> In *Frankenstein*, superstition and science (electricity, galvanism, vitalism, somnambulism), Gothic magic and rational enquiry (such questions as 'whether man was to be thought merely an instrument' and the possibility of discovering the 'principle of life'), undergo a spectacular fusion (Trott 2008: 497).

In den frühen Dekaden des 19. Jahrhunderts mischten sich Leigh Hunt und William Hazlitt, die der englischen Essayistik neue Spannkraft verliehen, in die politischen Debatten ein. Von ihren Kritikern geringschätzig als ‚*Cockney School*' bezeichnet – Hunt hatte in *The Story of Rimini* (1816) eine *Cockney*-Diktion verwendet – wurden sie als literarisch wie politisch subversiv wahrgenommen (vgl. Kucich 2008: 478).

Die genannten Zirkel waren durchlässig und beispielsweise Charles Lamb verkehrte mit den ‚*Lakists*' genauso wie mit Leigh Hunt, der gegen den Wordsworth-Kreis polemisierte (vgl. Kucich 2016: 120). Andere lassen sich kaum zuordnen, so der Frühromantiker William Blake, der sein ganz eigenes visionäres Gedankengebäude entwarf.[11] Jane Austen, Ann Radcliffe und Walter Scott, die den Roman der Epoche prägten, standen zwar im Austausch mit Zeitgenossen, aber ohne sich als Mitglieder einer Gruppe von Literaten zu empfinden. Austen experimentiert mit narrativen Mitteln – Perspektive und Gedankenrede – (vgl.

---

10 Southey wurde 1813 *poet laureate*. Zuvor hatte er vor allem in politischer Hinsicht einen Sinneswandel vollzogen. So entwickelte er sich nach 1800 zu einer der führenden konservativen Stimmen (vgl. Majeed 2001: 713–714) (siehe zu Southey auch Kapitel 5).

11 Es ist ein Verdienst der neueren Romantikforschung, die Verflechtungen zwischen Blakes künstlerisch-visionärem und seinem kommerziell motivierten Schaffen als Kunstmaler und gefragter Innenarchitekt zu identifizieren (siehe Mazzeo 2016).

Ruston 2007: 74), Radcliffe prägte die *Gothic novel*, eine Gattung, die das romantische Interesse am Schauerlichen effektgerichtet ausarbeitet. Scott etablierte den historischen Roman und schuf damit eine „potent alliance between fiction, memory, and identity" (Rigney 2012: 7).[12]

3.2 Romantisches Literatur- und Gattungsverständnis

Die Essenz romantischen Literaturverständnisses ist, Literatur als etwas organisch Gewachsenes zu begreifen, das keinen mechanistischen Regeln zu gehorchen hat und im Schaffensprozess aus sich heraus entsteht. Metaphorisch chiffriert findet sich dies in der Vorstellung, dass sich ein Gedicht wie aus einem Samenkorn heraus entwickelt (vgl. Engell 1981: 3–4).[13]

Als Quell der Literatur gelten in der Romantik das Gefühl und die Fähigkeit mitfühlen zu können. An dieser Stelle zeigt sich der Einfluss der Bewegung der Empfindsamkeit (1740–1798) auf zweifache Weise: So trug sie zur Aufwertung des Gefühls und damit zu der des subjektiven Empfindens bei und schärfte zugleich das Bewusstsein dafür, dass Empathie innerhalb des gesellschaftlichen Miteinanders unerlässlich ist (vgl. Pinch 2008: 49–52).[14] Epigrammatisch fasst Wordsworth das romantische Literaturverständnis in seiner Definition von Lyrik als „spontaneous overflow of powerful feelings" (Wordsworth W. 1976 [1800]: 246) zusammen.

Aus dem romantischen Literaturverständnis erwächst ein Gattungsverständnis, das Gattungen als notwendige Formen betrachtet, die den sprudelnden Strom dichterischen Schaffens kanalisieren. Gattungen sind damit keine ‚Baupläne' oder ‚Blaupausen', sondern dehnbare Formen, die zum spielerischen Umgang einladen (vgl. O'Neill 2008: 275). In Deutschland hat A. W. Schlegel ein solches Gattungsverständnis theoretisch fundiert. Der Vordenker der deutschen Romantik unterscheidet zwischen den klassischen Gattungen,

---

12 Scotts *Ivanhoe* (1819) entfaltet sich vor einer historischen englischen Kulisse. Sujet und Handlungsort stehen nicht im Widerspruch zu Scotts Interesse, die kulturelle Identität seiner schottischen Heimat zu bewahren und sie gleichzeitig sicher innerhalb Großbritanniens zu positionieren (vgl. Noble 2001: 692).

13 Diese Vorstellung hat ihren Ursprung bereits Mitte des 18. Jahrhunderts, wo sie sich bei Samuel Johnson und dem Friedhofslyriker Edward Young findet. In Deutschland hat Goethe sie aufgegriffen (vgl. Engell 1981: 3–4).

14 Die Empfindsamkeit ist ideengeschichtlich von den Schriften Jean-Jacques Rousseaus und von der Locke'schen Vorstellung beeinflusst, den Verstand als Tabula rasa zu betrachten, auf der sich die Sinneseindrücke abbilden (vgl. Pinch 2008: 53 und 51).

von denen er eine Gattungstrias ableitet, und den romantischen Gattungen, die anhand klassizistischer Regeln nicht mehr beschreibar seien (vgl. Holmes 2006: 21).

Wie das Leben, das eben organisch Gewachsenes hervorbringt und sich dabei neue oder veränderte Formen sucht, darf Literatur nun ebenso neue Formen, also neue Gattungen, suchen und kreativ gestalten. In diesem Sinne beschreibt George Dyer das avantgardistische Literatur- und Gattungsverständnis seiner Zeit in *Poetics; or, a Series of Poems, and Disquisitions on Poetry* (1812) folgendermaßen:

> To prescribe rules to poetic genius has been thought stripping the bee of its wings, and spreading before it a collection of flowers, lest it should wander too discursively, and extract too liberally from the choicest sweets. It should be permitted, they say, to take its free unlimited range; to enter the gardens most alluring to its nature, and to select the flowers most agreeable to its taste (Dyer 1812: 31).

Parallelen zur deutschen Romantik lassen sich wiederum in der Ästhetik A. W. Schlegels identifizieren. Er bleibt allerdings nicht im Metaphorischen verhaftet, sondern stellt in klarer Prosa einen ‚natürlichen' einem ‚artifiziellen' Kunstbegriff gegenüber:

> [D]ie Kunst soll die Natur nachahmen. Das heißt nämlich, sie soll wie die Natur selbständig schaffend, organisirt und organisirend lebendige Werke bilden, die nicht erst durch einen fremden Mechanismus, wie etwa eine Penduluhr, sondern durch inwohnende Kraft, wie das Sonnensystem, beweglich sind, und vollendet in sich selbst zurückkehren (Schlegel 1989 [1801–1802]: 258).

Dass der romantische Umgang mit Gattungen nicht auf deren Überwindung als solche abzielte, artikuliert sich in den zahlreichen Gattungen, in denen romantische Literatur verfasst ist: "[Romantic poets] were at ease, for instance, with the ode [...], the sonnet [...], the ballad [...], the epistle [...], the romance [...], and the epic" (O'Neill 2008: 275). Darüber hinaus gab es ein Bestreben, Gattungen, wie etwa die Volksballade oder die Romanze, zu konservieren. Die „dialectic of archaism and innovation" (Duff 2009: 120), die eben auch den Umgang mit Gattungen prägt, realisiert sich einerseits, indem in Gattungen, die sich neu bilden, historische Kontexte aufgerufen oder historische Stoffe verarbeitet werden. Andererseits zeigt sie sich daran, dass tradierte Gattungen mit zeitgenössischen Inhalten gefüllt werden. Im historischen Roman und in der *Gothic novel* ist die Handlung in der Regel im Mittelalter angesiedelt.[15] In alten Formen, so etwa in der Ballade, werden die Napoleonischen Kriege und aktuelle soziale Missstände verhandelt.

Mit seinem offenen, spielerisch-experimentellen Charakter ist das romantische Gattungsverständnis gegen jenes des Klassizismus gewendet. Letzteres ist an präskriptiven Regelpoetiken ausgerichtet, die das Überschreiten von Gattungsgrenzen kritisch bewerten und einen hierarchischen Zugang zu Gattungen haben (vgl. ebd.: 32).

> Die traditionelle Gattungstheorie hatte lange, insbesondere in der Zeit von der Renaissance bis zum 18. Jahrhundert, ihre Hauptaufgabe in der Aufstellung einer Hierarchie der Gattungen gesehen und dabei versucht, die Zuweisung von Rangstufen nicht nur mit innerliterarischen Qualitäten, sondern auch mit Stufungen des Lebensbezuges zu begründen (Suerbaum 2004: 91).

In der Polemik der Romantik wird eine klassizistische Poetik als mechanistischer Formalismus abgelehnt (vgl. Duff 2009: 39–40). Literatur, die klassizistischen Regeln folgt, wird nicht als Resultat eines originellen Schöpfungsaktes, der etwas Organisches und damit Lebendiges hervorgebracht habe, betrachtet, sondern als artifizielles Gebilde und bloßes Ergebnis handwerklicher Fertigkeit.

> The philosophy of Aristotle, to which Europe had been so long devoted, was found, at length, erroneous, and was superseded by another philosophy: nor can his *Art of Poetry*, nor any Art of Poetry, be looked to as an infallible and complete director (Dyer 1812: 31).[16]

---

15 Die sozioökonomischen Bedingungen begünstigten, dass sich Gattungen erst formierten und schließlich etablierten: Eine sich vergrößernde Leserschaft und die Neuerungen im Druckerhandwerk forderten und ermöglichten höhere Auflagenzahlen. Literatur wurde in Katalogen beworben. Der wachsende Buchmarkt bediente sich dabei generischer Termini (vgl. Duff 2009: 6).

16 Aristoteles hatte, wie sich in der einschlägigen Fachliteratur nachlesen lässt, zur Herausbildung eines normativen Gattungsverständnisses beigetragen, das viele Jahrhunderte nachwirkte (vgl. u. a. Zymner 2003: 10–12). In seiner Poetik heißt es:

> Von der Dichtkunst selbst und von ihren Gattungen, welche Wirkung eine jede hat und wie man die Handlungen zusammenfügen muß, wenn die Dichtung gut sein soll, ferner aus wie vielen und was für Teilen eine Dichtung besteht, und ebenso auch von anderen Dingen, die zu demselben Thema gehören, wollen wir hier handeln (Aristoteles 2006 [ca. 335 v. Chr.]: 5).

Neoklassizistische Regelpoetiken werden in der Romantik – vereinfacht gesagt – als Äquivalent des Ancien Régime interpretiert (vgl. Duff 2009: 30–31). Das neue organische Literatur- und Gattungsverständnis erscheint hingegen als eines, das die etablierten Hierarchien und Normen – ästhetische wie politische – überwinden will.

> At such a time, when all laws, systems, and hierarchies are under pressure, the true historical dynamics of genre – the processes by which and reasons for which generic laws, systems, and hierarchies are constructed and deconstructed – are revealed, and genre itself appears less like an orderly courtroom or hierarchical house of lords than an open-air political forum or speaker's corner in which competing voices engage in discussion, debate, and harangue (Thompson J. 1998: 123).

Das revolutionäre Potenzial des romantischen Gattungsverständnisses, das sich eben nicht nur auf das Feld der Literatur erstreckte, wurde demnach bereits von Zeitgenossen als solches erkannt und von konservativen Kräften in einen politischen Kontext gesetzt. In seiner Bildsatire *New Morality; or The promis'd installment of the high-priest of the Theophilanthropes, with the homage of Leviathan and his suite* (1789) zeichnet die spitze Feder des Anti-Jakobiners James Gilray eine Prozession in der St.-Pauls-Kathedrale, die auf eine imaginäre Invasion Frankreichs folgt. Angeführt von Dichtern der *Lake School* erweisen die britischen Jakobiner den Invasoren ihre Ehrerbietung. Dabei tragen sie ein Füllhorn mit der Inschrift „Cornucopia of Ignorance", womit ihrer scheinbaren Unwissenheit gegenüber kultureller und literarischer Tradition Ausdruck verliehen werden soll (vgl. Duff 2009: 70).

3.3 Imagination, Genieästhetik, Subjektivität

Gegen Ende des 18. Jahrhunderts hatte sich eine beinahe alles durchflutende „articulate philosophy of the imagination" (Engell 1981: 4) herausgebildet, die einen entscheidenden Schlüssel zur Literatur und zum Denken der Romantik darstellt.[17] Die Imagination galt nun als Quell der Inspiration, aus dem sich die Literatur und die Kunst speisten. Ihre Nähe zum Göttlichen und Transzendenten erfasst Wordsworth in einer Rhetorik des Erhabenen und Wunderbaren:

---

17 Konzeptionen der Imagination lassen sich schon in früheren Epochen ausmachen. So hatte bereits Thomas Hobbes die Imagination als Ursprung kreativen Schaffens benannt (vgl. Engell 1981: 13).

"[T]he power of the human imagination is sufficient to produce such changes even in our physical nature as might almost appear miraculous" (Wordsworth W. 1976 [1800]: 267). Sie war der Grund, weshalb sich „der Mensch [...] zur Diginität [sic!] eines *Schöpfers* erheben" kann, „während er in allen anderen Hinsichten seiner Existenz bloß *Geschöpf*" (Klein 2005: 108) bleibt. Allerdings ist im Sinne der Genieästhetik dieses Sich-Erheben dem Dichter vorbehalten, da nur dieser über ausreichend Imagination, also Einbildungskraft, verfügt, um gottgleich gestalten zu können:

> The poet, participating in a central power, commands over fancy and imagination as his two energetic forms. This central poetic power is indestructible and cannot be neutralized (Klein 1996: 53).[18]

Die Unterscheidung zwischen *‚fancy'* und *‚imagination'* geht auf Coleridge zurück (vgl. Coleridge 1983 [1817]: 304–305). Bei *‚fancy'* handelt es sich um eine Form des Erinnerns, die ordnen, auswählen und verknüpfen kann (vgl. Klein 1996: 54). *‚Imagination'* bezieht sich hingegen auf die Fähigkeit des Vorstellens oder Einbildens, die sich nicht nur der Erinnerung bedient, sondern auch Neues denken und damit Neues hervorbringen kann. Innerhalb der *‚imagination'* differenziert Coleridge weiter zwischen *‚primary'* und *‚secondary imagination'*. Als *‚primary imagination'* definiert er das menschliche Vermögen, sich einen allgemeinen Begriff von Dingen machen zu können. In dieser Fähigkeit spiegele sich die göttliche Schöpferallmacht (vgl. ebd.: 53). Die *‚secondary imagination'* ist die Fähigkeit, aus den Konzepten und Begriffen selbst etwas Neues zu erschaffen:

> The IMAGINATION then I consider either as primary, or secondary. The primary IMAGINATION I hold to be the living Power and prime Agent of all human Perception, and as a repetition in the finite mind of the eternal act of creation in the infinite I AM. The secondary I consider as an echo of the former, co-existing with the conscious will, yet still as identical with the primary in the *kind* of its agency, and differing only in *degree*, and in the *mode* of its operation. It dissolves, diffuses, dissipates, in order to re-create (Coleridge 1983 [1817]: 304).[19]

18 Klein bezieht sich in seinen Ausführungen auf Coleridge (vgl. Klein 2005: 108 und Klein 1996: 52–53), doch seine Aussage erfasst das Substrat der romantischen Imaginations- und Geniekonzeption.

19 In seiner Konzeption ist Coleridge von Kant beeinflusst, der die Imagination als notwendige Voraussetzung versteht, um das Erhabene und Schöne zu erkennen (vgl. Klein 1996: 52 und 50).

Anders als Coleridge kommt Keats dem Wesen der gottähnlichen Dichterallmacht literarisch auf die Spur und veranschaulicht sie anhand eines Intertextes, der in der Romantik selbst als Machwerk gottähnlicher Schöpfungskraft galt und nahezu allgegenwärtig war: "The Imagination may be compared to Adam's dream – he awoke and found it truth" (Keats 1980 [1817]: 185). Keats spielt hier gerade nicht auf die Genesis an, in der Adam zwar in Schlaf versetzt wird, aber nicht träumt, vielmehr bezieht sich der Spätromantiker auf Miltons *Paradise Lost* (1667) (vgl. Hirst 1996: 301):

> When out of hope, behold her, not far off,
> Such as I saw her in my dream, adorned
> With what all earth or heaven could bestow
> To make her amiable
>
> MILTON 2005 [1667]: 236.[20]

Die Genieästhetik beschränkte sich allerdings nicht nur auf das Werk als Akt der Schöpfung, sondern erstreckte sich auch auf den Dichter selbst. Milton stand hier auf dem Gipfel des Dichterolymps, denn er wurde eng mit dem Göttlichen assoziiert (vgl. Trott 1998a: 529). Eine ähnliche Stellung wurde Shakespeare zuerkannt. Allerdings hofften die Romantiker sich ihm ebenbürtig erweisen zu können, da sie glaubten, so ebenfalls literarische Unsterblichkeit zu erlangen (vgl. Bate 1986: 2).

Mit der Vorstellung von der Imagination geht eine allgemeine Aufwertung individuellen Empfindens und damit der Subjektivität einher. Letztere wird zu „eine[r] spezifische[n] Form der Selbstreflexion und Selbstkonstitution" (Müller 2004: 127). In romantischer Lyrik manifestiert sich dies markant im lyrischen Ich. In romantischer Prosa tritt die Subjektivität in der Autobiografie – und im Reisebericht als autobiografischem Ausschnitt – eindrucksvoll hervor. Die Gattung, die sich ja erst in der Romantik auskristallisierte, eröffnete einen Raum, über sich nachzudenken und Gefühlen freien Lauf zu lassen (vgl. Drabble 2000a: 53). Philosophisch wurzeln das romantische Verständnis von Gefühl und die mit ihm verknüpfte Betonung der Subjektivität eines jeden Individuums in den Schriften Jean-Jaques Rousseaus (vgl. Seeber 2004: 235). In einer in der Forschungsliteratur viel zitierten Passage heißt es bei dem französischen Philosophen:

---

20 Bezüge auf *Paradise Lost* finden sich bei Godwin, Coleridge, Wordsworth, Percy und Mary Shelley sowie bei Byron (vgl. Trott 1998a: 524).

1. [...] Je veux montrer à mes semblables un homme dans toute la vérité de la nature et cet homme, ce sera moi.
2. Moi seul. Je sens mon cœur et je connois les hommes. Je ne suis fait comme aucun de ceux que j'ai vus; j'ose croire n'être fait comme aucun de ceux qui existent (Rousseau 1959 [1782/1789]: 5).

Für romantische Dichter gilt das paradigmatische Postulat Rousseaus: Das Empfinden und das Herz sind der Schlüssel zum Ich, das überhöht werden darf (vgl. Seeber 2004: 235).

Eine weitere Quelle des romantischen Verständnisses von Gefühl und die mit ihm verknüpfte Betonung von Subjektivität ist der Anti-Materialismus George Berkeleys (vgl. Ruston 2007: 25). Der anglo-irische Aufklärer begreift die Wahrnehmung als Schaffensprozess, in welchem Dinge eine Zuordnung erfahren, eben nur weil sie wahrgenommen werden (vgl. ebd.).[21] Gerade an dieser ideengeschichtlichen Rückkopplung zeigt sich, dass sich die englische Romantik nicht als bloßer Bruch mit aufklärerischen Maximen erklären lässt. Den Menschen zum Maßstab zu machen, ist ein Paradigmenwechsel, den schließlich die Aufklärung philosophisch angestoßen hat. In der Romantik vollzieht sich allerdings eine Verlagerung von der in der Aufklärung betonten Fähigkeit des Menschen, die Schöpfung wahrnehmen und untersuchen zu können, auf das Vermögen, selbst schöpferisch gestalten zu dürfen.

3.4 Hinwendung zur Natur und romantische Landschaftsästhetik

Das Konzept der Imagination war einer der Auslöser für die romantische Hinwendung zur Natur, da diese mit dem genialischen Dichter korrespondiere und ihn damit zur transzendentalen Einsicht führe. Eine weitere elementare Ursache war die Vorstellung, in der Natur eine bewahrenswerte Natürlichkeit zu erkennen. Die Natur bot ein ästhetisches Gegengewicht zum tatsächlichen Landschaftsbild, das – bedingt durch die zunehmende agrarindustrielle Nutzung – im Wandel begriffen war (vgl. Bermingham 1986: 9). Ein präindustrieller natürlicher Raum eröffnete die Möglichkeit, eine verklärte Vergangenheit der Nation zu entwerfen.

---

21 In „esse est percipi" (das Sein der Dinge entsteht erst in ihrem Wahrgenommenwerden) ist Berkeleys Kritik an einer dem Materialismus verpflichteten Philosophie, die den Dingen ein Sein unabhängig menschlicher Wahrnehmung zuordnet, schlagwortartig zusammengefasst (vgl. Höffe 2001: 183–184). Für die Romantik ist Berkeley deshalb von Bedeutung, weil er nicht nur die menschliche Wahrnehmung (im romantischen Verständnis subjektive Wahrnehmung) hervorhebt, sondern gleichzeitig davon ausgeht, dass jenseits von dieser eine allumfassende, göttliche Wahrnehmung existiere (vgl. ebd.: 184).

> It is a fact of art history that in the eighteenth century, [...] the English saw their landscape as a cultural and aesthetic object. This coincidence of a social transformation of the countryside with the rise of a cultural-aesthetic ideal of the countryside repeats a familiar pattern of actual loss and imaginative recovery (ebd.).[22]

Romantische Naturwahrnehmung artikulierte sich, wie einleitend zu diesem Kapitel angemerkt, in einer Landschaftsästhetik, die von den Konzepten des Erhabenen und Schönen und noch mehr von dem des Pittoresken durchdrungen ist. Im Rückgriff auf die einflussreichen Theoretiker Emanuel Kant und Edmund Burke zeichnen die weiteren Ausführungen die im 18. und frühen 19. Jahrhundert wirkmächtigen Ausprägungen dieser Konzepte nach. Dabei liegt der Fokus auf ausgewählten Aspekten, die relevant für den Untersuchungsgegenstand sind. Im Zusammenhang mit dem Pittoresken wird deshalb auch ein Exkurs über die romantische Wiederentdeckung der Gotik unternommen, in dessen Rahmen die nationalen Implikationen dieses Architekturstils aufgezeigt werden.

3.4.1 *Das Erhabene und das Schöne*

Das Erhabene stellt eine „Überschneidung von Ästhetik und Ethik" (Schweppenhäuser 2007: 85) dar.[23] Seine zentralen Begriffe sind ‚die Natur', ‚das Gefühl', ‚das Empfänglichsein für das Schreckliche' sowie ‚die transzendentale Einsicht'. Burke stellt in *A Philosophical Enquiry into the Origin of our Ideas of the Sublime and Beautiful* (1757) Angst und Gefahr, die sich in der Empfindung des Schrecklichen (*terror*) verbindet, ins Zentrum seines Entwurfes des Erhabenen.

> Whatever is fitted in any sort to excite the ideas of pain, and danger, that is to say, whatever is in any sort terrible, or is conversant about terrible objects, or operates in a manner analogous to terror, is a source of the *sublime*; that is, it is productive of the strongest emotion which the mind is capable of feeling (Burke 1998 [1757]: 36).

22 Bermingham bezieht sich in erster Linie auf das Pittoreske, aber ihre Aussage lässt sich auf die romantische Landschaftsästhetik als Gesamtes übertragen, weil das Pittoreske ohne das Erhabene und das Schöne nicht zu denken ist.

23 Diese Überschneidung spiegelt sich insofern in der Wortgeschichte, als ‚erhaben' (lateinisch *sublimis*) Erheben im physischen wie im geistigen Sinne meint (vgl. Schweppenhäuser 2007: 85).

Als Quell des Erhabenen nennt Burke Unendlichkeit und Größe (vgl. ebd.: 67 und 71). Seine sinnlich wahrnehmbare Ausformung kann sich in Landschaften – in Bergen und mehr noch in steil abfallenden Felshängen – realisieren (vgl. ebd.: 66). Das Erhabene entfaltet jedoch erst dann seine Wirkmacht, wenn der Mensch die Gefahr, die von den genannten Objekten ausgeht, emotional bewältigen und auf diese Weise einordnen kann. In diesem Sinne wird das Gefühl des Erhabenen beim Betrachten eines Berges oder einer Schlucht aus sicherer Distanz hervorgerufen, aber nicht während eines tatsächlichen Sturzes, bei dem sich die Todesgefahr nicht abwenden lässt.

Abweichend von früheren Konzeptionen identifiziert Burke die Sinne als Quell jeglicher Vorstellung, da diese es erst ermöglichten, ein Gefühl des Schrecklichen im Menschen auszulösen. Damit verknüpft Burke die in der Aufklärung geforderte empirische Überprüfbarkeit von Phänomenen mittels der Sinne mit subjektiver Empfindung und beteiligt auf diese Weise den Menschen am Schöpfungsprozess des Erhabenen.

Während sich Burkes Konzept auf die Realisierung des Erhabenen in sinnlich wahrnehmbaren Objekten konzentriert und es damit in erster Linie zu einer ästhetischen Kategorie macht, verlagert Kant in seiner *Kritik der Urteilskraft* (1790) das Gewicht auf die Konfrontation des Menschen mit dem Erhabenen (vgl. Berressem 2004: 152). So erforscht er weniger die ästhetische und stärker die ethische Dimension des Erhabenen. In Kants Verständnis eröffnet die Konfrontation mit dem Erhabenen dem Menschen einen Zugang zum Transzendenten. Sie zielt darauf ab, einen katharsischen Prozess anzustoßen, der schließlich zur moralischen Erkenntnis führt, mit der sich menschliche Leidenschaften überwinden lassen (vgl. ebd.). Das dynamisch Erhabene in Kants Entwurf stellt, ähnlich wie das Erhabene bei Burke, eine von großen Objekten ausgehende Macht dar, die allerdings über das betrachtende Subjekt keine Gewalt ausüben kann (vgl. Kant 2001 [1790]: 128–129).[24] Anders als Burke assoziiert Kant allerdings das (dynamisch) Erhabene mit menschlicher Urteilskraft, also mit der vernunftgesteuerten Fähigkeit, Objekte und Vorstellungen einordnen und damit bewältigen zu können (vgl. Berressem 2004: 152).

> [W]ir nennen diese Gegenstände gern erhaben, weil sie die Seelenstärke über ihr gewöhnliches Mittelmaß erhöhen und ein Vermögen zu

24 Kant nimmt innerhalb der Kategorie des Erhabenen eine weitere Differenzierung vor. So unterscheidet er zwischen dem dynamisch Erhabenen und dem für die vorliegende Arbeit zu vernachlässigenden mathematisch Erhabenen, das er als vom Menschen nicht mehr fassbare Größe definiert: „Erhaben ist, was auch nur denken zu können ein Vermögen des Gemüts beweiset, das jeden Maßstab der Sinne übertrifft" (Kant 2001 [1790]: 114).

> widerstehen von ganz anderer Art in uns entdecken lassen, welches uns Mut macht, uns mit der scheinbaren Allgewalt der Natur messen zu können (Kant 2001 [1790]: 129).

Sowohl Burke als auch Kant kontrastieren das Erhabene mit dem Schönen. Burke bestimmt als Charakteristika des Schönen u. a. langsam vor sich gehende Veränderung, weiche Formen und Zartheit (vgl. Burke 1998 [1757]: 103–106). Seine materielle Konkretisierung findet es in zarten Blumen, verästelten Bäumen oder sanft dahinfließenden Bächen (vgl. ebd.). Im Betrachter erzeugt das Schöne keinen Schrecken, sondern Wohlgefallen (*pleasure*) (vgl. ebd.: 113).[25] Anders als sein Zeitgenosse interpretiert Kant das Schöne in erster Linie als abstrakte Kategorie: „Das Schöne ist das, was ohne Begriffe, als Objekt eines allgemeinen Wohlgefallens vorgestellt wird" (Kant 2001 [1790]: 58). Aufgrund seiner geringeren Bedeutung für die Ethik – es ist nicht mit dem Transzendenten assoziiert – ist das Schöne ähnlich wie das Pittoreske vor allem eine ästhetische Ordnungsgröße. Im Zusammenhang mit dem Pittoresken wird auch das Erhabene zu einer solchen, denn das Pittoreske vereint das Schöne und das Erhabene und stellt damit „a kind of hybrid" (Trott 1998b: 72) dar.

3.4.2 *Das Pittoreske und die (Neu-)Gotik*

Das Pittoreske ist an der Schnittstelle zwischen Ästhetik, Kunst und Landschaftsarchitektur angesiedelt. Es stellt eine doppelte Kategorie dar, die sich sowohl auf Landschaften als auch auf die Malerei bezieht. Die zentrale Frage lautet, inwieweit eine Landschaft einem Gemälde gleicht bzw. inwieweit eine malenswerte Landschaft auf einem Gemälde eingefangen ist (vgl. Bermingham 1986: 57). Der Mensch wird dabei zum alles überblickenden Betrachter erhöht, vor dessen Auge sich das landschaftliche Panorama entfaltet.

> So let the approach and entrance to your place
> Display no glitter, and affect no grace ;
> But still in *careless easy curves* proceed,
> Through the *rough thicket* or the flowery mead ;
> Till bursting from some deep-imbowered shade,
> Some *narrow valley*, or some *opening glade*,
> Well mix'd and blended in *the scene*, you shew
> The stately mansion *rising to the view*.

---

25 Burke assoziiert das Schöne darüber hinaus in besonderer Weise mit dem Typus einer zarten, zerbrechlichen Frau (vgl. Burke 1998 [1757]: 100).

> But mix'd and blended, ever let it be
> A mere *component part of what you see*
> KNIGHT 2001 [1795]: 15–16, Hervorhebungen nicht im Original.[26]

Das Dickicht und die tiefen Schluchten auf der einen und die sich sanft dahinschlängelnden Wege auf der anderen Seite machen in diesem Lehrgedicht das Zusammenspiel von erhabenen und schönen Landschaftselementen sichtbar, das kennzeichnend für das Pittoreske ist. Das, was Richard Payne Knight anhand eines poetischen Landschaftsgemäldes veranschaulicht, formuliert William Gilpin als eine Art ästhetisches Paradigma:

> *Sublimity alone* cannot make an object *picturesque*. However grand the mountain, or the rock may be, it has no claim to this epithet, unless it's [sic!] form, it's [sic!] colour, or it's [sic!] accompaniments [sic!] have *some degree of beauty* (Gilpin 2001 [1808]: 43).

Das Pittoreske entwickelte sich im Zusammenhang der Grand Tour, des skizzierten zeitgenössischen Ästhetikdiskurses über das Erhabene und Schöne und ist Ausdruck einer allgemeinen Hinwendung zur Natur (vgl. Trott 1998b: 74). Romantische Reiseführer empfahlen Aussichtspunkte, die den Blick auf pittoreske Landschaften eröffneten. Ein getönter Spiegel, mit dem die Landschaften eingefangen wurden, half, das ästhetische Erlebnis zu steigern (vgl. Butler J. 1998: 363).

Inspiration für das Pittoreske boten Landschaftsgemälde von Malern der Spätrenaissance und des Barock (Nicolas und Gaspard Poussin, Salvator Rosa und Claude Lorrain) (vgl.Trott 1998b: 74). Obwohl es also nicht englischen Ursprungs ist, entwickelte sich das Pittoreske zum ästhetischen Bezugsrahmen der englischen Landschaftsarchitektur. Eine der Requisiten stellt hier die (neugotische) Ruine dar (vgl. Thomas 2008: 507). In der Vorstellung pittoresker Theoretiker fügt sie sich – wie gotische Bauwerke überhaupt – ‚natürlich' in ihre Umgebung ein und wirkt daher wie ein Teil von ihr:

> Gothic architecture is generally considered as more picturesque, [...] than Grecian; and upon the same principle that a ruin is more so than a new edifice. [...] In Gothic buildings, the outline of the summit presents such a variety of forms, of turrets and pinnacles, some open, some fretted and variously enriched, that even where there is an exact correspondence of

26 Aus Gründen der Lesbarkeit werden nur Hervorhebungen, die nicht im Original sind, als solche ausgewiesen.

> parts, it is often disguised by an appearance of splendid confusion and irregularity. [...] [E]very person must be struck with the extreme richness and intricacy of some of the principal windows of our cathedrals and ruined abbeys. In these last is displayed the triumph of the picturesque (Price U. 2001 [1810]: 52–41).[27]

Die Gegenüberstellung gotischer und klassizistischer Architektur in Uvedale Prices Abhandlung zeugt von der veränderten Zuschreibung der beiden Baustile, die charakteristisch für die Epoche ist. War die Gotik in der Renaissance als grobe, bäuerliche Architektur des Nordens abgewertet worden, erfährt sie während der Romantik eine Aufwertung als nationale Baukunst.[28]

> In architecture and the arts the Gothic style was increasingly identified with Englishness, an association that reached its apogee in the early decades of the next century, when the burnt-down Houses of Parliament were rebuilt in the high Gothic style (Miles 2007: 15).

In der Mehrzahl sind es Angehörige der *gentry*, die pittoreske Landschaftsgärten anlegen, da nur sie über die entsprechenden Mittel verfügen. So auch die oben zitierten Knight und Price, die beide vermögende und weitgereiste Grundbesitzer waren (vgl. Sawyer 2001a: 573 und Sawyer 2001b: 660).

Zugleich entdeckt das Bürgertum die pittoreske Ästhetik als Projektionsfläche eines klassengebundenen, nationalen Selbstbewusstseins. Der oben zitierte Pfarrer William Gilpin entwickelte seine pittoreske Ästhetik während seiner Reisen im Wye-Tal, im *Lake District* und in den schottischen *Highlands* (vgl. Tuite 2001: 523–524). Er trug maßgeblich dazu bei, dass das Bereisen der Heimat während der kriegerischen Konflikte mit Frankreich populär wurde (vgl. Budge 2001: vi).

Gerade die Gotik erlaubt es dem Bürgertum, sich von einem durch die Grand Tour geschulten, kosmopolitischen Geschmack des Adels zu emanzipieren (vgl. Abramson 2001: 266). Die Gotik steht hier im Zusammenhang eines breiteren Interesses am Mittelalter, das mit seiner idealisierten Ritterkultur

27 Die Ausführungen zur antiken Architektur, die Price jenen zur gotischen gegenüberstellt, sind in diesem Zitat ausgelassen.

28 Die negative Zuschreibung der Gotik geht auf die Renaissance zurück, in der sie der antiken Baukunst, die die Ästhetik inspirierte, gegenübergestellt wurde. Begriffsprägend war der Stamm der Goten, der im fünften Jahrhundert Rom geplündert hatte und dessen Kultur als barbarisch galt (vgl. Kidson 1996: 33). Die negative Konnotation des Stilbegriffs verlor sich jedoch im Lauf der Zeit, sodass ‚*gothic*' schließlich die deutsche und allgemein eine nordeuropäische Baukunst bezeichnete (vgl. ebd.).

einen Raum bot, um ein nationales Selbstbild zu entwerfen (siehe dazu auch das Zitat von Adams in den einleitenden Überlegungen zu Kapitel 6). In diesem Licht betrachtet erscheinen gotische Bauwerke als Relikte einer nationalen Vergangenheit, die es zu bewahren gilt (vgl. ebd.).[29]

3.5 Historisierung und Kulturalisierung der Nation

Die Renaissance der Gotik und ihre nationale Semantisierung sind Indikatoren für das romantische Bestreben, die Nation sowohl historisch zu verankern als auch kulturell zu beheimaten. Nun stellte sich die antiquarische Bewegung in den Dienst der Nation und suchte nach Spuren des Volkstümlichen und Einheimischen:

> Popular antiquarianism is the study of British national culture: of English, Welsh, Gaelic, and Irish as vernacular languages, and of their oral as well as their written traditions – not merely literary forms and art, but beliefs, customs, and festivities (Butler M. 2001: 328).

Literarische Impulse gaben hier *Reliques of Ancient English Poetry* (1765), die erste bedeutende Sammlung mittelalterlicher englischer Volksdichtung, und *Works of Ossian* (1762–1763). In ganz Europa wurden die *Works of Ossian,* die eigentlich aus der Feder des schottischen Dichters James Macpherson stammen und nicht wie vorgegeben eine Übersetzung alter gälischer Texte sind, begeistert als Relikte einer sich behauptenden nationalen Volksdichtung gelesen (vgl. Mee 2001: 630). Hier kündigt sich also ein wachsendes kulturelles Selbstbewusstsein an, das das klassizistische Paradigma des 18. Jahrhunderts mit seinen antiken Vorbildern nicht mehr uneingeschränkt akzeptierte. Im Hinblick auf die Nation eröffnete das erhöhte Interesse an volkstümlicher Kultur – tatsächlicher wie fingierter – einen Raum, Kultur national aufzuladen. Was sich in der Auseinandersetzung mit der Volkskultur Mitte des 18. Jahrhunderts als Tendenz andeutet, ist während der englischen Romantik auf dem Weg, literaturgeschichtlich institutionalisiert zu werden. Ein nationales Ordnungsprinzip organisierte nun die Literaturgeschichte, das Literatur als Ergebnis eines evolutionären Prozesses darstellte.

29 Die Aufwertung der Gotik führte allerdings nicht zu einer Ablehnung des klassizistischen Architekturstils, vielmehr kam es zu einem Nebeneinander der Stile. Der Klassizismus war immer noch die dominierende Bauweise öffentlicher Gebäude und Ausdruck gesellschaftlicher Ordnung und Hierarchie (vgl. Abramson 2001: 266).

> From John Aikin's *Essays on Song-Writing* (1770) and Thomas Warton's *History of English Poetry* (1774), both reprinted throughout the Romantic period, to William Hazlitt's *Select Poets of Great Britain* (1825) and Robert Southey's *Select Works of the British Poets* (1831), a flurry of anthologies was produced during the period, each seeking to outline a national tradition that would plot the evolution of literature to its current civilized state (Rajan/Wright J. 1998: 6).

In diesem Sinne wird auch das Imaginationsvermögen Shakespeares, das bereits im Zusammenhang des Konzeptes der Imagination angesprochen wurde, zu einer „native creativity" (Trott 2008: 483) stilisiert. Das ‚Eigene' wurde jedoch nicht nur in überlieferter Literatur entdeckt, sondern auch in die Literatur der Epoche eingeschrieben. Signifikant zeigt sich dies an der „fascination with, and revival of archaic forms such as the ballad and romance" (Casaliggi/Fermanis 2016: 47). Dichter der *Lake School* trugen maßgeblich zu einer Ästhetik des Nationalen bei (vgl. Newman 1997: 240). Aber nicht nur Wordsworth, Coleridge und Southey, sondern auch Blake, Scott und der Spätromantiker Keats wählten als lyrische Form die national konnotierte Ballade.

Gerade nach 1800 wurde Lyrik – die Ballade ist hier inbegriffen – verstärkt eingesetzt, um ein Nationalgefühl zu transportieren (vgl. Leerssen 2018c: 109). Daneben entwickelten sich aber auch neue Prosagattungen, welche mit Inhalten gefüllt wurden, die identitätsstiftende Elemente hinsichtlich der Nation enthielten. Besondere Bedeutung kommt hier den beiden an anderer Stelle bereits angesprochenen Gattungen *Gothic novel* und historischer Roman zu.

KAPITEL 4

Politischer Essay der englischen Romantik: Politisierung der Nation

Der politische Essay der englischen Romantik ist Ausdruck einer politischen Öffentlichkeit, in der sich eine konservative und eine radikale Strömung unversöhnlich gegenüberstanden und die durch die Französische Revolution mit neuen Debatten konfrontiert wurde.[1] In der politischen Auseinandersetzung über weitreichende gesellschaftliche Reformen übernimmt die Gattung (wie auch das Pamphlet, die Bildsatire und zahlreiche Balladen) eine meinungsbildende Funktion, denn die Essays haben eine klare Botschaft an ihre Leser. Entweder sollen sich die politischen und gesellschaftlichen Verhältnisse grundlegend ändern oder unbedingt stabil bleiben. In den jeweiligen Texten bezieht der Essayist hier klar Stellung und nimmt daher als ein politisches Individuum Gestalt an.

Die Forschungslage zur Gattung ist disparat und eine Vielzahl von politischen Essays ist bis jetzt weitgehend unbeachtet geblieben, was sich eindrücklich daran zeigt, dass sie in keinen edierten Ausgaben erhältlich sind. Anders verhält es sich mit den kanonisierten Texten der *revolutionary controversy*, die gedruckt und online zur Verfügung stehen. In den Geschichtswissenschaften haben sie vielfach als Quellenmaterial für die britische Rezeption der Französischen Revolution gedient (siehe u.a. die entsprechenden Kapitel in Gibson 1995, Wende 1995 und Tombs/Tombs 2006). Aufschlussreich ist Neumanns Untersuchung der Rhetorik der Nation, die sie im Zusammenhang mit einer Vielzahl von Texten, die die Französische Revolution aus britischer Perspektive bespiegeln, mit betrachtet (siehe Neumann 2009). Gerade bei der Untersuchung kultureller Wissenselemente in radikalen politischen Essays und der Art und Weise, wie sie eingesetzt werden, um *Englishness* zu generieren, stützt sich die Analyse auf Vera Nünnings Erkenntnisse zur komplexen Bedeutung kulturellen Wissens für die radikale Bewegung der Zeit, die sie in *A revolution in sentiments, manners, and moral opinions. Catharine Macaulay und die politische Kultur des englischen Radikalismus, 1760–1790* (1998) entfaltet. Um die mögliche mittelbare Beteiligung bildsprachlicher und anderer rhetorischer Elemente

1 In den 1790er-Jahren entstanden ca. 400 Pamphlete sowie Essays und Gedichte, die sich mit der Französischen Revolution und ihrer Bedeutung für Großbritannien befassen (vgl. Hodson 2007: 1).

 | DOI:10.1163/9789004407787_005

am Erzeugen von *Englishness* im politischen Essay nachzeichnen zu können, bezieht die Untersuchung Beiträge mit ein, die sich mit der Rhetorik einzelner Essays befassen (siehe de Bruyn 1996 und Hodson 2007). Wie hier eindrücklich zutage tritt, hat der politische Essay der englischen Romantik unter der Perspektive Gattung bis jetzt nicht im Mittelpunkt der Forschung gestanden und ist auch nicht unter einer imagologischen Fragestellung als Gesamtheit betrachtet worden. An dieser Stelle greift das spezifische Interesse der vorliegenden Arbeit. Ein *close reading* der Gattung unter der Berücksichtigung ihres politischen, sozialen und zeitgeschichtlichen Kontextes ist die Voraussetzung, damit Folgendes geleistet werden kann: erstens nuanciert abzubilden, welche ‚Gestalt' die englische Nation im politischen Essay annimmt, zweitens herauszufiltern, welche Eigenschaften mit *Englishness* verschränkt werden, und drittens, welche Rolle dabei die unterschiedlichen Gattungselemente spielen. Um bei der Analyse einen Kontextbezug herstellen zu können, wird die Untersuchung nicht nur mit einer Bestimmung der Gattungskennzeichen und des Korpus eingeleitet, sondern auch mit einer Skizze des politischen Klimas um 1800. Den Darstellungen der Französischen Revolution und den aktivierten historischen Wissenselementen sowie ihrer Funktion beim Erzeugen von *Englishness* gilt dann das Interesse. Auf welche Weise die griechisch-römische Antike als Assoziationsraum in radikalen Texten erscheint, steht anschließend im Zentrum. Inwiefern die politische Haltung und die Rhetorik der Texte den politischen und sozialen Zuschnitt der Nation bestimmen, ist im weiteren Verlauf genauso Thema wie die Frage, inwiefern implizierter Essayist und eingeschriebener Adressat am selben kulturellen Wissensreservoir partizipieren, also mit ähnlichen Bildern und Vorstellungen vertraut sind. Die Erscheinungsform des englischen Eigenbildes, das die Teilaspekte im Zusammenspiel erzeugen, zeigt dann das Resümee auf.

Im Zusammenhang der Herangehensweise der Arbeit sind die Konzepte des kulturellen Wissens und des impliziten Lesers als zentral für die Analyse aller vier Gattungen bestimmt worden. Die spezifischen Fragen, die an den politischen Essay gestellt werden, machen es allerdings notwendig, darüber hinaus Einsichten der Narratologie zum historiografischen Erzählen und Wayne Booths Konzept des implizierten Autors in das Analyseinstrumentarium mit einzubinden.

4.1 Kennzeichen der Gattung

Mit dem Ziel zu überzeugen folgt der politische Essay der englischen Romantik einem klaren Argumentationsaufbau (vgl. Christie 2008: 434). Der Entwurf des Essayisten als zugleich politisch positioniertes Ich und objektive Instanz steht eher in der Tradition der Aufklärung als im Zusammenhang einer romantischen ‚Entdeckung' der Subjektivität. Diese Kennzeichen verweisen auf die Verbindung und die Unterschiede zum weit älteren philosophischen Essay. Ohne einem klaren Argumentationsaufbau zu folgen, leuchtet der philosophische Essay sprachlich versiert die Facetten eines Gegenstandes aus und die schlussendlich eingenommene Haltung erscheint als Resultat einer ergebnisoffenen Diskussion. Diese Definition des (philosophischen) Essays orientiert sich weitgehend an den Texten Montaignes, der als Begründer der Gattung gilt (vgl. de Obaldia 1995: 1).[2] Den Grundstein für eine englische Essayistik legte Sir Francis Bacon, dessen „neat, compact, and orderly manner" (Good 1988: 45) sich von Montaignes Stil unterscheidet.

Im 18. Jahrhundert machten Joseph Addison und Sir Richard Steele die englische Essayistik zum Medium einer diskutierenden Öffentlichkeit (vgl. ebd.: 56). Gerade im Hinblick auf politische Themen spielt neben dem Essay das Pamphlet eine Rolle. Der Übergang hin zur passionierten Streitschrift ist fließend, weil die Sichtweise auf den jeweiligen Gegenstand in beiden Fällen von vornherein klar ist und Gegenpositionen disqualifiziert oder einfach ausgeblendet werden. Eine weitere Überschneidung gründet auf dem geläufigen Verständnis von ‚Pamphlet' während der Epoche. Bezeichnete es doch zunächst ganz allgemein jedweden Text, der auf billigem Papier gedruckt war, was eben auch auf einen Teil der Essays zutrifft.

Den Kern des inhaltlichen Spektrums bilden die drängenden innen- und außenpolitischen Fragen der Zeit, die eigene Verfassung und das eigene parlamentarische System, mit Blick auf Europa die Französische Revolution und später das Napoleonische Frankreich. Historisch angereichert wird hier die Disskussion mit weithin vertrauten kulturellen Wissenselementen, die der politische Essay aus dem Speicher der nationalen Erinnerung hervorholt. Ästhetisch knüpft die Gattung an die epochenspezifischen Diskurse an und eine entweder empfindsame oder schauererregende Lexik lädt oftmals das Thema des Essays affektiv auf. Allerdings variiert der Gebrauch ästhetisch-rhetorischer Elemente genauso wie die Intensität der Bildsprache von Essay zu Essay. Die Anrede eines (fiktiven) Briefadressaten, einer Zuhörer- oder Leserschaft und Suggestivfragen sind Elemente der Kommunikation, die den

2 Montaigne verstand seine Essays als Gegenentwurf zu einer in der Renaissance immer noch weitgehend an der mittelalterlichen Scholastik orientierten Erkenntnisgewinnung. Diese ging von einer feststehenden Grundannahme aus und stützte ihre Argumentation auf bereits bestehende Beweise. Montaignes Interesse galt hingegen neuen, ‚unbelasteten' Eindrücken, die als Basis für die Erkenntnisgewinnung dienen sollten (vgl. Good 1988: 2–3).

politischen Essay die Grenzen hin zur Rede und zum Brief überschreiten lassen. An den einzelnen, durchaus heterogenen Texten ist noch deutlich zu spüren, wie sich der politische Essay der englischen Romantik aus anderen Gattungen herausschält und einige Elemente dieser mit epochenspezifischen Aspekten zu etwas ‚Neuem' amalgamiert. Er ist also eine hybride Gattung oder – um O. B. Hardisons treffendes Bild aufzugreifen – ein Proteus, ein Gestaltenwechsler (vgl. Hardison 1989: 11–12).

4.2 Politisches Klima

Gegen Ende des 18. Jahrhunderts spitzten sich in Großbritannien und damit auch in England die schwelenden politischen Spannungen zu. Innenpolitischen Zündstoff boten die *rotten boroughs*, in denen sich die ungleiche parlamentarische Repräsentation der Bevölkerung und das korrupte Wahlsystem augenscheinlich zeigten. Diese Wahlkreise, in denen nur eine Handvoll Stimmberechtigter wohnten, stellten eine Provokation für die wachsenden Industriestädte dar, die keine eigenen Abgeordneten entsenden durften (vgl. Wende 1995: 179–181). Das politische System, das bereits im früheren Verlauf des 18. Jahrhunderts zu Kontroversen geführt hatte, beschäftigte nicht nur eine intellektuelle und politische Elite, sondern auch die nationale Öffentlichkeit. Im politischen Meinungsspektrum dominierten eine radikale und eine konservative Strömung, deren Auseinandersetzung von Feindseligkeiten durchzogen war. Radikale Kräfte forderten eine republikanische Staatsform und einen Demokratisierungsprozess, der einer breiteren Öffentlichkeit Mitsprache garantieren sollte. Hier verdichteten sich die Reformbestrebungen, die seit der Mitte des 18. Jahrhunderts an Fahrt aufgenommen hatten und auf eine Erneuerung des Parlamentswesens drangen. Entsprechend positiv bewerteten radikale Kräfte die Französische Revolution und hofften, der revolutionäre Funke möge auf England bzw. Großbritannien überspringen (vgl. Gibson 1995: 114). Gleichzeitig stärkten die Umwälzungen im Nachbarland die konservative Bewegung in ihrem Bestreben, soziale Hierarchien und Besitzverhältnisse zu sichern.

Obwohl sich die radikalen Kräfte im Wesentlichen aus dem Bürgertum und dem Arbeitermilieu speisten und konservative Kräfte aus adligen und besitzbürgerlichen Kreisen, lässt sich eine klare Korrelation zwischen politischer Einstellung und sozialem Milieu nicht halten. Gerade die Sphäre der Radikalen stellt ein „complex and unstable field of forces" (Mee 2016: 7) dar. So bekannten sich sogenannte „‚gentleman' radicals" (ebd.: 3) und vereinzelt auch Angehörige des höheren Adels zur Reformbewegung, darunter der Earl of Stanhope, Vorsitzender der *Society for commemorating the Glorious Revolution of 1688*.

Bürgerliche Radikale suchten sich oftmals sowohl von der Aristokratie als auch von der Gruppe der Arbeiter abzugrenzen, weil sie der Überzeugung waren, beide trügen wenig zur gesellschaftlichen Weiterentwicklung bei. Handfest schlug sich eine solche Haltung in dem Mitgliedsbeitrag der einflussreichen *Society for Constitutional Information* nieder, der zumindest für Arbeiter unerschwinglich blieb (vgl. McCalman 2001: 711).[3] Zu den bürgerlichen Intellektuellen, die der radikalen Stimme das Wort führten, zählten der Philosoph William Godwin und die Frauenrechtlerin Catharine Macaulay, die radikale Vorstellungen konzeptualisierten und verbreiteten (vgl. Nünning V. 1998: 5).

Darüber hinaus bot das religiöse Dissentertum, das von der anglikanischen Staatskirche abwich, ein Milieu, in dem radikales Gedankengut keimen konnte. Richard Price und Thomas Paine befürworteten in ihren Schriften lautstark sowohl die Französische als auch die Amerikanische Revolution (vgl. Gibson 1995: 113 bzw. Philp 2001: 632–633). Paine nahm sogar zeitweilig einen Sitz in der Französischen Nationalversammlung ein und wurde in einem Hochverratsprozess in Abwesenheit zum Geächteten erklärt (vgl. Collins 1971: 37).

Die religiös-radikale Gruppe der Leveller hatte bereits während der Englischen Revolution eine weitreichende Reform des Wahlrechts angemahnt (vgl. Hill 1989: 162). Sie hatte damit nicht nur den König, sondern auch die *Church of England* gegen sich aufgebracht, die auf religiöser Einheit bestand und die Vorstellung eines ‚Monarchen von Gottes Gnaden' protegierte (vgl. Eccleshall 1990: 22).

Parallel entwickelten sich aus Arbeiterkreisen Gesellschaften heraus, die ebenfalls für die Abschaffung der Monarchie und für eine Reform des Wahlsystems eintraten. Die 1792 von dem Schuhmacher Thomas Hardy ins Leben gerufene *London Corresponding Society* unterhielt Verbindungen in die industriell geprägten Midlands, nach Schottland und ins revolutionäre Frankreich (vgl. Butler M. 1998: 7). Ihr Mitglied John Thelwall, zunächst ebenfalls Handwerker, entwickelte sich zu einem mitreißenden Redner und spitzzüngigen Essayisten, der unter strenger staatlicher Beobachtung stand und wie Hardy einen Prozess wegen Hochverrats erfolgreich überstand (vgl. Poole 2009b: xiii-xiv).

Eine der führenden konservativen Gruppierungen, die gegen revolutionäre Aktivitäten in Großbritannien vorging und gegen die Französische Revolution vehement polemisierte, war die *Association for the Preservation of Liberty and Property against Republicans and Levellers* (vgl. Eccleshall 1990: 35). Daneben formierten sich aus dem Arbeiter- und Handwerkermilieu die konservativen

3 Die *Society for Constitutional Information* stützte ihre Kernforderungen nach einer jährlichen Einberufung des Parlaments, religiöser Toleranz und nach der Abschaffung der Sklaverei im Wesentlichen auf die Naturrechtsphilosophie des 17. Jahrhunderts (vgl. McCalman 2001: 711).

Church and King Clubs, die sich mit aggressiven Mitteln für den Erhalt der Monarchie und den Schutz der *Church of England* engagierten (vgl. Bennett 1976b: 14). Angestachelt durch staatliche und kirchliche Würdenträger störte in Birmingham 1791 ein ‚*Church and King mob*' die Feierlichkeiten anlässlich des Jahrestages der Französischen Revolution. Die Ausschreitungen richteten sich hier nicht nur gegen die Radikalen aufgrund ihrer politischen Forderungen, sondern sie waren darüber hinaus klassengebunden und religiös motiviert, denn viele der Radikalen entstammten einem wohlhabenden Dissenter-Milieu (vgl. Thompson E. 1979: 79–80).

Öffentlich vertreten wurde die jeweilige politische Meinung in Versammlungen, Reden und Vorlesungen sowie in politischen Schriften, zu denen auch die politischen Essays zählen. Zeitschriften und Pamphlete, also billige und damit erschwingliche Drucke, verbreiteten die politischen Texte (vgl. Butler M. 1998: 5).[4] Eine Form, in der sich vor allem der Konservatismus der unteren Bevölkerungsschichten populärkulturell Ausdruck verlieh, war die Ballade (vgl. Philp 1995: 65). Wenn die Bevölkerung ‚wusste', was sie singen oder sagen sollte, handelte es sich dabei allerdings nicht unbedingt darum, eine konforme politische Haltung mit Überzeugung zu vertreten, denn nicht selten waren gemeinschaftliche Loyalitätsbekundungen vonseiten der Obrigkeit orchestriert (vgl. ebd.).[5] Als die *gagging-acts*, die auf eine Reihe von Hochverratsprozessen folgten, die Versammlungsfreiheit empfindlich einschränkten, konnten radikale Positionen ab Mitte der 1790er-Jahre ohnehin kaum mehr öffentlich geäußert werden (vgl. Fulcher 2001: 516), sodass die Debatte zeitweilig zum Erliegen kam.

> [T]he 'Revolution debate' lasted for about six years, from the first English rejoicings at France's new dawn in 1789, to December 1795, when Pitt's government introduced measures to stop the spread of radicalism by the printed and spoken word (Butler M. 1998: 1).

Die kriegerischen Verwicklungen mit dem Napoleonischen Frankreich bedingten darüber hinaus, dass sich die öffentliche Stimmung wandelte. Unter dem Druck der Regierung und der drohenden Gefahr durch einen Einmarsch Napoleons bot die Presse zeitweilig ein weitgehend homogenes Bild, indem sie

4 1792 waren allein in London 16 Tageszeitungen verfügbar, und 1805 konnten auch außerhalb der Hauptstadt rund 100 Zeitschriften gelesen werden (vgl. Black 1992: 13). Die politischen Beiträge setzten sich neben Essays aus Satiren und kurzen Nachrichten zusammen.

5 Konservative erachteten es als notwendig, das ‚Volk' über Literatur ebenfalls direkt anzusprechen (vgl. Philp 1995: 44–45).

die von der Regierung geschürte Angst mit anfachte (vgl. Banks 1997: 106). Öffentliche Sympathiebekundungen mit der Französischen Revolution waren zu dieser Zeit wenig opportun, da sie mit Napoleon ein ‚Monster' hervorgebracht habe (vgl. ebd.: 105).

Neue Impulse erhielt die radikale Strömung jedoch zu Beginn des 19. Jahrhunderts durch junge Intellektuelle, die vor allem einem bürgerlichen Milieu entstammten, darunter der Literatur- und Kulturkritiker William Hazlitt und der Verleger Leigh Hunt. Trotz aller Widerstände, mit denen sie sich konfrontiert sah, hinterließ die radikale Bewegung einen sichtbaren Abdruck im politischen System. In den Dreißigerjahren des 19. Jahrhunderts wurden einige ihrer Forderungen umgesetzt. So wurde endlich das Wahlrecht reformiert – eine Veränderung, die in politischer Hinsicht den Übergang von der englischen Romantik zum Viktorianismus markiert.[6]

4.3 Das Korpus

Um differenzierte Forschungsergebnisse zu erzielen, verspricht ein Korpus ertragreich zu sein, das über die kanonisierten Texte hinausreicht. Von den insgesamt 13 Essays, die im Folgenden knapp vorgestellt und eingeordnet werden, transportieren fünf konservative und acht radikale Ansichten. Der leichte Überhang an radikalen Texten erklärt sich dadurch, dass entsprechende Positionen, trotz der einhelligen Forderung nach demokratischen Reformen, nicht homogen waren, während die konservative Anschauung seit Edmund Burkes *Reflections* (1790) weitgehend konstant blieb. Thematisch konzentriert sich das Korpus auf die Französische Revolution und das eigene gesellschaftliche und parlamentarische System. Aufgrund der engen Verwebungen zwischen Außen- und Innenpolitik während der englischen Romantik sind die genannten thematischen Gegenstände nur Schwerpunkte, die sich nicht scharf voneinander trennen lassen.

Die *Reflections* bilden den Auslöser der Kontroverse über die Französische Revolution. Burke äußert sich hier entschieden negativ über die revolutionären Aktivitäten im Nachbarland, während er gleichzeitig ein positives Bild der englischen Verfassungsgeschichte zeichnet. Die *Association for the Preservation of Liberty and Property against Republicans and Levellers* hatte die beiden

6 Mit dem *reform-act* (1832) wurde das Wahlrecht so erweitert, dass unterrepräsentierte Industriestädte mehr Parlamentssitze erhielten. Von dieser Reform profitierten vor allem Angehörige der Mittelschicht; etwa 75 % der Männer (von Frauen nicht zu sprechen) blieben weiterhin vom Wahlrecht ausgeschlossen (vgl. Christie 2001: 671).

folgenden Texte als billige Drucke in Auftrag gegeben, die die Verfassung laudieren, gegen die Französische Revolution wettern und die ‚subversiven' Aufrührer im eigenen Land an den Pranger stellen: John Bowles' *A Protest against T. Paine's Rights of Man: addressed to the Members of a Book Society, in consequence of the Vote of their Committee for including the above work in a list of new publications resolved to be purchased for the use of the Society* (1793) (im Folgenden *Protest*) und Strap Bodkins *A Plain and Earnest Address to Britons, Especially Farmers, on the Interesting State of Public Affairs in Great Britain and France* (1793) (im Folgenden *Plain Address*).[7]

Essays aus *The Anti-Jacobin, or Weekly Examiner* (im Folgenden *The Anti-Jacobin*) richten sich eher an ein wohlhabendes und gebildetes Bürgertum, das in einem urbanen Milieu zuhause ist. George Cannings *Prospectus* (1799) führt die neu gegründete Zeitschrift als konservativ-patriotische Stimme ein, die nach eigenem Bekunden um die Wahrheitsfindung im politischen ‚Wirrwarr' bemüht ist. *On the Origin and Progress of the French Revolution, and its Effects on France and other Countries* (1799) (im Folgenden *On the Origin*) schreibt mit bissiger Schärfe gegen die Französische Revolution und ihre desaströsen Folgen an.[8]

Einen konträren Ton schlagen die radikalen politischen Essays an. Richard Price verbindet in *A Discourse on the Love of our Country, delivered on Nov. 4, 1789* (1789) (im Folgenden *A Discourse*) eine Eloge auf die Französische Revolution mit einer Kritik an der Gesellschaftsordnung in der Heimat. Der Earl of Stanhope bekundet im Anhang zu *A Discourse* ebenfalls seine Sympathie für die Französische Revolution und plädiert für umfassende Reformen. Catharine Macaulays *Observations on the Reflections* (1790) (im Folgenden *Observations*) und Thomas Paines *Rights of Man* (1791/1792) sind radikale Repliken auf Burkes *Reflections*. Beide Essayisten erklären das Volk zum Souverän und treten offen für die Abschaffung der Monarchie ein. Konzentriert sich Macaulay auf die Französische Revolution, legt der Dissenter Paine den Schwerpunkt darauf, allgemeingültige Menschenrechte philosophisch und religiös zu verankern.[9] John Thelwalls *The Lecture on the Revolution in 1688* (1795) setzt den Fokus seiner Argumentation, wie der Titel verspricht, auf die Glorreiche Revolution in

7 Bowles erscheint im Druck seines Essays nicht als Autor, wird jedoch bei Bodkin in einer Fußnote als solcher benannt, um kenntlich zu machen, dass dieser aus Bowles' Text Anleihen bezieht (vgl. Bodkin 1793: 1).

8 Die Schwierigkeit, die Urheberschaft hier und an anderer Stelle eindeutig zu klären, liegt daran, dass die Beiträge oftmals in Zusammenarbeit mehrerer Autoren entstanden (vgl. Mertner 1970: V).

9 1792 erschien der zweite Teil von *Rights of Man*. Die Publikation fiel damit in den Zeitraum, in dem Paine wegen Volksverhetzung angeklagt war (vgl. Collins 1971: 37).

England (1688/1689) und damit auf ein Ereignis, das für ein englisches Selbstverständnis traditionell von Bedeutung war.

Den Umschwung in der Stimmungslage radikaler Intellektueller, den die Napoleonischen Kriege mit sich brachten, spiegeln Leigh Hunts *The Reformers; or, Wrongs of Intellect. – A fragment of a Political Dialogue* (1810) (im Folgenden *Reformers*) und *Athens and England* (1811) sowie William Hazlitts *Preface* zu seinen *Political Essays* (1819).[10] *Reformers* gibt einen fiktiven Dialog über die Verfassung, das korrupte Wahlsystem und deren notwendige Reformen wieder, die gerade angesichts der gefährlichen außenpolitischen Lage umso dringlicher scheinen. In *Athens and England* ist es ebenfalls die Bedrohung von außen, die als Impuls für überfällige Reformen gezeichnet wird, wobei hier die Altertumsgeschichte als Vorlage dient. Im *Preface* zu seinen *Political Essays* rechnet Hazlitt mit den Kontrahenten in der politischen Debatte ab und geht sowohl mit den etablierten Parteien als auch mit den in seinen Augen kompromisslosen, radikalen Reformern hart ins Gericht. In seinem Beschwören einer englischen Freiheitstradition dominiert, wie auch in Hunts Essays, eine patriotisch stark aufgeladene Rhetorik, die sich in dieser Dichte in politischen Essays, die vor den Napoleonischen Kriegen entstanden sind, nicht findet.

4.4 Zeitgeschichte und das national Andere als Konstruktionselement von *Englishness*

Die Schilderungen der Französischen Revolution als zeitgeschichtliches Phänomen rücken den politischen Essay in die Nähe des historiografischen Erzählens. Sie folgen einem Selektions- und Narrationsprozess, denn im Ordnen und Erzählen wird – so eine Erkenntnis der Narratologie – geschichtlichen und damit auch zeitgeschichtlichen Ereignissen überhaupt erst Sinn beigemessen. Das Bedürfnis, das befriedigt werden soll, selbst wenn es sich nur auf einer intuitiven Ebene bewegt, steuert hier die Erzählung:

> [T]he same set of events can be plausibly narrativized as either tragedy or comedy, either romance or farce [...] Nobody ever learned to be more

10 *Athens and England* erschien in *The Reflector* (1810–1811), einer liberal-radikalen Zeitschrift, die von Leigh Hunt als Vierteljahreschrift herausgegeben wurde und die sich neben Politik mit Kunst und Philosophie befasste (vgl. Kendall 1971: 11). Die Autorschaft von *Athens and England* ist nicht eindeutig geklärt. So ist der Essay mit „S." signiert, doch Kenneth Kendall, der die Veröffentlichungsgeschichte des *Reflector* nachgezeichnet hat, hält eine Autorschaft von Hunt für plausibel (vgl. ebd.: 119).

> *efficient* in carrying out intentions or realizing goals by reading historical narratives. What can be learned from them is what it means to have intentions, to intend to carry them out, and to attempt to do so (White H. 2007: 94).

Europa erlebte die Französische Revolution als nie da gewesene Umwälzung, die das bestehende Sozialgefüge aus den Angeln hob. Jenseits dieses Konsenses wurde sie jedoch abhängig von der politischen Einstellung konträr bewertet und infolgedessen ‚anders' erzählt. Einerseits wurde sie als Ablösung überkommener Herrschaftsstrukturen begrüßt, andererseits als Erosion einer bewährten Gesellschaftsordnung verurteilt. Welche Strahlkraft sie in England bzw. Großbritannien ausübte und wie sehr sie die dortige Gesellschaft spaltete, hat die radikale Catharine Macaulay prägnant zusammengefasst:

> Two parties are already formed in this country, who behold the French Revolution with a very opposite temper: To the one, it inspires the sentiments of *exultation* and *rapture*; and to the other, *indignation* and *scorn* (Macaulay 1997 [1790]: 6).

Auf welche Weise der politische Essay die Französische Revolution mit seinen gattungsspezifischen Möglichkeiten erzählt und welche Rolle dabei die politischen Haltungen spielen, steht im Zentrum der weiteren Ausführungen.

4.4.1 *Das revolutionäre Frankreich als kontrastives Schauerszenario*

Burkes *Reflections* gaben der Meinung und Furcht Konservativer die beinahe alles übertönende Stimme. Ein umfangreiches stilistisches Repertoire zeichnet hier ein düsteres Bild der Pariser Ereignisse von 1789. Die Entmachtung des bourbonischen Königshauses verurteilt er mithilfe eines literarischen Kunstgriffes, denn er entlehnt das Plotmuster der *Gothic novel*. Damit bestätigt sich hier eine Beobachtung Frans de Bruyns, der – allerdings ohne auf die *Reflections* einzugehen – darauf aufmerksam gemacht hat, dass Burke in seinen politischen Schriften Elemente des *Gothic* einsetzt (vgl. de Bruyn 1996: 6). Die französische Königin übernimmt in den *Reflections* die Rolle der verfolgten Unschuld. Die Rolle des *Gothic villain* erhält ein aufgebrachter Pöbel, der Pars pro Toto für die moralisch entgrenzte Bevölkerung steht und vor dessen ruchlosen Übergriffen die wehrlose Königin nicht geschützt werden kann. Mit dem Verweis auf die Geschichtsschreibung erhält die an fiktionaler Prosa orientierte und von persönlichen Werturteilen geleitete Schilderung von Ereignissen, die Burke als Augenzeuge überhaupt nicht erlebt hat, einen Anstrich des Glaubhaften:

> *History will record,* that on the morning of the 6th of October, 1789, the king and queen of France, after a day of confusion, alarm, dismay, and slaughter, lay down, under the pledged security of public faith, to indulge nature in a few hours of *respite, and troubled, melancholy repose.* From this sleep the queen was first startled by the voice of the sentinel at her door, who cried out to her to save herself by flight – that this was the last proof of fidelity he could give – that they were upon him, and he was dead. Instantly he was cut down. A *band of cruel ruffians* and *assassins, reeking with his blood,* rushed into the chamber of the queen (Burke 1964 [1790]: 68, Hervorhebungen nicht im Original).

Die Königin Marie Antoinette steht hier nicht nur stellvertretend für das bourbonische Königshaus, sondern auch für die außer Kraft gesetzte Staats- und Gesellschaftsordnung. Diese Lesart bestätigen die *Reflections* an anderer Stelle. Hier spricht Burke der Kernforderung der französischen Nationalversammlung nach einer Verfassung, die auch den König bindet, die Berechtigung ab:

> That Assembly, since the destruction of the orders, has no fundamental law, no strict convention, no respected usage to restrain it. [...] What ought to be *the heads, the hearts,* the dispositions, that are qualified, or that dare, not only to make laws under a fixed constitution, but at one heat to strike out a totally new constitution [...] (ebd.: 43, Hervorhebungen nicht im Original)

In seiner Bewertung der französischen Nationalversammlung und der französischen Verfassung greift Burke auf eine im 18. Jahrhundert zum Topos verdichtete Abgrenzungsfläche zurück und passt diese an die veränderten zeitgeschichtlichen Verhältnisse an. Traditionell war eine scheinbare französische Artifizialität mit der höfischen Kultur des Ancien Régime assoziiert. "Enlightenment criticism of 'the' French is [...] targeting aristocratic mores and manners, imposed by the French court [...]" (Florack 2007b: 156). Bei Burke ist es gerade nicht das Ancien Régime, sondern die neue Ordnung, die er mit dem ‚Künstlichen' als negatives Pendant des Organischen belegt. Burke diagnostiziert ein scheinbares Fehlen menschlicher Organe und spricht so der neu geschaffenen französischen Verfassung den Status des Lebendigen und als Konsequenz den des Humanen ab. Das vernichtende Urteil erstreckt sich ebenso auf die neu geschaffene Gesellschaftsordnung, die ja rechtlich auf der mechanistischen, aus dem Nichts geschaffenen Verfassung fußt. Vor diesem Hintergrund wird das

Ancien Régime – verkörpert durch die Königin – anthropomorphisiert, und im übertragenen Sinne wird ihm damit Menschlichkeit zuerkannt.

Rhetorisch weit weniger ausgefeilt entwerfen andere konservativ geprägte politische Essays ein ähnlich furchteinflößendes Bild des revolutionären Frankreich wie die burkeschen *Reflections*. Im Zentrum steht ebenfalls eine aus den Fugen geratene Gesellschaftsordnung, in der Willkür ein rechtssicheres System ersetzt haben soll. Es regiert nicht mehr ein göttlich oder gesellschaftsvertraglich legitimierter König, sondern es herrschen Usurpatoren, die die Macht gewaltsam an sich gerissen haben. Diese Interpretation der Zeitgeschichte artikuliert sich explizit in der Wortwahl. So heißt es in *Plain Address* „tyrants of Paris" (Bodkin 1793: 6), und in *Protest* wird von „the Government of the Mob, destructive as it is despotic" (Bowles 1793: 29) gesprochen. In den Zitaten klingt deutlich eine Verschränkung des national mit dem sozial Anderen an. Eine untere Schicht wird als machthungriger, menschlich enthemmter Pöbel inszeniert, der für die zerstörerischen Umwälzungen verantwortlich sein soll. Über das mit dem national Anderen verschränkte negative Klassenstereotyp wird die Monarchie als Staatsform und eine hierarchische Gesellschaftsordnung als einzig mögliches Modell für ein harmonisches und prosperierendes Miteinander gedacht.

Das in konservativen Texten entworfene Bild des revolutionären Frankreich zeigt das Nachbarland also als eine im Chaos versinkende Nation, in der die bewährte Gesellschaftsordnung zum Nachteil aller ins Gegenteil verkehrt worden sei. Als Warngeschichte gelesen, halten die Schilderungen der Französischen Revolution der eigenen Nation in drastischen Bildern vor, welcher Zerstörung sie sich aussetzen würde, falls sie den radikalen Demagogen im eigenen Land Gehör schenken und den ‚Mob' zum Souverän erklären sollte. Damit korrespondieren die hier gemachten Beobachtungen über das Bild, das konservative politische Essays vom revolutionären Frankreich zeichnen, mit jenen, die Ruth Florack im Rahmen ihrer Untersuchung deutscher und französischer Literatur über nationale Stereotype gemacht hat. In Kombination mit beispielsweise Klassenstereotypen dienen sie dazu, „einen aktuellen Normenkonflikt zu gestalten und eine entschiedene Position zu profilieren" (Florack 2007a: 154). Für England heißt dies, dass der Forderung, der Bevölkerung unabhängig vom sozialen oder wirtschaftlichen Status politische Teilhabe zu ermöglichen, eine klare Absage erteilt wird. Vor der schauererregenden Kontrastfolie eines hyperbolisch entfremdeten Frankreich hebt sich ein englisches Eigenbild implizit als positive Verkehrung ab. Entsprechend erscheint die englische Nation als gewachsene Wertegemeinschaft, der ihre ‚gesunde' hierarchische Ordnung die nötige Stabilität verleiht. Traditionsbewusstsein und das

Vermögen zu Kontinuität und Besonnenheit sind die Eigenschaften, die hier einen englischen Anstrich erhalten.

4.4.2 *Das revolutionäre Frankreich als positive Projektionsfläche*

Radikale politische Essays blenden die Gewaltexzesse, die die Französische Revolution mit sich brachte, aus. Stattdessen wird ein mit Pathos überzogenes Frankreichbild gemalt. Die Beschreibung des Sturms auf die Bastille in *Rights of Man* liest sich in ihrer Aussage und Rhetorik wie eine Antithese zu den burkeschen *Reflections*:

> The mind can hardly picture to itself a more tremendous scene than what the city of Paris exhibited at the time of taking the Bastille [...]. At a distance, this transaction has appeared only as an act of heroism, standing on itself [...] (Paine 1971 [1791/1792]: 74).

Mit solch empfindsamer Rhetorik stellen die Texte eine Verbindung zur Bewegung der Empfindsamkeit in ihrer radikalen Ausprägung her, denn diese hatte die Französische Revolution in ideologischer Hinsicht in ihren Dienst gestellt (vgl. Jones 1993: 11). In ihrem Kern betont die Empfindsamkeit das menschliche Mitfühlen, die Herzensbildung, als Voraussetzung vernunftgelenkten Handelns (vgl. Pinch 2008: 51–52). Auf der ideengeschichtlichen Grundlage Rousseaus und der schottischen Aufklärung konnten – philosophisch legitimiert – Sozialkritik geäußert und Reformen angestoßen werden (vgl. Jones 1993: 8 und 22).[11] In dieser Logik ließ sich die Nation als republikanische und demokratisch geordnete Gesellschaft denken, denn Nationen erscheinen gleichermaßen als Resultat von Herzensbildung und rationaler Überlegtheit. Sie werden als eine Art vernunftgegründeter Kollektivindividuen entworfen, die die Frucht philosophischer Wurzeln sind. Damit stilisieren radikale Essays das revolutionäre Frankreich zur Projektionsfläche einer realisierbaren Vision für die eigene Nation:

> [T]hat the influence of so *glorious* an example *may be felt* by all *mankind*, until tyranny and despotism *shall be swept* from the face of the globe, and universal liberty and happiness *prevail* (Stanhope 1789: 13, Hervorhebungen nicht im Original).

11 Es handelt sich hier um die radikale Interpretation der Empfindsamkeit, denn eine konservative Auslegung wurde eingesetzt, um Hierarchien und Abhängigkeiten in scheinbar emotional begründete Loyalitäten umzumünzen (vgl. Jones 1993: 7).

Hier spiegelt sich eine Grundhaltung der Reformbewegung, denn führende Radikale der Zeit deuteten die revolutionären Aktivitäten von 1789 als Vorboten der überfälligen Wahlrechtsreform im eigenen Land (vgl. Gibson 1995: 112). Entsprechend nimmt hier die englische Nation als eine republikanisch-freiheitliche Gemeinschaft Gestalt an, die von Empfindsamkeit geleitet friedlich mit anderen Nationen koexistiert. Über die empfindsame Rhetorik erhält die Nation trotz der propagierten fundamentalen Veränderungen ein organizistisches Element, denn sie wird mit philosophischen Wurzeln versehen. Ein solches Kollektiv erscheint, anders als in konservativen Texten, primär auf die Zukunft gerichtet, sodass diesem Entwurf der englischen Nation ein visionäres Moment innewohnt. *Englishness* wird so mit der Fähigkeit assoziiert, selbst grundlegende Neuorientierungen friedlich zu meistern.

Obwohl in den radikalen Essays die monarchische und aristokratische Machtstruktur in Frankreich kritisiert wird und diese Kritik auch gegen die entsprechenden Personen bzw. Personengruppen gerichtet ist, lässt sich, anders als bei den konservativen Texten, keine durchgängige Korrelation zwischen dem national Anderen mit einem sozial Anderen konstatieren. Zwar wird die Abschaffung des Systems Monarchie verlangt, doch diese Forderung wird nicht zwingend am herrschenden König als deren Symbolfigur festgemacht, wie sich dies exemplarisch in *Rights of Man* nachlesen lässt: "It was not against Louis XVIth, but against the despotic principles of the government, that the nation revolted" (Paine 1971 [1791/1792]: 69). Darüber hinaus werden die ‚unteren Schichten' im damaligen hierarchischen Gesellschaftsgefüge nicht durchweg positiv präsentiert. Selbst wenn die sozialen Ursachen für eine gewisse menschliche Verwahrlosung entsprechender Bevölkerungsgruppen reflektiert werden, sind Ressentiments spürbar und das Echo eines konservativen Vokabulars nicht zu überhören: "There is in all European countries, a large class of people of that description which in England is called the 'mob'" (ebd.: 80). Da eine eindeutige Verschränkung des national Anderen mit einem sozial Anderen fehlt, erhält in radikalen Texten *Englishness* über die Darstellung der Französischen Revolution keine eindeutige soziale Konnotation.

4.5 Erinnern und kulturelle Wissenselemente: Historisierung der Nation

Die Bedeutung von Erinnern und Erinnerungen in der politischen Kultur und für Nationen hat die kultur- und geschichtswissenschaftliche Gedächtnisforschung dargelegt. Bei der „historische[n] Analyse politischer Kulturen" (Nünning V. 1998: 15) kommt dem kollektiven Gedächtnis besondere Relevanz zu.[12] Eine gemeinsame Vergangenheit spielt – so der Forschungskonsens – eine entscheidende Rolle, damit sich eine Nation ausbilden kann (vgl. Nünning V. 2003: 27). Schließlich sind es die „mythischen und historischen Erzählungen", die in einen „fortschreitenden Gegenwartshorizont Bilder und Geschichten einer anderen Zeit" integrieren „und dadurch Hoffnung und Erinnerung stifte[n]" (Assmann 2007: 16). Erinnern ist historiografisches Erzählen, bei dem die Beziehung zum eigenen Selbst im Vordergrund steht. Folglich gilt auch für das Erinnern, dass es stets selektiv und bedürfnisgesteuert bleibt (vgl. Nünning V. 2003: 27). Wenn im politischen Essay historische und mythologische Wissenselemente aus einem breiten Reservoir an die Oberfläche geholt werden, geschieht dies an der Schnittstelle der Diskurse über Politik und Nation, und es sind diese Diskurse, die die Wissenselemente narrativ ordnen und bewerten. Aktiviert werden sie zunächst, um die jeweilige politische Haltung historisch zu untermauern. Die politische Diskussion steht jedoch mit der Debatte über die Französische Revolution und deren Bedeutung für das eigene Land sowie über eine Reform des heimischen Wahlsystems in einem nationalen Zusammenhang.

> The debates over constitutional reform that shaped so much of the political discourse of the English 1790s were fundamentally inseparable from arguments over the character and significance of the national past (Poole 2009a: 161).

Diese Einschätzung Steve Pools spiegelt sich im politischen Essay in den Wissenselementen, die die Gattung aufruft. Eine Rolle spielen die englische Verfassung und ihre Geschichte sowie die Glorreiche Revolution (1688/1689), die „im 18. Jahrhundert verschiedene Gruppierungen [...] als Argument in den politischen Debatten [benutzten]" (Nünning V. 1998: 163). Die normannische Eroberung (1066), der dieser entsprungene Mythos des normannischen Jochs und die Vorstellung einer harmonischen angelsächsischen Gesellschaft, die damit ein jähes Ende gefunden haben soll, sind ebenfalls Wissenselemente, die in der Gattung zum Tragen kommen. Sie stellen eine Projektionsfläche dar, die in der politischen Arena bereits erprobt ist. Während der Englischen

12 Vera Nünnings Erkenntnis baut auf Einsichten von Martin und Sylvia Greiffenhagen auf, die bereits in den späten 1970er-Jahren die Verschränkung zwischen einer Erinnerungskultur und Nationen aufgezeigt haben: „Es gibt so etwas wie ein ‚kollektives Gedächtnis' der Nationen, in dem gemeinsame historische, politische und wirtschaftliche Erinnerungen gespeichert sind" (Greiffenhagen/Greiffenhagen 1979: 19).

Revolution (1642–1649) hatten die Radikalen der Zeit im normannischen Joch die herrschende Machtordnung gesehen, die es umzustürzen galt. Die wohlhabenden Parlamentarier interpretierten es als Synonym der absolutistischen Macht des Königs und damit als Bedrohung für ihre Güter und Ländereien (vgl. Hill 1989: 162–163). Die historischen und mythologischen Wissenselemente lassen sich in der Terminologie der kulturwissenschaftlichen Gedächtnisforschung als „memory sites" (Erll/Rigney 2009: 5) beschreiben, die durch wiederholte mediale Aufbereitung eben zu Erinnerungsstätten geworden sind (vgl. ebd.). Das weitere Interesse gilt der Art und Weise wie sich der Umgang mit diesen Erinnerungsstätten in konservativen und radikalen Essays gestaltet und wie sie zur Historisierung der Nation in der Gattung beitragen.

4.5.1 *England als gewachsene, freiheitliche und rechtssichere Gemeinschaft aus konservativer Perspektive*

Als Resultat der Glorreichen Revolution war durch die *Bill of Rights* (1689) die Souveränität formal dem Parlament übertragen und damit die absolute Macht des Königs beschnitten worden. In den 1680er-Jahren waren die Errungenschaften der Englischen Revolution (1640–1660) in Gefahr geraten, da der König absolutistische Machtbestrebungen gezeigt und damit das Parlament in seiner Funktion hinterfragt hatte (vgl. Schröder 1986: 218). Ab Mitte der 1690er-Jahre musste das Parlament regelmäßig einberufen werden und es entwickelte sich „zu einem unverzichtbaren, kontinuierlichen Bestandteil des politischen Systems" (ebd.: 234). In der um 1800 weithin akzeptierten Geschichtsdeutung galt die *Bill of Rights* nicht als ein neues Gesetz, sondern als ein Fortschreiben der Verfassung. Seit dem Mittelalter regelte die Magna Carta die Machtverhältnisse. Sie schützte Privilegien der Kronvasallen und deren Lehnsleute, verbot eine Inhaftierung ohne rechtliche Grundlage und bot einen gewissen Schutz für Kaufleute und freie Städte (vgl. Wende 1995: 44). Konservative politische Essays perpetuieren diese etablierte Geschichtsinterpretation der Zeit. Augenfällig ist, dass sachliche Informationen fehlen und ein patriotisch-erhabener Sprachduktus vorherrscht:

> [A] Constitution obtained by the *glorious struggles* of your ancestors – founded upon experience – matured by time – which has stood the test of ages – the essence of which is social liberty – the scope of which is social happiness; – in short, a Constitution which you enjoy as your inestimable birth-right, which calls for your gratitude to its venerable founders, and which it is your bounden duty to transmit unimpaired to posterity (Bowles 1793: 7, Hervorhebung nicht im Original).

Mit dem Bezug auf die Vorfahren und zukünftige Generationen erscheint die Nation als zeitliches, sich fortentwickelndes Kontinuum, auf deren ‚Entwicklungsweg' die Glorreiche Revolution – *glorious struggle* – als ‚Meilenstein' hervorgehoben wird. Der Gesellschaftsvertrag wird als ein nicht auflösbarer Generationenvertrag imaginiert, in dessen Verbindlichkeit jeder Mensch hineingeboren wird. Mehr noch, der Generationenvertrag wird als Geburtsrecht umgemünzt und hochgehalten. Dieses historische Narrativ entsteht auch, weil die Essayisten auf die Metapher des organisch Gewachsenen zurückgreifen. Bei Bowles findet sich diese Denkfigur im Reifungsprozess der Verfassung metaphorisch wieder. In *The Anti-Jacobin* erhält die englische Verfassung sogar ausdrücklich menschliche Züge, sodass sie als Gegenmodell zur neuen französischen Verfassung erscheint, die im konservativen Verständnis jede Verwebung mit dem menschlichen Sein und der Menschlichkeit entbehrt. In diesem Sinne werden Unzulänglichkeiten als bloße, fast sympathische Schwächen gedeutet: "We should at all times exert our best endeavours for upholding its [England's] constitution, even with all the *human imperfections* which may belong to it" (Canning 1970 [1799]: 5, Hervorhebung nicht im Original).

In geringerem Maße greifen die konservativen politischen Essays auf das weiter zurückliegende Ereignis der normannischen Eroberung und den Mythos des normannischen Jochs zurück. Die normannische Eroberung hatte die Inthronisierung von *William of Normandy* zur Folge, der eine vom französischen Adel straff organisierte Administration und ein strenges Gerichtswesen einführte. Er trieb die Kolonialisierung und Befriedung Englands mit so drastischen Maßnahmen voran, dass innerhalb von zwanzig Jahren rund 300 000 Menschen direkt oder indirekt zu Tode kamen (vgl. Gibson 1995: 4). Dem Mythos des normannischen Jochs zufolge, der sich von diesen Fakten nährt und sie identitätsstiftend verwebt, sollen sich Angeln und Sachsen zuvor freiheitlich und friedlich selbst regiert haben (vgl. Newman 1997: 190). Bowles greift diese geläufige Geschichtsdeutung auf, wenn er das normannisch- und damit französischstämmige Königshaus als Aggressor darstellt, das die Weiterentwicklung der englischen Verfassung zeitweilig gebremst haben soll. Die früheren Könige Englands – Alfred und Edward – werden hingegen als mildtätige Landesväter dargestellt, die die Rechte ihrer Untertanen gewahrt und die Verfassung geachtet haben. Wie bei den Bezügen auf die Verfassungsgeschichte und auf die Glorreiche Revolution bleiben auch hier historische Fakten weitgehend ausgespart:

> The Norman Conquest did but retard its growth, and for a time check its principles from expanding; [...] Through the rapacity and oppressive despotism of the first Monarchs of that line, we can connect some of the

> first Monarchs of that line, we can connect some of *our dearest privileges* with the names of an *ALFRED* and an *EDWARD* (Bowles 1793: 16, kursivierte Hervorhebung nicht im Original).

Über das Erinnern, also indem historische bzw. mythologische Wissenselemente ins Gedächtnis gerufen werden, wird die Nation nicht nur mit Kontinuität belegt, sondern ihr wird in diesem Zuge Historizität zugesprochen. Wird das Erinnern im konservativen politischen Essay vor dem Hintergrund der Repräsentation der Französischen Revolution gelesen, treten die „characterological polarities" (Beller 2007c: 432–433), die die englische und die französische Nation vermeintlich unterscheiden, signifikant hervor. *Englishness* erhält so scharf gezogene Konturen. Anders als Frankreich ist England nicht entwurzelt und entseelt. Die Eigenschaften, die *Englishness* zugeschrieben werden, sind Beständigkeit, Besonnenheit, Resilienz sowie ein Bewusstsein für tradierte Werte. Hinzu tritt die Assoziation von *Englishness* mit einer durch die Verfassung und die Tradition garantierten Freiheit. Der Aspekt der Klassenzuschreibung, der sich in der negativen Inszenierung der Französischen Revolution andeutet, erhält hier jedoch kein Pendant.

4.5.2 *Erinnern als Vision: die Nation als freiheitliche Republik in radikalen politischen Essays*

In den radikalen politischen Essays wird – ebenso wie in den konservativen – die Glorreiche Revolution mit der Nation assoziiert und ihr wird eine bedeutsame Rolle für die Entwicklung der Nation beigemessen. Dies gilt, obwohl „das Volk aus der Revolution von 1688/1689 ausgeschlossen" blieb und „jede breite, mit radikalen Implikationen befrachtete Diskussion über die Grundlagen von Staat und Regierung abgeschnitten" (Schröder 1986: 236) wurde.[13] Allerdings unterscheidet sich die Akzentsetzung in der Bewertung der Glorreichen Revolution in radikalen politischen Essays von jener in konservativen.

> The English Parliament of 1688 did a certain thing, which, for themselves and their constituents, they had a right to do, and which it appeared right should be done: But, in addition to this right, which they possessed by

13 Von Ausnahmen abgesehen, sind während der Französischen Revolution weder die Englische Revolution Mitte des 17. Jahrhunderts noch Oliver Cromwell, unter dessen Protektorat England hier zeitweilig eine Republik gewesen war, als Projektionsflächen radikaler Ziele funktionalisiert worden: "For the radicals and reformers he [Cromwell] demonstrated the dangers of a despotic ambition that would stifle liberty" (Kitson 2002: 185). Entsprechend bezeichnet Thelwall Cromwell in einem Essay, der hier nicht zum Korpus zählt, als „a hypocritical fanatic" und „ambitious usurper" (Thelwall 1995 [1795]: 303).

> delegation, *they set up another right by assumption*, that of binding and controlling posterity to the end of time (Paine 1971 [1791/1792]: 63).

Betont wird, dass die Inthronisierung des holländischen *William of Orange* am Ende der Glorreichen Revolution keine Auswirkungen auf die Gesellschaftsordnung nachfolgender Generationen habe. Der mit dem neuen König geschlossene Gesellschaftsvertrag gilt als Zeugnis einer selbstbestimmten Nation. Eine unabänderliche Gültigkeit wird ihm abgesprochen, da die Bevölkerung jederzeit eine andere Staats- oder Regierungsform wählen dürfe.

> – by this Revolution was annihilated the pretence that *kings are God's vicegerents*; that from heaven they derive their authority, and are responsible for the exercise of it to heaven alone. By this also was established another principle, glorious and important to the last degree! – […] namely, that *the sovereignty of every country is, imprescriptibly, and inalienably, in the people* (Thelwall 2009 [1795]: 256).

Auf diese Weise erscheint die Glorreiche Revolution in radikalen politischen Essays nicht wie in konservativen als Meilenstein auf dem Entwicklungsweg einer als englisch apostrophierten Freiheit. Vielmehr wird sie zu einem historischen Legitimationspunkt, von dem aus sich Veränderung in der Gesellschaftsordnung begründen lässt.

In ähnlicher Manier werden auch die normannische Eroberung und das normannische Joch in ein geschichtliches Narrativ eingespannt, um die angestrebten politischen Ziele auf eine geschichtliche Grundlage zu stellen. Anders als bei den konservativen Essays sind die angelsächsischen Könige Alfred und Edward hier nicht die entscheidenden Bezugspunkte, sondern es wird der Akt der willkürlichen Machtaneignung durch die normannischen Eroberer herausgestellt:

> Conquest and tyranny transplanted themselves with William the Conqueror from Normandy into England, and the country is yet disfigured with the marks (Paine 1971 [1791/1792]: 97).

Indem der Mythos des normannischen Jochs dahin gehend interpretiert wird, dass einst eine angelsächsische Gesellschaft bestanden haben soll, die freiheitlichen und egalitären Prinzipien folgte, entwerfen die Texte ein auf Gleichheit basierendes Freiheitsverständnis, das historisch in der englischen Nation ankert. Diese Vorstellung findet sich nicht nur in politischen Essays, die zur *Revolutionary Controversy* zählen, sondern setzt sich in Texten fort, die in der veränderten Atmosphäre während der Napoleonischen Kriege entstanden:

> When the institutions of the Anglo-Saxons were superseded by, or incorporated with, those of the Normans, even the right, or the power, of conquest, did not overthrow the acknowledged principle on which this assembly was summoned (Hunt 1810: 21).

Die Essayisten knüpfen hier an die Tradition der radikalen Bewegung der 1760er-Jahre an. Diese kultivierte die Vorstellung eines „egalitarian paradise in the past" (Newman 1997: 184), das es wiederherzustellen galt (vgl. ebd.). Die radikalen politischen Essays stehen damit im Zusammenhang der breiteren radikalen Bewegung und einer ihrer Argumentationsstrategien, die ein „sentimental primitivism" (Butler M. 1998: 13–14) kennzeichnet. Über diese in der Romantik vielfach aufgegriffene und weitergesponnene Denkfigur stellen die Essays auch eine Verbindung zur radikalen Geschichtsschreibung her. Der Mythos angelsächsischer Freiheit findet sich etwa in Obadiah Hulmes einflussreicher Abhandlung *Historical Essay on the English Constitution* (1771) sowie in Macaulays *Geschichte Englands* (vgl. Poole 2009a: 163).[14] Mit dieser Verbindung zur Historiografie wird in den Essays die dargebotene Geschichtsinterpretation mit scheinbarer Faktizität belegt. Darüber hinaus wird das Erinnern zu einer Vision der Nation: Eine freiheitliche englische Gemeinschaft, zu der sich die Nation wieder entwickeln soll, erscheint als eine, die wiederbelebt werden kann, da sie bereits in einer, wenn auch nebulösen Vorzeit bestanden habe. Hierin artikuliert sich die durch die Darstellung der Französischen Revolution ebenfalls transportierte Vorstellung von der Nation als Republik, die das Volk stets als Souverän begreift. Diese Vision ist nun geschichtlich verankert und infolgedessen auch geschichtlich legitimiert. Somit sind ein Freiheitsverständnis und historisches Bewusstsein in der Gattung als Gesamtheit mit *Englishness* verschränkt, mögen sie in radikalen und konservativen Essays auch mit unterschiedlichen Inhalten und Bewertungen gefüllt sein.

4.6 Die griechisch-römische Antike als nationaler Assoziationsraum in radikalen Texten

Bereits im ausgehenden 17. Jahrhundert begann sich die Vorstellung herauszubilden, es bestünde eine Parallele zwischen England und dem Römischen Reich unter Kaiser Augustus, dessen Regentschaft mit einer literarischen Blütezeit zusammenfiel (vgl. Heyl 2010: 103). Die Vorstellung eines „new Augustan

14 Insbesondere Mitglieder der *London Corresponding Society*, darunter Thelwall, haben in dieser Geschichtsdeutung die historischen Wurzeln der radikalen Bewegung gesehen (vgl. Poole 2009a: 162).

Age“ (ebd.) eröffnete eine Projektionsfläche für eine werdende Großmacht. So wurde die Vorstellung dahin gehend weitergesponnen, dass London zum Äquivalent Roms und das schottische Edinburgh zu jenem des unterworfenen, aber kulturell entwickelten Athens stilisiert wurde (vgl. ebd.: 104).[15] Die Antike als Assoziationsraum einzusetzen, um ein nationales Eigenbild zu entwerfen, ist während der englischen Romantik also bereits ein geläufiges Verfahren. In den politischen Essays, die eine radikale Haltung transportieren, werden jedoch nicht Macht und Überlegenheit über antike Bilder heraufbeschworen. Entsprechende Bezüge werden stattdessen genutzt, um ein radikales Freiheitsverständnis kulturell und historisch zu stabilisieren. Wird auf die römische Antike Bezug genommen, handelt es sich um diejenige Phase, in der in Rom noch nicht das Caesarentum Einzug gehalten hatte. An die Volkstribune in der frühen römischen Republik erinnert der Titel *The Tribune* von Thelwalls Zeitschrift. Die paratextuelle Anknüpfung an die Vertreter der Pleps – im Wesentlichen Handwerker und Kleinbauern (vgl. Kunkel/Wittmann 1995: 567) – ruft assoziativ die Vorstellung auf, das Volk könne sich gegen Ungerechtigkeiten zur Wehr setzen: „Die politische Grundlage für die erstmalige Wahl von Volkstribunen schuf ein revolutionärer Akt der plebs, der politische Streik“ (ebd.: 555). Sich dem Kriegsdienst zu verweigern, war dabei ein entscheidendes Anliegen, denn dieser machte es verschuldeten Bauern unmöglich, ihre Felder zu bestellen und so ihren finanziellen Verpflichtungen nachzukommen (vgl. ebd.).

Der Rekurs auf die altrömische Geschichte bleibt in radikalen Texten jedoch die Ausnahme, da diese Zeit nicht geeignet schien, um Forderungen nach Reformen Ausdruck zu verleihen und historische Vorbilder zu geben. „Am Beispiel der römischen Geschichte glaubte man gelernt zu haben, daß eine republikanische Verfassung in Despotismus umschlage, sobald die Tugend der Bürger verloren gehe“ (Nünning V. 1998: 75).

Häufiger als auf die römische wird in den Essays auf die griechische Antike Bezug genommen, in der noch die republikanischen Stadtstaaten die hellenische Welt prägten. So lobt Paine die „democracy of the Athenians“ (Paine 1971 [1791/1792]: 199) und Macaulay führt aus:

> It is true that a senate, or an assembly of men who have had some controul [sic!] over the voice of the people, some power of mitigating,

15 Diese Vorstellung wurde auch von einer gebildeten schottischen Mittelschicht angenommen. Mit ihr ließ sich, nachdem Schottland 1707 seine Eigenständigkeit als Staat verloren hatte, zumindest eine kulturelle Überlegenheit behaupten. Dies erfolgte über eine Parallele zum antiken Athen. Nach der Eroberung Griechenlands gehörte der vormalige Stadtstaat zwar zum Römischen Reich, aber er behielt seine Funktion als Hort der Bildung (vgl. Heyl 2010: 104).

> regulating, or carrying into execution their laws, has always had a place in the ancient republics (Macaulay 1997 [1790]: 80).

Derartige Bezüge zielen zunächst darauf ab, die Französische Revolution und die Erklärung des dritten Standes der französischen Nationalversammlung als rechtmäßig anzuerkennen. Die französische Nationalversammlung hatte beschlossen, selbst ohne die Zustimmung des Königs so lange zusammenzubleiben, bis eine verbindliche Verfassung verabschiedet worden sei. Wenn in radikalen Texten Wissenselemente antiker Geschichte aktiviert werden, sind sie nicht nur in engem Zusammenhang mit der Zeitgeschichte – genauer: mit der Französischen Revolution – zu lesen, sondern auch als Assoziationsraum zu verstehen, mit dem sich politische Aussagen treffen ließen. So legen sie nahe, ganz allgemein eine demokratische Republik als Staatsmodell zu denken. Indirekt wird ein solches Modell damit auch für England bzw. Großbritannien angedacht. In diesem Sinne stellt Price in *A Discourse* das zeitgenössische, vom Osmanischen Reich beherrschte Griechenland zu einem ‚freiheitlichen Hellas' in Beziehung und hält damit ein patriotisches Plädoyer für Freiheit im eigenen Land:

> Think of *Greece*, formerly the seat of arts and science, and the most distinguished spot under heaven; but now, having lost liberty, a vile and wretched spot [...]. Such reflexions must convince you that, if you love your country, you cannot be zealous enough in promoting the cause of liberty in it (Price R. 1789: 19–20).

In Essays, die zur Zeit Napoleons entstanden, dient die republikanische Antike immer noch als Assoziationsraum, allerdings ist dieser an die veränderten (außen-)politischen Verhältnisse angepasst. Das Gewicht liegt jetzt nicht mehr auf der friedlichen Koexistenz der europäischen Nationen, sondern auf der kritischen Auseinandersetzung mit der eigenen Nation. Die Antike wird infolgedessen nicht mehr herangezogen, um eine Freiheitsvision für alle Nationen zu entwerfen. Vielmehr wird sie zu einem Assoziationsraum funktionalisiert, in dem sich eine von außen wie von innen gefährdete englische Freiheit imaginieren lässt. Von dieser Grundlage aus lassen sich innere Reformen anmahnen. In *Athens and England* zieht Hunt eine Parallele zwischen dem zeitgenössischen England und dem antiken Athen (vgl. Hunt 1811: 420–421). Dabei konturiert er den griechischen Stadtstaat als eine freiheitliche Gesellschaft, wenn er die Zuhörerschaft des Demosthenes, berühmt für seine „großen Kampfreden gegen den makedonischen König" (Lehmann 2004: 26), als: „an assembly of men nominally free" (Hunt 1811: 420) charakterisiert. Die Gesellschaft Athens hätte, so fährt Hunt fort, aufgrund eines Moral- und Sittenverfalls nicht wahrgenommen, dass Phillip II. von Makedonien eine Bedrohung darstellte (vgl. ebd.). Hunt schlägt hier einen Bogen zum zeitgenössischen England, das ebenfalls in Lethargie verfallen sei, die es zu einer leichten Beute für gegenwärtige wie zukünftige Angriffe von außen mache:

> [W]ould this single occurence shake off the lethargy which has hitherto paralysed our energies? Would it invigorate our Constitution, and remove the damned and damning spot of corruption which disfigures it? Would it not rather, by apparently diminishing the necessity of exertion, sink us into a more torpid indifference, and render us an easier prey to some future Napoleon? For doubtless, as the Athenian orator told his countrymen, our indolence would soon raise up another Bonaparte (Hunt 1811: 422).

Um den Aspekt der Freiheit, der in diesen Essay eingewoben ist, deutlich werden zu lassen, ist es notwendig, den altertumsgeschichtlichen Kontext genauer einzubeziehen. Demosthenes hatte für „Athens Demokratie und Größe, aber auch das Prinzip der Freiheit und der Autonomie als gemeinsame Basis der hellenischen Staatenwelt" (Lehmann 2004: 18) gestritten. Er wollte die athenische Bürgerschaft aufrütteln und hatte ein Umdenken verlangt, um den Stadtstaat gegen makedonische Angriffe zu wappnen (vgl. ebd.: 88–90). Eine vergleichbare Rolle des Mahners spricht sich Hunt selbst zu. Angesichts der Bedrohung durch Napoleon wirbt er dafür, das in seinem Verständnis verkommene politische System in England zu reformieren:

> I hope no man with a soul at all English, can read them [Demosthenes' speeches] without being reminded of the errors and misfortunes of his own country, and without an ardent wish for the success of that great cause of Political Reform, for which Demosthenes laboured so strenuously in his country (Hunt 1811: 421).

Auf rhetorischer Ebene ist es Hunts patriotischer Sprachduktus, der die englische Nation als freiheitliche Gemeinschaft erscheinen lässt und sie, anders als in frühen radikalen Texten, heroisierend übersteigert.

4.7 Politische Haltung und Rhetorik: die innere Konturierung der Nation

Unabhängig von den politischen Koordinaten, die die Texte bestimmen, erscheint der jeweilige politische Gegner als Feindbild. In *Observations* setzt sich die radikale Macaulay von Burke ab, der klangvollsten konservativen Stimme in der Debatte um die Französische Revolution:

> Though I have hitherto spared my readers a detail of all the *severe invectives which Mr. Burke has used* against the leading members who compose the National Assembly; yet, for the sake of those principles of *moral rectitude* which the torrent of his eloquence appears to *baffle* and *confound*, it will be necessary to notice his observations on the character and conduct of the nobles who have taken the lead in the French revolution [...] (Macaulay 1997 [1790]: 37–38, erste Hervorhebung nicht im Original).

Burke wird zum einen unterstellt, rhetorische Finesse einzusetzen, um politische Verwirrung zu stiften, zum anderen wird ihm ganz allgemein moralisches und damit verantwortungsvolles Handeln abgesprochen. Derselbe Mechanismus greift, wenn Burke den Pfarrer Price in einem Umfeld politischer Aufwiegler situiert und indirekt anprangert, dass der Dissenter die Kanzel nutzt, um seine subversiven Ideen zu verbreiten.

> For my part, I looked on that sermon [*A Discourse*] as the public declaration of a man much connected with literary caballers, and intriguing philosophers; with political theologians, and theological politicians, both at home and abroad (Burke 1964 [1790]: 9).

Diese personalisierte Form der Abgrenzung lässt sich auf ihre Funktion bezogen metonymisch lesen. Indem der Name des politischen Gegners fällt oder auf seine Schriften Bezug genommen wird, wird die gesamte politische Zielsetzung, für die sie stehen – also radikale Reformen oder Sicherung der gegebenen Verhältnisse –, in Bausch und Bogen abgelehnt.

Die Diskreditierung des politisch Andersdenkenden setzt sich bei der Darstellung politischer Gruppen fort und erfährt hier eine Steigerung, da ein kriminalisierendes Element hinzukommt. Der radikale Hazlitt brandmarkt die Tories, die seit Mitte der 1780er-Jahre die ständischen Interessen der *gentry* und der wohlhabenden Kaufmannschaft vertraten (vgl. Bennett 1976b: 10–11), als korrupte Opportunisten:

> [H]e [A Tory] gives might the preference over right [...] and is ever strong upon the stronger side – the side of corruption and prerogative (Hazlitt 1967c [1819]: 17).

Der konservative Bodkin geht ebenfalls über eine bloße Kritik hinaus und setzt die religiös-radikalen Levellers, die die Abschaffung der Monarchie und eine

Umverteilung propagierten, mit Kriminellen und in seinem Verständnis wohl ‚gesellschaftszersetzenden Subjekten' gleich:

> [L]et it not for a moment be imagined that there is any thing respectable in the levellers, [...] whose principles are not a jot better than those of highwaymen and housebreakers; for the object of both is EQUALIZING PROPERTY (Bodkin 1793: 5).

Sich vom jeweiligen politischen Gegner zu distanzieren und ihn mit einem Stigma zu belegen, bezweckt, den eigenen Zielen Schlagkraft zu verleihen. Auf die Nation gewendet bedeutet dies, dass zwar niemand ausgeschlossen wird, aber dass ihre Formgebung der eigenen politischen Gruppe vorbehalten bleibt.

In konservativen Texten erhält die ‚eigene Gruppe' neben der politischen auch eine soziale Komponente. Geringschätzige Urteile über besitzlose Bevölkerungsgruppen spiegeln sich hier in einer abfälligen Rhetorik:

> [P]opular tyranny is a catching phrenzy, and the most dreadful disorders must ensue, where all the property of society is at the mercy of those who possess nothing (Bodkin 1793: 5).

In radikalen Texten verlaufen politische und soziale Grenzziehungen nicht durchgängig parallel. Autoren, die einem gebildeten Milieu entstammen, lassen erkennen, dass keinesfalls alle die Nation mitgestalten können. Selbst bei Radikalen wie Paine ist eine Distanz gegenüber einer als enthemmter ‚Mob' charakterisierten Bevölkerung spürbar. Der unbeugsame Kämpfer in der politischen und gesellschaftlichen Auseinandersetzung identifiziert zwar das politische und soziale System als Ursache der ‚Entmenschlichung' breiter Bevölkerungsgruppen, doch diese Einsicht führt nicht dazu, dass sie als gleichberechtigte Mitstreiter verstanden werden. Entsprechend bindet Paine die betreffenden Gruppen in *Rights of Man* nicht in die Diskussion ein, sondern degradiert sie zu deren Gegenstand:

> How then is it that such vast classes of mankind as are distinguished by the appellation of the vulgar, or the ignorant mob, are so numerous in all old countries? [...] They arise [...] out of the ill construction of all old governments in Europe, England included with the rest (Paine 1971 [1791/1792]: 81).

In *The Reformers* verlangt Hunt die Abschaffung der *rotten boroughs,* die so wenige Wahlberechtigte hatten, dass sich die Stimmen billig kaufen ließen. Seine

Forderung nach politischer Teilhabe beschränkt sich aber auf eine bürgerliche, über Besitz verfügende Bevölkerung:

> [*W*]*e* must return to the original principles of the Constitution of England, by ridding *ourselves* of the usurpations of the Borough-mongers; restoring to the King his just prerogatives; and ordaining that freeholders, householders, and others, subject to direct taxation in support of the poor, the church, and the state, shall alone exercise the right of voting (Hunt 1810: 18, Hervorhebungen nicht im Original).

Pronomina in der ersten Person Plural zeigen hier an, wer damit betraut ist, die Nation zu gestalten. Mitnichten sind dies all jene, die einen politischen Wandel wollen, sondern einbezogen werden nur diejenigen, die auch über einen gewissen Besitz verfügen. Für Hunt entscheiden folglich die wirtschaftlichen Verhältnisse darüber, wer in der Nation gestalten darf. Die politische Ausrichtung zieht also die soziale Kontur der nationalen Gemeinschaft in den einzelnen Texten, aber eben nicht in der Gattung als Gesamtheit.

Der Entfremdung des politischen Gegners steht in der Gattung die Bindung zwischen impliziertem Essayisten und eingeschriebenem Adressaten gegenüber. Wenn hier und im Folgenden vom implizierten Essayisten die Rede ist, geschieht dies in Anlehnung an Wayne Booths Konzept des implizierten Autors. Der implizierte Autor, der als eine Art zweites Selbst des realen Autors in jeden Text eingeschrieben ist, stellt eine Kategorie dar, in der die Wertvorstellungen und die Entscheidungen des realen Autors eingefangen sind (vgl. Booth 1983: 70–71).

In literarischen Texten bleibt der implizierte Autor meist eine schwer fassbare Größe. Demgegenüber lässt er sich im politischen Essay vergleichsweise gut greifen. Burke inszeniert sich gleich zu Beginn der *Reflections* als jemand, dessen Meinung über die Ereignisse in Frankreich angefragt wurde und charakterisiert sich über diesen Kunstgriff als Politiker mit Expertise. Hazlitt eröffnet das *Preface* zu seinen politischen Essays folgendermaßen: “I Am no politician, and still less can I be said to be a party-man: but I have a hatred of tyranny, and a contempt for its tools” (Hazlitt 1967c [1819]: 7). Indem Hazlitt das rhetorische Stilmittel der Verneinung mit dem Stereotyp des negativen Politikers verbindet, weist er darauf hin, dass er selbst kein Akteur im institutionalisierten (und – so legt das Zitat nahe – moralisch zweifelhaften) Politikbetrieb ist. Er verleiht damit nicht nur seinen klar formulierten Ansichten Gewicht, sondern er porträtiert sich gleichzeitig als ‚aufrichtig‘ werteorientiert.

Auch wenn die implizierten Essayisten hinsichtlich ihrer Selbstdarstellung einen unterschiedlichen Fokus setzen, ist ihnen gemeinsam, dass sie sich als intellektuelle Instanz entwerfen, die über jeden moralischen Zweifel erhaben und deshalb befähigt ist, politisch Stellung zu beziehen. Ihre normativen Koordinaten sind von der politischen Position bestimmt, die in den jeweiligen Texten eingenommen wird. Im Hinblick auf den eingeschriebenen Adressaten bedeutet dies, dass er zunächst ganz allgemein als ein ernst zu nehmendes Gegenüber erscheint. Mit diesem rhetorischen Verfahren wird eine Beziehung zum Publikum aufgebaut. Es bildet die Grundlage dafür, dass über weitere rhetorische Mittel Nähe hergestellt werden kann. Die Art und Weise, in der die Rezipienten adressiert werden, lässt sich als „Sprache der Nähe" (Koch/Oesterreicher 1985: 21) charakterisieren. Damit lässt sich eine Beobachtung der Sprachwissenschaft hinsichtlich lyrischer Texte auf den politischen Essay übertragen: Im Zusammenhang ihrer Untersuchung von Nähe und Distanz in mündlicher und schriftlicher Sprache haben Peter Koch und Wulf Oesterreicher darauf hingewiesen, dass in der Literatur, so etwa in lyrischen Gattungen, das bewusste Aufbauen von Nähe bestimmend ist (vgl. ebd.: 24).

Im politischen Essay erzeugt eine direkte Rezipientenadressierung in Kombination mit verschiedenen Stilmitteln eine Vertrautheit zwischen impliziertem Essayisten und seinem Lesepublikum. Thelwall greift auf eine „fingierte Mündlichkeit" (Goetsch 1985: 202) zurück, wenn er seine Leser in *The Lecture on the Revolution in 1688* mit „Citizens, You assemble this evening" (Thelwall 2009 [1795]: 255) begrüsst. Macaulay bedient sich mit „my readers" (Macaulay 1997 [1790]: 37) einer persönlichen Form, die an den Brief angelehnt ist. Eine ähnlich informelle Anrede wählt der konservative Bodkin mit „Brother Farmers" (Bodkin 1793: 1), womit er vermögende Landwirte anspricht.

Eintracht wird dadurch beschworen, dass Personal- und Possessivpronomina in der ersten Person Plural in einem Zusammenhang mit der Nation verwendet werden. Die politische Ausrichtung der Texte spielt hier wiederum keine Rolle:

> But when we see the model held up to ourselves [by France], we must feel as Englishmen, and feeling, we must provide as Englishmen (Burke 1964 [1790]: 86).

> [T]he duty we owe to our country, and the nature, foundation, and proper expressions of that love to it which we ought to cultivate (Price R. 1789: 1–2).

Das ‚Wir', das die implizierten Essayisten hier postulieren, entwirft den eingeschriebenen Adressaten zunächst als jemanden, der eine Bindung zwischen dem Essayisten und seinem Publikum zulässt und sich selbst als Teil des nationalen Kollektivs begreift. Darüber hinaus suggeriert das ‚Wir' einen stillschweigenden Konsens, sodass der eingeschriebene Adressat als politischer Mitstreiter Gestalt gewinnt. Dass er in der Tat nicht ein passiver Empfänger politischer Botschaften bleibt, sondern ihm durchaus eine aktive Rolle zukommt, zeigt sich, wenn die Leerstellen bzw. die Vororientierungen der Texte in die Überlegungen mit einbezogen werden. Im Hinblick auf überprüfbare Fakten und Details weisen die Essays erhebliche Leerstellen auf. Sie verschwinden jedoch nahezu völlig, sobald es um die Bewertung geht, da hier die Vororientierungen der Texte greifen. Burke charakterisiert die Ereignisse im revolutionären Frankreich als „Theban and Thracian orgies" (Burke 1964 [1790]: 69). Der eingeschriebene Adressat (wie die reale Leserin) erfährt hier nichts über Hinrichtungen, geplünderte Geschäfte oder verhaftete Adlige. Damit wird jedoch keineswegs behauptet, diese hätten nicht stattgefunden. Ganz im Gegenteil, die ausgesparten Informationen lassen die Vororientierungen sichtbar werden. Der Verweis auf thebanische und thrakische Orgien beschwört die Vorstellung einer griechischen Antike herauf, die sich jeder Form der Exzesse hingegeben und damit den eigenen Untergang selbst herbeigeführt habe. In den *Reflections* werden also sachliche Informationen durch die Assoziationen, die Burkes Metapher transportiert, ersetzt. Es sind Assoziationen menschlicher Entgleisung, die hier ausgelöst werden. Aktiv gefordert ist der Rezipient an dieser Stelle deshalb, weil die Ausgestaltung der Metapher dem Leser obliegt. Sie hängt von dessen Phantasie ab bzw. von den Informationen oder Bildern, die er bereits aus anderen Quellen gesammelt hat.

Zu den Vororientierungen, die die Essays anbieten, gehört auch der Grundton ihrer Rhetorik. In konservativen Texten kommt eine Sprache des Schauererregenden (*terror*) zum Tragen, wenn beispielsweise *The Anti-Jacobin* die Septembermassaker in Frankreich von 1792 als „violent convulsion" und als „consummation of all the horrors and atrocities which we have witnessed during the last seven years" (The Anti-Jacobin 1970 [1799]: 22) brandmarkt. Die Lexik pathetischer Überhöhung schlägt in radikalen politischen Essays einen gegenläufigen Ton an. Im Namen der *Society for commemorating the Glorious Revolution of 1688* gratuliert der Earl of Stanhope den französischen Revolutionären überschwenglich und preist die frühen Pariser Ereignisse als Aufbruch in bessere Zeiten:

> They [the members of the Society for commemorating the Glorious Revolution of 1688] cannot help adding their ardent wishes of an happy settlement of so important a Revolution, and at the same time expressing

> the particular satisfaction, with which they reflect on the tendency of the glorious example given in France to encourage other nations to assert the unalienable rights of mankind (Stanhope 1789: 13).

Die jeweilige Rhetorik wird deshalb zu einer Vororientierung, weil sie in die faktenarme Darstellung ein Werturteil einflicht. Die Ereignisse in Frankreich erscheinen so als entweder apokalyptisch oder hoffnungsstiftend. Es lassen sich in der Gattung keine Indikatoren aufspüren, die darauf schließen lassen, dass der eingeschriebene Adressat an dem jeweiligen Werturteil zweifelt. Vielmehr gewinnt er als ein Adressat Gestalt, der die Argumentation des implizierten Essayisten nicht bloß nachvollziehen kann, sondern ihr beipflichtet. Er wirkt daher wie ein politisch informierter und bereits vor der Rezeption klar positionierter Leser. Weil implizierter Essayist und eingeschriebener Adressat politisch einig erscheinen, werden beide als derselben politischen Gemeinschaft angehörig ausgewiesen. Mit einem pathetischen Appell an eine englische Entschlossenheit – „The resolution of every man who has the spirit and principles of an Englishman" (The Anti-Jacobin 1970 [1799]: 26) – erhält diese Gemeinschaft in *On the Origin* einen nationalen Zuschnitt.

Bis hierher war viel davon die Rede, wer die Nation gestalten darf. Die Qualität, die *Englishness* darüber zugeordnet wird, ist nicht an der Oberfläche sichtbar, sondern sie muss herausgeschält werden. Es ist das politische Ringen, das Bestreben, die Nation normativ auszurichten, das als eine englische Eigenschaft erscheint.

4.8 ‚Gemeinsam bewohnte Vergangenheit' als einigendes Moment

Welche historischen Wissenselemente eingesetzt werden, um ein Bild der englischen Vergangenheit zu entwerfen, war bereits ausführlich Thema. In den weiteren Überlegungen verschiebt sich der Fokus auf die Frage, welche Hinweise Wissenselemente auf den eingeschriebenen Adressaten geben. Die Verfassungsgeschichte, die Glorreiche Revolution, die normannische Eroberung und das normannische Joch sowie Heterostereotype sind Wissenselemente, die mit Jürgen Link im weiteren Sinne als „Kollektivsymbol[e]" (Link 1988: 286) bezeichnet werden können. Es sind folglich *„Sinn-Bilder,* [...] deren kollektive Verankerung sich aus ihrer sozialhistorischen [...] Relevanz ergibt" (ebd.). Sie dienen als „kulturelle[..] Codes" (Neumann 2006b: 93), entlang derer sich der implizierte Essayist und der eingeschriebene Adressat verständigen. Hier gilt, was Assmann für die Bedeutung von Kultur und insbesondere für historische und mythologische Wissenselemente als verbindende Struktur zwischen Individuen herausgestellt hat:

> Was einzelne Individuen zu einem […] Wir zusammenbindet, ist die *konnektive Struktur* eines gemeinsamen Wissens und Selbstbilds, das sich zum einen auf die Bindung an gemeinsame Regeln und Werte, zum anderen auf die Erinnerung an eine gemeinsam bewohnte Vergangenheit stützt (Assmann 2007: 16–17).

Dass die aktivierten kulturellen Wissenselemente im politischen Essay ein nationales ‚Wir' erzeugen, dem das ‚Wir' des ‚politischen Lagers' untergeordnet ist, liegt gleichermaßen an den Leerstellen wie an den Vororientierungen in der Gattung. Weil die Informationen zu den historischen Fakten in den Essays rudimentär sind, muss zumindest der eingeschriebene Adressat aus einem Fundus an Faktenwissen und (nebulöser) Historie schöpfen können, um die Leerstellen zu füllen. Die Vororientierung, die die Gattung in diesem Zusammenhang anbietet, ist die geläufige Geschichtsdeutung der Zeit: Die normannische Eroberung und die Glorreiche Revolution bilden hier Knotenpunkte in einem englischen Narrativ, die Verfassungsgeschichte einen festen, tragenden Erzählstrang. Da der eingeschriebene Adressat dieses Narrativ im Idealfall als national sinnstiftend empfindet, ist er als ein englischer Adressat erkennbar.

Kulturelle Wissenselemente, die bis jetzt noch nicht Eingang in die Überlegungen gefunden haben, sind religiöse Heterostereotype und biblische Intertexte. Religiöse Heterostereotype finden sich sowohl in konservativen als auch in radikalen Essays eingestreut. Es ist wiederum der rhetorisch alles überschattende Burke, der Stereotypisierung als Stilmittel in den Dienst politischer Polemik stellt.

> Burkes *Reflections* […] greifen nahezu alle kursierenden, im impliziten kulturellen Wissen verankerten Images auf, bringen sie mit gegenwärtigem kulturellen Wissen zusammen, um durch die Synthese von Vertrautem und Neuem das revolutionäre Gedankengut wirkungsvoll zu diffamieren (Neumann 2009: 354).

Burke verwendet beispielsweise das Stereotyp eines mittelalterlich anmutenden Katholizismus, um das zeitgenössische Frankreich zu beschreiben (vgl. ebd.). Den französischen Zeitgeist charakterisiert er als „monkish superstition", und er fährt fort: „[…] superstition of the pretended philosophers of the hour" (Burke 1964 [1790]: 156). Das religiöse Heterostereotyp wirkt hier als

Kontrastfolie und lässt, ohne ihn direkt zu nennen, einen englisch geprägten Protestantismus als den ‚wahren' Glauben erscheinen. Dieser kann – so suggerieren die *Reflections* implizit – weder einem voraufklärerischen Aberglauben noch einer rationalistisch ausgerichteten, gottlosen Philosophie anheimfallen. Vielmehr zeichnet er sich durch eine aufgeklärte und der Humanität verpflichtete Gottesfürchtigkeit aus. Im Umkehrschluss erhält die englische Nation in *Reflections* einen protestantischen Anstrich, da sich Bilder vom katholischen Anderen seit der Gründung der anglikanischen Kirche ‚bewährt' hatten, um in das nationale Eigenbild ein starkes religiöses Element einzuweben. Der eingeschriebene Adressat kann die Heterostereotype in den *Reflections* entsprechend deuten, ihr ganzes Potenzial an Assoziationen national sinnstiftend realisieren und ist deshalb als ein englischer Adressat erkennbar.

Eine Geringschätzung gegenüber dem Katholizismus drückt sich auch in der Warnung vor „dangers of popery" (Price R. 1789: 2) in einem radikalen Essay aus. Wenn in *A Discourse* das stereotype Schlagwort des Papismus fällt, wird allerdings ein katholisches Anderes nicht in traditioneller Manier instrumentalisiert, um die Vorzüge der *Church of England* herauszustellen. Vielmehr signalisiert der Begriff eine Kontrastfolie für das Dissentertum, das sowohl die Dogmen und hierarchischen Strukturen der katholischen Kirche als auch jene der *Church of England* ablehnte. Die religiösen Heterostereotype apostrophieren hier, also anders als bei Burke, den eingeschriebenen Adressaten in erster Linie als Angehörigen des Dissentertums. Die Funktion von Heterostereotypen kann folglich von Essay zu Essay variieren, und als Konsequenz tragen sie in der Gattung als Gesamtheit nicht zum Erzeugen eines englischen Eigenbildes bei. Eine weitere Ursache für diese Funktionslosigkeit im Hinblick auf *Englishness* ist darüber hinaus, dass Heterostereotype nur in einem Teil der Texte auftreten. In *Protest* – um nur ein Beispiel zu geben – fehlen sie ganz.

Biblische Intertexte häufen sich in politischen Essays von Autoren, die dem Dissentertum entstammen. Die Rolle, die diese Intertexte übernehmen, liegt wie im Fall der religiösen Heterostereotype wiederum nicht darin, die *Church of England* zu legitimieren. Vielmehr haben sie den Zweck, Forderungen nach einer gesellschaftlichen Neuordnung auf ein religiöses Fundament zu stellen.

> 'And God said, Let us make man in our own image. [...]' [...] If this be not devine authority, it is at least historical authority, and shows that the equality of man, so far from being a modern doctrine is the oldest upon record (Paine 1971 [1791/1792]: 89).

Die Art, wie hier die Genesis in *Rights of Man* als Intertext eingesetzt wird, enthält Hinweise auf den eingeschriebenen Adressaten. Er erscheint als ein

Vertreter des Dissentertums, der die Schöpfungsgeschichte als Assoziationsraum egalitärer Vorstellungen akzeptiert.

Die Wissenselemente, die bis hierhin betrachtet worden sind, die historisch-mythologischen sowie die religiösen, zirkulierten um 1800 durch verschiedene Diskurse. Ähnlich wie nationale Stereotype stellen sie damit „transmediale Phänomene" (Neumann 2009: 46) dar. Daneben werden in den politischen Essays solche Wissenselemente aufgerufen, die stärker in ihren „Spezialdiskurse[n]" (Link 1988: 286) verhaftet bleiben. Burke verwendet beispielsweise Metaphern, die ein naturwissenschaftliches oder medizinisches Vorwissen voraussetzen und ohne dieses schwer verstehbar sind (vgl. Hodson 2007: 138).

Eine Anspielung auf den Spezialdiskurs der Naturrechtsphilosophie ist über entsprechende Signalwörter in *Rights of man* eingearbeitet: "[M]en are all of *one degree*, and consequently [...] all men are born equal, and with equal natural right" (Paine 1971 [1791/1792]: 88). Da die Naturrechtsphilosophie eine der Grundlagen bildet, von denen das Postulat der Gleichheit aller Menschen und die Forderung politischer Reformen abgeleitet wurden, treten entsprechende Bezüge gehäuft in Texten radikaler Essays auf, übernehmen allerdings keine Rolle für die Gattung als Gesamtheit.[16]

Dies gilt auch für Bezüge, die eine klassische Bildung voraussetzen, wie sie an Privatschulen und Universitäten erworben werden konnte. Canning führt seinen *Prospectus* mit einem lateinischen Zitat ein und setzt damit bei seinen Lesern eine klassische Bildung voraus (vgl. Canning 1970 [1799]: 1). Eine klassische Bildung nimmt auch Hunt als gegeben an, wenn er die griechische Antike in *Athens and England* als Assoziationsraum für seine politischen Forderungen erschließt. Eine Reihe konservativer wie radikaler politischer Essays hat also eine „orientation [...] towards an intellectual audience" (Kendall 1971: 158), wie sie Kenneth Kendall für Hunts genannten Essay und *The Reflector*, die Zeitschrift in der er erschien, konstatiert. In den entsprechenden Essays nimmt der eingeschriebene Adressat folglich als ein Rezipient Gestalt an, der über einen breiten Bildungshorizont verfügt. Die kulturellen Wissenselemente, die Spezialdiskursen entstammen, tragen also ebenfalls zu einer Gemeinschaft zwischen impliziertem Essayisten und eingeschriebenem Adressaten bei; eine solche bleibt aber auf die jeweiligen Texte beschränkt. Dies resultiert aus der Vielfalt und Variationsbreite der aufgerufenen kulturellen Wissenselemente. Im konservativen Essay *Plain Address* sind sie beispielsweise kaum vorhanden. Folgerichtig lässt sich der in die Gattung eingeschriebene Adressat nicht

16 Gerade die Naturrechtsphilosophie Locke'scher Prägung hatte das radikale Denken seit den 1760er-Jahren mitbestimmt (vgl. Nünning V. 1998: 29).

durchgängig mit den Attributen bürgerlich und gebildet belegen. Festzuhalten ist außerdem, dass Bezüge auf Spezialdiskurse oder komplexe Metaphern nicht ausschlaggebend für ein grundlegendes Textverständnis sind. Für die Gattung gilt vielmehr, was Hodson bei den Metaphern in Burkes *Reflections* beobachtet hat:

> [O]ut of the 85 metaphors I identified, only five or six require any specialist knowledge. This is not to say that such metaphors would not be alienating and potentially confusing to readers who did not understand them [...]. More often, Burke uses everyday metaphors (Hodson 2007: 138).

Wie die Ausführungen darlegen, kann in der Gattung nicht von einem einzelnen eingeschriebenen Adressaten gesprochen werden. Vielmehr lässt sich ein Rezipientenkreis identifizieren, der sowohl all jene umfasst, denen sich der Text auf einer basalen Ebene erschließt, weil die politischen Essays keine klassische Bildung zur Bedingung des Textverständnisses machen, als auch jene, die die komplexeren Metaphern, Anspielungen und Verweise verstehen. Dazu gehören im Besonderen die Dissenter, denn in einzelnen Texten wird, wie sich zeigen ließ, der eingeschriebene Adressat als Vertreter dieser Glaubensrichtung apostrophiert. Es ist die gemeinsam bewohnte Vergangenheit – um auf Assmanns Bild zurückzukommen –, die hier für jeden einzelnen eingeschriebenen Adressaten die Bindung an die Nation herstellt. Sie ist es auch, die Brücken zwischen den in die einzelnen Texte eingeschriebenen Adressaten schlägt, die sich als die verschiedenen Gruppen innerhalb der nationalen Gemeinschaft lesen lassen. Diese Gruppen streiten zwar erbittert um die Weiterentwicklung der Nation, aber sie fühlen sich ihr zugehörig und ziehen ihre Existenz nicht in Zweifel.

4.9 Resümee: Nation als Gemeinschaft zwischen Tradition und Vision

Im politischen Essay kommt es zu einer Politisierung der Nation, sodass sich im Hinblick auf diese Gattung die Nation als politische Gemeinschaft beschreiben lässt. ‚Politisch' meint hier ein innergesellschaftliches Ringen um die Art und Weise, wie die Nation organisiert sein soll und wie national konnotierte Werte zu interpretieren sind. Ungeachtet der gegenläufigen politischen Haltungen wird *Englishness* klar mit einem Bewusstsein für die nationale Geschichte und das nationale ‚Gut' der Freiheit assoziiert. In konservativen Texten wird eine englische Nation zu einer freiheitlich traditionellen Gemeinschaft, die sich auf ein hierarchisches Gesellschaftsgefüge stützt. In radikalen Texten erscheint sie hingegen als ein freiheitlich visionäres Kollektiv, das durch Gleichheit und politische Teilhabe geprägt ist. Bestimmte soziale Gruppen innerhalb der Nation werden als für diese besonders förderlich bzw. abträglich klassifiziert. Selbst wenn diese Gruppen nicht immer explizit genannt werden, macht die politische Ausrichtung der Texte deutlich, wer hier gemeint ist. In konservativen Texten ist dies eine traditionsbewusste, besitzende Klasse, in radikalen vor allem ein gebildetes Bürgertum, das sich vom Adel und bis zu einem gewissen Grad auch von den ‚unteren Schichten' fernhält. In diesem Zusammenhang von einer stringenten Klassengebundenheit von *Englishness* zu sprechen, würde jedoch zu weit gehen, da Klassenzuschreibungen immer wieder verwischen. Nicht klassenbewusst, sondern freiheits- und geschichtsbewusst sind die beiden hervorstechenden Merkmale, die in dem gattungsspezifischen englischen Eigenbild dominieren.

Generiert wird dieses englische Eigenbild durch ein Bündel von Elementen und Verfahren. Zu diesen zählt die Darstellung des zeitgeschichtlichen Phänomens der Französischen Revolution. In konservativen Essays wird das revolutionäre Frankreich über die negative Darstellung als Kontrastfolie gezeichnet, in radikalen erscheint es als Identifikationsfläche. Zentral im Erzeugungsgeflecht der Gattung sind die national konnotierten kulturellen Wissenselemente, die aktiviert und in ein nationales Narrativ eingespannt werden. Das gattungsspezifische Eigenbild entsteht auch durch Elemente, die einen mittelbaren Beitrag leisten. Dazu gehören die rhetorischen Stilmittel, die dazu dienen, eine Entfremdung des politisch Anderen sowie eine Bindung zwischen impliziertem Essayisten und eingeschriebenem Adressaten herzustellen: Metonyme, der zielgerichtete Gebrauch von Pronomina, eine fingierte Mündlichkeit oder eine fiktive Briefanrede. In radikalen politischen Essays kommt darüber hinaus ein altertumsgeschichtlicher Assoziationsraum hinzu.

KAPITEL 5

Romantischer Reisebericht: Begegnung mit dem national Anderen als Standortbestimmung des national Eigenen

Der romantische Reisebericht erzählt von der Begegnung mit dem national Anderen, wobei der Reisende beobachtende Instanz, empfindsames Ich und Erzähler in sich vereint. Er ästhetisiert die Landschaftsschilderungen im Sinne des Erhabenen und Pittoresken und schöpft aus einem Reservoir an Intertexten und anderen kulturellen Wissenselementen, um das national Andere zu bebildern.[1] Bot die Gattung den Daheimgebliebenen die Möglichkeit, sich über andere Länder zu informieren, erschloss sie obendrein einen Vergleichsraum, über den sich eine Standortbestimmung des national Eigenen vornehmen ließ: "Travel writing […] played a central role in developing formulations of national identity and comparative constitutional awareness" (Turner 2001: 10).[2]

Wie die geschilderten Begegnungen mit dem national Anderen und die hier gewählten erzählerischen Darstellungsformen als zentraler Verbindungsknoten eines komplexen Erzeugungsgeflechtes von *Englishness* wirken, steht am Beginn der Gattungsanalyse. Das reisende Ich als Erzählinstanz und dessen Perspektive sowie die ästhetischen, rezeptionsästhetischen und wissenskulturellen Elemente der Gattung werden im Anschluss daraufhin befragt, inwieweit sie als rote Fäden das Erzeugungsgeflecht von *Englishness* durchziehen und wie ihre mögliche Funktion beschaffen ist. Die Arbeit nimmt sich hier eines Forschungsdesiderats an, da eine Untersuchung des romantischen Reiseberichtes, die ein breites Spektrum an Elementen berücksichtigt und damit auch diejenigen einbezieht, die indirekt am Erzeugen eines englischen Eigenbildes beteiligt sind, bis jetzt nicht vorliegt.

Zugleich baut die Analyse auf den Einsichten der Imagologie und der Forschung zum Reisebericht des 18. und frühen 19. Jahrhunderts auf, die sich mit der Frage nach dem Erzeugen von nationenbezogenen Bildern und dem

1 Es erschienen ganze Reihen von Reiseberichten wie etwa William Mavors 25-bändige Sammlung *Historical Account of the Most Celebrated Voyages, Travels and Discoveries* (1796–1801) (vgl. Thompson C. 2008: 555).

2 Turner bezieht sich hier auf eine britische Identität und Reiseberichte, die zwischen 1750 und 1800 verfasst worden sind. Ihre Aussage lässt sich jedoch auf *Englishness* und den romantischen Reisebericht übertragen.

 | DOI:10.1163/9789004407787_006

national identitätsstiftenden Potenzial von Reiseberichten befassen. Aufschlussreiche Denkanstöße hat Birgit Neumanns wirkungsästhetisch ausgerichtete Auseinandersetzung mit der Bedeutung der Erzählverfahren und der „Semantisierung von Raum und Zeit" (Neumann 2009: 118) von Reiseberichten des 18. Jahrhunderts gegeben. Ihre wirkungsästhetische Perspektive macht die Funktion der Rhetorik der Nation im Hinblick auf eine „Inthronisierung der britischen Nation" (ebd.: 130) sichtbar. Das spezifische Forschungsinteresse ist auch in diesem Kapitel produktionsästhetisch. Erst mit einem Blick zurück auf die Gattung lassen sich die verschiedenen Schichten des englischen Eigenbildes im romantischen Reisebericht abtragen und damit seine Beschaffenheit und die Elemente, die es erzeugen, ausleuchten.

Catherine Turner hat in *British Travel Writers in Europe 1750–1800: Authorship, Gender, and National Identity* (2001) die Klassengebundenheit und Geschlechterkonnotation in einem britischen Identitätsentwurf aufgedeckt. Inwieweit sich ihr Befund auch in romantischen Reiseberichten zeigt, geht dieses Kapitel nach. Relevant für die Untersuchung sind darüber hinaus Auseinandersetzungen mit der Perspektive auf das national Andere (siehe Kuczynski 1993 und 2003 sowie Colbert 2005 und Pittock 2009). Gleiches gilt für Beiträge, die das gattungsspezifische kulturelle Bezugssystem – insbesondere die Ästhetik des Erhabenen und Pittoresken sowie intertextuelle Anspielungen – in den Fokus nehmen (siehe Bohls 1999 und Towner 2011). Interessant ist hier zu zeigen, inwieweit sich Beobachtungen an einzelnen Reiseberichten auf die Gattung als Gesamtheit übertragen lassen und welche neuen Erkenntnisse die Untersuchung eines repräsentativen Korpus erlaubt, der sowohl kanonisierte Reiseberichte als auch Texte umfasst, die bisher weniger stark im Rampenlicht der Forschung gestanden haben. Den theoretischen bzw. kulturgeschichtlichen Rahmen des Korpus bilden die Kennzeichen der Gattung und ein knapper Exkurs zum romantischen Reisen.

5.1 Kennzeichen der Gattung

Der romantische Reisebericht zeichnet (wie auch Reiseberichte anderer Epochen) eine Reise in ihrem Verlauf nach, und dieses Nachzeichnen geschieht durch den Reisenden selbst (vgl. Korte 1996: 1).[3] Typisch für die Gattung ist,

3 Streng genommen sind damit rein fiktionale Texte wie etwa Laurence Sternes *A Sentimental Journey through France and Italy* (1768) oder Southeys *Letters from England* (1807), die eine fiktive Reise schildern, keine Reiseberichte im eigentlichen Sinne.

dass das reisende Ich sich selbst bewusst in Szene setzt.[4] Wollstonecraft charakterisiert sich im *Advertisment* zu *Letters written during a short residence in Sweden, Norway, and Denmark* (1796) als „the first person – ‚the little hero of each tale'" (Wollstonecraft 2009 [1796]: 3) und verweist damit darauf, dass sie persönliche Befindlichkeiten thematisiert und der Leser erzählerisches Können erwarten darf. Schließlich rückt sie nicht nur ihr reisendes Ich ins Zentrum, sondern sie setzt es mit einer Romanheldin gleich. Damit benennt sie indirekt ein markantes Kennzeichen romantischer Reiseberichte, nämlich, dass erzählerische Verfahren eingesetzt werden, die komplexer sind als jene in Reiseberichten früherer Epochen, und diese die Aufgabe haben, das reisende Ich in seiner Subjektivität auszuleuchten und seine persönlichen Eindrücke narrativ einzubetten:

> [O]ne can detect across many strands of Romantic-era travel writing a new concern with the traveller's subjective impressions, and a corresponding narratorial endeavour to chart the flux of thoughts and feelings (Thompson C. 2008: 563).[5]

Weil der (romantische) Reisebericht mit dem Brief, der Autobiografie und der Abhandlung Schnittmengen bildet, ist die Gattung in formaler Hinsicht hybrider Natur (vgl. Neumann 2009: 115). In der Regel sind Reiseberichte – so auch jener von Wollstonecraft – auf der Grundlage von Notizen, Tagebucheintragungen oder Briefen entstanden. Reflexionen, die erst nach dem Erleben angestellt wurden, konnten damit in den Text einfließen. Unmittelbar wirkende Sinneseindrücke und Empfindungen des reisenden Ichs sind daher weder direkte noch ungefilterte Reaktionen auf das in der ‚Fremde' Erlebte. Vielmehr sind sie das Ergebnis einer Rhetorik des Spontanen und Emotionalen, die zu einer „Authentizitätssuggestion" (Neumann 2009: 118) beiträgt, die Neumann bereits dem Reisebericht des 18. Jahrhunderts bescheinigt (vgl. ebd.).

Neben dem Einblick in die subjektive Innenwelt steht die für den romantischen Reisebericht ebenfalls charakteristische Affirmation einer objektiven Beobachtungsgabe des reisenden Ichs. Diese lässt die Schilderungen des national Anderen als empirisch überprüfbare Aussagen erscheinen, ungeachtet

4 Der romantische Reisebericht unterläuft damit die Forderung der *Royal Society* nach Objektivität. Die *Royal Society* hatte einen Katalog mit Fragen aufgestellt, deren Beantwortung gemeinsam mit einem genau geführten Tagebuch die Grundlage für ‚objektive', wissenschaftlich fundierte Reiseschilderungen sein sollte (vgl. Reilly 2006: 123).

5 Die subjektive Darstellung hatte prägende Vorläufer in Reiseberichten des 18. Jahrhunderts – in solchen, die eine reale Reise schildern wie Tobias Smolletts *Travels through France and Italy* (1766), und solchen, die eine fiktive Reise wiedergeben wie Laurence Sternes *A Sentimental Journey through France and Italy* (1768) (vgl. Korte 1996: 73/75).

dessen, ob es sich um Stereotype handelt, die in den Text eingewoben sind, oder um Sachinformationen im Anhang zum eigentlichen Reisebericht. Dabei geht es um ein scheinbar repräsentatives Abbilden des ‚Typischen' und weniger um das Herausschälen des ‚Kuriosen'. Damit spiegelt die Gattung nicht nur die romantische ‚Entdeckung' der Subjektivität, sondern auch das aufklärerische Paradigma, den Menschen als Wahrnehmungsinstanz anzuerkennen, die über ein objektives Urteilsvermögen verfügt. Beobachtet und beurteilt wird in der Regel das Fremde und national Andere, auf das der Reisende unterwegs trifft. Entsprechende Begegnungen werden in Fortführung früherer Reiseberichte in epischen Kleinformen – dem Vergleich und der Anekdote – narrativ aufbereitet. Spezifisch für den romantischen Reisebericht ist, dass darüber hinaus Elemente der *Gothic novel* entlehnt werden, um das national Andere zu erzählen.

Die ästhetische Überhöhung der Natur, die die Romantik kennzeichnet, zeigt sich in der Gattung in den weitschweifigen Landschaftsbeschreibungen, die in einer Rhetorik des Erhabenen und Pittoresken schwelgen. "Romantic travel literature found its theoretical underpinnings in accounts of the beautiful, the sublime and the picturesque, especially in works by Edmund Burke and William Gilpin" (Butler J. 1998: 366). Diese ästhetische Verschiebung erstreckt sich auch auf die Intertexte, die nun entweder das Mittelalter assoziativ aufrufen oder im Diskurs der Empfindsamkeit angesiedelt sind. Dante, Petrarca, Rousseau und später Byron traten neben die Dichter der Antike Horaz und Vergil (vgl. Towner 2011: 232–233).

Die Gattung greift jedoch nicht nur die ideengeschichtlichen und ästhetischen Neuorientierungen der Romantik auf, sondern sie bot zugleich ein Forum, um zu den drängenden Fragen der Zeit Stellung zu beziehen. Die reisenden Ichs thematisieren die imperialen und kolonialen Bestrebungen des Empire, die Abschaffung der Sklaverei, Frauenrechte, die Französische Revolution und politische Reformen in der Heimat (vgl. Thompson C. 2008: 556).

Im romantischen Reisebericht finden also zentrale Vorstellungen und Konzepte der Romantik – der romantische Subjektivitätsentwurf sowie die Ästhetik des Erhabenen und Pittoresken – ihren Widerhall. Mit seinen Schilderungen des national Anderen reflektiert er außerdem das Interesse an der Nation, der fremden wie der eigenen. Aufgrund dieser Dichte epochenspezifischer Aspekte lässt sich die Gattung als Synthese der englischen Romantik lesen.

5.2 Romantisches Reisen in Europa

Bedingt durch sozioökonomische Umwälzungen, zeitgeschichtliche Zäsuren und ideengeschichtliche Veränderungen war das Reisen in Europa um 1800 einem Wandel unterworfen: Die Gruppe der Reisenden begann zahlenmäßig zu steigen und erhielt in sozialer Hinsicht eine gewisse Durchlässigkeit. Weniger etablierte Reisewege ergänzten die traditionellen Reiserouten, und die ästhetische Reisemotivation löste sich langsam von einem klassischen Geschmacksempfinden.

Um diese Veränderungen nachvollziehen zu können, ist es hilfreich, einen kurzen Blick auf die Grand Tour zu werfen, die das Reisen im 18. Jahrhundert prägte. Zukünftige Diplomaten und junge Adlige begaben sich oftmals für viele Monate auf den Kontinent, um sich hier Geschmack, Wissen und Weltgewandtheit anzueignen (vgl. Hibbert 1987: 18–20). Sie besuchten Paris, Venedig, Florenz, Rom und Neapel mit seinen antiken Ausgrabungsstätten.[6] Während der englischen Romantik wurde Reisen mehr und mehr zum Ausdruck eines (wohlhabenden) Bürgertums, das zunehmend an Selbstbewusstsein gewann: "The middle classes, enriched by the industrial and agricultural revolutions, took up a pastime that had previously been the preserve of the aristocracy and gentry" (Thompson C. 2008: 556). Innerhalb Englands erleichterten regelmäßige Postkutschendienste auf immer weiter ausgebauten Straßen das Reisen.[7] Auf dem Kontinent führte eine verbesserte Infrastruktur nach dem Ende der Napoleonischen Kriege ebenfalls zu komfortableren Reisebedingungen. „[D]as Reisen [wurde] leichter, preiswerter und sicherer, z. B. dank eines dichten europäischen Postkutschennetzes“ (Korte 1996: 61). Die Anzahl weiblicher Reisender stieg an, eine Entwicklung, die sich im 19. Jahrhundert fortsetzte (vgl. Colbert 2005: 12).

In zeitgeschichtlicher Hinsicht war das Reisen während der englischen Romantik nachhaltig von der Französischen Revolution und den Napoleonischen Kriegen bestimmt. So kam die Grand Tour weitgehend zum Erliegen, als die politischen und kriegerischen Konflikte die traditionellen Reiserouten zwischen 1790 und 1815 gefährlich machten. Diesen Widrigkeiten zum Trotz entwickelte sich in den frühen 1790er-Jahren ein ‚Revolutionstourismus‘. Unter den radikalen Intellektuellen mit dem Ziel Paris befanden sich Samuel Taylor Coleridge, William Wordsworth, Mary Wollstonecraft und die prominenteste Chronistin der Französischen Revolution aus englischer Perspektive, Helen Maria

6 Einen guten Einblick in die Reiserouten und Stationen der Grand Tour bietet Christopher Hibberts *The Grand Tour* (1987).

7 Ab 1786 bestand ein regulärer Postkutschenservice von der Hauptstadt nach Exeter, Carlisle und Edinburgh, und Reisezeiten ließen sich drastisch verkürzen. Mehr als halbiert wurde etwa die vierzigstündige Postkutschenfahrt von Bristol nach London (vgl. Andrews 2011: 74).

Williams.[8] Gleichzeitig rückten bis dahin kaum beachtete Länder Europas, die von den Konflikten weniger betroffen waren, als Reiseziele ins Blickfeld:

> During the years of hostilities, travellers who could not penetrate France or French-occupied countries reported on Sweden, Denmark, and Russia in the North, or Spain, Sicily, and Greece in the South (ebd.: 11).

Nach dem Ende der Napoleonischen Kriege stieg die Anzahl der Reisen nach Europa sprunghaft an (vgl. Butler J. 1998: 367). Zum einen bestand ein starkes Interesse, Informationen über den Kontinent aus erster Hand zu erhalten, zum anderen entdeckten nun vermehrt Angehörige der Mittelschicht die Grand Tour. Die traditionellen Stationen blieben dabei weitgehend bestehen (vgl. Colbert 2005: 2), bedingt durch die Zeitgeschichte erhielten sie allerdings eine veränderte Akzentuierung:

> [T]he French wars added battlefields, especially Waterloo, to the sightseeing itinerary; [...] excavations at Pompeii and in the Roman Forum uncovered fresh attractions in Italy (ebd.: 1–2).

Die romantiktypischen Konzepte des Erhabenen und Pittoresken trugen zur Popularisierung der Alpen als Sinnbild des Erhabenen und zu der des Rheintals als landschaftliche Konkretisierung des Pittoresken bei: "[N]ew fashions for picturesque tourism increased traffic to the Swiss Alps and on the Rhine" (ebd.: 2). Das Betrachten eindrucksvoller Landschaften wurde nun als ein positives, persönliches Erlebnis geschätzt (vgl. Urry 2002: 20). Im Zuge dessen erhielt auch das Zufußgehen eine veränderte und positive Zuschreibung. So wurde etwa eine Parallele zwischen dem Blick des Wanderers, der über pittoreske Landschaften schweift, und der Bewegung des Wanderns über mäandernde Wege hergestellt (vgl. Jarvis 1997: 56). Die Freiheit der Bewegung, die im Verständnis pittoresker Reisender das Zufußgehen – anders als etwa das Reiten – erlaubt (vgl. ebd.: 9), zeigte sich in einer „celebration of freedom of movement" (ebd.: 56) der ‚Fußgänger'.[9]

---

8 Williams verfasste als Augenzeugin eine achtbändige Geschichte der Französischen Revolution (vgl. Fraistat/Lanser 2002: 9).

9 Diese Veränderung in der Zuschreibung des Wanderns oder Zufußgehens war auch deshalb möglich, weil die Assoziation von Reisen und Arbeiten, die sich etymologisch im englischen *travel* spiegelt, stammt es doch vom französischen *travailler* ab, verloren ging. Gerade für das Selbstbewusstsein eines männlichen und gebildeten Bürgertums erlangte das Zufußgehen Bedeutung, so auch für die Dichter Wordsworth und Coleridge (vgl. Jarvis 1997: 155).

Der Wandel in der ästhetischen Wahrnehmung und das romantikkennzeichnende Interesse am Volkstümlichen trugen gemeinsam mit den zeitgeschichtlichen Umwälzungen dazu bei, dass die Heimat verstärkt bereist wurde. Als Folge etablierte sich die Home Tour als fester Bestandteil romantischer Reisekultur: "[A]lternative to Alpine adventures, and new tastes for the picturesque and the 'primitive' led travellers in increasing numbers to Scotland, Ireland, and Wales" (Colbert 2005: 2).[10]

Romantisches Reisen stand im Kontext eines gesteigerten Nationalbewusstseins. Dies gilt gleichermaßen für Reisen innerhalb der Heimat wie für solche auf den Kontinent: "[T]he Grand Tour held a new attraction, as re-experiencing 'old' Europe became integral to updating or redefining the traveller's new sense of national identity in the aftermath of the French Revolution" (ebd.). Diese Entwicklung begann jedoch bereits während der Französischen Revolution, da die Nation durch die Auseinandersetzungen mit dem Nachbarn und die erschwerten Reisebedingungen auf sich selbst zurückgeworfen wurde.

5.3 Das Korpus

Das Korpus bildet das romantische Reisen ab und trägt dem Umstand Rechnung, dass sowohl Männer als auch Frauen über ihre Reisen schrieben.[11] Mary Wollstonecrafts *Letters written during a short residence in Sweden, Norway, and Denmark* (1796) (im Folgenden *Short Residence*) sowie Robert Southeys *Journals of a Residence in Portugal 1800–1801* (1960)[12] (im Folgenden *Journals*) geben Reisewege jenseits der ausgetretenen Pfade wieder. In Begleitung ihrer Tochter Fanny und ihres französischen Dienstmädchens Marguerite reiste Wollstonecraft nach Skandinavien. Ihre erste Station war Göteborg, von wo aus sie weiter nach Norden, u. a. nach Christiania (dem heutigen Oslo) und ins dänische Kopenhagen, aufbrach. Wollstonecraft legte weite Strecken auf dem Seeweg zurück, Ausflüge auf dem Land unternahm sie zu Fuß. Southey erzählt von seiner zweiten, mehrmonatigen Portugalreise, die ihn und seine Frau Edith nach

10 Derartige Reisen waren allerdings in der Mehrzahl immer noch Individualreisen. Das touristische Reisen als breites gesellschaftliches Phänomen entwickelte sich erst im Verlauf des 19. Jahrhunderts. Aus den wachsenden Industriestädten strebten dann die Angehörigen der Mittelschicht, und später auch die der Arbeiterschicht, in die populär werdenden Seebäder, um sich dort zu erholen und zu amüsieren (vgl. Urry 2002: 18).

11 Nach dem Ende der Napoleonischen Kriege nahm die Anzahl der Veröffentlichungen von Frauen weiter zu (vgl. Butler J. 1998: 367).

12 Die späte Erstveröffentlichung liegt daran, dass Southeys *Journals* erst 1949 von Adolfo Cabral entdeckt wurden (vgl. Cabral 1960a: vii).

Lissabon, nach Coimbra und über Land führte.[13] Southey, der sowohl Portugiesisch als auch Spanisch sprach, machten seine Reisen zu einem ausgewiesenen Kenner iberischer Kultur (vgl. Andrews 2011: 73).

In *History of a six Weeks' Tour through a Part of France, Switzerland, Germany and Holland: with Letters descriptive of a Sail round the Lake of Geneva, and of the Glaciers of Chamouni* (1817) (im Folgenden *History*) erzählt Mary Shelley von zwei Reisen, die sie mit ihrem (späteren) Mann Percy Bysshe Shelley 1814 und 1816 auf den Kontinent unternommen hatte.[14] Gemeinsam besuchten sie die im Titel genannten Länder und dort die als besonders romantisch geltenden Reiseziele – das Rheintal und die Alpen. Sie berichten aber auch über die von den Napoleonischen Kriegen gezeichnete Bevölkerung. In *History* wird der hybride Charakter der Gattung besonders deutlich, da die erste Reise von 1814 als eine Art Tagebuch oder Journal aufbereitet ist und die zweite Reise in Briefen wiedergegeben wird. Dabei bedient sich Mary der epistolaren Form als Stilmittel, Percys Briefe sind hingegen an einen tatsächlichen Adressaten (seinen Dichterfreund Peacock) gerichtet (vgl. Wordsworth J. 2002: 1).

Helen Maria Williams' *Letters written in France, in the Summer of 1790, to a Friend in England containing various Anecdotes relative to the French Revolution* (1790) (im Folgenden *Letters*) und Arthur Youngs *Travels During The Years 1787, 1788, and 1789* (1792) (im Folgenden *Travels*) sind Texte, in denen die Französische Revolution breiten Raum einnimmt. In *Letters* schildert die politisch radikale Schriftstellerin Helen Maria Williams verschiedene Ausflüge innerhalb von Paris, die sie in Momentaufnahmen und pathosschwangeren Stimmungsbildern einfängt.[15] Daneben enthalten *Letters* einen Bericht über eine Reise in die Normandie, wo Williams gemeinsam mit ihrer Schwester Cecilia ihre frühere Französischlehrerin besuchte. Den radikal gemäßigten Young führte sein landwirtschaftliches Interesse wiederholt nach Frankreich, und von dort weiter nach Italien. Neben detaillierten Beobachtungen, die sich auch den frühen Ereignissen der Französischen Revolution zuwenden, enthalten seine *Travels* einen ausführlichen Sachanhang zur Bevölkerungsstruktur, zum Handel, zur Landwirtschaft, zur Flora und zu den klimatischen Bedingungen.

Dorothy Wordsworths *Recollections of a Tour made in Scotland* (1874) (im Folgenden *Recollections*) schildern eine Home Tour, die die Autorin im Spätsommer 1803 mit ihrem Bruder William Wordsworth und weite Strecken auch in

13 Lissabon galt im England des 18. Jahrhunderts vor allem als guter Lungenkurort für Tuberkulosekranke (vgl. Cabral 1960b: 9).

14 Überdies enthält *History* die erste und anonyme Veröffentlichung von Percy Bysshe Shelleys Gedicht *Mont Blanc* (vgl. Wordsworth J. 2002: 1).

15 Williams, die Frankreich mehrere Jahrzehnte zu ihrer Heimat machte, veröffentlichte zwischen 1790 und 1819 eine Vielzahl weiterer Briefe (vgl. Leask 2001: 217).

Begleitung ihres gemeinsamen Dichterfreunds Samuel Taylor Coleridge unternommen hatte.[16] Ihre Reiseroute führte von ihrem Zuhause in Keswick im Lake District über Südwestschottland nach Loch Lomond und in die Trossachs, eine Region nördlich von Glasgow, die von Wäldern und Seen durchzogen ist und während der englischen Romantik als pittoreske Landschaft ‚entdeckt' wurde.

Als romantische Reiseberichte, die eine Grand Tour wiedergeben, wurden Archibald Alisons und Patrick Fraser Tytlers *Travels in France, during the Years 1814–15: Comprising a Residence at Paris, during the Stay of the Allied Armies, and at Aix, at the Period of the Landing of Bonaparte* (1816) (im Folgenden *Travels in France*) und William Hazlitts *Notes of a Journey through France and Italy* (1826) (im Folgenden *Notes*) in das Korpus aufgenommen. Alison und Tytler, zwei zur wohlhabenden *gentry* gehörende Freunde, berichten von dem kriegsgezeichneten Nachbarland. Hazlitts *Notes* zeichnen eine Reise des Essayisten und seiner zweiten Frau Isabella nach, auf der sie neben Frankreich die zentralen Stationen der Grand Tour Florenz und Rom besuchten. Hazlitts *Notes* sind wie alle zum Korpus zählenden Texte von romantischen Landschaftsbeschreibungen durchzogen. In ihrem eher impersonalen Erzählstil und dem Anspruch, von einer klassischen Bildungsreise zu berichten, knüpfen sie zugleich an den Reisebericht des 18. Jahrhunderts an.

5.4 Kulturell vorstrukturierte Darstellungsformen des national Anderen

Das national Andere wird im romantischen Reisebericht in Vergleichen und Anekdoten narrativ aufbereitet; darüber hinaus werden erzählerische Strategien der *Gothic novel* eingesetzt. Bei diesen Darstellungsformen handelt es sich um kulturell konventionalisierte Linsen, die das national Andere in der ihnen eigenen Weise brechen, wobei der Rezipient stets im Blick bleibt. Der Vergleich soll eine Kontrastrelation erzeugen; die Anekdote lässt auf unterhaltsame Weise scheinbare Merkmale pointiert hervorstechen. Die populärliterarische *Gothic novel* ist darauf angelegt, im Leser ein schauriges Gruseln zu erzeugen. Entsprechende Elemente verleihen dem eher spannungsarmen Reisebericht so ein spannungsgeladenes Moment, das untrennbar mit dem national Anderen verbunden zu sein scheint. Da „jeder Darstellung des Fremden [...]

16 Dorothy Wordsworths *Recollections* wurden erst 1874 von dem Literaturprofessor John Campbell Shairp veröffentlicht (vgl. Walker 1997: 24); Wordsworth selbst hatte ihre Reiseaufzeichnungen zunächst für einen engeren Freundes- und Familienkreis verfasst (vgl. ebd.: 19).

ein Selbstentwurf des Image-Produzenten unentrinnbar zugrunde [liegt]“ (Seifert 2016: 16), lassen die genannten Darstellungsformen unweigerlich Rückschlüsse auf ein englisches Eigenbild zu.

5.4.1 *Der Nationenvergleich:* Englishness *als Resultat expliziter Kontrastrelationen*

Die Vergleiche im romantischen Reisebericht berühren unterschiedliche Felder von Kulturen und im engeren Sinne von Kultur. Zum Vergleich ausgearbeitet findet sich der wiederkehrende Topos voneinander abweichender Hygienevorstellungen in *Journals*. Eine Farbmetaphorik erzeugt hier eine Opposition zwischen dunklen und hellen Tönen, die portugiesischen bzw. englischen Frauen über deren Kleidung zugeordnet werden. Sie wecken Assoziationen von innerer Reinheit bzw. Verderbtheit, die sich im äußeren Erscheinungsbild spiegeln soll:

> Just now she [Southey's wife] cried out – well here is really a decent looking woman! But this was only at a distance – *her gown was trailing along in the dirt* – yard deep in clotted dust. The *heavy thick woolen cloaks* worn by the women in this weather amuse her as much – as her *clear muslin* would amuse them in an English December (Southey 1960: 2, Hervorhebungen nicht im Original).

An anderer Stelle ist der Sauberkeitsaspekt in *Journals* in einen weiteren Vergleich integriert, der die Positionen Englands und Portugals im zeitgenössischen Machtgefüge unterstreicht:

> *The dirty mean looking soldiers*, – two of *our cavalry* rode down the street, an Englishman in Lisbon is known more certainly than a *Heathen God* on earth (ebd., Hervorhebungen nicht im Original).

Hier kommt in exemplarischer Manier zum Tragen, was Neumann als eine Technik der „Rhetorik der Nation“, nämlich als ihren „selbstaffirmative[n] Destinktionsmechanismus“ (Neumann 2009: 378) identifiziert hat. Mithilfe eines „ Polaritätsmodell[s]“ wird „der höher bewertete Pol mit nationaler Eigenheit, der abgewertete Pol diskursiv mit nationaler Fremdheit belegt“ (ebd.). Eine klare Lexik und eine unmissverständliche Bildsprache greifen dabei ineinander. Wie Portugal und England zueinander positioniert sind, wird anhand einer imaginären vertikalen Achse verdeutlicht. An ihrem unteren Ende stehen die schmutzigen portugiesischen Soldaten – sie sind zu Fuß unterwegs – und an ihrem oberen Ende befindet sich der zu Pferd sitzende und zum griechischen

Gott erhöhte englische Soldat, der unberührt von irdischem Schmutz zu sein scheint. Dieser Vergleich visualisiert die tatsächlichen Machtverhältnisse der beiden Länder um 1800. Portugal war trotz einiger Kolonien im Vergleich zu der Inselnation auf globaler Ebene unbedeutend.

Die Geschlechterzuschreibungen werden bei Southey mithilfe von genderspezifischen Topoi erzeugt: Kleidung bzw. das Sich-Kleiden ist zumindest dem geläufigen Stereotyp entsprechend vor allem für Frauen relevant. Das Militär verknüpft in ähnlich stereotyper Weise eine englische Männlichkeit mit körperlicher Kraft und Souveränität. In *Journals* wird damit fortgeschrieben und erweitert, was Turner in Reiseberichten der zweiten Hälfte des 18. Jahrhunderts als Technik identifiziert hat, mit deren Hilfe sich insbesondere bürgerliche von aristokratischen Reisenden abgrenzten. “[G]ender frequently intersects with class, most obviously in the increasing tendency to denigrate aristocratic travellers as effeminate and celebrate the more manly activities of the middle-class traveller” (Turner 2001: 2).

Vor allem Reiseberichte, die Frankreich porträtieren, greifen den zeitgenössischen Kunst- und Ästhetikdiskurs auf. In *Travels in France* erzeugen die zum Stereotyp erstarrten Leitbegriffe des zeitgenössischen Ästhetikdiskurses eine Kontrastrelation zwischen der französischen und der englischen Nation.

> It is certainly incorrect to say, that the *taste* of the French is decidedly superior to that of other nations. Their poetry, on the whole, will not bear a comparison with the English; […] their taste in gardening is *antiquated* and *artificial*; their architecture is only fine where it is *modelled on the ancient*; their theatrical tastes, if they are more correct than ours, are also more limited (Alison/Tytler 1816a: 167, zweite und weitere Hervorhebungen nicht im Original).

Normative Zuschreibungen lassen hier die englische Nation als kulturell überlegen erscheinen, verfügt sie doch, so die Suggestion, über das modernere und natürlichere Ästhetik- und Kunstempfinden. In *Travels* wird der Vergleich in das Feld wirtschaftlicher Entwickeltheit verlegt: “As I conceive the English to have made far greater advances in the useful arts, and in manufactures, than the French have done” (Young 2009 [1792]: 20). In der Gegenüberstellung mit Frankreich ist ebenfalls ein herablassender Sprachduktus, der in Texten dominiert, die ein machtpolitisch weniger bedeutsames Land porträtieren, spürbar. Allerdings spiegeln die Vergleichsräume – Ästhetik und Kultur sowie wirtschaftlicher Entwicklungsgrad – das durch Rivalität gekennzeichnete Verhältnis beider Nationen um 1800.

In der Gattung als Gesamtheit generiert sich *Englishness* allerdings, indem das national Eigene innerhalb eines Spektrums des national Anderen positioniert wird. Entsprechend ist *Englishness* mit Hygiene, moralischer Integrität, Geschmack und einem zeitgemäßen Kunstverständnis sowie wirtschaftlicher Progressivität assoziiert. Mit diesen Attributen ist im romantischen Reisebericht die englische Nation an das Bürgertum gebunden. Schließlich handelt es sich bei den genannten Attributen nicht nur um Qualitäten, mit denen sich um 1800 eine Abgrenzung nach außen, d. h. gegenüber anderen Nationen, vornehmen ließ, sondern sie wurden gleichzeitig für eine innergesellschaftliche Differenzbildung eingesetzt: Mit den genannten Zuschreibungen suchte sich das englische Bürgertum sowohl vom Adel als auch von den unteren Schichten zu distanzieren.

5.4.2 *Metaphorische Vergleichsräume des national Anderen:* **Englishness** *als Resultat zu ergänzender Kontrastrelationen*

Metaphorische Vergleichsräume oder Analogien dominieren in Texten, die Reisen in scheinbar weniger entwickelte Länder nachvollziehen. Sie erwecken die Suggestion, dass das national Andere mit kognitiven Fähigkeiten und intellektuellem Vermögen nicht zusammen zu denken sind, und im Zuge dessen wird ihm Zivilisiertheit abgesprochen. Eine persönliche Erfahrung oder Beobachtung des reisenden Ichs ist hier die Basis, um dem generalisierenden Urteil über das national Andere einen Anstrich des Objektiven und faktisch Belegten zu geben. Der Auslöser von Wollstonecrafts Äußerungen über die ‚einfache' Bevölkerung Norwegens ist ein Erlebnis mit einem Kutscher.

> Nothing, indeed, can equal the stupid obstinacy of some of these *half alive beings*, who seemed to have been *made by Prometheus when the fire he stole from Heaven was so exhausted* that he could not only spare a spark to give life, not animation, to the inert clay (Wollstonecraft 2009 [1796]: 93, Hervorhebungen nicht im Original).

Der metaphorische Vergleichsraum, der hier erschlossen wird, ist im Feld der Mythologie angesiedelt. In einer geläufigen Deutung des antiken Mythos steht das himmlische Feuer, das Prometheus stahl, um den Menschen das Licht zu bringen, für das Sich-Lösen aus göttlicher Abhängigkeit, für das Sich-bewusst-Werden und im weitesten Sinne für kulturelle Entwickeltheit und irdische Macht. Im Umkehrschluss bedeutet dies, dass all jene, die nicht mit dem prometheischen Feuer erleuchtet sind, in einem Zustand geistiger Umnachtung und machtpolitischer Abhängigkeit verharrren.

Dorothy Wordsworth schildert ihre Eindrücke von der Bevölkerung des Loch Lomond – einer Seenplatte zwischen den Highlands und den Lowlands –, indem sie metaphorische Vergleiche einsetzt, die als ein „pattern of metaphors from exploration and colonialism" (Bohls 1999: 16) in ihre *Recollections* eingeflochten sind:

> What I had heard of Loch Lomond, or any other place in Great Britain, had given me no idea of anything like what we beheld: it was an *outlandish scene* – we might have believed ourselves in *North America* (Wordsworth D. 1997 [1874]: 87, Hervorhebungen nicht im Original).

Wordsworth zieht hier eine Parallele zwischen einem Pars pro Toto stehenden Teil Schottlands und Nordamerika, das um 1800 in Europa als rückständig galt. Im weiteren Verlauf ihrer Beschreibung charakterisiert sie das Haus eines Bootsführers in Loch Lomond als „Hottentotish" (ebd.: 92) und entlehnt damit eine Bezeichnung, mit der eine Bevölkerungsgruppe Südwestafrikas in höchst entwertender Manier klassifiziert wurde (vgl. Walker 1997: 92).[17] Über diesen kolonialen Assoziationsraum knüpft *Recollections* an eine Praxis an, die sich bereits im 17. Jahrhundert zeitweilig in staatlichen Regularien institutionalisiert findet: "'Scotsmen, Negroes and Indians' were bound together in a single class in the 1652 Massachusetts Bay regulations governing the formation and recruitment of militia" (Pittock 2009: 294).

Losgelöst von dem jeweiligen national Anderen wird also im Rückgriff auf metaphorische Vergleichsräume das national Andere abgewertet und im Zuge dessen eine Aufwertung des national Eigenen vollzogen. Eine Rolle spielt dabei auch die Distanz, die zwischen national Eigenem und national Anderem hergestellt wird. Sie entsteht sowohl durch den bewussten Akt des Taxonomierens, den das reisende Ich vornimmt, als auch durch das Taxonomiert-Werden, dem das national Andere unterworfen wird. Die so erzeugte Distanz und die mit ihr verbundene Hierarchisierung entsteht des Weiteren, indem die Texte sowohl Leerstellen aufweisen, wenn es um die Darstellung der englischen Nation geht, als auch Vororientierungen enthalten, wie die Leerstellen zu füllen sind. Diese Vororientierungen lassen das reisende Ich als Gegenentwurf zum national Anderen Gestalt annehmen: Wollstonecraft inszeniert sich selbst implizit als vom prometheischen Feuer erleuchtet und weist sich damit Reflexionsvermögen und kulturelle ‚Entwickeltheit' zu. Bei Wordsworth funktioniert diese

17 Wordsworth gibt hier den Eindruck ihres Bruders William Wordsworth wieder und sucht ihrer Aussage dadurch männliche Autorität zu verleihen (vgl. Wordsworth D. 1997 [1874]: 92).

Attribuierung, weil sie sich implizit als positives Pendant zur als ‚*Hottentotish*‘ charakterisierten schottischen Bevölkerung in ihren Text einschreibt. Die Personen, die in *Short Residence* und *Recollections* das national Andere repräsentieren sollen, entstammen einer unteren Schicht. So charakterisiert Wollstonecraft einen Postkutscher, und Wordsworth stellt die schottische Landbevölkerung und nicht die dortige *gentry* in beschriebener Weise dar. Die von Elizabeth Bohls für Wollstonecraft konstatierte „bourgeois condescension“ (Bohls 1999: 156) ist damit auch in Wordsworths *Recollections* signifikant spürbar und lässt sich auf die Gattung als Gesamtheit übertragen. In Shelleys *History* zeigt sich die bürgerliche Herablassung, weil sie eine „lower order“ in Deutschland mit gesellschaftlich gewandten Kaufleuten kontrastiert, die sie explizit als „of a better class“ (Shelley/Shelley 2002 [1817]: 68) bezeichnet.

5.4.3 *Die Anekdote: Humor als Distanzierungsverfahren des national Anderen*

Thematisch beziehen sich die in den Anekdoten konturierten Eigenheiten des national Anderen wie bei den expliziten Nationenvergleichen auf verschiedene Bereiche des Menschseins und des sozialen Miteinanders. Ein wiederkehrender Topos ist auch in dieser epischen Kleinform die Hygiene, gestaltet sind in den Anekdoten aber auch Erlebnisse mit der staatlichen Administration und das Gesellschaftsleben. Southey berichtet von seinem portugiesischen Dienstmädchen Maria, dessen Sauberkeitsvorstellungen nicht mit seinen eigenen übereinstimmen. Dies lässt er jedoch nicht als einen individuellen Dissens zwischen einem Herrn und seinem Dienstmädchen erscheinen, sondern eine abschließende humoristische Hyperbel lässt das in der Anekdote Geschilderte als eine Begebenheit wirken, die repräsentativ für Portugal stehen soll:

> The fleas began the campaign immediately on our invasion. I told Maria of this. No said she – it cannot be – it cannot be – there are no fleas. I only found three upon this blanket – which she held in her hand. The vermin plague of Egypt seems entailed upon this country (Southey 1960: 3).

Neben dem nationalen wird hier der Aspekt der Klassenzugehörigkeit relevant, denn einer Angehörigen der ‚unteren‘ Schicht fehlt jegliches Sauberkeitsempfinden, das im reisenden Ich, das zur Mittelschicht gehört, umso ausgeprägter ist.

Die scheinbare Absurdität und Ineffizienz der portugiesischen Administration illustriert Southey anhand einer Erfahrung, die ein Landsmann mit der portugiesischen Verwaltung machen musste. Der englische Gentleman ließ die Straße vor seinem Haus auf eigene Kosten ausbessern, nachdem die Behörden auf seine Anfrage nicht reagiert hatten. Die Behörden schafften es jedoch, die Arbeiter binnen zwei Tagen wieder von ihrem Posten abzuziehen, weil ihnen ein staatlicher Auftrag fehlte (vgl. Southey 1960: 9).

Um zu veranschaulichen, dass das italienische Staatswesen grotesk sei und unter einem Ancien-Régime-Geist stehe, berichtet Hazlitt von der zeitweiligen ‚Gefangennahme' seiner Bücher durch den Zoll (vgl. Hazlitt 1967a [1826]: 186–187). In hyperbolisch-metaphorischer Weise beleuchtet er das offensichtlich hoch subversive Potenzial von Literatur für einen despotischen Staat. Indem er bestimmte Schlüsselbegriffe einwebt, verbindet Hazlitt dabei drei Abgrenzungsflächen, die um 1800 einer breiten Öffentlichkeit vertraut waren und in unterschiedlichen Medien und Diskursen in Erscheinung traten: das Ancien Régime, der Topos einer im Mittelalter verhafteten katholischen Kirche und die Französische Revolution:

> Books were the corrosive sublimate that eat out *despotism* and *priest-craft* – the artillery that battered down *castle and dungeon-walls* – the ferrets that ferreted out abuses – the lynx-eyed guardians that tore off disguises – the scales that weighed right and wrong – the thumping make-weight thrown into the balance that made force and fraud, the sword and the cowl, kick the beam – the dread of knaves, the scoff of fools – the balm and the consolation of the human mind – the salt of the earth – the future rulers of the world! A box full of them was a contempt of the constituted Authorities (ebd.: 186, Hervorhebungen nicht im Original).

Young bedient sich der Anekdote, um das französische Gesellschaftsleben zu karikieren, wobei er das Ancien Régime explizit als stereotypisierte Kontrastfolie einsetzt. In *Travels* schildert er die Begegnung mit einer Adligen in Versailles zwei Jahre vor der Französischen Revolution. Angesichts seiner Unkenntnis über die französischen Gesellschaftskonventionen – Young weiß zu dieser Zeit nicht, dass der Dauphin bereits nach der Geburt eine blaue Schärpe erhält – bricht sie in spöttisches Gelächter aus (vgl. Young 2009 [1792]: 9).

Anders als bei den Nationenvergleichen stellen die Anekdoten keine expliziten Kontrastrelationen her. Der Leser muss hier also selbst aktiv werden (Ausnahmen bestätigen die Regel, wie im Fall des englischen Gentleman, dessen effizientes Bemühen, staatliche Aufgaben zu regeln, an der Ineffizienz der portugiesischen Administration scheitert). *Englishness* ist jedoch wie im Fall der metaphorischen Vergleichsräume in dem jeweiligen Portrait des national Anderen vorstrukturiert. Zu diesen Vorstrukturierungen zählen ein weiteres Mal die mangelnde Hygiene in Portugal und die ineffiziente Administration des Landes, außerdem ein überkontrollierendes, im Ancien Régime verhaftetes

Staatswesen, das sich scheinbar in Italien findet. Ebenso wird das Heterostereotyp des von Oberflächlichkeit geprägten französischen Gesellschaftslebens verwendet. Mit dem Humorisieren des national Anderen in den Anekdoten entsteht eine Distanz zwischen national Eigenem und national Anderem. Letzteres wird zu einem harmlosen Objekt des Komischen herabgestuft und als Konsequenz entmachtet.

Eine englische Nation wird so kontrastiv als machtvolle Gemeinschaft mit einem gut funktionierenden Staatswesen entworfen. Sie orientiert sich an republikanischen Grundwerten und gewährt einem gesellschaftlichen Leben rein oberflächlicher Begegnungen keinen Platz.

5.4.4 *Entlehnte Elemente aus der* Gothic novel: *Entfremdung des national Anderen*

Die Anleihen bei der *Gothic novel* sind vielfältig und ziehen sich als Faden durch die Gattung: Das Plotmuster, die Figurentypen, die Rhetorik des Schauerlichen sowie die schablonisierte Darstellung einer mittelalterlich anmutenden katholischen Kirche sind diejenigen Elemente, die im romantischen Reisebericht wiederkehren. Damit zeigt sich in der Gattung als Gesamtheit, was die Forschung für einzelne Texte und Länder bereits aufgedeckt hat. So besteht eine erzählerische Nähe zwischen den gattungsprägenden *Gothic novels* Ann Radcliffes und ihrem Reisebericht *A Journey made in the Summer of 1794, through Holland and the Western Frontier of Germany, with a Return down the Rhine* (1795) (vgl. Bohls/Duncan 2008: 57). Parallelen zwischen der fiktionalen Gattung und Reiseberichten des 18. Jahrhunderts zeigen sich in der Darstellung Italiens (vgl. Perkins P. 2006: 38).

Elemente des stereotypen Plotmusters setzen Williams in *Letters* und Hazlitt in *Notes* ein, wobei sie – und das ist das Interessante, weil es die Nähe zur fiktionalen Gattung unterstreicht – die Ebene des Reiseberichtes verlassen und eine Binnengeschichte einflechten. Darüber hinaus entlehnen Williams und Hazlitt hier Typen aus dem Figurenarsenal der *Gothic novel*, um Repräsentanten des national Anderen zu charakterisieren. Eingebettet in Williams' *Letters* ist die ausführlich erzählte Geschichte einer nahestehenden Familie: Der Schwiegervater von Williams' Französischlehrerin – er übernimmt die Rolle des *Gothic villain* – lässt seinen Sohn – er verkörpert die verfolgte Unschuld – einsperren, weil er unter Stand geheiratet hat. In Übereinstimmung mit dem Plotmuster der populärliterarischen Gattung wird der Sohn schließlich rehabilitiert und mit seiner Frau vereint (vgl. Williams 2002 [1790]: 115–146).

Ein doppelter intertextueller Bezug aktiviert in *Notes* die populärliterarische Gattung als weiten Assoziationsraum. Hazlitt gibt zunächst eine Geschichte

Dantes wieder, die er in Stendhals *De l'Amour* nacherzählt entdeckt hat. Im Anschluss berichtet er von einer vergleichbaren Begebenheit aus der Gegenwart. Hazlitt mischt hier also Literarisches und Faktisches und verschmilzt dieses Amalgam weiter mit dem im 19. Jahrhundert allgemein akzeptierten Verfahren, in Literatur Belege eines angeblichen Nationalcharakters zu suchen. In der ersten Episode verschleppt ein Mann aus Eifersucht seine Frau in die Gegend um Volterra, um sie an den dortigen Quellen mit giftigen Schwefeldämpfen langsam sterben zu lassen (vgl. Hazlitt 1967a [1826]: 251). In der zweiten Episode hält ein italienischer Adliger seine Frau in einem baufälligen Schloss gefangen, weil sie Ehebruch begangen haben soll (vgl. ebd.: 252). Die wiedergegebenen Geschichten zielen – wie Hazlitt selbst erläutert – darauf ab, die Eigenschaften ‚männliche Eifersucht' und ‚männliches Ehrgefühl' als historisch belegte italienische Wesenszüge auszuweisen:

> [A]s the following story will shew : it is related by M. Beyle, in his charming little work, entitled *De l'Amour,* [...] I shall give the whole passage in his words, as placing the Italian character (in former as well as latter times) in a striking point of view (ebd.: 250).

Bei Williams und Hazlitt kommt es darüber hinaus zu einer Verschränkung von Figurentypen der *Gothic novel* mit nationalen Heterostereotypen. In *Letters* verkörpert der Baron neben dem *Gothic villain* das Heterostereotyp des französischen Ancien-Régime-Aristokraten, dessen Haltung sich an gesellschaftlichen Hierarchien und Machtstrukturen ausrichtet. Die bei Hazlitt dargestellten Ehemänner personifizieren das Stereotyp des eifer- und ehrsüchtigen Italieners.

In *Short Residence* zeigen sich ebenfalls Parallelen zum Figurenarsenal der *Gothic novel,* denn Wollstonecraft porträtiert sich als unerschrockene junge Frau, die sich wie die Protagonistin der populärliterarischen Gattung in einer ihr feindlich gesonnenen Umwelt behaupten muss. Die Kontrastierung mit ihrem französischen Dienstmädchen unterstreicht diese Suggestion (vgl. Bohls 1999: 156).

> I enjoyed the water till, approaching the little island, poor Marguerite, whose timidity always acts as a feeler before her *adventuring spirit,* began to wonder at our not seeing any inhabitants. I did not listen to her. But when, on landing, the same *silence prevailed, I caught the alarm,* which was not lessened by the sight of two old men, whom we forced out of their wretched hut (Wollstonecraft 2009 [1796]: 6, Hervorhebungen nicht im Original).

In *Short Residence* fallen die gattungstypischen Schlüsselbegriffe der *Gothic novel* und exotisieren das national Andere zu einer nahezu verlassenen und unheimlichen Fremde. Bei Williams sind die Signalwörter mit dem Topos eines dunklen, menschenfeindlichen Katholizismus verwoben. In einem Karmeliterkloster, das metonymisch für die katholische Kirche stehen soll, werden ein morbider Gehorsam und eine mittelalterlich anmutende Körpergeißelung verlangt, ohne dabei Glaubensinhalte zu vermitteln:

> Our French gentleman again talked of our desire to enter the convent, and begged to know the rules. A *hollow voice answered*, that the Carmelites rose at four in the morning in summer, and five in the winter: – 'Obedient slumbers, that can *wake and weep*!' – That they slept in their coffins, upon straw, and every morning dug a shovel-full of earth for their graves (Williams 2002 [1790]: 113, Hervorhebungen nicht im Original).

An das Element der Immoralität, das dem Topos entsprechend die zweite Seite der janusgesichtigen Glaubensgemeinschaft prägt, knüpft Southey an, wenn er in *Journals* von einem Priester berichtet, der seine „own mulatto daughter" (Southey 1960: 13) als Sklavin verkauft haben soll. Die Zügellosigkeit und Lasterhaftigkeit des Priesters, der sich als Metonym für den scheinbar verdorbenen katholischen Klerus lesen lässt, konterkariert Southey an anderer Stelle mit dem Verweis auf die Gepflogenheiten in einem Nonnenkloster. Hier sei extra eine Holzwand aufgestellt worden, um die Nonnen vor den Blicken des Küsters zu schützen, wenn dieser den Glockenturm emporsteigt (vgl. ebd.: 9).

Jenseits der Funktion, in einer eher unaufgeregten und deskriptiven Gattung einen Spannungseffekt zu erzeugen, können die entlehnten Elemente der *Gothic novel* spezifische Funktionen in den einzelnen romantischen Reiseberichten übernehmen. Die Geschichte des jungen Adligen, die in Williams' *Letters* eingeflochten ist, lässt sich als „paradigmatic revolutionary narrative" (Kennedy 2002: 69) interpretieren. Voraussetzung für diese Lesart ist, die unstandesgemäße Heirat des Sohnes als Parabel zu verstehen, wobei der Vater das Ancien Régime repräsentiert und der Sohn die Bevölkerung, die dieses nicht mehr toleriert.

In der Gattung als Gesamtheit erfüllen die Elemente, die der *Gothic novel* entstammen, folgende Funktion: Sie belegen das national Andere mit dem Dunklen und Grotesken, sodass es fremd erscheint. Tradierte Heterostereotype – der Ancien-Régime-Franzose, der rachsüchtige Südländer, der in das Gewand des Italieners gekleidet ist, oder das religiöse Heterostereotyp des unmoralischen katholischen Priesters – erhalten zudem neue Spannkraft, da sie eben nicht bloß perpetuiert, sondern mit einem zeitgenössischen, populärliterarischen Diskurs assoziiert werden. In ihrer Summe verdichten sich die genannten Heterostereotype zu einer Kontrastfolie des dunkel verfremdeten und damit entfremdeten nationalen Anderen, vor dessen Hintergrund sich – um die Farbmetaphorik fortzuführen – die englische Nation hell abhebt und zur Hüterin des Protestantismus als dem wahren Glauben wird. *Englishness* ist infolgedessen mit den Attributen protestantisch und moralisch integer verschränkt.

5.5 Das national und das innergesellschaftlich Andere: Projektion nach außen und Abgrenzung nach innen

Neben den negativen zeichnet die Gattung auch positive Bilder des national Anderen. Diese konzentrieren sich auf solche Texte, die Länder zum Gegenstand haben, die sich als Projektionsfläche für eine republikanisch organisierte Nation anbieten. Frankreich hat bereits in Reiseberichten des 18. Jahrhunderts als Bezugsgröße gedient, mit der das national Eigene vermessen wurde. Doch ein Nationenvergleich „entlang der negativen Pole von Absolutismus und Katholizismus" (Neumann 2009: 125), wie ihn Neumann für Texte des 18. Jahrhunderts konstatiert, konnte ab 1789 nicht mehr funktionieren, denn mit der Französischen Revolution wandelte sich in Teilen das Frankreichbild. Bei seinem Aufenthalt in Paris, während dessen Young wiederholt über Debatten in der französischen Nationalversammlung berichtet, stellt er eine Parallele zwischen den Ereignissen im revolutionären Frankreich und dem historischen Ereignis des Langen Parlaments in England her:[18]

> The step the commons have taken of declaring themselves the national assembly, independent of the other orders, and of the King himself, precluding a dissolution, is in fact an assumption of all the authority in the kingdom. They have at one stroke converted themselves into the *long parliament* of Charles I. (Young 2009 [1792]: 116, Hervorhebung nicht im Original).

Über die Analogie zwischen dem englischen Langen Parlament und der französischen Nationalversammlung schreibt Young Letzterer Legitimität zu und

18 Das von 1640 bis 1660 währende sogenannte Lange Parlament beschnitt formal die absolutistischen Rechte des Königs und verpflichtete ihn zum regelmäßigen Einberufen des Parlaments (vgl. Schröder 1986: 50). Mit dem Verweis auf das Lange Parlament findet sich bei Young eine Anspielung auf die sogenannte Englische Revolution, auf die von Radikalen vergleichsweise selten positiv Bezug genommen wird (siehe Seite 67, Fußnote 13).

bekundet damit Solidarität gegenüber der französischen Bevölkerung. "Young was evidently in favour of a moderate reform which would create in France the kind of constitutional monarchy which existed in England" (Mingay 1975: 202). Young artikuliert damit eine in der frühen Phase der Französischen Revolution in England weit verbreitete Sichtweise, die davon ausging, die Nachbarnation sei – wenn auch hundert Jahre nach England – auf dem ‚richtigen' Weg. Mit dem Verweis auf das Lange Parlament aktiviert Young obendrein eine nationale, um 1800 durch Überlieferung bereits im kulturellen Wissen verankerte Erinnerungsstätte, mit der er eine englische Freiheitstradition zu begründen und zu legitimieren sucht. Die indirekte Kontrastierung mit der in Frankreich erst aufkeimenden Freiheit verleiht dem Aspekt des Gewachsenseins einer englischen Freiheit besonderes Gewicht.

Williams inszeniert in *Letters* die frühen Ereignisse der Französischen Revolution als Drama – „the most sublime spectacle which, perhaps, was ever represented on the theatre of this earth" (Williams 2002 [1790]: 63) – und bedient sich dabei empfindsamer Rhetorik (vgl. Kennedy 2002: 57).[19] In konzentrierter Form manifestiert sich dies in Williams' Schilderungen der Festlichkeiten anlässlich des Jahrestages des Sturms auf die Bastille:

> Here the minds of the people took a higher tone of exultation than in the other scenes of festivity. Their mutual congratulations, [...] their sense of present felicity, their cries of 'Vive la Nation', still ring in my ear (Williams 2002 [1790]: 72–73)!

Auf den transnationalen Charakter von Williams' Texten ist in der Forschungsliteratur hinlänglich hingewiesen worden (vgl. u. a. Kennedy 2002: 56), und die Schriftstellerin selbst verstand sich als die viel zitierte „citizen of the world" (Williams 2002 [1790]: 69).[20] Das Kosmopolitische in Williams' *Letters* ist jedoch nicht als Widerspruch zu einem Nationalbewusstsein misszuverstehen. Vielmehr zeigt sich in ihrem Text eine radikale Freiheitsvorstellung als einigendes Moment in dem verschiedene Nationen umfassenden Europa, wie diese Paul Stock für den Kreis um Byron und die Shelleys konstatiert hat:

19 Kennedy diskutiert den Aspekt des Theatralischen und vor allem den des Empfindsamen im Vergleich mit Burkes *Reflections* (vgl. Kennedy 2002: 57–59). Diese Aspekte sind unter verschiedenen Vorzeichen an anderen Stellen in der Forschungsliteratur beleuchtet worden. Beispielsweise diskutiert sie Jacqueline LeBlanc im Kontext eines konsumentenorientierten Marktes, der sich im 18. Jahrhundert zu formieren begann (vgl. LeBlanc 1997: 31).

20 Den transnationalen Charakter von Williams' Texten illustriert Deborah Kennedy u. a. an deren *Ode to Peace* (1783) (vgl. Kennedy 2002: 178).

> For the Shelley-Byron circle, ideas of state independence and common European liberty are not as disconnected as might first appear, since both are founded in a radical vision of the ideal society (Stock 2009: 129).

Ein nationales Bewusstsein zeigt sich in Williams' Ausruf "'Vive la nation!'" (Williams 2002 [1790]: 73). Ihre Darstellung der Feierlichkeiten anlässlich des Jahrestages des Sturms auf die Bastille kann als Aufforderung an die englische Nation gelesen werden, sich selbst im Geist der Französischen Revolution zu erneuern. Die im Sprachduktus der Empfindsamkeit und des Theatralischen beschriebenen Geschehnisse im Amphitheater sollen dabei nicht auf die katharsische Funktion des antiken Dramas hinwirken, sondern stattdessen zur *imitatio* anregen. Damit wird das revolutionäre Frankreich in *Letters* zur Projektionsfläche einer freiheitlichen englischen nationalen Gemeinschaft, die von einem republikanischen Geist geleitet sein soll.

Auch romantische Reiseberichte, in denen nicht das revolutionäre Frankreich Ziel der geschilderten Reise ist, funktionalisieren das national Andere bisweilen als Projektionsfläche einer republikanischen englischen Freiheitsvorstellung. Wordsworth verweist in ihren *Recollections* auf den schottischen Volkshelden Rob Roy, dessen Popularität die Trossachs, die ihn beheimateten, zu touristischen Anziehungspunkten machte (vgl. McMillan 2012: 122). Rob Roy (1671–1734) hatte seine Loyalität gegenüber dem aus Schottland stammenden Haus Stuart bekundet und sich darüber hinaus mit der armen Landbevölkerung solidarisiert.[21] Wordsworth berichtet in den *Recollections* nicht nur von der Besichtigung der touristischen Stätten und der Bedeutung von Rob Roy als historisch-mythischer Figur, sondern sie stellt auch eine Parallele zu Robin Hood, dessen Leben, Wirken und Tod her:

> Rob Roy being as famous here as ever Robin Hood was in the Forest of Sherwood; *he* also robbed from the rich, giving to the poor, and defending them from oppression. They tell of his confining the factor of the Duke of Montrose in one of the islands of Loch Ketterine, after having taken his money from him – the Duke's rents – in open day, while they were sitting at table. He was a formidable enemy of the Duke, but being a small laird against a greater, was overcome at last, and forced to resign all his lands on the Braes of Loch Lomond, including the caves which we visited, on account of the money he had taken from the Duke and could not repay (Wordsworth D. 1997 [1874]: 99).

21 Mit der Entmachtung James II. durch seine Tochter Maria und seinen Schwiegersohn William of Orange 1689 endete die Regentschaft der Stuarts.

Mit der anachronistischen Parallele zwischen dem schottischen und dem englischen Volkshelden erkennt Wordsworth eine eigene schottische Tradition an und assoziiert diese mit Freiheit und dem Recht auf Selbstbestimmung. Zugleich apostrophiert sie auf diese Weise Robin Hood als einen englischen Volkshelden.[22]

In *History* bezieht sich Shelley auf Wilhelm Tell, der eine Symbolfigur für die Schweiz als einer freiheitlichen, republikanischen nationalen Gemeinschaft darstellt (vgl. Schnyder/Beller 2007: 251). Damit bedient sich Shelley eines mythologischen Topos, der während der Romantik sowohl freiheitliche als auch patriotische Implikationen barg (vgl. Vincent/Piccitto/Esterhammer 2015: 10). Der Legende nach soll Wilhelm Tell im 13. Jahrhundert einen tyrannischen Landvogt erschossen haben, der im Dienste des Habsburgischen Reiches stand.

> The high mountains encompassed us, darkening the waters; at a distance on the shores of Uri we could perceive the chapel of Tell, and this was the village where he matured the conspiracy which was to overthrow the tyrant of his country (Shelley/Shelley 2002 [1817]: 49).

Die Anspielung auf Wilhelm Tell und der geschilderte Ausflug in den Schweizer Kanton Uri sind Elemente, mit denen sich die „republican orientation" (Rossington 2008: 321), die Shelleys Reisebericht durchdringt, besonders Ausdruck verleiht. In *History* wird also die Alpenrepublik zur Projektionsfläche einer bürgerlichen Freiheit, wie sie in England zukünftig umgesetzt werden sollte.

Bereits in der zweiten Hälfte des 18. Jahrhunderts setzte eine Kritik an den aristokratischen Grand-Tour-Reisenden ein, die sich in erster Linie gegen deren verschwenderischen, extravaganten Lebensstil im Ausland richtete (vgl. Turner 2001: 60–61). Eine entsprechende Kritik zeigt sich auch in romantischen Reiseberichten, erhält hier jedoch eine politische Dimension, so beispielsweise in *History*, wenn Shelley das Auftreten englischer adliger Damen mit deren Ablehnung einer republikanischen Staatsform in Verbindung bringt:

> I fancy the haughty English ladies are greatly disgusted with this consequence of republican institutions, for the Genevese servants complain

22 Die Verknüpfung von Robin Hood mit dem normannischen Joch, die den Volkshelden als Verteidiger einer scheinbar angelsächsischen Freiheit stilisiert, ist hier noch nicht spürbar. Den entsprechenden Schlüsseltext stellt Scotts *Ivanhoe* (1819) dar (vgl. Knight 2006: 154–155).

> very much of their *scolding*, an exercise of the tongue, I believe, perfectly unknown here (Shelley/Shelley 2002 [1817]: 103).

Die Abgrenzung nach ‚unten' funktioniert im romantischen Reisebericht u. a. über das Autostereotyp des John Bull. Im Gegensatz zum englischen Gentleman steht er, den ein impulsiver, streitbarer Charakter auszeichnet, für die unteren Schichten (vgl. Spiering 2007: 146). Young lobt in *Travels* bei seiner Reise in die Pyrenäen den Bau der Transportwagen der dort ansässigen Bergbevölkerung und profiliert diese im Rückgriff auf das Autostereotyp auf Kosten einer ähnlichen sozialen Gruppe in England: "[I]t shews that these mountaineers have more sense than John Bull" (Young 2009 [1792]: 22).

Hazlitt äußert sich in einem Exkurs zum englischen Nationalcharakter und bedient sich in diesem Zusammenhang ebenfalls explizit des Autostereotyps des John Bull. Zu dessen Charakterisierung setzt er eine Metapher ein, die in *History* zur Entfremdung und Abwertung des national Anderen dient: Shelley beschreibt das Gesicht eines Deutschen als zoomorph und hässlich (vgl. Shelley/Shelley 2002 [1817]: 64), Hazlitt charakterisiert den englischen John Bull als Tier, das seine Affekte nicht kontrollieren kann:

> John Bull is certainly a singular animal. It is the being the beast he is that has made a man of him. If he do not take care what he is about, the same ungoverned humour will be his ruin. He must have something to butt at; and it matters little to him whether it be friend or foe, provided only he can *run-a-muck*. He must have a grievance to solace him, a bug-bear of some sort or other to keep himself in breath: otherwise, he droops and hangs the head – he is no longer John Bull, but John Ox (Hazlitt 1967a [1826]: 244).

Die zitierten reisenden Ichs – die zweiten Selbst, die die Autoren Hazlitt, Shelley und Young in ihren Texten von sich entwerfen – charakterisieren sich durch ihre Kritik an der oberen wie an der unteren Schicht als zu diesen nicht zugehörig. Entsprechend positionieren sie sich in der dazwischenliegenden sozialen Gruppe. Sie inszenieren sich als Angehörige der Mittelschicht, der weder aristokratische Überheblichkeit noch die ‚Einfalt' der unteren Schicht eigen ist.[23] Über die klassengebundenen Stereotype wird folglich im romantischen Reisebericht *Englishness* mit einer Klassenzugehörigkeit verschränkt. Eine republikanische englische Nation gründet sich im Kern somit auf das Bürgertum.

23 In Texten, die von Angehörigen des Adels oder der wohlhabenden *gentry* verfasst wurden, wie *Travels in France* von Alison und Tytler, fehlen derartige Kritiken an der Aristokratie.

Diese schließt die Aristokratie und die unteren Schichten zwar nicht aus, drängt Letztere jedoch an die Peripherie und klassifiziert sie implizit als unbedeutend hinsichtlich einer identitätsstiftenden Funktion für die Nation.

5.6 ‚English I' und ‚English eye': die Hierarchisierung des Eigenen und national Anderen

Die Autoren und Autorinnen der Reiseberichte entwerfen in ihren Texten ein reisendes Ich, eine Art zweites Selbst. Es ist dieses zweite Selbst, das das national Andere in den in 5.4 analysierten Darstellungsformen präsentiert. Dem jeweiligen reisenden Ich kommt also deshalb eine Schlüsselrolle beim Erzeugen von *Englishness* zu, weil es die „Diskurshoheit" (O'Sullivan 2007: 128) innehat und das national Andere über Vergleiche, Anekdoten und andere Vertextungsverfahren in ein nationales Narrativ einflicht. Die große Nähe zwischen Text und Entstehungskontext – dem (romantischen) Reisebericht ist eine reale Reise vorausgegangen – führt zu einer Nähe zwischen tatsächlichem Autor und dem im Text eingeschriebenen reisenden Ich. Birgit Neumann kommt zu der Erkenntnis, dass das reisende Ich ähnlich der Erzählinstanz in einem narrativen Text sowohl Teil der geschilderten Welt ist als auch die über diese Welt berichtende Instanz darstellt. Auf dieser Grundlage hat sie den Reisebericht des 18. Jahrhunderts in der narratologischen Terminologie Genettes als „homodiegetisch[e] Erzählung" (Neumann 2009: 118) klassifiziert. Neumann wird dahin gehend gefolgt, dass ebenfalls mit der Terminologie Genettes operiert wird, denn diese erlaubt eine differenzierte Betrachtung der erzählenden und der wahrnehmenden Instanz. Aufgrund der Präsenz des reisenden Ichs als ‚Protagonist' im romantischen Reisebericht ist jedoch in dieser Gattung nicht von einer homodiegetischen, sondern von einer autodiegetischen Erzählung zu sprechen. Die Nähe des Schilderns und des Wahrnehmens des national Anderen lässt sich mithilfe der beiden Homophone „I" und „eye" für reisendes Ich und dessen Perspektive lautlich greifen. Die Homophone illustrieren ferner die für die Gattung charakteristische Dichotomie von subjektiver Empfindung und der Suggestion einer objektiven Beobachtungsgabe.

5.6.1 *‚English I': Individualität und Bürgerlichkeit als Qualitäten von* Englishness

Die reisenden Ichs nehmen in den jeweiligen Texten als Individuen Gestalt an, indem die Reisemotivation dargelegt und persönliche Empfindungen wiedergegeben werden. Das Hervortreten der reisenden Ichs unterstützt der dichte Gebrauch des ersten Personalpronomens:

> After having surveyed the agriculture and political resources of England and Ireland, to do the same with France, was certainly a great object, the importance of which animated me to the attempt: and however pleasing it may be to hope for the ability of giving a better account of the agriculture of France than has ever been laid before the public, yet the greatest satisfaction I feel, at present, is the prospect of remaining, for the future, on a farm, in that calm and undisturbed retirement, which is suitable to my fortune, and which, I trust, will be agreeable to my disposition (Young 2009 [1792]: 280).

Young präsentiert sich hier indirekt als ein zielgerichtet handelnder und rational denkender Mann, der die Landwirtschaft seines Landes reformieren möchte, seine persönliche Zukunft in einer ländlichen Umgebung sieht und sich darüber als Angehöriger des Bürgertums charakterisiert. Mithilfe einer „rhetoric of good husbandry and agricultural expertise“ distanziert er sich von den „irresponsible aristocratic rural pursuits of huntin', shootin', fishin', and landscapin'“ (Turner 2001: 48). Die Individualität des reisenden Ichs in *Travels* tritt umso stärker hervor, wenn es dem reisenden Ich gegenübergestellt wird, das Wordsworth von sich in *Recollections* entwirft. Wordsworth erscheint als empfindsame, von romantischer Naturwahrnehmung durchdrungene junge Frau.

> I never travelled with more cheerful spirits than this day. Our road was along the side of a high moor. I can always walk over a moor with a light foot; I seem to be drawn more closely to nature in such places than anywhere else; or rather I feel more strongly the power of nature over me [...] (Wordsworth D. 1997 [1874]: 55).

Ähnlich wie Young und Wordsworth sind die anderen reisenden Ichs dahin gehend als Individuen charakterisiert, dass sie ihre persönliche Reisemotivation darlegen und eigene Empfindungen nach außen kehren. Williams wollte die Ereignisse der Französischen Revolution in Augenschein nehmen. Wollstonecraft begab sich nach Skandinavien, um geschäftliche Angelegenheiten im Auftrag ihres ehemaligen Geliebten zu regeln. Hazlitt sowie Alison und Tytler reisten aus Interesse an den besuchten Ländern.[24]

24 Eine Diskrepanz zwischen der Motivation, die tatsächliche Reise zu unternehmen, und der Motivation, die im Text als solche erscheint, zeigt sich in *History*. Mary und Percy Shelley hatten England verlassen, um ihre Liebe zu leben, obwohl Percy zu dieser Zeit noch verheiratet war. Dies schriftlich in einem für die Öffentlichkeit bestimmten Text zu fixieren, hätte den Skandal um die Flucht des noch verheirateten Percy Shelley mit seiner Geliebten Mary Godwin weiter gesteigert. Dieses ‚Verschweigen‘ des tatsächlichen

Hinsichtlich des Schilderns von Empfindungen lässt sich eine Geschlechterdifferenz beobachten. So ist in den Texten männlicher Autoren das Wiedergeben von Emotionen weniger auf das empfindende Subjekt gerichtet, sondern stärker auf das Objekt fokussiert, das die Emotionen auslöst. Darüber hinaus ist dieses Objekt oftmals selbst männlich aufgeladen und vermag daher männlich konnotierte Gefühlsregungen überhaupt erst zu wecken, so wie die geschlagenen napoleonischen Kriegsveteranen, denen Alison und Tytler in dem nahe Paris gelegenen Fontainebleau begegnen:

> [I]t was impossible not to feel the strongest emotion at the sight of the veteran soldiers whose exploits had so long rivetted the attention of all who felt an interest in the civilized world (Alison/Tytler 1816a: 97).

In Texten von Autorinnen wird Informationen über die emotionale Befindlichkeit zum einen größerer Raum gegeben, zum anderen sind sie weniger auf das Objekt gewendet, das die Emotionen hervorruft. Im Mittelpunkt stehen vielmehr die Gefühle selbst. So beziehen sich Wollstonecrafts Gefühlsäußerungen, die in der Rhetorik der Empfindsamkeit gehalten sind, kaum auf Hamburg, das sie auf ihrer Rückreise von Skandinavien passiert. Stattdessen wirkt die norddeutsche Handelsstadt als Stimulus, um ihre Innenwelt, die von ihrem Liebeskummer bestimmt ist, nach außen zu kehren.[25]

> In fancy I return to a favourite spot, where I seemed to have retired from man and wretchedness; but the din of trade drags me back to all the care I left behind, when lost in sublime emotions. Rocks aspiring towards the heavens, and, as it were, shutting out sorrow, surrounded me, whilst peace appeared to steal along the lake to calm my bosom, modulating the wind that agitated the neighbouring poplars. Now I hear only an account of the tricks of trade, or listen to the distressful tale of some victim of ambition (Wollstonecraft 2009 [1796]: 129).

Die Gefühlsäußerungen tragen damit dazu bei, das reisende Ich in *Short Residence* als sensible und verwundbare junge Frau zu charakterisieren. Jenseits dessen ermöglicht die Rückkopplung an das Emotionale Wollstonecraft und

Reisegrundes hat jedoch keine nennenswerten Auswirkungen auf das Gestaltannehmen Shelleys als Individuum im Text.

25 Das Verhältnis zwischen Wollstonecraft und ihrem Geliebten Robert Imlay war bereits vor Wollstonecrafts Abreise zerrüttet. Als sie zurückkehrte, lebte Imlay mit einer anderen Frau zusammen, woraufhin Wollstonecraft einen Suizidversuch unternahm (vgl. Brekke/Mee 2009: xii–xiii).

anderen Autorinnen die eigene Weiblichkeit als im Einklang mit bürgerlichen Konventionen zu inszenieren. Damit konnten sie den potenziellen Vorwurf der ‚Unweiblichkeit' entkräften, bedeutete Reisen und das Veröffentlichen eines Reiseberichtes doch ein doppeltes Heraustreten aus der den Frauen zugeordneten häuslichen Sphäre.

Unabhängig voneinander betrachtet sagen die Informationen über Reisemotivation und emotionale Verfasstheit in den jeweiligen romantischen Reiseberichten wenig über das Erzeugen von *Englishness* aus, sondern sie geben vor allem Auskunft über das Wesen des jeweiligen, im Text gestalteten reisenden Ichs. Werden diese allerdings in ihrer Summe betrachtet, verdichtet sich Individualität als Wesenszug aller reisenden Ichs. Sie werden damit zum ‚English I', mit dem an ein tradiertes Selbstbild angeknüpft wird, das während der Romantik Konjunktur hatte. So bestand weitgehend Konsens darüber, dass Individualität eine besondere englische Eigenschaft sei (vgl. Stafford 2018: 98). Bereits Mitte des 18. Jahrhunderts postulierte die Temperamentenlehre, die englische Nation zeichne sich „durch die außerordentliche Vielfalt und Individualität ihres Charakters" (Neumann 2009: 146) aus. Trotz dieser ideengeschichtlichen Rückkopplung an das 18. Jahrhundert ist das klare Konturieren des reisenden Ichs eine gattungsspezifische Eigenheit des romantischen Reiseberichtes, die ihn von jenem des 18. Jahrhunderts unterscheidet. Die Vorstellung, Individualität sei eine spezifisch englische Qualität, hinterließ in vorromantischen Texten keinen nennenswerten Abdruck und von Ausnahmen abgesehen ist hier kaum etwas vom reisenden Ich zu spüren.[26] Im romantischen Reisebericht tritt die als englisch ausgewiesene Eigenheit des Individualismus markant hervor, wenn man das ‚English I' in Opposition zu den generalisierten Aussagen setzt, die über das national Andere in den Anekdoten, expliziten Nationenvergleichen, über die metaphorischen Vergleichsräume und durch die Vertextungsverfahren der *Gothic novel* getroffen werden.

Über das geschlechtsspezifische Schildern emotionaler Befindlichkeiten transportieren die ‚English I' darüber hinaus ein zentrales Element in einem traditionellen bürgerlichen Normensystem: die Verknüpfung von Männlichkeit mit emotionaler Kontrolliertheit und von Weiblichkeit mit Empfindsamkeit.

5.6.2 *‚English eye': die pseudoobjektive Großmachtsperspektive*

Im Verlauf des 18. Jahrhunderts kam es zu einer Aufwertung des Sehsinns, da der optischen Wahrnehmung die größtmögliche Objektivität beigemessen

26 Prominente Ausnahmen bilden Tobias Smollets *Travels through France and Italy* (1766) und Laurence Sternes *A Sentimental Journey through France and Italy* (1768).

wurde. "Of all the sensory organs, the eye was believed to provide the most reliable and precise means of ascertaining facts" (Kuczynski 2003: 28). Wie eine Reihe aufklärerischer Vorstellungen wurde auch diese in der Romantik nicht abgelehnt, sondern in ein allgemeines Weltverständnis integriert. In einer Gattung wie dem romantischen Reisebericht, in dem das Wahrnehmen und Beobachten des national Anderen eine zentrale Rolle spielen, tritt dies in besonderer Weise zutage. Das „privileging of the eye" (ebd.: 26), das sich in Reiseberichten des 18. Jahrhunderts findet, zeigt sich auf signifikante Weise in *Short Residence* (vgl. ebd.). Wollstonecraft überhöht hier das Sehen nicht nur, sondern sie billigt ihm auch einen Absolutheitsanspruch zu, weil sie es für unerheblich hält, dass sie die Landessprache nicht beherrscht und ein persönlicher Austausch so erschwert wird. "I have formed a *very just opinion* of the character of the Norwegians, without being able to hold converse with them" (Wollstonecraft 2009 [1796]: 53, Hervorhebungen nicht im Original). Des Weiteren wird über den implizierten Objektivitätsanspruch ein Wahrheitsanspruch formuliert, der die Taxonomierung des national Anderen als jederzeit empirisch überprüfbar erscheinen lässt. Mehr noch – es wird die Suggestion erzeugt, das national Andere im Sinne einer Locke'schen Tabula rasa wertneutral wahrzunehmen:

> I perceived that I could not give a just description of what I saw, but by relating the effect different objects had produced on my mind and feelings, whilst the impression was still fresh (ebd.: 3).

In *Travels* und *Travels in France* erhält das Sehen explizit eine englische Zuschreibung, da hier die reisenden Ichs das Wahrgenommene in Beziehung zu einem „English eye" (Young 2009 [1792]: 22 und Alison/Tytler 1816b: 6) setzen. Wenn Shelley sich über unzivilisiertes Benehmen in Deutschland entrüstet, stellt sie hier ebenfalls eine Beziehung zu einer englischen Sichtweise her:

> [N]othing could be more horribly disgusting than the lower order of smoking, drinking Germans [...]; and what was *hideous to English eyes,* kissed one another (Shelley/Shelley 2002 [1817]: 67–68, Hervorhebung nicht im Original).

Die Perspektive, die in der Gattung vorherrscht, lässt sich also als „Europe as seen through ‚English eyes'" (Colbert 2005: 105) charakterisieren, wie sie John Colbert für Shelleys *History* konstatiert hat.

Die menschliche Wahrnehmung genauso wie das Kommunizieren über das Wahrgenommene sind stets durch Muster vorstrukturiert, die im Verlauf der

Sozialisation erworben werden (vgl. Florack 2001: 1).[27] Die Sozialisation in England um 1800 war von dem Bewusstsein geprägt, einer Großmacht anzugehören, die ihren Einfluss stetig ausbaute. Dies spiegelt sich in der Perspektive – im ‚English eye' –, die in der Gattung eingenommen wird. Wie die Ausführungen zu den Darstellungen des national Anderen in 5.4 und die dort wiedergegebenen Textstellen eindrucksvoll veranschaulichen, werden Deutsche, Portugiesen, Schotten und Skandinavier – alle Repräsentanten machtpolitisch unbedeutender Länder – im Wahrnehmen diskreditiert. Bei der Beobachtung des kontinentalen Konkurrenten Frankreich schwingt hingegen kein derartig geringschätzender Ton mit. "The farmhorses, though very poor to an *English eye*, are fortunately much better than the horses for travelling" (Alison/Tytler 1816b: 6, Hervorhebung nicht im Original). Alison und Tytler äußern sich zwar nicht positiv über den Zustand der in Frankreich gesehenen Pferde. Deren Beschreibung und der Vergleich mit Pferden in England sind jedoch so gehalten, dass sie nicht in erster Linie auf eine generalisierende Entwertung Frankreichs abzielen. Vielmehr geben sie knapp Auskunft über den Zustand von Tieren einer zwar vom Krieg gezeichneten, aber dennoch als ebenbürtig erachteten Großmacht. Im Rückgriff auf den im zeitgenössischen Diskurs geläufigen Topos französischer Artifizialität kritisiert Young das französische Geschmacksempfinden:

> To those who are fond of gilding here is enough to satiate; so much that *to an English eye* it has too gaudy an appearance. But the glasses are large and numerous. The drawing-room very elegant (gilding always excepted) (Young 2009 [1792]: 22, Hervorhebung nicht im Original).

Voraussetzung für eine solche Kritik ist allerdings das grundsätzliche Anerkennen eines Geschmacksempfindens, wodurch dem Konkurrenten im Gegensatz zu den seinerzeit machtstrategisch bedeutungslosen Nationen Kultiviertheit zugesprochen wird. Die Perspektive des ‚English I' ist also mitnichten objektiv, wie die Suggestion vorgibt. Stattdessen lässt sich das ‚Englisch eye' als eine pseudoobjektive Großmachtsperspektive beschreiben. *Englishness* wird so mit Überlegenheit und Machtbewusstsein assoziiert.

27 Florack bezieht sich hier auf eine Reihe von Sozialwissenschaftlern, u. a. auf Miles Hewstone und Klaus Fiedler (vgl. Florack 2001: 1).

5.7 Das Erhabene und das Pittoreske: Ästhetisierung als Affirmation moralischer und kultureller Überlegenheit

Das Erhabene und das Pittoreske sind die ästhetischen Linsen, die im romantischen Reisebericht den Naturraum des jeweiligen national Anderen brechen. In den Beschreibungen der norwegischen Berge in *Short Residence* ist eine Lexik des Erhabenen übermächtig: Die Naturgewaltigkeit der bis zu den Wolken emporragenden Berge, die Felsen und die schneebedeckten Gipfel sind primär darauf gerichtet, dem Gefühl des Schrecklichen (*terror*) Ausdruck zu verleihen.

> [T]he [...] nature resumed an aspect ruder and ruder, or rather seemed the bones of the world waiting to be clothed with every thing necessary to give life and beauty. Still it was sublime. The clouds caught their hue of the rocks that menaced them. The sun appeared afraid to shine, the birds ceased to sing, and the flowers to bloom; but the eagle fixed his nest high amongst the rocks, and the vulture hovered over this abode of desolation (Wollstonecraft 2009 [1796]: 28).

Wie ein Vergleich mit einem Auszug aus Shelleys *History* zeigt, erscheinen derartige Landschaften weitgehend austauschbar. Ihre spezifische Beschaffenheit, Topografie, Flora und Fauna, bleiben auch hier jenseits ästhetischer Schlüsselbegriffe im Vagen:

> Mont Blanc was before us – the Alps, with their innumerable glaciers on high all around, closing in the complicated windings of the single vale – forests inexpressibly beautiful, but majestic in their beauty – intermingled beech and pine, and oak, overshadowed our road, or receded, whilst lawns of such verdure as I have never seen before occupied these openings, and gradually became darker in their recesses. Mont Blanc was before us, but it was covered with cloud; its base, furrowed with dreadful gaps, was seen above. (Shelley/Shelley 2002 [1817]: 150–151).

Die erhabenen Landschaften entfalten sich hier als menschenleeres Panorama vor dem Auge des reisenden Ichs. Der Naturraum des national Anderen wird also vom ‚English I' in dessen „kulturellen Codes" (Neumann 2006b: 93) aufbereitet. Dies erlaubt es, einem sich industrialisierenden England, in dem die Befriedung ländlicher Gebiete zur agrarindustriellen Nutzung stark vorangeschritt, etwas ‚Wildes', noch nicht Domestiziertes entgegenzusetzen.

Das Erhabene verfügt insbesondere in der Interpretation Kants über eine moralische Dimension, soll es doch zur transzendentalen Einsicht und von dieser weiter zur inneren Läuterung führen (siehe dazu 3.4.1). Über das Inszenieren des Naturraums des national Anderen als erhabene Landschaft entwirft der romantische Reisebericht also eine Projektionsfläche moralischer Einsicht. Da aber nur die reisenden Ichs und nicht die Bevölkerung des besuchten Landes Betrachter der erhabenen Landschaften sind, haben auch nur die ‚English I' Zugang zum Transzendenten. Als Konsequenz kommt es im romantischen Reisebericht zu einer Verschränkung von „landscape and character" (Leerssen 2004: 33), mit der die englische Nation als eine moralisch und religiös geläuterte Gemeinschaft imaginiert wird. Darin lässt sich sowohl eine Parallele als auch ein Unterschied zu Beobachtungen feststellen, die Leerssen an europäischen Texten des frühen 18. Jahrhunderts gemacht hat. Schon vor der Rekonzeptualisierung durch Burke und Kant begann das Erhabene eine Rolle zu spielen. In *Die Alpen* (1732) setzt Albrecht von Haller das Wesen der ‚einfachen und bescheidenen' schweizerischen Landbevölkerung zur Erhabenheit der Berge ihrer Heimat in Beziehung und nimmt so eine Verschränkung zwischen Landschaft und Charakter vor (vgl. ebd.).[28] Im Zuge dessen kommt es zu einer Ästhetisierung und Funktionalisierung eines landschaftlichen Raumes im Sinne der Nation (hier der schweizerischen). Anders als im romantischen Reisebericht ist es bei Haller also nicht der Raum des national Anderen, sondern der des national Eigenen, sodass sich in der Ästhetisierung der Landschaft und ihrer Verknüpfung mit einem Schweizer Charakter keine Überlegenheit gegenüber einem national Anderen ausdrückt.[29]

Das Konzept des Pittoresken, das die romantische Landschaftsästhetik ebenfalls durchdringt, fordert im Kern, dass Landschaften einem Gemälde gleichen sollten. Entsprechend werden im romantischen Reisebericht die

28 Leerssen untersucht Hallers Gedicht *Die Alpen* zunächst unter dem Aspekt einer sich verändernden Landschaftswahrnehmung, die dem urbanen Raum etwas entgegensetzen wollte (vgl. Leerssen 2004: 33) und die auf diese Weise der schweizerischen Nation einen Identifikationsraum schuf: "Haller [...] celebrates the Alps as a *moral* landscape. In doing so he gave the Swiss nation a new relationship with their inhospitable natural environment, re-inventing it as a constant reminder and underpinning, indeed an objective correlative, of Swiss patriotic virtue" (ebd.). Leerssens weitere Ausführungen können an dieser Stelle nicht erläutert werden, verwiesen sei aber darauf, dass er Parallelen zwischen der Entwicklung eines schweizerischen und eines irischen Selbstbildes im 18. Jahrhundert sieht (vgl. ebd.: 33–34).

29 Ein weiterer Unterschied besteht darin, dass im romantischen Reisebericht keine Korrelation zwischen der Landschaft, also der Umgebung, und einem englischen Selbstverständnis hergestellt werden kann, wie sich diese in einem schweizerischen Selbstbild zeigt (vgl. Leerssen 2004: 33), denn die Alpen sind nicht der Raum, der die ‚natürliche' klimatische Umgebung des reisenden Ichs darstellt.

Landschaften des jeweiligen national Anderen als ‚sehenswürdiges' Stillleben gezeichnet, so etwa Schottland in *Recollections* und Portugal in *Journals*.

> We enter Scotland by crossing the river Sark; on the Scotch side of the bridge the ground is unenclosed pasturage; it was very green, and scattered over with that yellow flowered plant which we call grunsel (Wordsworth D. 1997 [1874]: 41).

Die Brücke markiert symbolträchtig den Übergang von England in ein unberührtes und friedvolles Schottland. Über die uneingezäunten Wiesen wird ein implizites Gegenbild zur sich industrialisierenden Landwirtschaft Englands entworfen. Ausgeblendet ist in Wordsworths Bild des national Anderen, dass nicht nur in England, sondern auch in Schottland die Einfriedung von bis dato öffentlich zugänglichem Weidegrund rasch voranschritt und hier brutale Mittel zum Einsatz kamen. So wurden tausende Highländer umgesiedelt oder nach Kanada deportiert (vgl. Casaliggi/Fermanis 2016: 28).

Ähnlich erscheint das um 1800 noch weitgehend agrarisch geprägte Portugal in Southeys *Journals* als ein südeuropäisches Idyll, das einer vorindustriellen Epoche erwachsen ist:

> At once the Country changed – it became whatever fancy could conceive from Italian pictures, rocks and woods and buildings with all the picturesque varandas and porticos of a warm climate, and light and shades scarcely conceivable in England (Southey 1960: 17).

Bei Southey gibt der Begriff ‚*fancy*', der dem der ‚Imagination' verwandt ist, einen entscheidenden Hinweis, dass es sich in der Schilderung um das mentale Erschaffen und nicht um das mimetische Abbilden handelt (siehe zur Imagination 3.3). Der Verweis auf italienische Gemälde signalisiert einen intentionalen Akt der Ästhetisierung im Sinne des zeitgenössischen Geschmacksempfindens (u. a. boten die Landschaftsbilder des Barockmalers Salvator Rosa Inspiration für das Pittoreske). Sowohl in *Recollections* als auch in *Journals* handelt es sich demnach um ein bedürfnisgesteuertes Inszenieren, das den sozioökonomischen Kontext und den zeitgenössischen Ästhetikdiskurs der Herkunftskultur aufruft.

Für europäische Reiseberichte, die Reisen durch die Kolonien verhandeln, hat Mary Luise Pratt das Zusammenspiel visueller Wahrnehmung und eines der Herkunftskultur der Kolonialmacht entstammenden Landschaftsdiskurses als Strategie identifiziert, um das Fremde in Besitz zu nehmen:

> The main protagonist of the anti-conquest is a figure I sometimes call the 'seeing-man', an admittedly unfriendly label for the white male subject of European landscape discourse – he whose imperial eyes passively look out and possess (Pratt 2008: 9).[30]

Diese Aussage auf romantische Reiseberichte zu übertragen, die eine Reise innerhalb Europas wiedergeben, würde das Unrecht der Kolonialisierung bagatellisieren. In Texten, die eine innereuropäische Reise zum Gegenstand haben, ist die Wahrnehmung mit einem ästhetischen Diskurs verflochten. Darin kommt zwar keine Inbesitznahme, aber dennoch ein imperialer Habitus zum Ausdruck. Ein solcher ist nicht männlich konnotiert, vielmehr wird das ‚English I' in der Gattung in diesem Zusammenhang zum genderunspezifischen ‚imperial English eye'. Weil es den Naturraum des national Anderen für die Bedürfnisse der Herkunftskultur der reisenden Ichs funktionalisiert, wird in der Gattung der englischen Nation indirekt ein Hegemonieanspruch zugebilligt. Ein solcher erstreckt sich allerdings nicht auf das Territoriale, sondern ausschließlich auf das Kulturelle.

5.8 Kulturelles Bezugssystem und eingeschriebener Adressat: Bürgerlichkeit und Bildung als Qualitäten von *Englishness*

Die vorangegangenen Überlegungen haben sich der Vermittlungsinstanz des national Anderen und dessen Perspektive gewidmet. Im Folgenden wird der Blick auf den in die Texte eingeschriebenen Adressaten gerichtet. Um erfassen zu können, wie der Adressat zum Generieren von *Englishness* beiträgt, ist das kulturelle Bezugssystem der Gattung genauer auszuleuchten, denn die Wissenselemente, die das Bezugssystem bestimmen, erlauben auch in dieser Gattung entsprechende Rückschlüsse. Im Spektrum der kulturellen Wissenselemente dominieren im romantischen Reisebericht tradierte nationenbezogene Bilder, die Klimatheorie und die Temperamentenlehre, die Ästhetik des Erhabenen und des Pittoresken sowie Intertexte. Zunächst situieren die in einer Gattung aktivierten Wissenselemente die Gattung in ihrem Entstehungskontext und machen sie auf dieser Grundlage interpretierbar (vgl. Neumann 2006b: 91). Entsprechend verweisen die nationenbezogenen Bilder sowie die Klimatheorie und die Temperamentenlehre auf den zeitgenössischen Diskurs über den Nationalcharakter, während die beiden ästhetischen Konzepte jenen

30 Mit „anti-conquest" (Pratt 2008: 181) meint Pratt „an incipient expansionist project in mystified fashion" (ebd.).

über Geschmack aktivieren und die intertextuellen Bezüge den Diskurs über Literatur. Neben einer ‚allgemeinen' epochalen Kontextualisierung stellt das kulturelle Bezugssystem die Zeichen, die „kulturellen Codes" (ebd.: 93), zur Verfügung, in die das national Andere vom reisenden Ich für den eingeschriebenen Adressaten übersetzt und eingeordnet wird.

5.8.1 *Das gemeinsame Bildgedächtnis des ‚English I' und des englischen eingeschriebenen Adressaten*

Schwerfälligen Deutschen, eifersüchtigen sowie administrativ fehlorganisierten Italienern, zivilisatorisch rückständigen Schotten und frivolen, oberflächlichen Französinnen begegnet die Leserin an der Hand des ‚English I' im romantischen Reisebericht. Diese Liste von ‚nationalen Vertretern' ließe sich noch erweitern. In jedem Fall gilt für all diese Heterostereotype, was Leerssen im Rückgriff auf Jules de la Mesnardière aufgezeigt hat:

> [I]f you want to have a convincing fiction you must represent things, not as they are, but as the audience expects them to be. What matters is not *realism* proper, not truth-value, but recognition value, *vraisamblance* (Leerssen 1997: 130).

Die Klimatheorie und die Temperamentenlehre waren das geläufige Taxonomierungsinstrumentarium scheinbarer nationaler Eigenheiten, die sich in nationalen Stereotypen verdichtet finden. Eine ihrer Grundannahmen lautet, dass in nördlichen Gefilden phlegmatische Menschen zuhause sein sollen. Dies findet sich etwa bei dem in 2.1 bereits erwähnten Klimatheoretiker Charron (vgl. Zacharasiewicz 1977: 98). Phlegmatisch ist ein diffuser Begriff und bedeutet je nachdem eine physische oder charakterliche Verfasstheit. Ein phlegmatisches Temperament soll seine Ursache in einer Überproduktion an Schleim (Phlegma) haben (vgl. Derschka 2013: 15), die sich auf ein kaltes Klima zurückführen lässt. In diesem Sinne heißt es bei dem Klimatheoretiker Falconer in seinem Kapitel *Effect of a Cold Climate on the Laws* „the phlegmatic genius of the North" (Falconer 1781: 85). Hinweise auf ein Verständnis von Nationalcharakteren, das auf der Klimatheorie und der Temperamentenlehre fußt, zeigen sich in *Travels in France* und in *Short Residence*. Festzuhalten ist hier, dass ein vages klimatheoretisches Verständnis zugrunde liegt, das die eigene Nation explizit auf- oder die andere Nation explizit abwertet und infolgedessen eine nationale Hierarchisierung vorgenommen wird, wie diese sich bereits im 18. Jahrhundert zeigt. In *Travels in France* werden die beiden Theorien durch den Begriff des Phlegmatischen direkt aufgerufen und darüber hinaus mit *Englishness* assoziiert.

> [T]hose ideas of sober sense, that spirit of *phlegmatic* indifference, and the engrossing influence of public employments, which are remarkable in *the English nation* (Alison/Tytler 1816b: 298–299, Hervorhebungen nicht im Original).

Wollstonecraft identifiziert eine angebliche Trägheit als spezifisch schwedische Eigenheit und führt dies auf die klimatischen Verhältnisse in Schweden zurück: "The severity of the long Swedish winter tends to render the people sluggish" (Wollstonecraft 2009 [1796]: 22).[31]

Die genannten Heterostereotype sowie die Klimatheorie und die Temperamentenlehre können auch kulturelle Wissenselemente anderer Bezugssysteme bilden. So ist der frivole Franzose ein geläufiges Heterostereotyp in der deutschen Literatur des 18. Jahrhunderts (siehe hierzu ausführlich Florack 2001 und 2007a). Die Klimatheorie und die Temperamentenlehre wurden auch in Frankreich und anderen europäischen Ländern zur Bestimmung von Nationalcharakteren herangezogen.

Im romantischen Reisebericht werden allerdings die Heterostereotype entweder direkt in Opposition zu einem englischen Selbstbild gesetzt – wie sich dies im Falle Southeys zeigt –, oder ein englisches Selbstbild erschließt sich aus einer Kontrastrelation, in der das national Andere klar konturiert ist und das national Eigene als dessen positives Gegenüber ergänzt werden muss. Werden Skandinavier, wie in *Short Residence*, als träge und zivilisatorisch ‚zurückgeblieben' dargestellt, ist *Englishness* indirekt mit den gegenteiligen Wesenszügen in die Texte eingeschrieben. Folglich erscheinen die aufgerufenen Heterostereotype im romantischen Reisebericht als Wissenselemente eines englischen kulturellen Bezugssystems.

Ähnliches gilt für die Klimatheorie und die Temperamentenlehre, da diese mit ihrer Bestätigung positiver englischer Qualitäten und negativer Heterostereotype anglozentrisch ausgerichtet sind. Damit setzt sich in der Gattung im Hinblick auf England fort, was Neumann für das 18. Jahrhundert konstatiert hat: „Für die Konsolidierung britischer Überlegenheitsansprüche übernahm die Klimazonentheorie eine wichtige Rolle" (Neumann 2009: 89).

An dieser Stelle ist es hilfreich, sich eine Eigenschaft von Stereotypen ins Gedächtnis zu rufen, nämlich, dass Stereotype stets etwas über ihre

---

31 Anka Ryall hat den Einfluss von George-Louis Leclerc Comte de Buffons klimatheoretisch ausgerichteter Determinismustheorie auf Wollstonecrafts *Short Residence* nachgewiesen. Sie zeigt etwa, dass Trägheit bei Buffons Charakterisierung der Bevölkerung Nordamerikas eine Rolle spielt und Wollstonecraft sowohl Buffons Argumentationsweise als auch seine Rhetorik aufgreift (vgl. Ryall 2003: 125).

Herkunftskultur preisgeben. Sie verfügen – wie Neumann im Rückgriff auf Link festhält – über die „symbolische[..] Autorität des kulturell Konventionalisierten" und haben eine „orientierungsbildende und komplexitätsreduzierende Funktion" (ebd.: 367). Im romantischen Reisebericht übernehmen Stereotype auf textueller Ebene genau diese Funktion, denn sie stellen die kulturellen Codes, entlang derer sich reisendes Ich und eingeschriebener Adressat über das national Andere verständigen und es in greifbare, vertraute Kategorien ordnen. Damit ist nicht nur ein weiteres Mal das reisende Ich als ‚englisch' apostrophiert, sondern auch der eingeschriebene Adressat.

5.8.2 *Intertextualität: das literarische Bezugssystem des ‚English I' und des englischen eingeschriebenen Adressaten*

Im romantischen Reisebericht übernehmen intertextuelle Bezüge zunächst eine Funktion, die auf den jeweiligen Text beschränkt bleibt. Den zur nationalliterarischen Ikone stilisierten Shakespeare setzt Wollstonecraft in *Short Residence* ein, um einer landschaftlichen Szenerie ein mythisches Gepräge zu verleihen.

> Straying further, my eye was attracted by the sight of some heart's-ease that peeped through the rocks. [...] If you are deep read in Shakespeare, you will recollect that this was the little western flower tinged by love's dart, which 'maidens call love in idleness' (Wollstonecraft 2009 [1796]: 9).

In Hazlitts *Notes* dienen die beiden italienischen Dichter Tasso und Ariost und die Protagonistin aus *Romeo and Juliet* (1597) als stenografische Codes, die darauf abzielen, ein ganzes Spektrum an Assoziationen auszulösen, die das national Andere mit etwas Traumhaftem und Romanzenhaftem belegen:

> Here Ariosto lived – here Tasso occupied first a palace, and then a dungeon. Verona has even a more sounding name; boasts a finer situation, and contains the tomb of Juliet (Hazlitt 1967a [1826]: 266).

Das intertextuelle Reservoir, aus dem die Gattung schöpft, enthält also im weiteren Sinne kanonisierte Literatur, die während der Epoche einer im eigentlichen Wortsinn romantischen Lesart unterzogen wurde. Zu einem großen Teil speisen sich intertextuelle Bezüge auch aus der Gattung selbst. In ihrer Beschreibung der Umgebung von Christiania bezieht sich Wollstonecraft auf William Coxes *Travels into Poland, Russia, Sweden, and Denmark* (1792), einen der wenigen Reiseberichte, die sich auch mit Skandinavien befassen.[32] "[A]nd as for the hills, 'capped with *eternal* snow,' Mr. Coxe's description led me to look for them; but they had flown" (Wollstonecraft 2009 [1796]: 80). William Coxe schreibt einige Jahre vor Wollstonecraft über die norwegischen Berge: "[T]he inland mountains of Norway rose on mountains covered with dark forests of pines and fir, […] The most distant summits were capped with eternal snow" (Coxe 1792: 33). Die Autorin zeigt damit zum einen, dass sie sich sorgfältig über die Länder, die sie besucht, informiert hat (Wollstonecraft hatte Coxes Reisebericht vor ihrer Abreise gelesen [vgl. Lawrence 1994: 101]). Zum anderen erzeugt sie das Bild einer erhabenen Berglandschaft. In *Travels in France* bestätigen Alison und Tytler die Beobachtungen über französische Landwirtschaft, die Arthur Young in *Travels* wiedergibt. Sie vermeiden damit eine detaillierte und für den Leser eventuell langatmige Schilderung, während sie ihm gleichzeitig eine Leseempfehlung aussprechen, falls er doch mehr Informationen wünscht. Obendrein unterstreichen die beiden so ihre Sachkenntnis über das bereiste Land. "On the road between Calais and Boulogne, we began to perceive the peculiarities of the husbandry of this part of France. These are just what were described by Arthur Young" (Alison/Tytler 1816a: 8). Shelley beschreibt die Sehenswürdigkeit der fliegenden Brücke von Nimwegen mit einem knappen Verweis auf Lady Mary Wortley Montagus *The Turkish Embassy Letters* (1763) (vgl. Shelley/Shelley 2002 [1817]: 74–75). In dem Reisebericht, der über ein halbes Jahrhundert vor *History* erschien, heißt es:

> 'Tis large enough to hold hundreds of men, with horses and carriages. They give the value of an English two-pence to get upon it, and then away they go, bridge and all, to the other side of the river, with so slow a motion one is hardly sensible of any at all (Wortley Montagu 2013 [1763]: 49–50).[33]

In ihrer Summe entwerfen die Intertexte den eingeschriebenen Adressaten zunächst als einen literarisch gebildeten Leser. Er muss mit den genannten Autoren und ihren Texten vertraut sein und über den zeitgenössischen Ästhetikdiskurs Bescheid wissen. Die Intertexte der Gattung kennzeichnen den

32 In Coxes Reisebericht ist Norwegen vermutlich deshalb nicht gesondert im Titel aufgeführt, da es während des 18. Jahrhunderts in Personalunion mit Dänemark organisiert war.

33 Lady Mary Wortley Montagu hatte ihren Ehemann 1716 auf dessen Reise durch Europa und in die Türkei begleitet, wo dieser das Amt des britischen Botschafters übernahm (vgl. Heffernan/O'Quinn 2013: 11–13). Ihre Briefe wurden erst 1763 als eine Art ‚Raubkopie' veröffentlicht (vgl. ebd.: 15).

eingeschriebenen Adressaten folglich als einen bürgerlichen Leser. Schließlich zählte Bildung um 1800 vor allem zu einem bürgerlichen Selbstverständnis. Darüber hinaus erlauben die Intertexte einen weiteren, für die vorliegende Untersuchung relevanten Rückschluss auf den eingeschriebenen Adressaten. Bei den eingestreuten, meist literarischen Verweisen handelt es sich um weitgehend kanonisierte und um 1800 präsente Texte. Sie gehören also zu einem epochenspezifischen intertextuellen Netz, das eine Rückkopplung an ein englisches Lesepublikum erlaubt. Shakespeare wurde, wie auch die Dichter Tasso und Ariost, im 18. und frühen 19. Jahrhundert in ganz Europa breit rezipiert. Im romantischen Reisebericht werden sie jedoch eingesetzt, um das national Andere zu exotisieren, genauso wie Byrons *Childe Harold's Pilgrimage* – ein beinahe unverzichtbarer literarischer Begleiter englischer Reisender (vgl. Towner 2011: 233). National identitätsstiftend wirken kann die Exotisierung des national Anderen allerdings nur dann, wenn die englische Perspektive als die eigene anerkannt wird. Gemeinsam mit den nationalen Stereotypen, der im englischen Sinne gedeuteten Klimatheorie und der Temperamentenlehre stellen die Intertexte eine Rückkopplung an ein englisches kulturelles Bezugssystem dar, an dem reisendes Ich und eingeschriebener Adressat gleichermaßen partizipieren. Auf diese Weise wird das reisende Ich ein weiteres Mal als ‚English I' bestimmt und der eingeschriebene Adressat als ein englischer Leser charakterisiert. Für das Entwerfen eines englischen Eigenbildes bedeutet dies, dass das Bürgertum und dessen Bildungsideal eine tragende Säule in der nationalen Gemeinschaft darstellen.

5.9 Resümee: die Nation als bürgerliches und freiheitliches ‚Projekt'

Betrachtet man die in diesem Kapitel analysierten Teilaspekte des romantischen Reiseberichtes in ihrer Summe, lassen diese eine englische Nation als ein primär bürgerliches und freiheitliches ‚Projekt' erscheinen, das sich durch eine gesellschaftliche und vor allem kulturelle Hegemonie auszeichnet und aufgrund seiner wirtschaftlichen, administrativen wie machtpolitischen Überlegenheit auf die Zukunft gerichtet ist. Der romantische Reisebericht schreibt damit fort, was Ingrid Kuczynski bereits für Reiseberichte des späten 17. und frühen 18. Jahrhunderts festgestellt hat:

> Their [the travellers'] experience of the continental countries confirmed to them the superiority of England's advanced political and economic system and their own privileged position as 'free-born Englishmen' (Kuczynski 1993: 191).

Englishness ist in der Gattung klassengebunden und in normativer Hinsicht an ein bürgerliches Wertesystem gekoppelt. So spiegelt sich im romantischen Reisebericht „[t]he historical process of creating a sublimated bourgeois body“, bei dem einer „emphasized cleanliness“ (Bohls 1999: 157) eine zentrale Rolle zukommt. Hygiene erhält hier in Teilen eine Gender-Konnotation, da Reinlichkeit und innere Reinheit vor allem mit Weiblichkeit verschränkt wird. Das mit *Englishness* verknüpfte bürgerliche Selbstbewusstsein zeigt sich nach innen gewendet an der impliziten Forderung nach politischen Reformen, die in einer republikanisch organisierten nationalen Gemeinschaft der Mittelschicht größeres Mitspracherecht zubilligen würden. Nach außen gewendet wird es im imperialen Habitus sichtbar, den das bürgerliche ‚English I‘ von der Aristokratie übernimmt.

Generiert wird dieses gattungstypische Eigenbild, weil unmittelbare und mittelbare Erzeugungsverfahren zusammenspielen. Zu Ersteren zählt das auf unterschiedliche Weise kulturell vorstrukturierte Schildern der Begegnung mit dem national Anderen. Die expliziten Nationenvergleiche, die metaphorischen Vergleichsräume, die Anekdoten und die der *Gothic novel* entlehnten Vertextungsverfahren lassen sich mit O'Sullivan als „eine Art von narrativem Imperialismus“ (O'Sullivan 2007: 128) beschreiben. Sie sind es, die das national Andere als explizit vergleichende, humorvolle oder grotesk-schauerliche Kontrastfolie zeichnen. Vor deren Hintergrund hebt sich *Englishness* mit den genannten Qualitäten signifikant und positiv ab. Gerade im Hinblick auf das Entwerfen einer englischen Freiheitsvorstellung wirkt das national Andere aber auch als eine Projektionsfläche für die Weiterentwicklung des ‚Projektes‘ Nation als einem bürgerlichen und republikanischen ‚Projekt‘. Die Forderung nach einer republikanischen Freiheit für England steht dabei sowohl im Einklang mit dem Anerkennen einer solchen Gemeinschaft in anderen Nationen als auch mit einem indirekten Bekunden kultureller Hegemonie.

Unmittelbar zum Generieren von *Englishness* tragen zudem die Erzählsituation und die Perspektive bei. Das ‚English I‘ tritt als ein Subjekt hervor, das mit individuellen Eigenschaften ausgestattet ist und das über das ‚English eye‘ das national Andere als Beobachtungsobjekt bestimmt. Diese narrative Technik lässt die reisenden Ichs als vergleichsweise mehrdimensionale Charaktere gegenüber dem schablonisierten und damit eindimensionalen nationalen Anderen hervortreten. In eher mittelbarer Weise leisten die ästhetischen Konzepte des Erhabenen und des Pittoresken sowie der eingeschriebene Adressat einen Beitrag zum Generieren eines englischen Eigenbildes. Bei der Ästhetisierung des Naturraums des national Anderen lassen sich nur unter Berücksichtigung des extratextuellen Kontextes – dem Bedürfnis nach Unberührtheit und

Harmonie als einem Resultat sozioökonomischer Veränderungen – Rückschlüsse auf ein nationales Eigenbild ziehen. Den eingeschriebenen Adressaten betreffend war das kulturelle Bezugssystem der Gattung zu explorieren, um von diesem Ausgangspunkt Indikatoren zu finden, die den eingeschriebenen Adressaten als einen gebildeten und bürgerlichen Leser apostrophieren.

KAPITEL 6

Gothic novel: Populärliteratur als Identifikationsfläche der Nation

Die *Gothic novel* zählt zu den populärliterarischen Gattungen, die sich während der englischen Romantik formierten. Mit den Romanen Ann Radcliffes etablierte sie sich in den 1790er-Jahren als feste Größe auf dem Buchmarkt (vgl. Wein 2002: 1–2).[1] Als Ausdruck der Schwarzen Romantik arbeitet sie das Abgründige und in Teilen auch das Unterbewusste bildhaft aus. Entsprechend durchzieht das gattungskennzeichnende Schauerliche die *Gothic novel* in ihrer Gesamtheit. Es koloriert das Ambiente, zeigt sich in Phänomenen des Übernatürlichen und prägt den Charakter der ‚bösen' Figuren. Sowohl das Personal – im Kern die verfolgte Unschuld und der *Gothic villain* – als auch das formelhafte Plotmuster, das sich am Typus der Heldin ausrichtet, weisen einen hohen „Wiedererkennungseffekt" (O'Sullivan 1989: 216) auf. Eine weitere Parallele zu Stereotypen zeigt sich in den schablonisierten Handlungsorten, die meist in einem dunkel-katholisch schattierten Südeuropa angesiedelt sind (vgl. Kleine 2001: 33). Dabei sind im Wesentlichen die romanischsprachigen Länder Italien und Spanien gemeint. Eine Sonderstellung nimmt Frankreich ein, das selten

1 ‚Populärliteratur' ist hier als wertneutraler Begriff zu verstehen, der Literatur meint, die weite Verbreitung findet, leicht zugänglich ist und Lesererwartungen sowohl befriedigt als auch schürt. Dieses Begriffsverständnis orientiert sich an Definitionen von ‚*popular fiction*' und von ‚Trivialliteratur'. In einer weiten Definition ist unter ‚*popular fiction*' Folgendes zu verstehen:

> [P]opular fiction is frequently thought of as those books that everyone reads, usually imagined as a league table of bestsellers whose aggregate figures dramatically illustrate an impressive ability to reach across wide social and cultural divisions with remarkable commercial success (Glover/McCracken 2012: 1).

‚Trivialliteratur' ist leicht zugängliche Literatur (vgl. Nusser 1991: 1), die „das Bekannte und Gewohnte reproduzier[t] und den Erwartungshorizont der Leser bestätig[t]" (ebd.: 7). Ihr Entstehungskontext fällt in die Mitte des 18. Jahrhunderts, in dem sich der Buchmarkt zu einem angebots- und nachfrageorientierten System wandelte (vgl. ebd.: 21). Dank der gesteigerten Alphabetisierung nahm auch die Leserschaft zu (vgl. Barnard 2008: 77–78). Die *Gothic novel* verzeichnete einen beträchtlichen Anteil auf dem Buchmarkt und sorgte darüber hinaus für Gesprächsstoff. Von zentraler Bedeutung sind hier Ann Radcliffe und Matthew Gregory Lewis. "Radcliffe's achievement was to bring Gothic into the mainstream of literary production" (Clery 1998: vii). Lewis' skandalumwitterter Roman *The Monk* (1796) mit seinen zahllosen Tabubrüchen erfuhr bereits in den ersten beiden Jahren nach der Veröffentlichung drei Auflagen (vgl. McEvoy 1998: vii–x).

 | DOI:10.1163/9789004407787_007

als Hauptschauplatz figuriert, aber auf symbolträchtige Weise in den Texten präsent ist. Indem die Handlung in ein imaginäres Mittelalter gesetzt wird, entsteht nicht nur ein Raum, in dem sich das Schauerliche und Groteske eindrucksvoll inszenieren lässt, sondern gleichzeitig eröffnet es die Möglichkeit, den romantischen Topos vom Mittelalter als des vergangenen goldenen Zeitalters der Nation populärliterarisch zu verarbeiten.[2] "[T]hey figure that past as a lost Golden Age that can be recovered" (Wein 2002: 4). Ausgehend von der Aufwertung des gotischen Architekturstils wurde *‚gothic'* im weiteren Sinne mit dem angeblichen vergangenen goldenen Zeitalter der Nation assoziiert, in dem die als englisch interpretierten männlichen Tugenden edler Ritterlichkeit und Aufrichtigkeit ihren Ursprung haben sollten. In diesem Sinne schreibt der zeitgenössische Pädagoge und Historiker John Adams:

> If we view the outlines of any of the works of the feudal times, we shall find them to be grand and striking, although rude and destitute of ornament. We behold [...] the unlettered Goth, the foe to science and literature, giving birth to a system of manners and refinement unknown to former ages of Greece and Rome (Adams 1796: 54).

In der *Gothic novel* zeigt sich diese Haltung im Gattungsnamen und kündigt sich auf paratextueller Ebene in der zweiten Auflage von Walpoles *The Castle of Otranto* an, die 1765 mit dem Untertitel *A Gothic Story* erschien. Eine umfassende Auseinandersetzung mit *‚gothic'* als mythologischem Überbau der Nation und der Weise, wie ihn die Gattung und auch das verwandte *Gothic chapbook* mit Leben füllen, verdankt die Forschung in weiten Teilen Toni Weins *British Identities, heroic Nationalisms, and the Gothic Novel 1764–1824* (2002). Die nachstehende Untersuchung zeigt, dass das Imagem der Nord-Süd-Opposition den Unterbau oder das Fundament der Gattung darstellt (siehe zu Leerssens Begriff ‚Imagem' und zum Muster der Nord-Süd-Opposition 2.3). An dieser Stelle knüpft die Untersuchung an folgende Beobachtung Cannon Schmitts an: "The Gothic is preoccupied with opposing binaries: inside/outside, sadistic male/victimized female [...]" (Schmitt 1997: 13). Die Analyse wird dabei von der These geleitet, dass die Klimatheorie und punktuell die Temperamentenlehre als ein der Gattung unterliegender Kompass mitzudenken sind, der es erlaubt, neue Erkenntnisse über die Figuren zu gewinnen. Hier setzt dann auch die Analyse nach der Bestimmung der Gattungskennzeichen und des Korpus an. Um detaillierter als in bisherigen Beiträgen herauszuarbeiten, inwiefern der

2 Der Mittelalterbegriff ist hier weit gefasst und meint eine Zeitspanne, die bis in die Renaissance hineinreicht.

Protestantismus als zu ergänzende Leerstelle eines schauererregenden Katholizismus in die Gattung eingeschrieben ist und welche Rückschlüsse dies auf ein englisches Eigenbild und dessen Erzeugung in der Gattung zulässt, wendet sich die Untersuchung im Anschluss folgenden Fragen zu: Inwiefern verschmelzen Figurentypen mit religiös geprägten Typen und welche Hinweise kann hier die Klimatheorie geben? Auf welche Weise lässt sich das religionsgeschichtlich relevante *Book of Martyrs* (1563) von John Foxe als Intertext der Gattung lesen? Nach der Beantwortung dieser Fragen wird ausgeleuchtet, ob bzw. inwiefern sich das Imagem von Norden versus Süden in der Darstellung der Schauplätze wiederfindet und dort mit einer Opposition von natürlichem/landschaftlichem versus urbanen/gesellschaftlichen Raum korreliert ist. Dabei baut die Untersuchung auch auf Forschungsbeiträgen auf, die sich mit der nationalen Kulisse in einzelnen *Gothic novels* befassen (siehe u. a. Demata 2006 und Perkins P. 2006).

Die *Gothic novel* als Auseinandersetzung mit nationalen Ängsten und „unstable identities that had haunted Britain for well over a century" (Schmitt 1997: 1) ist in weiten Teilen der Verdienst Cannon Schmitts *Alien Nation: Nineteenth Century Gothic Fictions and English Nationality* (1997). Impulsgebend für die weitere Untersuchung der Gattung ist Schmitts Erkenntnis, dass die *Gothic novel* „a powerful and enduring cultural narrative for late-eighteenth- and nineteenth-century Britain" (ebd.: 2) bereithält. Bei Schmitt liegt der Fokus darauf, wie eine heile feudal geordnete Vergangenheit eine gebrochene Gegenwart, in der Geschlechter und soziale Gruppen keine gemeinsame Sprache haben, wieder zusammenfügt (vgl. ebd.). Das Forschungsinteresse in diesem Kapitel gilt hingegen der Frage, auf welche Weise die Gattung eine Narration der Nation anbietet, die als Therapeutikum gegen nationale Ängste wirkt. Um eine Antwort zu finden, werden sowohl die Figuren und insbesondere die Figurenkonstellation als auch die zentralen Elemente des *discourse* – Erzählinstanz und Perspektive – sowie der eingeschriebene Adressat genauer unter die Lupe genommen. In welcher Weise sich die Narration der Nation im Hinblick auf die Vorstellung einer englischen Nationalliteratur in der *Gothic novel* verwirklicht findet, ist anschließend Thema. Dabei binden die Überlegungen Forschungsbeiträge mit ein, die sich auch mit der Tradition der Romanze während der englischen Romantik und der Funktion von Intertexten als nationalliterarischen Versatzstücken befassen (siehe Kucich 2008 und Wright A. 2015).

6.1 Kennzeichen der Gattung

Typisierung und Formelhaftigkeit charakterisieren die *Gothic novel* und prägen das Figurenarsenal, den Plot und die Schauplätze. Oberflächlich betrachtet ist das Personal südeuropäischer bzw. französischer Herkunft und korrespondiert hier mit den Handlungsorten. Der Typus der verfolgten Unschuld stellt die Protagonistin und bildet das Plotmuster der Haupthandlung, das sich zudem in Nebenhandlungen wiederholen kann. Die Protagonistinnen müssen vor einem *Gothic villain* (ein Verwandter der Heldin oder ein Repräsentant der katholischen Kirche) fliehen, werden von einem jungen Adligen gerettet und erfahren im Verlauf des Romangeschehens oftmals ihre wahre Identität. Statt, wie angenommen, mittellose Mädchen zu sein, entpuppen sie sich als wohlhabende Erbinnen (vgl. Milbank 2007: 155).[3] Vertreterinnen der katholischen Kirche oder eine ältere Verwandte der Heldin treiben als Nebenfiguren die Handlung mit voran, indem sie sich aus Niedertracht oder schlicht aus Egoismus der Heldin in den Weg stellen. Ein im Vagen gehaltenes und unheimlich-abgründiges Mittelalter ist die Kulisse, vor der sich das Geschehen entwickelt. Zu ihren Requisiten gehören halb verfallene Burgen, Klöster sowie (gotische) Ruinen (vgl. Stevens 2007: 54).

Das Plotmuster und die Handlungsorte knüpfen an die Tradition der Romanze an, sodass sich die *Gothic novel* mit Greg Kucich als „sensational new genre of medieval adaption" (Kucich 2008: 468) charakterisieren lässt. Mit ihren düsteren Schauplätzen ist die Gattung in ästhetischer Hinsicht dem Erhabenen verpflichtet und steht in der Tradition der *graveyard poets* des 18. Jahrhunderts (vgl. Stevens 2007: 50 und 14). Die Friedhofslyrik zielt allerdings (anders als die *Gothic novel*) nicht darauf ab, einen Gruseleffekt zu erzeugen, sondern stellt vordringlich eine Auseinandersetzung des Menschen mit seiner Vergänglichkeit dar (vgl. Sanders 2004: 324). Die Ausgestaltung des Schauerlichen unterscheidet sich im *Female* und im *Male Gothic* – Kategorien, die sich begrifflich am Geschlecht der Autoren orientieren (vgl. Casaliggi/Fermanis 2016: 58). Landschaftsbeschreibungen im Stil des Erhabenen zeichnen das *Female Gothic* aus und vor allem in den Heldinnen erzeugen sie ein Gefühl des Schauderns (vgl. Trott 2008: 494). Im *Male Gothic* steigert sich das Schauererregende hingegen zu einer unentrinnbaren Gefahr und die Protagonistinnen werden – wie sich in Anlehnung an Mario Praz konstatieren lässt – tatsächlich zu Objekten pervertierter Begierde (vgl. Praz 1970: 113). Die Herabsetzung der verfolgten Unschuld zum ‚Objekt' führt dazu, dass im *Male Gothic* ein größeres Gewicht auf der Figur des *Gothic villain* liegt.

Die Differenz der beiden Gattungsausprägungen erstreckt sich darüber hinaus auf die übernatürlichen Phänomene. Im *Female Gothic* werden sie vor allem effektgerichtet eingesetzt und sind, wie sich letztendlich herausstellt, natürlichen Ursprungs (vgl. Milbank 2007: 157). Im *Male Gothic* bleiben sie in der

3 Damit steht die Gattung in der Tradition der hellenistischen Literatur, in der die Suche nach den eigenen Wurzeln ein wiederkehrendes Motiv darstellt (vgl. Praz 1970: 115).

Sphäre des Übernatürlichen beheimatet und können wirkungsmächtig in die Handlung eingreifen. Mit den (pseudo-)übernatürlichen Phänomenen knüpft die Gattung ein weiteres Mal motivisch an die Romanze an, in der die Welt des sinnlich Erfahrbaren nicht streng von einer magischen Sphäre geschieden ist.

Verschiedene Erzählebenen charakterisieren die *Gothic novel* im Hinblick auf die Art und Weise, wie erzählt wird (vgl. Stevens 2007: 57). Dieses narrative Element eröffnet einen Raum, um das Unterbewusste metaphorisch zu erforschen. In diesem Zusammenhang steht auch das Motiv des Doppelgängers. In einer psychoanalytischen Deutung *Frankensteins*, in dem drei Erzählebenen ineinandergreifen, lässt sich die Kreatur, die Victor Frankenstein geschaffen hat, als Doppelgänger des Wissenschaftlers lesen und wird so zu einer „externalization of Frankenstein's own aggression and desire" (Roberts 2008: 234).

Das Auffächern der Gattungskennzeichen hat offenkundig werden lassen, dass die *Gothic novel* ideengeschichtlich im 18. Jahrhundert wurzelt und gleichzeitig romantische Konzepte populärliterarisch verwendet, um bestimmte Effekte hervorzurufen. Mit der Hinwendung zur Vergangenheit und ihrer Aufbereitung im Gewand des Romans, der sich ja erst im 18. Jahrhundert zu formieren beginnt, zeigt sich in der Gattung des Weiteren, dass das für die englische Romantik charakteristische Verschmelzen von Altem und Neuem Eingang in die zeitgenössische Populärliteratur fand.

6.2 Das Korpus

Um einen repräsentativen Gattungsausschnitt zu erhalten, schließt das Korpus frühe wie späte Werke ein und berücksichtigt Texte des *Female* und des *Male Gothic*. Gegenstand der Untersuchung sind sechs Romane; davon entstammen drei der Feder Ann Radcliffes, womit der gattungsprägenden Rolle ihrer Texte Rechnung getragen wird. In Radcliffes *The Romance of the Forest* (1791) entspinnt sich die Handlung um Adeline, die – begleitet von dem Ehepaar La Motte – aus einem Räuberquartier in die französischen Wälder entkommt. Dort muss sich das Waisenmädchen gegen die Nachstellungen des ruchlosen Marquis de Montalt zur Wehr setzen. Der *Gothic villain* entpuppt sich schließlich als Adelines Onkel, der sich ihres Titels und ihrer Ländereien bemächtigt hat. Am Schluss der Geschichte heiratet Adeline Theodore, der ihr liebend zur Seite stand und damit den tödlichen Hass des Marquis auf sich gezogen hatte. *The Mysteries of Udolpho* (1794) spielt in weiten Teilen in der halb verfallenen Burg Udolpho, die einsam in den Apenninen liegt. Hier hält der *Gothic villain* Montoni die Protagonistin Emily gefangen, weil sie ihm ihr Erbe überlassen soll. Endlich befreit, wird Emily die Frau des Chevalier

Valancourt und tritt ihr Erbe an. Die Handlung um den bösen Priester Schedoni und seine Nichte Ellena in *The Italian or the Confessional of the Black Penitents. A Romance* (1797) (im Folgenden *The Italian*) entwickelt sich im Wesentlichen in Süditalien, wo die Protagonistin vor den Machenschaften des *Gothic villain* in einem Kloster Zuflucht findet. Aber auch dort schwebt sie weiter in Gefahr, weil die gefühlskalte Äbtissin sie unter Druck setzt, in den Orden einzutreten, um Ellenas unstandesgemäße Heirat mit dem adligen Vivaldi zu verhindern. Nach der Flucht aus dem Kloster gelangt Ellena zunächst in die Hände der Inquisition, doch allen Widerständen zum Trotz kann sie ihren geliebten Vivaldi schließlich heiraten. Die Geschichte ist in einen erzählerischen Rahmen eingespannt, denn sie wird als Bekenntnis des Priesters Schedoni präsentiert, das ein englischer Reisender als Lektüre erhält.

Ausgearbeitet sind verschiedene Erzählebenen in *Frankenstein or, The modern Prometheus* (1818) (im Folgenden *Frankenstein*). Aus der Retrospektive berichtet hier der Wissenschaftler Victor Frankenstein dem Rahmenerzähler – dem englischen Polarforscher Robert Walton – wie er das Menschenmögliche überschritten habe und welche fatalen Folgen sich daraus ergeben hätten. Die erhabene Kulisse bilden hier der Südpol, die Alpen und das raue Meer.[4]

Horace Walpoles *The Castle of Otranto. A Gothic Story* (1764) (im Folgenden *The Castle of Otranto*) und M. G. Lewis' *The Monk* (1796) legen den Schwerpunkt nicht auf die verfolgte Unschuld, sondern auf den jeweiligen *Gothic villain*. In beiden Texten stoßen Elemente des Übernatürlichen das Romangeschehen an bzw. treiben es weiter voran. Kurz vor seiner Hochzeit wird Conrad, Sohn des illegitimen Herrschers von Otranto, von einem überdimensionalen Ritterhelm erschlagen. Um dennoch eine Dynastie gründen zu können, versucht Manfred, der *Gothic villain*, Isabella, die Verlobte seines toten Sohnes, gegen deren Willen zu ehelichen. Mithilfe des Bauernburschen Theodore, in Wahrheit der rechtmäßige Erbe von Otranto, entkommt Isabella jedoch ihrem Peiniger und heiratet ihren Retter. In *The Monk* verführt die schöne Dämonin Matilda den Abt Ambrosio. So stimuliert, setzt der *Gothic villain* alles daran, seine bis dahin zurückgehaltenen Sinnes- und Machtgelüste auszuleben. Dies kulminiert in der Vergewaltigung und Ermordung der unschuldigen Antonia, die – wie sich herausstellt – seine jüngere Schwester ist. In der Novizin Agnes hat Antonia eine Doppelgängerin, deren grausames Schicksal sich am Ende der Romanhandlung jedoch zum Guten wendet. Ausgangspunkt der Sünde und des Verbrechens ist ein Kapuzinerkloster in Madrid, dem Ambrosio vorsteht.

4 Shelley wurde hier von deutschen Geistergeschichten inspiriert (vgl. Blaicher 1992: 103), die in England „als Qualitätsware gern importiert" (ebd.: 95) wurden.

6.3 Klimatheorie als Kompass der Figurentypen

Wenige prägnante und unveränderliche Eigenschaften zeichnen die Figuren der *Gothic novel* als wiedererkennbare Figurentypen aus. Um die verfolgte Unschuld, den *Gothic villain* und die männliche Helferfigur auch als Verkörperung nationaler Typen lesen zu können, ist die Klimatheorie als Kompass mitzudenken. Die Klimatheorie wurde bereits im Zusammenhang der Abgrenzung der Imagologie von vorausgegangenen Erklärungsversuchen scheinbarer Nationalcharaktere in Kapitel 2.1 eingeführt. Auf den Punkt gebracht lässt sich dieser Theorie zufolge das Naturell von Menschen auf klimatische Bedingungen zurückführen. Seit der Antike ist sie in der europäischen Geistesgeschichte zu einem hoch komplexen Gedankengebäude weiterentwickelt worden. Kennzeichnend für die Klimatheorie ist, dass sie einerseits detaillierte Ausdifferenzierungen erfuhr, andererseits großzügige und stereotypisierende Verallgemeinerungen durchgängig feststellbar sind. Sachbücher gaben ‚wissenschaftlich fundierten' Aufschluss, Lehrgedichte bereiteten das Wissen leicht zugänglich auf (vgl. Zacharasiewicz 1977: 369–370). Die Literatur – so beispielsweise das Drama – war von ihr durchdrungen. „Das geläufige Denkmodell diente als Nährboden für manche imaginative Schöpfung (etwa die Bilder südländischer Gestalten) und die Darstellung von nationalen Stereotypen" (ebd.: 591).

Relevant für die Untersuchung der *Gothic novel* ist, dass in der Klimatheorie eine antithetische Gegenüberstellung von Norden und Süden zu beobachten ist und hier der Aspekt der Moral eine wiederkehrende Rolle spielt. So hat Waldemar Zacharasiewicz bei Fynes Moryson eine Kontrastierung „nordischer Sittenreinheit und südlicher Ausschweifung" (ebd.: 139) festgestellt. Bei John Davies hat er die aus Sachbüchern bekannten und in Polemiken perpetuierten Zuschreibungen identifiziert: „die Anlage zur Grausamkeit und zur Melancholie, [...] die starke sexuelle Begierde, die Feigheit und der Hang zur Prahlerei" (ebd.: 174). Die Eigenschaften der Nordländer stellen weitgehend die positiven Antonyme der Südländer dar (vgl. ebd.). Dass diese Dichotomie oder das Imagem einer Nord-Süd-Opposition in klimatheoretischen Schriften des 18. Jahrhunderts immer noch virulent ist, zeigt sich eindrücklich in folgender Gegenüberstellung in William Falconers Abhandlung *Remarks on the Influence of Climate*:

> Cold climates are averse to indolence, at least of the body, and produce a habit of bodily exertion and activity. Repose and shade are the securities from heat; fire and exercise the remedies of cold. So that here, the necessities of the climate itself contribute to form the character of the people (Falconer 1781: 18).

Als Kompass der *Gothic novel* erscheint die Klimatheorie deshalb, weil sie erlaubt, die Figuren – ungeachtet der ihnen nominell zugeschriebenen nationalen Herkunft – als nordeuropäische bzw. englische oder südeuropäische – italienische, spanische bzw. französische – Typen zu identifizieren.[5]

6.3.1 *Der Figurentypus der verfolgten Unschuld als englisches Weiblichkeitsideal*

Die Beschaffenheit der Figuren als Typen zeigt sich nicht nur an ihrer Austauschbarkeit, sondern darüber hinaus auch am formelhaften Gebrauch des ähnlichen Vokabulars, mit dem sie charakterisiert werden: In *The Mysteries of Udolpho* hat Emily Augen, die „full of tender sweetness" (Radcliffe 1998 [1794]: 5) sind. Adeline aus *The Romance of the Forest* besitzt „a sweetness of disposition" (Radcliffe 1999 [1791]: 34), und eine „unsuspecting innocence and sweetness of her manners" (Radcliffe 1998 [1797]: 37) kennzeichnet Ellena in *The Italian*. Gewissheit über dieses sanftmütige und fast engelsgleiche Wesen der Protagonistinnen entsteht, weil die in Form des Erzählerkommentars getroffenen Aussagen auf der Figurenebene bestätigt werden. So äußern sich die positiv besetzten männlichen Figuren, beispielsweise Lorenzo in *The Monk*: "'[...] She seems possessed of every quality requisite to make me happy in a Wife. Young, lovely, gentle, sensible...'" (Lewis 1998 [1796]: 25). Der Aspekt der Unschuld, den bei Radcliffe der Begriff ‚innocent' signalisiert, ist bei Shelley zur Engelsgleichheit überhöht. Einen entsprechenden Hinweis gibt ein Kommentar von Victor Frankenstein, der als autodiegetischer Erzähler der Binnengeschichte zugleich Handlungsträger ist. In der Charakterisierung seiner Verlobten findet sich eine bis zur Hyperbel gesteigerte religiös-metaphorische Lexik:

> The *saintly soul* of Elizabeth shone like a *shrine-dedicated lamp in our peaceful home*. [...] [H]er smile, her soft voice, the sweet glance of her celestial eyes, were ever there to *bless* and animate us (Shelley M. 1994 [1818]: 36, Hervorhebungen nicht im Original).

Die Frauenfiguren sind, wie die kursorischen Zusammenfassungen in den Ausführungen zum Korpus bereits angesprochen haben, ausnahmslos den Nachstellungen des jeweiligen *Gothic villain* ausgesetzt. In *Frankenstein* übernimmt die Rolle des *Gothic villain* die Kreatur, die der Wissenschaftler geschaffen hat, denn das ‚Monster' ermordet Frankensteins Verlobte (vgl. ebd.: 189). Als

5 Hier gilt es, sich ins Gedächtnis zu rufen, dass es sich bei der Klimatheorie um eine Pseudowissenschaft handelt, die wenig über tatsächliche Klimazonen, deren Beschaffenheit und geografische Koordinaten aussagt.

verfolgte Unschuld verkörpern diese Frauenfiguren also ein bürgerliches Weiblichkeitsideal, wie es sich im 18. Jahrhundert – zumindest in literarischer Hinsicht – zu etablieren begann.[6]

Die Klimatheorie erlaubt es, den Geschlechtertypus der verfolgten Unschuld auch als Verkörperung eines nordischen Typus zu lesen. Die Eigenschaften, die diese weiblichen Figuren auszeichnen, erscheinen wie eine positive Verkehrung jener Attribute, die in der englischen Interpretation der Klimatheorie südeuropäisch konnotiert sind. Entsprechend fehlt ihnen die Anlage zur Grausamkeit, zur Feigheit und zur Prahlerei, und insbesondere der Hang zu sexuellen Ausschweifungen liegt ihnen fern. Der Aspekt der Unschuld, der die Protagonistin der *Gothic novel* in die Nähe des Himmlischen rückt, lässt sich somit als populärliterarisch gestaltete Vorstellung einer „nordische[n] Keuschheit" (Zacharasiewicz 1977: 161) lesen. Eine solche findet sich bereits in klimatheoretischen Texten um 1600 (vgl. ebd.: 150–151). Ende des 18. Jahrhunderts lässt sie sich immer noch identifizieren. Indirekt formuliert ist sie bei Falconer, wenn er über Menschen, die unter heißen klimatischen Bedingungen leben, folgendermaßen urteilt: "But although the enthusiasm of love be most powerful in such climates, yet this passion is in them far from being of a refined nature in point of sentiment" (Falconer 1781: 6–7).

Die bisherigen Ausführungen haben zunächst klargemacht, dass es sich bei den Protagonistinnen in der *Gothic novel* um die Personifizierung eines nordeuropäisch konnotierten Weiblichkeitsideals handelt. Relevant ist in diesem Zusammenhang, dass ein nordeuropäischer Kulturkreis während der englischen Romantik als Bezugsrahmen des national Eigenen ins Blickfeld rückte. Entsprechend zählt England in Falconer's klimatheoretischer Abhandlung zum Norden (vgl. ebd.: 159). Damit lässt sich die verfolgte Unschuld nicht nur als ein nordeuropäischer, sondern auch als ein englischer Frauentypus lesen. Verstärkt wird diese Lesart, wenn die Gegenspielerinnen in die Überlegungen einbezogen werden. Sie verkörpern einen Frauentypus, in dessen Charakter sich die Antonyme der Eigenschaften der verfolgten Unschuld verbinden. Hier fällt ein Geschlechtertypus mit einem südeuropäischen Heterostereotyp bzw. mit verschiedenen südeuropäischen Heterostereotypen zusammen. Entsprechend zeichnet sich die Spanierin durch Boshaftigkeit, Rach- und Herrschsucht aus, im Charakter der Italienerin tritt hier noch die Eigenschaft des Stolzes hinzu, und der Französin sind Frivolität und Selbstsucht eigen. Agnes' Tante, eine Spanierin, die einen „perfidious character" hat, zeichnet sich durch „malice" sowie „falsehood" (Lewis 1998 [1796]: 94) aus. Ihre „revengeful

---

6 In diesem Zusammenhang verweist Mario Praz auf die ‚Titelheldinnen' von Richardsons *Clarissa* (1748–1749), Lessings *Emilia Galotti* (1772) und de Sades *Justine* (1791) (vgl. Praz 1970: 113).

disposition“ (ebd.: 135) zeigt sich darin, dass sie beschließt, Rache zu üben, nachdem sie der Verehrer ihrer Nichte abgewiesen hat (vgl. ebd.: 137). Erweitert um den Charakterzug des Stolzes, wiederholen sich die Wesenszüge von Agnes' Tante in der Figur der italienischen Marchesa di Vivaldi in *The Italian*:

> Marchesa di Vivaldi is so 'equally jealous of her importance; but her pride was that of birth and distinction, without extending to morals. She was of violent passions, haughty, vindictive, yet crafty and deceitful' (Radcliffe 1998 [1797]: 7).

In *The Mysteries of Udolpho* begibt sich Emilys Tante und Vormund, die Französin Madame Cheron, im ‚fortgeschrittenen' Alter noch gern auf Gesellschaften und heiratet – ohne Rücksicht darauf, dass sie damit die Bedürfnisse ihrer Nichte übergeht (vgl. Radcliffe 1998 [1794]: 118 und 142–143). Da diese Varianten südeuropäischer Heterostereotype nicht in erster Linie in ihrer Differenzqualität in Erscheinung treten, wirken alle gleichermaßen als Kontrastfolie für die Protagonistinnen. Entsprechend wird in der *Gothic novel* das englische Eigenbild nicht zwischen verschiedenen Heterostereotypen positioniert. Vielmehr sind der englisch konnotierte Typus der verfolgten Unschuld und das in Varianten wiederkehrende südeuropäische Heterostereotyp bipolar organisiert und nach dem Imagem der Nord-Süd-Opposition angelegt. Irrelevant erscheint dabei, dass Frankreich geografisch gesehen nicht zu Südeuropa zählt. Bei den Heterostereotypen handelt es sich also um ineinanderfließende nationalcharakterliche Zuschreibungen. Visualisiert wird diese Nord-Süd-Opposition auch im äußeren Erscheinungsbild der Figuren. Sowohl die Protagonistinnen als auch die Nebenfiguren, die die verfolgte Unschuld verkörpern, haben – wenn auch nicht durchgängig, so doch vergleichsweise häufig – blonde Haare (vgl. Shelley M. 1994 [1818]: 33 und Lewis 1998 [1796]: 12) und blaue Augen (vgl. Shelley M. 1994 [1818]: 33, Lewis 1998 [1796]: 12 und Radcliffe 1998 [1794]: 5). Diese Merkmale, die zu einem nord-, nicht zu einem südeuropäischen Stereotyp gehören, treten besonders signifikant hervor, weil über Haar- und Augenfarbe der negativen weiblichen Figuren nur sparsame Informationen zu finden sind.

Die Tatsache, dass die Mehrzahl der Hauptfiguren weiblich ist und der Frauentypus, den sie personifizieren, eine englische Konnotation erfährt, macht die Bedeutung des *Gender*-Aspekts für das Erzeugen von *Englishness* in der *Gothic novel* sichtbar. Frauen werden explizit in die Nation inkorporiert. Die Kontrastierung mit einem antithetischen südeuropäischen Weiblichkeitsbild lässt Sanftmut und ein engelsgleiches Gemüt als nordeuropäisches und insbesondere englisches Weiblichkeitsideal klar umrissen hervortreten.

6.3.2 *Christliche Leidensfähigkeit und Tugenden der Ritterlichkeit als englisches Männlichkeitsideal*

Im Wesen der positiv besetzten männlichen Figuren spiegeln sich die Charakterzüge der verfolgten Unschuld (vgl. Wein 2002: 11). Entsprechend ist Theodores Auftreten in *The Romance of the Forest* „so gentle" (Radcliffe 1999 [1791]: 95) und Valancourt in *The Mysteries of Udolpho* empfindet stets eine „gentleness and compassion [...] towards objects of misfortune" (Radcliffe 1998 [1794]: 117). Geduld und Mut zeichnen den Helden in *The Castle of Otranto* aus und lassen ihn seiner bevorstehenden Hinrichtung mit ruhiger Festigkeit entgegenblicken (vgl. Walpole 2001 [1764]: 50). In dieser Haltung zeigen sich klimatheoretische Reflexe, die die Charaktereigenschaften von Nationen des Nordens aufrufen und die Falconer folgendermaßen zusammenfasst: "This resolution of the northern nations, in despising the fear of death, was remarked by several of the ancient writers" (Falconer 1781: 16). Theodore in *The Castle of Otranto* ist, ebenso wie Vivaldi in *The Italian*, von Altruismus durchdrungen und definiert sich ausdrücklich als Helfer der verfolgten Unschuld: "I fear no man's displeasure, said Theodore, when a woman in distress puts herself under my protection" (Walpole 2001 [1764]: 49). Gutherzigkeit und Sanftmut sind bei den männlichen – anders als bei den weiblichen – Figuren nicht darauf gerichtet, Zartheit und Zerbrechlichkeit zu unterstreichen, sondern ihren ritterlichen, oft gefährlichen Dienst am Nächsten. Daher wird hier Toni Weins Argumentation, dass die Eigenschaften der Heldinnen und Helden genderunspezifisch seien, nicht gefolgt (vgl. Wein 2002: 11). Vielmehr wird sein Befund über den Helden aus *The Castle of Otranto* – "The 'noble and disinterested motives' [...] are encoded in Theodore's character as a combination of chivalric manners and the topos of the Christian hero" (ebd.: 61) – auf die Gattung als Gesamtheit übertragen. Der religiöse Bezug wird in *The Romance of the Forest* und *The Castle of Otranto* zudem über den sprechenden Namen transportiert, heißt ‚Theodore' doch übersetzt ‚Gottesgeschenk'. Der christliche Heldentypus zählt zum festen Personal der mittelalterlichen Romanze, die ja eine literarische Traditionslinie der *Gothic novel* bildet. Diese wird in *The Monk* explizit aufgegriffen und darüber hinaus eingesetzt, um eine, wenn auch vage Verbindung zu England herzustellen: Ein Minnesängertrick, der bereits zur Befreiung eines englischen Königs geführt hat, soll helfen, die junge Agnes aus ihrem Verlies im Kloster St. Clare zu befreien. In der Hoffnung, dass sie antwortet und so ihren Aufenthaltsort preisgibt, will der Diener Don Alphonsos eine Ballade singen, die ihm Agnes beigebracht hat (vgl. Lewis 1998 [1796]: 287). Gerade weil der befreite König bedeutungslos für den Fortgang der Handlung ist, fällt der Verweis auf seine Nationalität ins Auge. Seine alleinige Funktion besteht darin, eine mittelalterliche Minne- und Ritterkultur mit einer englischen Zuschreibung zu versehen.

Über die Tugenden – christliche Leidensfähigkeit, Ritterlichkeit und Mut – transportieren die männlichen Figuren einen Wertekanon, der nach dem klimatheoretischen Modell eher im Norden beheimatet ist. So bescheinigt Falconer den Bewohnern der nördlichen Klimazone eine „charitable disposition […] towards the poor", und weiter behauptet er: "They are, likewise, much less vindictive, and do not retain the memory of an injury nearly so long as the inhabitants of a southern climate" (Falconer 1781: 15). In Korrespondenz zu den weiblichen erfahren also auch die männlichen Figuren eine nationale Konnotation, die sich ebenfalls mithilfe der Klimatheorie sichtbar machen lässt. Der Wertekanon verweist darüber hinaus auf das Autostereotyp des englischen Gentleman, der Ehrerbietung und Anteilnahme auch gegenüber unteren Bevölkerungsgruppen bezeugt (vgl. Spiering 2007: 146). Seinen Ursprung hat dieses Autostereotyp in der normannischen Eroberung, denn die anschließende Veränderung des Erbrechts sorgte dafür, dass Grundbesitz nicht mehr geteilt werden durfte. Jüngere Söhne erhielten allerdings den Titel ‚Gentleman', sodass sie zumindest ein immaterielles Erbe antreten konnten (vgl. ebd.: 145). In der *Gothic novel* verliert das Autostereotyp und der Wertekanon, den es einschließt, allerdings seine Bindung an den Adel und das gehobene Bürgertum. "He loved enterprize, hardship, and even danger for its own sake" (Shelley M. 1994 [1818]: 36). Mit diesen ritterlichen Attributen beschreibt Victor Frankenstein seinen bürgerlichen Freund Henry Clerval. Eine noch breitere, klassenübergreifende Konnotation erhält der englische männliche Wertekanon in *The Romance of the Forest*, denn hier hat ein Diener englischen Namens, der als Helfer der Protagonistin zur Seite steht, seine Fähigkeiten, sich physisch zur Wehr setzen zu können, bei einem Engländer erworben (vgl. Radcliffe 1999 [1791]: 26).

Analog zu den englischen weiblichen Figuren gewinnen auch die als englisch identifizierten männlichen Figuren an Kontur, weil sie sich in einem negativen Pendant spiegeln. Während der englische Gentleman, wie er sich in der *Gothic novel* darstellt, aufgrund seiner Nähe zum christlichen Heldentypus assoziativ mit dem Reinen und Guten verbunden ist, sind die *Gothic villains* mit dem Schauerlichen und Grotesken belegt. Entsprechend verkörpern sie den Typus des Libertins, geben sich Ausschweifungen hin und brechen Tabus. Der Marquis de Montalt lässt in *The Romance of the Forest* die schutzlose Adeline gewaltsam auf sein Herrenhaus verschleppen, das den lasziven Charakter seines Besitzers widerspiegelt (vgl. Radcliffe 1999 [1791]: 155–156). Grausamkeit, die bereits als klimatheoretisch ‚belegter' südeuropäischer Wesenszug genannt wurde, erhält an anderer Stelle besonderes Gewicht. Mithilfe eines Opiats simuliert der Abt Ambrosio Antonias Tod, vergewaltigt sie in einer Gruft und ersticht sie anschließend im Versuch, seine Verbrechen zu vertuschen (vgl. Lewis

1998 [1796]: 382–391). Der Priester Schedoni, *Gothic villain* in *The Italian*, plant, die mittelose Ellena zu ermorden und liefert sie der Inquisition aus, nur um ihre Hochzeit mit dem adligen Vivaldi zu vereiteln (vgl. Radcliffe 1998 [1797]: 185–190). Wie im Fall der negativen Frauenfiguren verdichten sich im Typus des *Gothic villain* das italienische, das spanische und das französische Andere zu einem südeuropäischen Anderen, das dem Eigenen antithetisch gegenübersteht. In *The Mysteries of Udolpho* manifestiert sich diese Kontrastrelation in einer Nebenfigur, die als Kumpan des *Gothic villain* eine Rolle spielt. Verezzis Wesenszüge lassen sich als Liste von Antonymen lesen, die die Charaktereigenschaften der positiv besetzten männlichen Figuren verkehren:

> He [Verezzi] was *gay, voluptuous*, and *daring*; yet had *neither perseverance or true courage*, and was *meanly selfish* in all his aims [...] and *sanguine* in his hope of success (Radcliffe 1998 [1794]: 183, Hervorhebungen nicht im Original).

Mit ‚sanguine' wird assoziativ die Klimatheorie und noch mehr die Temperamentenlehre aufgerufen, denn ‚sanguine' verweist auf einen Humoraltypus, in dem der Körpersaft ‚Blut' (lat. sanguis) dominieren soll (vgl. Derschka 2013: 66). Dessen Grundzug der Heiterkeit trägt im Fall von Verezzi jedoch eine negative Konnotation.[7]

6.3.3 *‚Unverkleidete' Engländer als Vergleichsgröße für die als Südeuropäer ‚verkleideten' Engländer*

Neben den Figuren, die im Rückgriff auf die Klimatheorie als Engländer identifiziert werden konnten, treten in der Gattung Nebenfiguren auf, deren englische Nationalität von vornherein klar ist. Madame La Luc – „by birth an Englishwoman" (Radcliffe 1999 [1791]: 254) – vereint die in 6.3.1 als englisch identifizierten Qualitäten: "In this family picture the goodness of Madame La Luc was not unperceived or forgotten. The chearfulness and harmony that reigned within the chateau was delightful" (ebd.: 277). Die räumliche Situierung von Madame La Luc innerhalb der häuslichen Sphäre verweist auf die Rolle, die Frauen in der *Gothic novel* zugedacht wird: Sie sind die Hüterinnen familiärer Harmonie und familiären Wohlergehens. Die Figur, die hier als ‚unverkleidete' Engländerin in Erscheinung tritt, dient als Vergleichsgröße für die

7 „Menschen, in denen das Blut vorherrscht, sind [...] heiter, freundlich, mitfühlend; sie lachen und sprechen viel" (Derschka 2013: 66). Derschka bezieht sich hier auf die klimatheoretischen Reflektionen des frühmittelalterlichen Universalgelehrten Beda (vgl. ebd.: 62).

verfolgte Unschuld und bestätigt, dass Adelines Wesenszüge ‚typisch' englisch sind und sie selbst nur nominell französischer Provenienz ist.

Die männlichen Figuren, die eine eindeutige englische Zuschreibung erfahren, übernehmen ebenfalls die Funktion einer Vergleichsgröße. Allerdings berühren sie Aspekte in einem englischen Eigenbild, die in diesem Kapitel bisher nicht Thema waren. Handelt es sich bei der Figur um einen Reisenden, rufen die Texte assoziativ die Tradition der Grand Tour und die Begegnung mit dem national Anderen auf, die das Reisen mit sich bringt. In *The Italian* wird ein englischer Reisender in fast karikierender Weise mit den ‚fremden' Sitten konfrontiert. Angesichts der Praxis italienischer Büßerorden, Mördern Asyl zu gewähren, zeigt er sich höchst schockiert:

> '[A]n assassin and at liberty!' An Italian gentleman, who was of the party, smiled at the astonishment of his friend. 'He has sought sanctuary here,' replied the friar; 'within these walls he may not be hurt' (Radcliffe 1998 [1797]: 2).

Im Stereotyp des englischen Reisenden manifestiert sich der Aspekt des aufgeklärt Protestantischen, der gerade durch die Verschränkung von einem nationalen mit einem religiösen Eigenbild in der Gattung als Charakteristik von *Englishness* hervortritt.

Die Nationalität des Rahmenerzählers in *Frankenstein* steht ebenfalls zweifelsfrei fest, sodass hier eine für das narrative Gefüge unverzichtbare Figur ein ‚unverkleideter' Engländer ist. Der Polarforscher Robert Walton möchte das Geheimnis der Erdanziehung aufklären und sucht einen Schifffahrtsweg durch die Antarktis (vgl. Shelley M. 1994 [1818]: 13–14). Wie sein Doppelgänger und Alter Ego Frankenstein begibt sich Walton an die Grenzen des ethisch Vertretbaren. Er ist versucht, das Leben seiner Besatzung zu riskieren, nur um sein anvisiertes Ziel zu erreichen. Letztendlich überschreitet er – eben anders als Frankenstein – die Grenzen des ethisch Vertretbaren nicht. Für das Erzeugen von *Englishness* ist hier die nationale Herkunft der beiden Figuren von Interesse: Es ist ein Wissenschaftler nicht-englischer Provenienz, der seinen Forschertrieb rücksichtslos ausagiert. Der englische Wissenschaftler gewinnt hingegen die Einsicht, sein Handeln nicht an Allmachtsphantasien, sondern am Menschenmöglichen und an der Menschlichkeit auszurichten. Durch die Gegenüberstellung der beiden Wissenschaftlertypen und ihrer explizit genannten nationalen Herkunft wird das Erzeugen von *Englishness* in *Frankenstein* um das Feld der Wissenschaft erweitert. Gerade weil die Nationalität der Figuren für die Handlung funktionslos bleibt – Walton und Frankenstein könnten genauso beide aus Portugal stammen –, wird ihre Funktion im Text klar sichtbar.

Ein Forschungsinteresse, das sich an Humanität, also am menschlichen Wohl, orientiert, wird so englisch konnotiert.

6.4 Das Schauerliche und das Groteske als Darstellungsformen des Katholischen

Bei den schauererregenden, teils bis ins Groteske gesteigerten Darstellungen eines dunklen und abgründigen Katholischen handelt es sich um schematisierte Bilder, die einen hohen Wiedererkennungseffekt aufweisen. Sie teilen daher Merkmale von nationalen Stereotypen, sind also ein „self-referential [...] poetical system" (Leerssen 1997: 131) und „assoziationsbeladene Elemente" (O'Sullivan 1989: 218). Dies gilt umso mehr, weil eine Verschränkung von religiös und national Anderem vorliegt, wobei ein vor allem spanisches und italienisches Anderes ineinanderfließen. *Gothic novels* sind daher mit Cannon Schmitt als „semi-ethnographic texts in their representation of Catholic, Continental Europe [...] as fundamentally un-English" (Schmitt 1997: 2) beschreibar. Wie dieses Ineinanderfließen funktioniert und welche Rückschlüsse in diesem Zusammenhang die Klimatheorie auf die Deutung der katholischen und der protestantischen Konfession zulässt, dem gilt das weitere Interesse. Zweifelsohne verfügen Glaubensrichtungen und religiöse Institutionen über kein Temperament, aber in diesem Zusammenhang gilt es zu berücksichtigen, dass bereits im England des 17. Jahrhunderts die Theorien zu religiöser Polemik instrumentalisiert wurden (vgl. Zacharasiewicz 1977: 113–114).[8] Im 18. Jahrhundert gingen einzelne Theoretiker sogar so weit, auf der Basis der Klimatheorie Aussagen über den scheinbaren Einfluss des Klimas auf christliche Konfessionen und ihre Anbetungsformen zu treffen:

> Whilst the southern inhabitants of Europe constituted ceremonies calculated to strike the senses by their magnificence, and to attach their followers, by continually reminding them of their duty; and had erected a visible head of the church in the person of the Pope, and even a visible object of adoration in the mass; the devotion of the northern nations took a turn directly opposite [...] (Falconer 1781: 144–145).

---

8 Ein wirkmächtiger Vorläufer solch anti-katholischer Polemik, die nach England ausstrahlte, ist in Texten französischer Hugenotten zu finden. *L'Apologie pour Hérodote* von Henri Estienne, die auch klimatheoretische Aspekte einschließt, erschien 1607 als Übersetzung in England, wo sie breiten Anklang fand (vgl. Zacharasiewicz 1977: 111–113).

Nach der Analyse der schematisierten Darstellungsformen des Katholischen als religiös Anderem wenden sich die Überlegungen einem bis dato unbeachteten Intertext der Gattung zu. In der Verbindung mit dem Konzept der Imagination eröffnet das *Book of Martyrs* (1563) einen Assoziationsraum für die Gattung, mit dem sich Leerstellen schließen lassen.

6.4.1 *Das Katholische als Kontrastfolie und die Verschränkung von Figurentypen*

Die schablonisierten Darstellungen der katholischen Kirche als negativ religiös Anderes finden sich in der *Gothic novel* auf herausragende Weise in wiederkehrenden Signalwörtern, die ähnlich wie nationale Stereotype wie eine „literarische Stenographie“ (O'Sullivan 1989: 217) wirken und ein hohes Assoziationspotenzial aufweisen. Die Begriffe „cruelty“ (Radcliffe 1998 [1797]: 85, Radcliffe 1999 [1791]: 36 und Lewis 1998 [1796]: 351) und „superstition“ (Radcliffe 1998 [1797]: 66, Radcliffe 1999 [1791]: 36 und Lewis 1998 [1796]: 351), mit denen die katholische Kirche belegt wird, zielen darauf ab, Bilder pervertierter Religiosität und körperlich wie psychisch geknechteter Menschen heraufzubeschwören.

Die Vorstellung einer zur Absurdität verkehrten und zum mechanischen Ritual verkommenen Frömmigkeit, die dem Topos entsprechend ein Kennzeichen des Katholizismus ist, findet sich in *The Mysteries of Udolpho* in der Darstellung einer religiösen Praktik narrativ ausgestaltet: Als Bußhandlung muss ein Vorfahre Montonis regelmäßig eine Wachspuppe betrachten, die einem verwesenden Leichnam gleicht (vgl. Radcliffe 1998 [1794]: 662).

Personifiziert wird die katholische Kirche als religiös Anderes durch ihre negativ porträtierten Repräsentanten, die wie Abziehbilder voneinander wirken. Die Äbtissin, in deren Obhut die verfolgte Unschuld aus *The Romance of the Forest* einige Jahre ihrer Jugend zubrachte, steht hier für die weiblichen Figuren Modell:

> It was her method, when she wanted to make converts to her order, to denounce and terrify rather than to persuade and allure. Her's were the arts of cunning practised upon fear, not those of sophistication upon reason. She employed numberless stratagems to gain me to her purpose, and they all wore the complection of her character (Radcliffe 1999 [1791]: 36).

Diese stereotype Charakterisierung lässt sich auf die Äbtissin von San Stefano in *The Italian* übertragen. Anstatt sich – von einer ‚ehrlichen‘, barmherzigen Frömmigkeit geleitet – der verfolgten Unschuld an die Seite zu stellen, macht sie sich zum Instrument einer gefühlskalten hierarchischen Gesellschaft.

Unmissverständlich erklärt sie der schutzsuchenden Ellena, dass sich diese an gesellschaftliche Regeln zu halten und Standesgrenzen zu achten habe (vgl. Radcliffe 1998 [1797]: 67).

Inwiefern sich die negative Inszenierung des Katholizismus als Kontrastfolie in der *Gothic novel* verselbstständigt und eine bloße Requisite des Schauererregenden darstellt, manifestiert sich in *Frankenstein* in einer männlichen Nebenfigur. Ein namentlich nicht spezifizierter katholischer Geistlicher drängt die unschuldig zum Tode verurteilte Justine durch Einschüchterungen zu einem falschen Geständnis:

> [M]y confessor has besieged me; he threatened and menaced, until I almost began to think that I was the monster that he said I was. He threatened excommunication and hell fire in my last moments if I continued obdurate (Shelley M. 1994 [1818]: 83).

Obwohl Justine aus der calvinistisch geprägten Gegend um Genf stammt, ist sie katholischer Konfession. Auf diese Weise wird überhaupt erst ermöglicht, dass ihr Beichtvater als negatives Stereotyp eines katholischen Priesters gezeichnet werden kann, der dann zum Erzeugen des Schauerlichen und Grotesken beiträgt.

The Monk und *The Italian* sind diejenigen Romane, in denen der Topos der im Mittelalter verhafteten katholischen Kirche zu einem Element wird, das die Handlung durchdringt, und entsprechend entstammt der jeweilige *Gothic villain* dem katholischen Klerus. Zunächst lässt sich der Abt Ambrosio, mit der als Novize Rosario getarnten Dämonin Matilda ein. Später begeht er Inzesthandlungen, die mit Anklängen an Marquis de Sade geschildert werden (vgl. Lewis 1998 [1796]: 382–384).[9] Eine katholisch konnotierte Doppelmoral wird über den Abt Ambrosio insofern transportiert, als er, der ja selbst sein Keuschheitsgelübde bricht, indirekt zur drakonischen Bestrafung der jungen Novizin Agnes, bei der er einen Liebesbrief entdeckt, beiträgt (vgl. ebd.: 45–46). Ehrgeizgetrieben willigt der Priester Schedoni in *The Italien* bereitwillig ein, alles in seiner Macht Stehende zu tun, um die ‚unstandesgemäße' Heirat des adligen Vivaldi zu verhindern. Dies schließt sogar den Plan ein, die mittellose Ellena zu ermorden (vgl. Radcliffe 1998 [1797]: 173). Eine negative Konnotation des

9 Auf einen Nexus zwischen Lewis und de Sade hat die Forschungsliteratur verschiedentlich aufmerksam gemacht (vgl. McEvoy 1998: xvi, Crook 2000: 60 und Miles 2000: 41–42). Ein Aspekt ist hier, dass de Sade *The Monk* und die *Gothic novels* der 1790er-Jahre als Verarbeitung der beispiellosen Ereignisse der Französischen Revolution las, die mit dem ‚Terror' bzw. ‚Horror' mithalten müssten (vgl. Miles 2000: 41–42).

Katholizismus tritt hier deshalb markant hervor, weil Schedoni als Beichtvater der Marchesa di Vivaldi, mit der er Ellenas Tod beschließt, Absolution erteilt (vgl. ebd.).

Mit unterschiedlichen Akzentsetzungen verschmelzen in den Figuren des Abts Ambrosio und des Priesters Schedoni der Typus des Libertin und der des ‚bösen' Priesters. Beide sind für die missliche Situation der verfolgten Unschuld verantwortlich. Die sexuellen Ausschweifungen des Abts, seine fehlende Moral und Herzenswärme verweisen auf das Temperament des südeuropäischen Libertins. Im Fall des Priesters Schedoni geben die knappen Informationen über seine Jugend die entscheidenden Hinweise auf die Beschaffenheit seines Charakters:

> [H]e was satisfied with an ostentatious display of pleasures and of power, and, thoughtless of the consequence of dissipation, was contented with the pleasures of the moment, till his exhausted resources compelled him to pause, and to reflect (ebd.: 226).

In dem Typus des ‚bösen' katholischen Klerikers zeigt sich, wie in der *Gothic novel* klimatheoretisch scheinbar fundierte, überlieferte Vorurteile populärliterarisch perpetuiert und effektgerichtet eingesetzt werden. „[D]ie klimatisch bedingte Anfälligkeit, ja Determination der Südländer hin zu Unzucht und Heimtücke, Rachsucht und anderen Lastern" (Zacharasiewicz 1977: 114) ist ein Vorurteil, das sich im 17. Jahrhundert im Zusammenhang anti-katholischer Polemiken verfestigte (vgl. ebd.: 113). In der Verschmelzung des Typus des Libertins mit dem des ‚bösen' Priesters kommt es in der *Gothic novel* also zu einer Verschränkung des religiösen mit einem südeuropäischen Anderen. Die religiös-nationale Kontrastfolie lässt den Protestantismus sowohl aufgeklärt und werteorientiert als auch englisch erscheinen. Reziprok wird die englische Nation so als protestantisch und aufgeklärt imaginiert.

In *The Romance of the Forest* ist der Protestantismus nicht als Leerstelle einer Kontrastrelation belassen, die vom eingeschriebenen Adressaten (wie von der realen Leserin) ergänzt werden muss. Ein Pfarrer aus der Gegend um Genf steht hier metonymisch für die idealisierte Form dieser christlichen Konfession: “He was [...] equally loved for the piety and benevolence of the Christian as respected for the dignity and elevation of the philosopher” (Radcliffe 1999 [1791]: 245). Der protestantische Geistliche verkörpert das positive Gegenüber der Südeuropäer, die die katholische Kirche vertreten. Populärliterarisch adaptiert taucht hier der nördliche Typus auf, wie er sich in der Klimatheorie auf die protestantische Konfession gemünzt findet. Von Interesse ist in diesem Zusammenhang, dass sowohl England als auch die Schweiz unter die

Bevölkerung des Nordens subsumiert werden: “The free predisposition of the people of the North, has also been favourable to this mode of propagating religion by argument and enquiry” (Falconer 1781: 159). Und weiter heißt es in *Remarks on the Influence of Climate*: “England […] and Swisserland, were roused to assert their civil rights, by having before asserted a freedom of choice and sentiment in religion” (ebd.).

In Radcliffes Roman *The Romance of the Forest* lässt sich eine korrelative Nähe zwischen Genf und England als den Orten, an denen ein aufgeklärter, den Menschen zugewandter Protestantismus ‚regiert‘, beobachten. Hergestellt wird sie über die verstorbene Frau des Pfarrers, die aus England stammt und im Rahmen der Analyse der ‚unverkleideten‘ Engländer betrachtet worden ist. Hier sei angemerkt, dass sich die *Church of England* in ihren Grundzügen ursprünglich an einer calvinistischen Glaubensdoktrin orientierte, die in Genf ihr Zentrum hatte (vgl. Wende 1995: 108). Darüber hinaus bot Genf einer Reihe englischer Protestanten während der Rekatholisierung im 16. Jahrhundert Exil (vgl. ebd.: 109).

6.4.2 *Inquisition, Imagination, Intertext: John Foxes* Book of Martyrs

In einem Teil der Romane nimmt die Darstellung der Inquisition als ein dezidiert katholisches Phänomen vergleichsweise großen Raum ein. Bei Lewis erscheint das kirchliche Tribunal als allgegenwärtige Drohkulisse und probates Mittel, um Kontrolle über die Bevölkerung auszuüben. Die junge Novizin Agnes befürchtet, die bösartige Äbtissin von St. Clare würde sie, weil sie das Kloster durch den Bruch des Keuschheitsgelübdes entweiht habe, an das Kirchengericht ausliefern (vgl. Lewis 1998 [1796]: 188). Am Ende des Romans droht Don Ramirez einer aufgebrachten Menge mit der Inquisition. “At that dreaded word every arm fell, every sword shrunk back into its scabbard” (ebd.: 349). In *The Italian* wird Vivaldi nach der vereitelten Heirat mit seiner geliebten Ellena an die religiösen Häscher überstellt.

> With the morning light he perceived the dome of St. Peter, appearing faintly over the plains that surrounded Rome, and he understood, for the first time, that he was going to the prisons of the Inquisition in that city (Radcliffe 1998 [1797]: 193).

Der Petersdom ist hier als symbolträchtiges Metonym für den Papst und den Vatikan zu lesen, womit an den religiösen und national aufgeladenen Diskurs um 1800 angeknüpft wird. Trotz seiner Präsenz werden die Folterpraktiken des kirchlichen Tribunals in der Gattung weder realistisch noch genau geschildert. Stattdessen werden sie in einer Rhetorik des Schauerlichen effektgerichtet angedeutet. Gesichtslose, schwarz gekleidete Mönche mit Fackeln sind die stummen Statisten in dunklen Gewölben, die die Opfer der Inquisition verborgen halten und deren undurchdringliche Verzweigtheit das Gruseln, das sie erzeugen, weiter steigert (vgl. Radcliffe 1998 [1797]: 196–197). Die Gattung lässt in der Repräsentation der Inquisition Leerstellen offen. Die Aufforderung, diese Leerstellen zu ergänzen, artikuliert sich in besonderer Weise im Gedankenbericht des Abts Ambrosio in den appellativ wirkenden Signalwörtern, die auf die Imagination hinweisen:

> *Conscience painted* to him in glaring colours his perjury and weakness; Apprehension magnified to him the horrors of punishment, and He already *fancied* himself in the prisons of the Inquisition (Lewis 1998 [1796]: 227, Hervorhebungen nicht im Original).

Das Ausmalen der Qualen, die der *Gothic villain* glaubt erdulden zu müssen, obliegt auch hier dem Leser. Ausreichend Material boten und bieten die detailgetreuen Schilderungen der Folterpraktiken im *Book of Martyrs* (1563), das um 1800 breit und unter einem nationalen Blickwinkel gelesen wurde (vgl. Colley 2005: 25).

> At the first time of torturing, six executioners entered, stripped him [the man] naked to his drawers, and laid him upon his back on a kind of stand, elevated a few feet from the floor. The operation commenced by putting an iron collar round his neck, and a ring to each foot, which fastened him to the stand. His limbs being thus stretched out, they wound two ropes round each thigh; which ropes being passed under the scaffold, through holes made for that purpose, were all drawn tight at the same instant of time, by four of the men, on a given signal.
>
> It is easy to conceive that the pains which immediately succeeded were intolerable; the ropes, which were of a small size, cut through the prisoner's flesh to the bone, making the blood to gush out at eight different places (Foxe 2007 [1563]: 81).

Wenn hier das *Book of Martyrs* mit seinem Schwerpunkt auf den Leiden protestantischer Inquisitionsopfer als Intertext angesprochen wird, deutet dies zugleich auf den eingeschriebenen Adressaten. Er wird über die negative Darstellung des Katholizismus, in der sich zeitgenössische Vorurteile eines englischen Protestantismus verdichten, als englisch apostrophiert. Indirekt wird so suggeriert, der Protestantismus bzw. seine Vertreter hätten nicht zu Folterpraktiken gegriffen und zeigten sich tolerant gegenüber Andersgläubigen.

Die Inszenierung der katholischen und in geringerem Maße der protestantischen Konfession gibt der englischen Nation in der *Gothic novel* einen religiösen und genauer einen protestantischen Zuschnitt. Als Konsequenz ist *Englishness* in der Gattung mit Religiosität verschränkt, die sich in Aufgeklärtheit und Herzensgüte, in Moral und Sittsamkeit ausdrückt. Angesichts des übermächtigen und allgegenwärtigen katholischen wie national Anderen erscheint die protestantisch-englische Nation allerdings bedroht. An dieser Stelle ist wiederum der extraliterarische Kontext der *Gothic novel* zu berücksichtigen. Im Großbritannien und damit auch im England des 18. Jahrhunderts wurden der Katholizismus und mit ihm die Institution der katholischen Kirche als „formidable ‚other'" (Colley 2005: xvi) eingesetzt, um das religiöse Selbstbild zu schärfen.[10] "To many of them, it seemed that the old popish enemy was still at the gates, more threatening than ever before" (ebd.: 25). Da um 1800, also während der englischen Romantik, Großbritannien und damit England vor allem mit Frankreich in Kriege verwickelt war, lässt sich Colleys Befund über das frühe 18. Jahrhundert auf das späte 18. und das frühe 19. Jahrhundert übertragen.[11] Die *Gothic novel* spiegelt und verdichtet also in ihrer Darstellung des national und südeuropäisch konnotierten Katholizismus Ängste, die historisch gewachsen sind. Hierin ist ein Indikator zu sehen, der es erlaubt, die *Gothic novel* als Narration der Nation zu lesen, wie es in 6.6 geschieht.

6.5 Gesellschaftlicher Süden versus ‚natürlicher' Norden: das nationale Aufladen von Räumen

Schematisierung als Charakterisierungsverfahren setzt sich bei der Gestaltung der Schauplätze fort, denn ähnlich wie bei den Figuren und dem religiösen Topos wird hier auf tradierte Gemeinplätze zurückgegriffen. In der Gattung wird der Raum des national Anderen als Ort des Schrecklichen, Schauerlichen, d. h.

---

10 Heinrich VIII. hatte sich im 16. Jahrhundert von Rom gelöst und den König zum Oberhaupt der nationalen Kirche, der *Church of England*, bestimmt (vgl. Wende 1995: 106). Diese Verbindung von national und religiös Eigenem hatte sich im Verlauf der Geschichte auch durch die kriegerischen Konflikte mit den katholischen Ländern Spanien und Frankreich verfestigt, wobei hier neben der nationalen stets auch die religiöse Vormachtstellung ausgefochten worden war (siehe dazu auch die Ausführungen zur Armada in 6.6.2).

11 Der Protestantismus war allerdings, anders als er hier erscheinen mag, keineswegs homogen. Im Lauf der Jahrhunderte bildeten sich unterschiedliche protestantische Konfessionen aus, so beispielsweise die Levellers, die sich gegen die hierarchisch ausgerichtete Staatskirche wandten.

als *locus terribilis* inszeniert, vor dessen Hintergrund – wie detailliert auszuleuchten ist – England als friedvoller Sehnsuchtsraum Kontur gewinnt. Diese Kontrastrelation entsteht über die Räume, die den südeuropäischen Nationen zugeordnet werden. In ihrer Beschaffenheit unterscheiden sie sich kaum voneinander. Vielmehr verdichten sie sich zu einer schemenhaften südeuropäischen Kulisse, die in erhabene und pittoreske Landschaftsgemälde gefasst ist. Von dieser hebt sich England als ein nordeuropäisches Anderes antithetisch ab. Der romantische Topos urbaner und damit gesellschaftlicher versus natürlichen Raum trägt ebenfalls dazu bei, die Kontrastrelation zu erzeugen.[12] Er ist die Basis, auf der normative Zuschreibungen von Nationen vorgenommen werden und die Vorstellung einer goldenen, in der Sphäre des Mythischen beheimateten Vorzeit der englischen Nation entworfen wird. Darüber hinaus erhält ein scheinbar naturbelassener, ländlicher Raum eine englische Konnotation.

6.5.1 *Südeuropa und französisches Gesellschaftsleben als* loci terribiles

Südeuropa wird in der *Gothic novel* primär durch Italien und Spanien repräsentiert. In Italien liegen die Burg Udolpho und die von Otranto, Hauptschauplätze in *The Mysteries of Udolpho* bzw. in *The Castle of Otranto*. Das Romangeschehen in *The Italian* ist in der Gegend um Neapel angesiedelt, und die Handlung in *The Monk* spielt zu weiten Teilen in Madrid. Italien war, wie die Ausführungen zum romantischen Reisen in 5.2 gezeigt haben, der gebildeten Öffentlichkeit um 1800 durch Grand-Tour-Berichte vertraut und den Reisenden aus eigener Anschauung. Dessen ungeachtet wird bei der Darstellung von Italien und Spanien in der *Gothic novel* an „schablonisierte […] Vorstellungsinhalte“ (Six 1987: 41) angeknüpft. Wie die Figurenanalyse indiziert hat, erscheinen die beiden Länder als *loci terribiles*: Sie stellen Orte der Gewalt und der ungezügelten Leidenschaften dar, an denen eine despotische Aristokratie und ein machtbesessener katholischer Klerus herrschen (vgl. Demata 2006: 1). Das italienische Landschaftsbild ist von Kirchen, Klöstern und (gotischen) Ruinen geprägt (vgl. ebd.). Sie erscheinen wie die materielle Konkretisierung der menschlichen und gesellschaftlichen Abgründe, die sie beherbergen. Die Kaltherzigkeit, mit der die Äbtissin der schutzsuchenden Ellena begegnet, und die zum Aberglauben pervertierte Gottesfürchtigkeit ihres Klosters spiegeln sich in dessen innerer Architektur. Die verfolgte Unschuld muss auf dem Weg zu einer Audienz mit der Äbtissin durch eine Reihe „solitary passages“ gehen, „whose walls were roughly painted with subjects indicatory of the

12 ‚Natürlich‘ meint hier nicht naturbelassen und unberührt. Es bezieht sich auf den Topos von der Natur als positivem Gegenüber der Gesellschaft und des Höfischen als Inbegriff des Artifiziellen.

severe superstitions of the place, tending to inspire melancholy awe" (Radcliffe 1998 [1797]: 66). Ein nekrophiles Ambiente – „the Vault, the pale glimmering of the lamp, the surrounding obscurity, the sight of the Tomb, and the objects of mortality" (Lewis 1998 [1796]: 383) – stellt den *locus terribilis*, an dem der Abt Ambrosio sein Opfer vergewaltigt. Eine ähnlich symbolträchtige Funktion übernimmt die Darstellung einer Außenansicht in *The Mysteries of Udolpho*: „[T]he massy iron gates, that led to the castle" (Radcliffe 1998 [1794]: 345–346) deuten voraus, dass Emily nicht als Gast, sondern als Gefangene auf die Burg Udolpho gelangt. Italien und Spanien stellen in der *Gothic novel* also eine bloße Kulisse des Schauerlichen und Tabuisierten, die weitgehend austauschbar ist und zu einem südlichen Anderen verschmilzt. Dieses Andere erscheint als „a darkly exotic, thrilling, and threatening world" (Perkins P. 2006: 35), wie es Pam Perkins treffend für Italien formuliert.

Dieses Heraufbeschwören eines „imagined south" (ebd.) setzt sich in der Inszenierung eines urbanen Raums und im gesellschaftlichen Leben, das hier stattfindet, fort. In *The Monk* erscheint Madrid als Lasterhöhle, denn der Abt Ambrosio begeht seine Verbrechen in der spanischen Hauptstadt. Montoni frönt, wie ein knapper Hinweis in *The Mysteries of Udolpho* verrät, seiner Spielsucht in Venedig (vgl. Radcliffe 1998 [1794]: 182–183). Lediglich die Namen der Städte geben Auskunft über den jeweiligen Ort, und eine selbstreferenzielle, schablonisierte Darstellung ersetzt überprüfbare Informationen. Die spanische Hauptstadt wird mit „a city where superstition reigns with such despotic sway as in Madrid, to seek for true devotion would be a fruitless attempt" (Lewis 1998 [1796]: 7) eingeführt. Im Fall von Venedig signalisiert das assoziationsträchtige Stichwort ‚Gondeln' – „gondolas [...] skimming along the moon-light sea, full of gay parties" (ebd.: 176) –, wo die Ausschweifungen stattfinden.

In ihrer Funktion sind die Städte austauschbar und stellen das Kondensat scheinbaren südeuropäischen urbanen Lebens dar. Sie werden damit in der Gattung zu einem „perfect background for the most extrem pitches of human passion" (Demata 2006: 5), wie dies Massimiliano Demata als bis zu Shakespeare zurückreichende Traditionslinie in der englischen Darstellung Italiens diagnostiziert, die in der *Gothic novel* weitergeschrieben wird (vgl. ebd.).

Auffällig ist, dass unabhängig davon, ob Paris oder Frankreich allgemein als Schauplatz in Erscheinung treten, die französische Hauptstadt als Metonym einer frivolen französischen Lebensart in den Texten figuriert. Über den charakterschwachen Begleiter der Protagonistin, Monsieur La Motte, heißt es in *The Romance of the Forest*: "[...] allured by the gaieties of Paris, he was soon devoted to its luxuries" (Radcliffe 1999 [1791]: 3). In *The Monk* äußert sich eine Figur folgendermaßen über Paris:

> Yet among all its gaieties, I felt that something was wanting to my heart. [...] I discovered, that the People among whom I lived, and whose exterior was so *polished* and *seducing*, were at bottom *frivolous*, *unfeeling* and *insincere* (Lewis 1998 [1796]: 96–97, Hervorhebungen nicht im Original).

Die so gezeichnete französische Geselligkeit und Frivolität scheinen keine Anziehungskraft auf die als englisch identifizierten Figuren ausüben zu können. Die Tatsache, diese Stätte des Lasters nie besucht zu haben, wird so zum Signum guten Charakters. In diesem Sinne äußert sich auch Emilys Vater über Valancourt, den Verehrer und späteren Ehemann seiner Tochter: "'Here is the real ingenuousness and ardour of youth'" (Radcliffe 1998 [1794]: 36), und er fährt fort: "'this young man has never been at Paris'" (ebd.).

Durch diese als Kontrastfolie wirkende Darstellung Südeuropas und des dortigen gesellschaftlichen Lebens erscheint England wiederum als Ort, an dem Aufrichtigkeit, Ernsthaftigkeit und Tugendhaftigkeit dominieren und überbordender Sinnlichkeit urbanen Gesellschaftslebens kein Platz gewährt wird.

6.5.2 *England als Sehnsuchtsraum: Verschränkung von* Englishness *und landschaftlichem Raum*

England verkörpert einen harmonischen Ort, an dem friedliches Glück sowie Einklang mit der Natur und dem Transzendenten erfüllbar scheinen. Konkrete Indikatoren für diese Lesart lassen sich vor allem im *Female Gothic* identifizieren. Mit dem Ziel, endlich ein ‚besseres' Leben führen zu können, verlässt der gesellschaftssüchtige Monsieur La Motte in *The Romance of the Forest* seine französische Heimat. Darüber, was ihn in England konkret erwartet, gibt der Roman keine Auskunft. Eine explizite Kontrastrelation klärt allerdings, wie diese vergleichsweise große Leerstelle zu füllen ist. England – nicht London – steht hier der französischen Hauptstadt gegenüber. Paris, das nur in Form eines stenografischen Kürzels genannt wird, erscheint so als Sinnbild Frankreichs und seiner frivolen Lebensart: "[H]e left Paris for England, where it was his design to settle" (Radcliffe 1999 [1791]: 354). England kann hier mit allen Attributen versehen werden, die Frankreich nicht aufweist. Es wird so zum ersehnten *locus amoenus*, den Tugendhaftigkeit, Mitmenschlichkeit und Aufgeklärtheit kennzeichnen. Hier kann der Mensch Ruhe und zu sich selbst finden. Auf der Figurenebene wird diese Aussage dadurch unterstrichen, dass der in Frankreich stets getriebene Monsieur La Motte in England sesshaft werden will.

In Shelleys *Frankenstein* ist England ebenfalls als Sehnsuchtsort markiert, weil es hier in unermesslicher Ferne liegt:

> 'This letter will reach England by a merchantman now on its homeward voyage from Archangel; more fortunate than I, who may not see my native land, perhaps for many years' (Shelley M. 1994 [1818]: 21).

Diese Zeilen schreibt der englische Rahmenerzähler Robert Walton von seinem Aufenthaltsort, dem nahe dem Nordpol gelegenen Archangelsk, an seine Schwester. Aufgrund der veränderten Kontrastfolie, die die Aspekte von unwirtlicher und bedrohlicher Naturgewalt angesichts des ewigen Eises hervorrufen, erscheint England implizit als *locus amoenus*, in dem der Aspekt lieblicher Landschaften besondere Bedeutung gewinnt. Daneben ist es der emphatische wie empfindsame Sprachduktus, in dem sich das Sehnen nach dieser womöglich unerreichbaren Heimat ausdrückt. In diesem Sprachduktus lassen sich Vororientierungen erkennen, die nahelegen, dass die großen Leerstellen, die auch dieser Roman hinsichtlich einer konkreten Ausgestaltung Englands aufweist, im Sinne des beschriebenen Eigenbildes zu füllen sind. Der stenografische Verweis auf den englischen Kaufmann berührt hier einen zusätzlichen Aspekt, denn er erweckt die Vorstellung einer entwickelten Wirtschaftsnation. Die Zeilen Robert Waltons stilisieren England damit nicht nur zu einem harmonischen, friedvollen Ort, sondern auch zu einem, an dem der Handel und damit die Nation gedeihen können.

Landschaftsbeschreibungen im Stil erhabener und pittoresker Ästhetik nehmen vor allem im *Female Gothic* großen Raum ein:

> The course of the Rhine below Mainz becomes much more picturesque. This part of the Rhine, indeed, presents a singularly variegated landscape. In one spot you view rugged hills, ruined castles overlooking tremendous precipices, with the dark Rhine rushing beneath; and on the sudden turn of a promontory, flourishing vineyards with green sloping banks and a meandering river and populous towns occupy the scene (Shelley M. 1994 [1818]: 150).

In der *Gothic novel* (anders als im romantischen Reisebericht) ist es nicht ein englisches Privileg, Landschaften als erhabenes oder pittoreskes Gemälde auf sich wirken zu lassen. Dennoch sind es vor allem die als englisch identifizierten Figuren, die sich in entsprechender Umgebung wohlfühlen. Hier wähnen sich die Adelines und Emilys auch ohne oder gerade ohne Begleitung in Sicherheit. Hier kommen sie innerlich zur Ruhe und können ihren melancholischen Empfindungen freien Lauf lassen. Die erhabenen und pittoresken Landschaften sind also die positive Verkehrung eines urbanen Raums und eines französischen Gesellschaftslebens, in dem weder Platz für Ruhe noch für ‚echte' Empfindungen bleibt. Diese ‚echten' Empfindungen, die scheinbar zivilisationsferne Landschaften in den Heldinnen und Helden auslösen, hat Wein als „Gothic sentiment" (Wein 2002: 10) identifiziert und damit einen Bezug zu einem englischen Selbstverständnis hergestellt. Eine korrelative Nähe zu England erhalten die landschaftlichen Räume über die Kontrastrelation. *The Romance of the Forest* schreibt in diesem Zusammenhang Klartext. Auf der Flucht vor dem Libertin Marquis de Montalt läuft Adeline angstvoll durch einen im französisch-klassizistischen Stil angelegten Park. Rettung ist – so die Suggestion – erst möglich, als sie in einen englischen Landschaftsgarten läuft: "[S]he sprang forward and alighted safely in an extensive garden, resembling more an English pleasure ground, than a series of French parterres" (Radcliffe 1999 [1791]: 164).[13]

Es ist das Adverb ‚safely', das hier in affirmativer Weise den Anschein von Sicherheit erweckt und eine imaginäre Mauer aufbaut, die der *Gothic villain* nicht durchbrechen kann. Gerade weil die Logik fehlt, weshalb der Marquis nicht die Grenze hin zum englischen Garten überschreitet, ist hier die tatsächliche geografische Lage Englands in die Überlegungen mit einzubeziehen. Über die imaginäre Mauer wird die Lage Englands als Insel assoziativ aufgerufen und damit eine Vorstellung von Sicherheit transportiert. Die Nation, die an diesem Ort zuhause ist, wird so implizit als Sicherheit und Stabilität gebende Gemeinschaft apostrophiert.

Ihr Imaginationsvermögen macht vor allem die als englisch identifizierten Figuren für die transzendenten Anklänge der geschilderten Landschaften empfänglich. Adeline „had quickly imbibed a taste for their charms, which taste was heightened by the influence of a warm imagination" (ebd.: 248). Der anglophile Henry Clerval ist eine männliche Figur in *Frankenstein*, in der sich die Empfindung der Naturästhetik mit der Imaginationskraft vereint. Besonders deutlich zeigt sich dies anhand des intertextuellen Bezugs auf William Wordsworths *Lines written a few miles above Tintern Abbey*, die Frankensteins Freund charakterisieren:

> He was a being formed in the 'very *poetry of nature*'. His wild and enthusiastic *imagination* was chastened by the sensibility *of his heart*. [...] The scenery of external nature, [...] he loved with ardour :

13 Dass entsprechende Landschaften keineswegs naturbelassen sind, sondern natürlich und eben pittoresk wirken sollen, spielt bei der Opposition von natürlichem englischem gegenüber artifiziellem französischem Raum keine Rolle.

> 'The sounding cataract
> Haunted him like a passion: the tall rock,
> The mountain, and the deep and gloomy wood,
> […], were then to him
> An appetite; a feeling, and a love,
> That had no need of a remoter charm
> […]'
>
> SHELLEY M. 1994 [1818]: 151, Hervorhebungen nicht im Original.[14]

Über das Stichwort der Imagination wird der landschaftliche Raum mit dem Transzendenten und der Sphäre des Religiösen verschränkt. Radcliffe präzisiert diese Verbindung, weil in ihren Romanen explizit die Begriffe „Paradise" (Radcliffe 1999 [1791]: 277) und „Arcadian" (Radcliffe 1998 [1794]: 164) fallen. Sie chiffrieren einen friedvollen, moralisch nicht korrumpierbaren, in Einklang mit Gott und der Natur stehenden Ort, wie ihn reziprok die englisch konnotierten Landschaften und das als Naturraum stilisierte England verkörpern. Die Begriffe aktivieren ein Bündel von miteinander verschmelzenden mythologischen und literarischen Intertexten und Assoziationen. So können die Leerstellen hinsichtlich Englands sowohl mit den Paradiesvorstellungen der jüdisch-christlichen Tradition als auch mit hellinistischer Schäferlyrik gefüllt werden. Im Garten Eden lebten die Menschen noch ‚unbefleckt' und sorgenfrei. Dieses Bild aus der Genesis überlappt mit jenem von Arkadien, ist dies doch in der hellenistischen Schäferlyrik, wie in der von ihr inspirierten Literatur, „[d]er lieblich-begrünte beschattete Ort, abgeschirmt von der Außenwelt" (Garber 2009: 12). Es ist der *locus amoenus*, an dem die Natur Milch und Honig fließen lässt (vgl. ebd.). Über die Intertexte und Assoziationen werden in der Gattung also nicht nur die als englisch identifizierten Figuren, sondern auch England als Ort mit dem Schein des Sakralen versehen. Die englische Nation wird auf diese Weise in einer goldenen, mythologischen Vorzeit verortet.

6.6 Die *Gothic novel* als Narration der Nation

Die bisherigen Ausführungen haben dargelegt, dass die Kernelemente der *story* – Figuren und Schauplätze – in der *Gothic novel* auf herausragende Weise zum Erzeugen von *Englishness* beitragen. Im Folgenden werden die Elemente des *discourse* auf ihre diesbezügliche Funktion hin überprüft. Das

14 In ihrem Zitat aus *Lines written a few miles above Tintern Abbey* ersetzt Shelley das erste durch das dritte Pronomen Singular (vgl. Wordsworth W. 1976a [1798]: 115–116).

Interesse gilt hier der Frage, wie sich die *Gothic novel* als Narration der Nation lesen lässt. Zu klären ist daher zunächst, welche Indikatoren die Kernelemente des *discourse* – Erzählinstanz und Fokalisierung – sowie den eingeschriebenen Adressaten in der Gattung englisch apostrophieren. Inwiefern das Plotmuster der verfolgten Unschuld sich als literarische Verarbeitung der englischen Geschichtsinterpretation von der verfolgten Nation anbietet, ist im Anschluss Gegenstand der Untersuchung.

6.6.1 *Die Konnotation der Erzählinstanz, der Fokalisierung und des eingeschriebenen Adressaten als englisch*

Der Rahmenerzähler in *Frankenstein*, Robert Walton, wird im Text explizit als Engländer ausgewiesen und zeichnet sich durch ein gesteigertes Nationalbewusstsein aus. Signifikant manifestiert sich dies in Waltons emphatischer Charakterisierung seines englischen Schiffsleutnants: "My lieutenant, [...] is a man of *wonderful courage* and *enterprize*; [...] He is an *Englishman*, and in the midst of *national* and professional *prejudices* [...]" (Shelley M. 1994 [1818]: 18, Hervorhebungen nicht im Original). Aufgrund seines Nationalbewusstseins und der expliziten Bezüge zum Wertekanon des englischen Gentleman liegt es nahe, dass Walton die Geschehnisse in nationaler Färbung wiedergibt. So lässt sich Victor Frankensteins Autobiografie als Warngeschichte lesen, die den englischen Wissenschaftler in ein positives Licht rückt. Die Qualität, die Walton und im erweiterten Sinne die englische Nation auszeichnet – Humanität – und die sich auch auf die Wissenschaften erstreckt, wird so auf der Ebene des *discourse* in mittelbarer Weise unterstrichen.

Im Fall einer „heterodiegetische[n]“ (Genette 2010: 225) Erzählinstanz, die ja keine Figur ist und außerhalb der erzählten Welt steht, lassen sich ebenfalls Indikatoren feststellen, die darauf schließen lassen, dass sie englisch konnotiert sind. Die heterodiegetische Erzählinstanz stellt keine neutrale Größe dar, die die Ereignisse aus einer unbeteiligten Perspektive schildert. Schließlich macht der Erzählprozess, den die Erzählinstanz realisiert, die Figuren erst zu dem, was sie sind: verfolgte Unschuld oder *Gothic villain*. Zu beachten sind in diesem Zusammenhang die nationalen Zuschreibungen, die die Figuren im ‚Erzähltwerden‘ erhalten. Die implizite Korrelation von ‚gut‘ und englisch bzw. ‚böse‘ und südeuropäisch verweist auf eine Voreingenommenheit der heterodiegetischen Erzählinstanz. Allerdings soll dieses voreingenommene Erzählen neutral und faktentreu wirken. Erreicht wird diese Suggestion, indem sich diegetisches und mimetisches Erzählen wechselseitig bestätigen.[15]

15 Dieses Verständnis der beiden Begriffe leitet sich von der platonischen Trennung zwischen Diegesis und Mimesis her: Diegesis bezeichnet hier „die reine (dialogfreie)

> When He remembered the Enthusiasm which his discourse had excited, his heart swelled with rapture, and his imagination presented him with splendid visions of aggrandizement (Lewis 1998 [1796]: 39).

Die Gedanken und Gefühle des Abts Ambrosio sind hier zunächst in der Form des Erzählerberichtes wiedergegeben und gehen dann in weitgehend unmoderierte Gedankenrede über:

> 'Who but myself has passed the ordeal of Youth, yet sees no single stain upon his conscience? Who else has subdued the violence of strong passions and an impetuous temperament, and submitted even from the dawn of life to voluntary retirement? [...] Religion cannot boast Ambrosio's equal! [...]' (ebd.: 40)!

Das wechselseitige Bestätigen von Erzähltem setzt sich bei der Darstellung der Figurenperspektiven als Technik fort. Die heterodiegetische Erzählinstanz bedient sich in der Regel einer *„Nullfokalisierung“* (Genette 2010: 121) und informiert über die Innenwelt verschiedener Figuren bzw. wechselt zwischen den Perspektiven. Nachdem Adeline und das Ehepaar La Motte durch die weitläufigen Wälder von Fontanville geirrt sind, haben sie in einer verfallenen Abtei Zuflucht gefunden und angesichts der misslichen Lage macht sich Niedergeschlagenheit breit: "[F]or a sense of their peculiar and distressed circumstances pressed upon their recollection, and sunk each individual into langour and pensive silence" (Radcliffe 1999 [1791]: 21). Nach diesem simultanen Einblick in den Gemütszustand aller anwesenden Figuren verengt sich die Perspektive auf die Protagonistin: "Adeline felt the forlornness of her condition with energy; she reflected upon the past with astonishment, and anticipated the future with fear" (ebd.). Die Empfindungen der verfolgten Unschuld erscheinen hier als Fortführung der allgemeinen Melancholie, wobei das detailliertere Eingehen auf ihre innere Verfassung eine Nähe zur Protagonistin aufbaut.

In *The Monk* informiert die heterodiegetische Erzählinstanz knapp, aber unmissverständlich über die aufgewühlten Emotionen Antonias und ihres

---

Erzählung“, Mimesis meint hingegen die „dramatische[..] Darstellung“ (Genette 2010: 183). Das diegetische Erzählen ist daher als dasjenige bestimmt, in welchem die Sprache der Erzählinstanz Ereignisse oder Empfindungen der Figuren wiedergibt, während mit mimetischem Erzählen dasjenige gemeint ist, bei dem die Erzählinstanz hinter die Figuren zurücktritt, wie etwa in der direkten Figurenrede. Die beiden Begriffe sind hier also eng gefasst. Die Komplexität der beiden Begriffe und die Diskussion, die über diese in der Narratologie geführt wird, lassen sich hier nicht abbilden und können in entsprechenden Beiträgen wie dem hier von Genette zitierten nachvollzogen werden.

Peinigers, womit deutlich wird, dass die Ängste der verfolgten Unschuld mehr als begründet sind: "With every moment the Friar's passion became more ardent, and Antonia's terror more intense" (Lewis 1998 [1796]: 383). Die Nullfokalisierung erweckt den Eindruck einer scheinbar neutralen und objektiven Perspektive. Die verschiedenen Blickwinkel der Figuren stellen sich nicht gegenseitig infrage. Vielmehr lassen die Innenansichten der Nebenfiguren bzw. des *Gothic villain* die Wahrnehmung und die Gefühle der verfolgten Unschuld authentisch wirken. Da die Figuren, die diesen Weiblichkeitstypus verkörpern, englisch konnotiert sind und ihre Sicht der Dinge als die ‚richtige' erscheint, wird im Umkehrschluss der englischen Perspektive ein Wahrheitsanspruch zugebilligt. Hierin ist bereits ein Indikator zu sehen, der auf die Lesart der Gattung als Narration der Nation hindeutet.

Haben sich die bisherigen Ausführungen auf die Erzählinstanz und die Fokalisierung konzentriert, ist an dieser Stelle der eingeschriebene Adressat zu berücksichtigen. In *The Italian* wird auf extradiegetischer Ebene ein englischer Reisender eingeführt, der ein Manuskript mit der Geschichte des Priesters Schedoni zur Lektüre erhält: "The friends then separated, and the Englishman, soon after returning to his hotel, received the volume. He read as follows: VOLUME I CHAPTER I" (Radcliffe 1998 [1797]: 4). Nun handelt es sich bei dem englischen Reisenden um eine Figur und nicht um den eingeschriebenen Adressaten. Dennoch lässt diese Figur Rückschlüsse auf Letzteren zu: Der englische Reisende ist kein Rahmenerzähler im eigentlichen Sinne, denn am Ende des Romans kommt er nicht mehr zu Wort. Er ist als Figur gezeichnet, die eben gerade nicht erzählt, sondern stattdessen rezipiert. Auf diese Weise erscheint er, wie E. J. Clery treffend festhält, als *„alter ego"* (Clery 1998: xv) des Lesers. Clery zeigt auf, dass sich die Perspektive des Lesers mit der des Reisenden und der seiner Begleiter deckt, weil der Leser den Kirchhof von Santa Maria del Pianto in Neapel mit den Augen der Figuren sieht (vgl. ebd.: xiii). Gemeinsam mit dem englischen Reisenden erfährt er, dass in diesem Kloster Kapitalverbrecher Obdach erhalten. Mit der Behauptung „[t]he Englishman's horror is ours" (ebd.) wird die diesbezügliche Argumentation allerdings unscharf, weil Clery nicht zwischen dem realen Leser und dem eingeschriebenen Adressaten unterscheidet. Über den realen Leser lässt sich nur mutmaßen – so könnte er die religiöse Gepflogenheit durchaus als selbstverständlich erachten und sich seinerseits über die Reaktion des englischen Reisenden und die Sitten in dessen Herkunftskultur mokieren. Über den eingeschriebenen Adressaten lassen sich hingegen konkrete Aussagen treffen. Er wird hier zu einem englischen *armchair traveller*, der – genau wie die englische Figur im Text – die abgründigen *Confessions of the Black Penitents* mit einem Gefühl wohligen Schauerns genussvoll lesen kann. Daneben werden *die Confessions* zu einem Lehrstück, das fremdes und befremdendes Verhalten vorführt und erklärt (vgl. Schmitt 1997: 21). In *The Castle of Otranto* wird der eingeschriebene Adressat im „verneinende[n] auktoriale[n] Vorwort" (Genette 2001: 267), das die erste Auflage einführt, als englischer Leser bestimmt. Gemäß einer Funktion dieses Vorworttyps wird die Geschichte um die Burg von Otranto als Übersetzung aus dem Italienischen angekündigt (vgl. Walpole 2001 [1764]: 5–6).[16] Der eingeschriebene Adressat ist – so macht das Vorwort deutlich – als ein Leser zu denken, der mit der englischen Tradition der Grand Tour und den zeitgenössischen normativen Gemeinplätzen über Italien vertraut ist. Die Geschichte erscheint als ein Artefakt, das von einer Italienreise mit in die Heimat gebracht wurde und von der ‚dunkel-exotischen' Kultur im Süden Europas zeugt:

> The following work was found in the library of an ancient catholic family in the north of England. It was printed at Naples, in the black letter, in the year 1529. How much sooner it was written does not appear. The principal incidents are such as were believed in the darkest ages of christianity (ebd.: 5).

Die tradierten Gemeinplätze über das national und religiös Andere, die in der Gattung omnipräsent sind, zeugen von einem englischen kulturellen Bezugssystem und verweisen damit auf einen englischen eingeschriebenen Adressaten. Ein solcher kann die Kontrastrelationen, die die Gattung machtvoll aufbaut, als Bestätigung des national Eigenen werten. Dieses gilt für die Figuren, die Darstellung der beiden christlichen Konfessionen wie für die Schauplätze gleichermaßen. Die negativen Repräsentationen des national und religiös Anderen erzeugen aber auch Leerstellen, für die sie zugleich Vororientierungen anbieten, wie diese interpretatorisch ergänzt werden können. Tradierte Gemeinplätze über das Eigene und das national Andere sowie Intertexte stellen hier das ‚Füllmaterial' dar.

6.6.2 *Das Plotmuster der verfolgten Unschuld als Vertextung englischer Geschichte*

Die englische Erzählinstanz und der englische eingeschriebene Adressat sind Indikatoren dafür, dass das Plotmuster im Sinne der englischen Nation

16 In seiner Typologie von Vorwörtern ordnet Genette dem verneinenden auktorialen Vorwort die Funktion zu, die Umstände, unter denen der sich als Verleger ausgebende Autor in den Besitz des Textes gelangt ist, zu erörtern (vgl. Genette 2001: 267). Eine weitere Funktion dieses Vorworttyps ist, angeblich vorgenommene Korrekturen am Text oder seiner Übersetzung zu dokumentieren (vgl. ebd.: 269) und so Authentizität der Texte zu suggerieren.

identitätsstiftend gedeutet werden kann, ordnet doch Erstere die Ereignisse und bereitet sie damit für Letzteren auf. Im Folgenden soll es darum gehen, wie die Lesart der Gattung als populärliterarische Verarbeitung einer englischen Verfolgungsgeschichte mit positivem Ausgang realisiert werden kann. Weil sich die Figuren der *Gothic novel* aufgrund ihrer Beschaffenheit als Typen erst im Verlauf der Handlung konstituieren, müssen sie zunächst in ein Modell eingeordnet werden, das ihre jeweilige Funktion innerhalb der Handlung sichtbar werden lässt. Geeignet ist das Greimas'sche aktantielle Modell, das die Figuren in Abhängigkeit von Handlungsmustern betrachtet. Als Aktanten ist die Summe von Akteuren (Figuren) einer Gattung bestimmt, die in den jeweiligen Einzeltexten dieselbe Funktion übernehmen (vgl. Greimas 1971: 159):

> [E]in Aktant [wird] von einem Bündel von Funktionen aus konstruiert, und ein aktantielles Modell dank der paradigmatischen Strukturierung des Inventars der Aktanten gewonnen (ebd.: 175).

Als basales Plotmuster für Erzähltexte hat Greimas folgende Struktur definiert: Das Subjekt möchte ein Objekt erreichen, woran es der „Opponent“ (ebd.: 163) versucht zu hindern. Eine Helferfigur, der „Adjuvant“ (ebd.), unterstützt das Subjekt dabei, dennoch zum Ziel zu kommen.[17]

Für das Plotmuster der *Gothic novel* lässt sich diese Struktur folgendermaßen adaptieren: Das Subjekt, die Protagonistin, wird von dem Opponenten, hier dem *Gothic villain*, zunächst daran gehindert, glücklich zu heiraten und in Frieden zu leben. Die männliche Helferfigur, der Adjuvant, verhilft jedoch in den meisten Fällen der Protagonistin (bzw. den Nebenfiguren, die die verfolgte Unschuld verkörpern) dazu, ihr Ziel zu erreichen, während der *Gothic villain* zu Tode kommt. Cannon Schmitt hat darauf hingewiesen, dass „threatened femininity comes to stand in metonymically for the English nation itself“ (Schmitt 1997: 2). Berücksichtigt man, dass es sich bei nahezu allen Figuren um nationale Typen handelt, die metonymisch für die eigene bzw. andere Nationen stehen, lässt sich der Deutungshorizont der Gattung noch einmal erweitern. Das Plotmuster der verfolgten Unschuld lässt sich als eine zum Muster geronnene Vertextung englischer Geschichte lesen, wie sich diese in der um 1800 geläufigen Interpretation darstellt. Erinnert sei an dieser Stelle an einen im 18. Jahrhundert bereits zum nationalen Topos erstarrten, religiös motivierten Mythos: Großbritannien und damit England verstand sich als auserwähltes

17 Greimas knüpft hier an Propp an, der bei seiner Untersuchung russischer Volksmärchen für die Gattung eine Reihe von Typen innerhalb des Personals identifiziert hat, denen eine bestimmte Rolle in der Handlung zukommt (vgl. Greimas 1971: 159–160).

Volk (vgl. Colley 2005: 28). Daraus erwuchs die Vorstellung, die Nation würde regelmäßig göttlichen Prüfungen unterzogen und schließlich zum Heil geführt. "Suffering and recurrent exposure to danger were a sign of grace; and, if met with fortitude and faith, the indispensable prelude to victory under God" (ebd.: 28–29). Die Auseinandersetzungen mit dem erst revolutionären und dann Napoleonischen Frankreich, das seit der normannischen Eroberung (1066) als potenzielle Bedrohung galt, und die Ereignisse der jüngeren Geschichte boten hier genug Material, um zu einem nationalen Narrativ versponnen zu werden: Im Verlauf der blutigen Auseinandersetzungen des Spanischen Erbfolgekrieges (1701–1713/14) erweiterte England seinen territorialen Einflussbereich auf drei Kontinenten und baute seine Handelsmacht in Mittel- und Südamerika aus (vgl. Wende 1995: 195). Am Ende des Siebenjährigen Krieges (1756–1763) hatte England seine Vormachtstellung gefestigt, während der kontinentale Rivale eine massive Beschneidung seiner Kolonien hinnehmen musste (vgl. ebd.: 197). Hier konnte an die Geschichtsdeutung früherer Ereignisse, die um 1800 jedoch präsent waren, nahtlos angeknüpft werden. 1588 hatte die englische Flotte den Versuch der spanischen Armada, die englische Seemacht zu brechen, erfolgreich abgewehrt. Mit einer Erinnerungsmedaille und deren Inschrift „‚Flavit et dissipati sunt' (Gott atmete und sie wurden auseinandergetrieben)" (Klein 2004: 152) wurde dieses historische Ereignis als göttliche Prüfung ins nationale Gedächtnis eingeschrieben.

In der *Gothic novel* spiegelt sich die ‚nationale Verfolgungsgeschichte' in den Nachstellungen, denen die Protagonistinnen und positiv besetzten Nebenfiguren ausgesetzt sind. Im Rückgriff auf Eugene P. Wright identifiziert Toni Wein den Marquis de Montalt in *The Romance of the Forest* als Sinnbild eines verkommenen, machtbesessenen Frankreich, das seine gierigen Finger nach England ausstreckt (vgl. Wein 2002: 29).[18] Analog ist Ellena in *The Italian* als Sinnbild Englands der zerstörerischen katholischen Allmacht ausgeliefert. Mithilfe der männlichen Helferfigur geht sie dennoch siegreich aus ihren ‚Prüfungen' hervor. Am Ende des Romangeschehens befindet sie sich in Sicherheit und darf ein tugendhaftes Leben in Wohlstand führen. Im *Male Gothic* können die Figuren, die den Typus der verfolgten Unschuld verkörpern, zwar zu Schaden kommen, sie haben jedoch eine Doppelgängerin, die überlebt: Antonia in *The Monk* fällt ihrem Bruder, dem Abt Ambrosio, zum Opfer, dafür wird die junge Novizin Agnes aus dem klösterlichen Verlies befreit und darf ihren Geliebten Don Raymond heiraten (vgl. Lewis 1998 [1796]: 373–374 und 418). Da die

18 Eugene P. Wright schreibt: "The evil Marquis is a symbol of the French people, who had murdered their King and replaced him with Napoleon, one infinitely more evil" (Wright E. 1970: 385).

positiven Frauenfiguren – wie weiter oben gezeigt – sich als Metonym für England interpretieren lassen, wird das Plotmuster der verfolgten Unschuld zur Vertextung englischer Geschichte. Im Zusammenspiel von Plotmuster, englisch konnotierter Erzählinstanz und Fokalisierung entsteht in der Gattung eine Narration der Nation. Die englische Nation erscheint auf diese Weise als ein, wenn auch nicht spezifiziertes, historisches Kontinuum. Berücksichtigt man die Verschränkung von nationalen und religiösen Figurentypen, erhält dieses nationale Kontinuum religiös stark aufgeladene Anklänge und *Englishness* wird mit der Vorstellung des auserwählten Volkes verbunden.

6.7 Intertexte, Paratexte, Romanze und Roman: die *Gothic novel* als Fortsetzung einer nationalliterarischen Traditionslinie

Das Interesse an der Nation manifestierte sich um 1800 auch in dem Bedürfnis, ihr eine literarische Tradition zu geben und ihr Geschichtsträchtigkeit zu verleihen. In diesem Sinne wurde Literatur einerseits als nationalliterarisches Erbe geordnet, andererseits galt sie als Quelle empirischer Belege, mit deren Hilfe sich nationale Geschichte rekonstruieren ließ:

> Organizing the corpus of English literature into a tradition of national literary explorers, discovering the genres of modern letters, supported the aims of the hegemony by validating the present culture as the epitome of civilization and providing a heritage in support of a national identity that was, as Marilyn Butler puts it, 'comforting' (Rajan/Wright J. 1998: 7).[19]

Die *Gothic novel* transportiert die Vorstellung einer englischen Nationalliteratur auf verschiedene Weise. Augenfällig ist zunächst, dass die Gattung durch eine Vielzahl intertextueller Bezüge sich selbst in ein breites literarisches Bezugssystem einschreibt, das in weiten Teilen aus englischer Literatur besteht. Hier dominieren national konnotierte Intertexte, Paratexte wecken entsprechende Assoziationen und es wird an die national aufgeladene Gattungstradition der Romanze angeknüpft. Zitate von Shakespeare und Milton, die sich mit Toni Wein als "'Gothic' monuments of British literature" (Wein 2002: 183) beschreiben lassen, leiten vielfach die Kapitel ein (vgl. u. a. Lewis 1998 [1796]: 7, 91 und 129 sowie Radcliffe 1998 [1797]: 23, 56, 149 und 241). Diese direkten intertextuellen Bezüge erfüllen unterschiedliche Funktionen. Als Kapitelmottos

19 Tilottama Rajan und Julia M. Wright beziehen sich hier auf Marilyn Butlers *Literature as a Heritage: or Reading Other Ways* (1988) (vgl. Rajan/Wright 1998: 18).

steigern sie die Spannung, da sie zum Gruseln einladen und oftmals dramatische Ereignisse vorausdeuten. So koloriert ein Auszug der ebenfalls viel zitierten Friedhofslyriker in *The Monk* das Ambiente und stimmt gleichzeitig auf die Geisterbeschwörung am Ende des Kapitels ein (vgl. Lewis 1998 [1796]: 256 und 272–278).

Jenseits der Funktionen innerhalb der einzelnen *Gothic novels* bezwecken die Intertexte – insbesondere jene von Shakespeare und Milton – eine Aufwertung der populärliterarischen Gattung. Im Licht des nationalliterarischen Diskurses gedeutet, situieren sie die Romane in einer nationalliterarischen Tradition (vgl. Schmitt 1997: 22–23). Schließlich galten die Werke Shakespeares, wie Nicola Trott prägnant zusammenfasst, als Ausdruck einer „native creativity" (Trott 2008: 483), ein Befund, der sich zweifelsohne auf Milton übertragen lässt. Neben den Zitaten, die eine Art Beiwerk zu den eigentlichen Texten darstellen (für den Fortgang der Handlung sind sie letztlich unerheblich), finden sich in der *Gothic novel* auch innerhalb des Textgefüges direkte Anspielungen auf Shakespeare und Milton. Ganz im Sinne einer nationalliterarisch gedeuteten Genieästhetik gehören die Werke der beiden, im romantischen Verständnis dichterischen Lichtgestalten, zur bevorzugten Lektüre der Heldinnen:

> [Adeline] frequently took a volume of Shakespeare or Milton, and, having gained some wild eminence, would seat herself beneath the pines, whose low murmurs soothed her heart, and conspired with the visions of the poet to lull her to forgetfulness of grief (Radcliffe 1999 [1791]: 261).

Die erhabene Landschaft ist hier zunächst Kulisse, um die Heldin angemessen in Szene zu setzen. Darüber hinaus wird die romantische Vorstellung, das Dichtergenie stehe über die Natur mit dem Göttlichen in Verbindung, populärliterarisch aufgegriffen und im Sinne des nationalliterarischen Diskurses instrumentalisiert. Vermag doch, so scheint es, nur der englische Dichter Seelenfrieden zu schenken. Diese Verbindung zeigt sich noch deutlicher in einer Anspielung auf Milton, der in der romantischen Ruhmeshalle der Nationalliteratur noch eine Stufe über Shakespeare stand: "It was to her like sweet and solemn music, breathing peace over the soul — like the oaten stop of Milton's Spirit" (Radcliffe 1998 [1797]: 123), heißt es über Emily, als sie von ihrem Gefängnis aus, der Burg Udolpho, über die für sie unerreichbare Landschaft blickt. Über die Sakralisierung der beiden Nationaldichter formulieren die Romane indirekt eine Überlegenheit englischer Literatur gegenüber anderen Nationalliteraturen. Einen möglichen letzten Zweifel räumt *The Romance of the Forest* aus, wobei hier das national Andere in Frankreich konkretisiert wird (vgl. Wright A. 2015: 104). Hier anerkennt die Protagonistin Adeline „the superiority of the English [poets] from that of the French" (Radcliffe 1999 [1791]: 261).

Ein Schritt zurück von der textuellen Ebene auf die Schwelle zur Gattung zeigt, dass auch Paratexte eine Funktion dabei übernehmen, die *Gothic novel* an eine nationalliterarische Tradition anzuschließen. Beispielsweise stellt Radcliffe bereits durch den Titel – *The Romance of the Forest* – und den Untertitel – *A Romance* wie im Falle von *The Italian* – den jeweiligen Roman in die Tradition der weit älteren Gattung. Der Leser erhält so eine Vorschau auf die zu erwartende Handlung, die mit ihrem Plotmuster der verfolgten Unschuld an eine Traditionslinie der Romanze anknüpft.[20] Bereits im Verlauf des 18. Jahrhunderts war die Romanze zunehmend ins Blickfeld gerückt und hatte eine veränderte Bedeutungszuschreibung erfahren.[21] Sie wurde nun verstärkt in einem nationalliterarischen Kontext situiert und zur kulturellen Abgrenzung gegenüber Frankreich eingesetzt (vgl. Kucich 2008: 468).[22] Hier übernehmen die verschiedenen Bezüge auf Shakespeare eine weitere wichtige Rolle, denn sie tragen – wie Angela Wright im Zusammenhang mit Romanen Walpoles festhält – dazu bei, die Romanze von ihren kontinentaleuropäischen Wurzeln zu ‚befreien' (vgl. Wright A. 2015: 28–29). Weil die *Gothic novel* eine „hybridization of romance and novel" (Wein 2002: 4) darstellt, d. h. die Tradition der Romanze mit neuen Elementen amalgamiert und im Gewand des Romans präsentiert, transportiert sie die Vorstellung einer sich fortschreibenden nationalliterarischen Traditionslinie. In die Gattung ist damit bis zu einem gewissen Grad auch die Vorstellung von der Zukunft der Nationalliteratur eingeschrieben. Zugleich deutet sie mit ihren inter- und paratextuellen Verweisen auf den scheinbaren literarischen und mythischen Ursprung der Nation zurück.[23]

20 Motiviert wurden derartige (Unter-)Titel sicherlich auch durch das Ziel der bestmöglichen Vermarktung, denn sie versprachen, bestimmte Lesererwartungen zu erfüllen.

21 Die Hinwendung zur Romanze entsprang einem breiteren kulturellen Interesse, bei dem ein neues, durch die Aufklärung verändertes Geschichtsverständnis sowie die Genieästhetik und das Konzept der Imagination eine Rolle spielten (vgl. Kucich 2008: 468).

22 Greg Kucich verweist in diesem Zusammenhang auf Großbritannien als sich neu formierende nationale Gemeinschaft (vgl. Kucich 2008: 468). Aufgrund der Nähe von Großbritannien und England hinsichtlich der identitätsstiftenden kulturellen Bezüge lässt sich seine Aussage auch auf einen englischen Kontext übertragen.

23 Toni Wein hat auf das Konstruieren einer Vergangenheit als eines goldenen Zeitalters der Nation hingewiesen (vgl. Wein 2002: 4), dabei aber nicht auf die Intertexte Bezug genommen.

6.8 Resümee: die *Gothic novel* als populärliterarisches Therapeutikum gegen nationale Ängste

Die *Gothic novel* bietet *Englishness* als scharf konturierte nationale Identifikationsfläche an. *Englishness* wird auf herausragende Weise mit moralischer Integrität verschränkt, die in einem aufgeklärten Protestantismus gründet. Die Nation erscheint so als Bollwerk gegen den Katholizismus und als eine Art christliches Arkadien.

Mittlerweile zählt es zum Konsens der Forschung, dass die *Gothic novel* das Konzept des Unterbewussten durch bildhafte Gestaltung antizipiert (vgl. Miall 1998: 346). "[T]he hidden passageway, the vault and the dungeon began to provide suggestive analogues for mental states or passions" (ebd.). Bezieht sich dies häufig auf das Chiffrieren sexuellen Begehrens oder innerer Verfasstheiten von Figuren, hat Cannon Schmitt hier die Nation in die Diskussion eingeführt: "[T]hreat of invasion from without produces Englishness within" (Schmitt 1997: 3). Allerdings chiffriert die *Gothic novel* nicht nur nationale Ängste vor dem ‚Papismus', dem Überschwappen der revolutionären Springflut und später vor einem Einmarsch Napoleons, sondern sie geht weit darüber hinaus. Sie lässt sich als ‚Therapeutikum' gegen diese Ängste lesen. Die gefühlte Bedrohung der Nation, die sich sowohl aus der Interpretation historischer wie zeitgeschichtlicher Ereignisse als auch aus der überwältigenden Furcht vor einer dunklen religiösen Macht speist, wird durch die Narration der Nation durchlebt und damit zumindest populärliterarisch aufgearbeitet. Mit dem Untergang des *Gothic villain* und den erfolgreich bestandenen Prüfungen der Heldinnen, die ja metonymisch für England stehen, lässt sich diese Heilsgeschichte immer und immer wieder in leichten Variationen nachlesen. Die *Gothic novel* wird damit zu einem populärliterarischen Therapeutikum gegen nationale Ängste, das das positive Eigenbild stärkt. Es vereint Sanftmut und ein engelsgleiches Gemüt als weibliche englische Eigenschaften und christliche Leidensfähigkeit, gepaart mit allen Tugenden der Ritterlichkeit, als männliche englische Qualitäten. Diese charakterliche Ausstattung, so scheint es, stammt aus einer längst vergangenen Zeit der Nation und wappnet gleichzeitig für die Zukunft. Schließlich sind es die genannten Eigenschaften, die den Heldinnen und ihren männlichen Helfern die innere Stärke verleihen, ihr Schicksal zu ertragen und schließlich zum Guten zu wenden. In der Art und Weise, wie auf englische Literatur Bezug genommen wird, setzt sich diese Vorstellung fort. Sie ist die kulturelle Aura, aus der die Heldinnen Kraft schöpfen, und sie bietet mit der Romanze einen Prätext an, an den die Narration der Nation anknüpfen und mit der zugleich die Nationalliteratur weitergeschrieben werden kann.

Generiert wird dieses starke Eigenbild, indem Kernelemente der *story* und des *discourse* und in geringerem Maße inter- und paratextuelle sowie rezeptionsästhetische Aspekte ineinandergreifen. Neben den nationalen Typen trägt in der *Gothic novel* der Topos Katholizismus versus Protestantismus – anders als in den bisher untersuchten Gattungen – auf signifikante Weise zum Erzeugen eines englischen Eigenbildes bei. Das gattungsspezifische Schauerliche und das Groteske sind hier die prägenden Elemente des Katholischen als religiös Anderem, mit dem der Protestantismus als die an aufklärerischen und humanistischen Werten orientierte christliche Konfession apostrophiert wird. Die Klimatheorie stellte den Kompass dar, um das Imagem einer Nord-Süd-Opposition als unterliegendes Strukturierungsprinzip der Gattung freizulegen. Mit seiner Hilfe ließen sich die Figurentypen auch als nationale Stereotype lesen, sodass die gattungsspezifische Figurengestaltung als dominierendes Element innerhalb des Erzeugungsgeflechtes identifiziert werden konnte. Nur weil die Untersuchung Elemente der *story* und des *discourse* getrennt betrachtet hat, war es möglich, herauszuarbeiten, dass Erzählinstanz und Fokalisierung indirekt, aber deshalb nicht minder bedeutsam daran beteiligt sind, das gattungspezifische englische Eigenbild in der *Gothic novel* zu entwerfen.

KAPITEL 7

Romantische Ballade: das ‚Herbeisingen' der Nation

Die romantische Ballade bildet einen Knotenpunkt zwischen der avantgardistischen und der populärliterarischen Literaturproduktion, zwischen dem romantiktypischen Mythologisieren des Mittelalters und der zeitgenössischen antiquarischen Bewegung. Als kultureller Nexus spannt sie darüber hinaus eine Verbindung hin zur musikalischen und zur politischen Kultur ihrer Entstehungszeit. So gehörten Balladen zum Unterhaltungsprogramm in den Londoner Vergnügungsparks und waren Teil volkstümlicher und politisch motivierter Geselligkeit.[1] In ästhetisch-poetologischer Hinsicht entstehen daher einerseits weitgehend konventionelle, von Stereotypisierung geprägte Texte, andererseits deuten Kunstballaden auf einen experimentellen und spielerischen Umgang mit dieser lyrischen Form. Balladen, so beispielsweise William Blakes *London* (1794), die in formaler Hinsicht stark konventionsgebunden bleiben, aber aufgrund ihrer komplexen Bildsprache hoch polyvalent sind, zeugen von der Durchlässigkeit der Gattung. Im stofflichen Spektrum dominieren der Topos eines idealisierten, im Vagen verhafteten Mittelalters, Auseinandersetzungen mit dem Napoleonischen Frankreich, ein verklärtes ländliches Leben, Liebestopoi sowie die heimischen politischen und sozialen Verhältnisse. Wochen- und Monatszeitschriften, sogenannte *broadsheets* oder *broadsides* (dt. Druckbogen), und Liedhefte dienen als Plattform für die Veröffentlichung. Neben der regen literarischen Produktion werden überlieferte Balladen gesammelt und anthologisiert. Nicht selten erscheinen alte und zeitgenössische Balladen und Lieder in ein und derselben Ausgabe (vgl. McCue 2018: 645). Im Zuge dessen entspinnt sich ein lebendiger, paratextuell gut dokumentierter Diskurs, der eng an jenen über eine vergangene Volkskultur anschließt. "In the years between 1800 and 1815 we accordingly see a great increase in ballad production that draws on national feeling" (Leerssen 2018c: 109).

Der nachstehende Abriss zum Forschungstand erhellt eindrücklich, wie sehr die Ballade verschiedene zeitgenössische Diskurse vernetzt. Balladen, die mittelalterliche oder patriotisch konnotierte Topoi gestalten, sind im breiteren Zusammenhang kollektiven Erinnerns und einem ‚erwachenden' Nationalbewusstsein mitbetrachtet worden (siehe u. a. Erll/Rigney 2009, Rigney 2012

1 So verzeichnet etwa John Thelwall in seiner Zeitschrift *The Tribune*: "News from Toulon; or, The Men of Gotham's Expedition. Sung at the Globe Tavern, at the General Meeting of the London Corresponding Society" (Thelwall 1795b: 166).

 | DOI:10.1163/9789004407787_008

und Leerssen 2018c). Überlappungen gibt es hier mit der Folkloreforschung, die wertvolle Erkenntnisse zum paratextuellen Geflecht und dem antiquarisch motivierten Anthologisieren von tradierten Volksballaden liefert (siehe u. a. Rieuwerts 1998 und Groom 1999). Einen klar literaturwissenschaftlichen Blickwinkel nimmt Jochen Petzold ein, wenn er Straßenballaden im Zusammenhang des Dialoggedichtes diskutiert (siehe Petzold 2017). Romantische Kunstballaden – insbesondere der prototypische Band *Lyrical Ballads* (1798) – haben in einem multiperspektivischen Forschungsinteresse gestanden: Neben Überblicksartikeln (siehe u. a. McEathron 1998) sind die *Lyrical Ballads* in die Diskussion romantischer Konzepte, so etwa in das der Subjektivität, einbezogen worden (siehe u. a. Müller 2004), und die Forschungsliteratur hat sie genauso wie andere Kunstballaden als kritische Auseinandersetzung mit ihrem sozioökonomischen Kontext bewertet (vgl. Garrett 2008: 72, Casaliggi/Fermanis 2016: 52 und Freeman 2017: 152). Balladen sind im Zusammenhang kultureller Schnittstellen zwischen mündlicher und schriftlicher, musikalischer und literarischer Kultur mitdiskutiert worden (siehe Hoagwood 2010 und Atkinson/Roud 2014). Politische Lieder hat die Forschung im Zusammenhang mit der konservativen und der radikalen Strömung diskutiert (siehe Philp 1995 und die Einleitung in Mee 2016). Eine spezifisch literaturwissenschaftliche Perspektive, die u. a. formale Aspekte und Stilfiguren berücksichtigt, fokussiert sich auf thematisch gebundene und zum Singen intendierte Balladen des 18. Jahrhunderts (siehe Quilley 2000 und Hahn 2008). Jenseits dessen haben politische und andere Liedtexte unter literaturwissenschaftlicher Perspektive kaum Aufmerksamkeit erfahren. Eindrücklich zeigt sich dies daran, dass entsprechende Texte nicht als edierte Ausgaben, sondern vor allem als Faksimiles zugänglich sind. Dies wird hier als Appell verstanden, die weitwinklige Perspektive nicht nur auf die Art und Weise zu beziehen, wie der Untersuchungsgegenstand zu betrachten ist, sondern auch auf das, was betrachtet wird, also auf das Untersuchungsmaterial selbst. Schließlich lassen sich nur über die Analyse eines Korpus, das die Bandbreite und den Facettenreichtum der Ballade repräsentativ erfasst, valide Aussagen über die Gattung als Gesamtheit treffen.

Nach der Bestimmung der Gattungskennzeichen und des Korpus befasst sich die Analyse zunächst mit der Frage, inwieweit die Gattung das Mittelalter als nationale Projektionsfläche erschließt, und leitet dann über zu den gattungstypischen Inszenierungen der Zeitgeschichte und ihrer Funktion im Hinblick auf das Erzeugen eines englischen Eigenbildes. Der Aspekt der Stereotypisierung, der bis hierher gestreift wird, rückt bei der Betrachtung des Autostereotypes ‚John Bull' ins Schlaglicht. Bei der Untersuchung der Art und Weise, wie die Gattung eine englische Nation als Seefahrernation charakterisiert, die ein *Harmonious Rural England* als Rückzugsort erhält, bleibt die

Frage nach der Rolle von Stereotypisierung im Zentrum der Betrachtungen. Wenn sich im Anschluss die Analyse der Ballade als Plattform gesellschaftskritischer und politischer Meinungsäußerung zuwendet, werden dabei auch Unterschiede, die sich zum politischen Essay ergeben, herausgearbeitet. Abschließend steht der eingeschriebene Adressat (bzw. im Fall der Ballade stehen die eingeschriebenen Adressaten) im Forschungsinteresse. Weil Metrik, Ton und die verwendeten Stilfiguren hinsichtlich nahezu aller genannten Aspekte relevant sind, werden sie nicht gesondert, sondern kontextgebunden behandelt. Gefragt wird hier, wie gerade die rhythmischen, melodischen und stilistischen Elemente mittelbar eine tragende Funktion dabei übernehmen können, dass die Ballade zu einem polyphonen und dabei weitgehend harmonischen Chor wird, der die Nation ‚herbeisingt'.

7.1 Kennzeichen der Gattung

Bei ‚Ballade' handelt es sich zunächst um einen „großzügige[n] Sammelbegriff der literar-kritischen Nomenklatur" (Castein 1971: 9), der ein narratives Gedicht bezeichnet, in dem eine (impersonale) Erzählstimme und dialogische Elemente eine Geschichte in verdichteter Form erzählen (vgl. Meyer M. 2005: 2123). Ihr liedhafter, rhythmischer Charakter ensteht durch Wiederholungen und konventionalisierte, zur Formel erstarrte Verszeilen (vgl. Andersen 1999: 125).

Während der englischen Romantik wurde die Ballade nicht primär aus einem poetologischen Ansatz heraus gedeutet. Gerade weil sie nicht von den klassizistischen Regelpoetiken in ein ‚normatives Korsett' gezwängt erschien, bot sie sich als experimentelles Feld innerhalb der Lyrik an. Eine ‚einfache' Landbevölkerung stellt hier die Protagonisten ernsthafter Poesie und deren Sprache das linguistische Material, das es nun dichterisch zu modellieren gilt, wie es William Wordsworth in *Lyrical Ballads* programmatisch versucht:

> Wordsworth wendet sich gegen die gekünstelte Sprache des Klassizismus (‚poetic diction') mit ihren Personifikationen, Allegorien, Abstrakta, Archaismen, Invokationen und stereotypen Epitheta und plädiert für eine einfache, ungekünstelte Sprache (Müller 2004: 131).

Charakteristisch für die romantische Kunstballade ist, dass an die Stelle der impersonalen Stimme ein lyrisches Ich und sein subjektives Erleben treten. In ästhetischer Hinsicht ist eine in pittoresken und erhabenen Bildern gefasste Natur sowie eine scheinbare Naturverwachsenheit einer ländlichen, unverbildeten Bevölkerung kennzeichnend. Eine Rückkopplung an die Gattung als Plattform der Gesellschaftskritik ist gegeben, weil die romantische Kunstballade auch soziale Missstände, die aus der fortschreitenden Industrialisierung und Urbanisierung resultierten, thematisiert. Mit ihrem experimentellen Charakter weicht sie die formalen Gattungskriterien – vierhebige Jamben und kreuzreimende Vierzeiler – häufig auf, und ein Refrain findet sich oft nur angedeutet.

Neben dem poetologisch avantgardistischen Weiterspinnen der Gattung zur Kunstballade wird die Gattung als Form weitergeführt, in der entscheidende Traditionslinien in epochenspezifischer Weise hervortreten. Diese Traditionslinien – die Ballade als Teil von Volks- und musikalischer Unterhaltungskultur sowie politischer Kultur – bilden allerdings Schnittmengen und sind an manchen Stellen zur Kunstballade hin durchlässig. Volkstümliche Balladen werden nachgeahmt und thematisch mit einer mittelalterlich-ritterlichen Minnetradition verwoben. Stofflich wie inhaltlich ist die romantische Ballade nicht gebunden, obgleich eine Reihe von sich überschneidenden Sujets wiederkehrt. Ein Mittelalter- und ein pastoraler Liebestopos, Darstellungen von Natur und einem verklärten ländlichen Raum, die angespannte innen- und außenpolitische Situation der Zeit und das Selbstverständnis, einer heldenhaften Seefahrernation anzugehören, dominieren hier das breite Spektrum. In dieser Vielfalt setzt sich in der Romantik eine Tradition früherer Epochen fort:

> Initially, the broadside ballads comprised mainly religious and political pieces, but the genre soon expanded to include a wide range of lyrical and narrative, imaginative and topical verse compositions. On the basis of the subjects represented in large collections of broadsides, […] the thematic areas favoured by the printers included religion, politics, issues regarding identity within the family, the region, and the nation, and, above all, marriage, courtship, and sexuality (Atkinson 2002: 18).

Jenseits der Kunstballade sind Formelhaftigkeit und Stereotypisierung sowie eingängige Stilfiguren und Bilder diejenigen Elemente, die die ansonsten heterogenen Balladen der Romantik miteinander verbinden. Ein konventionalisierter Appell an die Zuhörerschaft deutet auf einen zentralen Aspekt ihres Ursprungs in der Mündlichkeit zurück, wie er sich in mittelalterlichen Balladen findet. Mit „Lythe and listin gentilmen“ (NAEL I 1993: 387) ruft der Bänkelsänger in der mittelenglischen, nicht genau datierten Ballade *A Gest of Robyn Hode* sein Publikum auf dem *village green* zusammen.

Romantische Balladen, die zeitgeschichtliche kriegerische Konflikte und die Darstellung Englands bzw. Großbritanniens als Seemacht thematisieren, setzen in hohem Maße nationale Auto- wie Heterostereotype ein. Eigen ist ihnen, dass sie (zeit-)geschichtliche Ereignisse und Figuren zu einer lyrisch-dramatischen Kurzerzählung verweben, sodass in diesem Zusammenhang narrative und dialogische Gattungselemente zum Tragen kommen, während zugleich die Grenze zu anderen lyrischen Formen überschritten wird und formale Kriterien aufgeweicht erscheinen. Ähnlich der Ode werden in einem heroischen Duktus Schlachten ‚besungen', Musen und antike Gottheiten intervenieren handlungsmächtig.

In Balladen, die Liedtexte sind, und zur musikalischen Kultur der Londoner Vergnügungsgärten zählen, zeigt sich die Konventionsgebundenheit in einer rekursiven, stereotypen Lexik, mit der der Liebestopos und die verklärende Darstellung eines ländlichen Raums ausgestaltet sind. Rhythmische Elemente verweisen hier auf den Ursprung der Gattung im Tanzlied. Paratextuell spiegelt sich dies im Gattungsnamen, in dem das italienische ‚ballare' (tanzen) deutlich nachklingt (vgl. Drabble 2000b: 62). In Balladen, die Ausdruck politischer Polemik sind, – oftmals ebenfalls Liedtexte – spielt eine satirisch wirkende Stereotypisierung des Widersachers eine entscheidende Rolle und ein einprägsamer Refrain verleiht der politischen Botschaft Schlagkraft.

In der Gattung als Gesamtheit tritt das dialektische Spannungsfeld zwischen Tradiertem und Avantgardistischem zutage, denn die Ballade verbindet die experimentelle Literaturproduktion der Epoche mit der weitgehend konventionalisierten Unterhaltungskultur und der politischen Arena der Zeit. Zusammengehalten werden die Ausprägungen der Gattung durch die Familienähnlichkeiten, die sie verbinden und die in den einzelnen Texten verschieden stark und an unterschiedlichen Stellen zum Vorschein kommen.

7.2 Das Korpus

Das vergleichsweise umfangreiche Korpus aus 20 Balladen spiegelt die Heterogenität der Gattung und schließt Grenzgänger mit ein.[2] William Blakes *London* (1794), *The Idiot Boy* (1798) und *We are Seven* (1798) aus William Wordsworths *Lyrical Ballads* (1798/1800) sowie *Robin Hood* (1820) von John Keats repräsentieren die Kunstballade mit jeweils einem eigenen romantiktypischen Schwerpunkt. Walter Scotts *The Troubadour* (1815b) und *Romance of Dunois* (1815a) greifen den Ursprung der Ballade auf, indem sie thematisch den Topos eines

2 Die Zeitschriften und Magazine, denen die Balladen entstammen, sind in den Fußnoten angegeben. Im Fließtext werden der Band bzw. das Liedheft immer dann genannt, wenn diese die Balladen politisch verorten oder verdeutlichen, dass die Autorschaft der Texte nicht eindeutig bestimmbar ist.

romantisch verklärten Mittelalters gestalten. Mit zeitgeschichtlich Greifbarem befassen sich Nauticus' *The Battle of Trafalgar* (1805),[3] William Thomas Fitzgeralds *The Battle of Waterloo* (1815)[4] und *A Droll Ballad* (1815), deren Urheberschaft nicht geklärt ist.[5] *A Family Dialogue, on a Son's Wishing to Go to Sea* (1797), ebenfalls anonym veröffentlicht,[6] und *A Small Tribute to the Character of British Seamen* (1810), unter dem Autorenkürzel R. B. erschienen, preisen den ‚einfachen' Matrosen und seinen ‚Dienst fürs Vaterland'.[7] Den Bogen hin zur gesungenen Volksballade schlägt John Clares *Song* (1821) mit seinem eingängigen Rhythmus und zugänglichen Bildern eines bäuerlichen Milieus. Einen idealisierten ländlichen Raum und seine Bevölkerung besingen *Come, blithe lads and lasses* (1800) aus *The British Songster; or, the Pocket Companion: A Choice Collection of Comic and Entertaining Songs, Duets, Trios, Glees, ecc.* (im Folgenden *British Songster*),[8] *Pastoral Ballad* (1795) aus *The Delicate Songster, or, Ladies Vocal Repository. Comprizing a Select and Elegant Collection Of the most esteemed Songs* (im Folgenden *Delicate Songster*)[9] und *A Favourite Ballad* (1790) aus *The Billington: or, Town and Country Songster: Containing upwards of seven hundred of the Newest and Most Approved Songs, Duets, Trios, Cantatas, Catches, and Glees; in which are included, all the favourite airs that have been sung at the theatres from 1760 to this present season and the new songs sung at Ranelagh and Vauxhall this summer (1790)* (im Folgenden *Billington Songster*).[10] *The Ploughman's Ditty* (1803) verwebt den Aspekt des Ländlichen

3 *The Battle of Trafalgar* erschien 1805 unter dem Pseudonym Nauticus in *The Gentleman's Magazine*. Der tatsächliche Name des Autors ist nicht verzeichnet (vgl. Bennett 1976a: 353).

4 *The New Monthly Magazine*, *The Gentleman's Magazine* und *The European Magazine* veröffentlichten 1815 *The Battle of Waterloo* parallel (vgl. Bennett 1976a: 492).

5 Diese Ballade erschien 1815 in *The Gentleman's Magazine* und möglicherweise bereits ein Jahr zuvor im *Portsmouth Courier* (vgl. Bennett 1976a: 486).

6 Veröffentlichungsort war die *Morning Post*, allerdings ohne Angaben zur Autorschaft (vgl. Bennett 1976a: 197–198).

7 *A Small Tribute to the Character of British Seamen* von R. B. erschien 1810 in *The Poetical Magazine*. Auch hier fehlen Angaben zum vollständigen Namen (vgl. Bennett 1976a: 434–436).

8 *British Songster* enthält keine Angaben zum Verfasser des Liedtextes. Ebenso finden sich hierzu keine Angaben in *Music Entries at Stationers' Hall 1710–1818* (Kassler 2004). Gesungen wurde *Come, blithe lads and lasses*, wie *British Songster* angibt, von Henry Denman (vgl. British Songster 1800: 53), einem Sänger und Komponisten, der um 1800 u. a. in Vauxhall und Covent Garden auftrat (vgl. Kassler 2004: 227, 427, 486).

9 *Delicate Songster* gibt nur die Information, dass die Ballade von Miss Jameson in Vauxhall gesungen wurde (*Delicate Songster* 1795: 141). Belegt ist, dass die Sopranistin in den 1770er-Jahren in den Londoner Vergnügungsgärten aufgetreten ist (vgl. Coke 2015).

10 *A Favourite Ballad* stammt aus der Feder von James Hook und wurde von der Sängerin Miss Newman vorgetragen (vgl. *Billington Songster* 1790: 380). Beide sind eng mit den

mit der kriegsgezeichneten Beziehung zum Napoleonischen Frankreich.[11] Balladen, die dem politischen Kampf der konservativen Front dienten, sind *Pat Riot* (1793) aus *The Anti-Levelling Songster* (im Folgenden *Anti-Levelling Songster*) sowie *Here's a health to right honest John Bull* (1793) und *The Frenchman's Attempt to milch John Bull* (1793) aus *The Antigallican Songster* (im Folgenden *Antigallican Songster*).[12] John Thelwalls *A Sheepsheering Song* (1795a) erschien in Thelwalls politisch radikaler Zeitschrift *The Tribune* und nimmt gesellschaftliche Missverhältnisse scharfzüngig aufs Korn. *A Sheepsheering Song* schließt den Kreis zu den avantgardistischen Kunstballaden, deren lyrisch dichte Bilder das soziale Elend der Zeit eindrucksvoll zur Sprache bringen.

7.3 Das Mittelalter als nationaler Assoziationsraum: die Mythologisierung der Nation

Walter Scotts *The Troubadour* (1815) erzählt von einem Minnesänger, der sich von seiner Angebeteten verabschiedet, bevor er in den Krieg zieht. Auf Figurenebene ist es der Entschluss des Troubadours, sich aus ‚edlen', ‚rein selbstlosen' Motiven dem Kampf zu stellen, nämlich Liebe und Ruhm für das Vaterland. Es sind die Schlagwörter „my country's right", die im variierenden Refrain einen ritterlichen Ehrenkodex signalisieren.

> 13 My arm it is my country's right,
> 14 My heart is in my lady's bower ;
> 15 Resolved for love and fame to fight
> 16 I come, a gallant Troubadour
>
> SCOTT 1815b: 255.

Vauxhall Gardens assoziiert: Hook schrieb zwischen 1767 und 1827 über 2 000 Lieder für die Vauxhall Gardens (vgl. Coke/Borg 2011: 169), Miss Newman trat um 1790 in den Vauxhall Gardens auf (vgl. ebd.: 170).

11 Nach der Erstveröffentlichung in *The Gentleman's Magazine* 1803 zirkulierte *The Ploughman's Ditty* im selben Jahr auf *broadsides* und erschien 1804 u. a. auch in *The Patriot's Vocal Miscellany* (vgl. Bennett 1976a: 314).

12 Die Liedhefte geben keine Informationen zu den Verfassern der Liedtexte. Die Ballade *Pat Riot* ist jedoch im Bibliothekskatalog der *National Library of Australia* mit folgenden Informationen verzeichnet: „Patriot new song / written by Mr. Hewerdine, Edinburgh: printed for J & J Fairbairn, 1794" (vgl. NLA 2016). *Here's a health to right honest John Bull* findet sich laut der Internetseite der Tate in abgewandelter Form 1816 in einem Skizzenbuch Joseph Mallord William Turners (vgl. Tate 2016).

Die vierhebigen Jamben und der Kreuzreim sowie die eingängigen Stilmittel der Wiederholung – die Anapher (13/14), die Alliteration (15) – und die ähnliche syntaktische Struktur – insbesondere der Parallelismus (13/14) – ahmen überlieferte Balladen nach und nehmen damit auf formaler Ebene eine Anbindung an die imaginäre Vergangenheit vor.

In *Romance of Dunois* (1815) hat ein gottesfürchtiger Ritter für die Befreiung des Heiligen Landes siegreich gekämpft, sodass hier der Aspekt der Religiosität in einem englischen Eigenbild hinzutritt. Darüber hinaus glorifiziert diese Ballade eine paternalistische Gesellschaftsordnung, denn als Belohnung für seine ruhmreichen Taten erhält der Ritter die Tochter seines Lehnsherrn zur Frau. Wie in *The Troubadour* wird auch in dieser Ballade ein verklärtes Mittelalterbild über entsprechende Stichwörter aktiviert: „honour" (10) und „brave" (12) kennzeichnen den Ritter, „faire" (12) charakterisiert die Tochter des Lehnsherrn. Der knappe Hinweis auf das Paradies (14) verleiht dieser Gesellschaftsordnung einen sakralen Anstrich.

9 They owed the conquest to his arm, and then his liege-lord said,
10 'The heart that has for honour beat by bliss must be repaid,–
11 My daughter Isabel and thou shall be a wedded pair,
12 For thou art bravest of the brave, she fairest of the fair.'
13 And then they bound the holy knot before Saint Mary's shrine,
14 That makes a paradise on earth if hearts and hands combine ;

SCOTT 1815a: 253.

In Scotts Balladen erscheint das Mittelalter als „an imaginative resource coloured by ideas of chivalry and romantic prowess" (Rigney 2018: 116), wie es Rigney für das große Konglomerat wiederentdeckter mittelalterlicher Texte konstatiert (vgl. ebd.). Es kommt also zu einer Mythologisierung der Nation.

Eine explizite Anbindung an die Gegenwart erhält *Romance of Dunois* in zweifacher Weise über den einführenden Paratext. Hier wird die Ballade als Übersetzung aus dem Französischen ausgewiesen. Scott beteiligt sich damit am zeitgenössischen Spiel mit scheinbar gefundenen Manuskripten, das Terence Allan Hoagwood im Zusammenhang mit Balladen John Claires diskutiert (vgl. Hoagwood 2010: 16). Die aktuelle außenpolitische Situation wird über den Inhalt des Paratextes aktualisiert. So sei *Romance of Dunois* auf dem Schlachtfeld von Waterloo in einem mit Blut getränkten, schmutzbefleckten Gedichtband eines getöteten französischen Soldaten gefunden worden (vgl. Scott 1815a: 252). Diese paratextuelle Anbindung an die Gegenwart führt zum einen vor Augen, dass England (bzw. Großbritannien) die dominierende Macht ist, die das Napoleonische Frankreich besiegt hat. Zum anderen beklagt dieser

Paratext in indirekter Weise den Verlust eines idealisierten, nicht genau spezifizierten mittelalterlichen Gesellschaftslebens und holt es zumindest literarisch in die Gegenwart. Damit legt Scott eine bestimmte Lesart seiner Balladen nahe, die sich mit jener deckt, die im breiteren paratextuellen Geflecht der Gattung vorherrscht und im Genette'schen Sinne die „*Schwelle*“ (Genette 2001: 10) bildet, die den Blick auf die Gattung lenkt:

> As the titles of several anthologies indicate, they represent the 'remains' or 'reliques' of a lost history focused on the experience of 'our ancestors'. This is a history that can be imagined, but that probably can never be written especially if it involves cultures that have become extinct or been destroyed (Rigney 2001: 128).

Das paratextuelle Geflecht, das sich während der englischen Romantik um überlieferte Balladen herum entspinnt, setzt sich aus Vorwörtern und Einleitungen zu entsprechenden Anthologien, Verweisen in geschichtlichen Abhandlungen, Zeitschriftenbeiträgen und Leserbriefen zusammen. Überlieferte Balladen werden hier konsensuell als historische Gattung bestimmt, als „that most ancient species of composition“ (J. G. G. 1822: 161), wie es in einem Leserbrief der Literaturzeitschrift *Literary Speculum* heißt. Als historisches Material klassifiziert Walter Scott die Ballade in *Introductory Remarks on Popular Poetry, and on the Various Collections of Ballads of Britain, Particularly those of Scotland* (1830) und benennt damit eine weitere Perspektive, die die epochentypische Wahrnehmung der Gattung kennzeichnet:

> The historian of an individual nation is equally or more deeply interested in the researches into popular poetry, since he must not disdain to gather from the tradition conveyed in ancient ditties and ballads, the information necessary to confirm or correct intelligence collected from more certain sources (Scott 1830: 10).

Der Ursprung von Balladen wird in eine schwer spezifizierbare Vorzeit – „those scraps of the olden time“ (J. G. G. 1822: 161) – verlegt, die die romantiktypischen Züge eines verklärten Mittelalterbildes trägt, das Heldentum und Ungekünsteltheit als Werte transportiert, die aus dem Norden stammen sollen. In diesem Sinne schreibt der in den einleitenden Bemerkungen zur *Gothic novel* bereits zitierte John Adams im Kapitel *Of Bards or Minstrels* seiner historischen Abhandlung *The Flowers of Modern History* (1796):

> Our northern ballads are the most pathetic, and reflect with greater lustre the heroic manners which gave them birth; manners rude yet re-

> spectable. It is not surprising that the institutions of chivalry should be known in those remote regions, when we consider that they had their origin from Scandinavia, [...] and were founded by the Goths, who over ran the Roman empire (Adams 1796: 55).

Das Possessivpronomen ‚our' zeigt an, dass ein nordischer Kulturkreis als der eigene ausgewiesen wird und die überlieferten Balladen als Zeugnisse der eigenen Kultur gelesen werden. Hier klingen klimatheoretische Reflexe an, da der nordische Kulturkreis mit Werten verschränkt wird, die in der Interpretation englischer Klimatheoretiker im Norden beheimatet ist. Wie sehr es bei Adams darum geht, eine normativ konnotierte Vergangenheit zu ‚erschaffen', die der Gegenwart Wurzeln und Orientierung bieten soll, wird besonders deutlich, wenn man sowohl die historischen Fakten der Völkerwanderung als auch die Veränderung in der Bewertung des gotischen Architekturstils berücksichtigt. Zieht man Karten in geschichtswissenschaftlichen Beiträgen zur Völkerwanderung zurate, wird augenfällig, dass die Goten keineswegs auf den britischen Inseln gelandet sind oder dort gar Siedlungen gegründet haben (vgl. Giese 2004: 12, 14, 25 und 42). Nimmt Adams auf die Goten Bezug, überträgt er positive Zuschreibungen des gotischen Architekturstils, der während der Romantik zunehmend als national identitätsstiftend empfunden wurde.

Eine explizite Verschränkung von Kultur und Nation, mit der eine normative nationale Grenzziehung einhergeht, findet sich bei dem Antiquar Ritson. In seinem Essay *Observations on the Ancient English Minstrels*, der seine Anthologie *Ancient Songs, from the Time of King Henry the Third, to the Revolution* (1790) einführt, begibt er sich auf die Spuren von Minnesängern. Eine englische Minnetradition charakterisiert er im Rückgriff auf den Topos englische Bescheidenheit und Einfachheit versus südeuropäische (und vor allem französische) Eitelkeit:

> Not a single piece is extant in which an English Minstrel speaks of himself; whereas, the importance or vanity of the French Minstrel, for ever leads him to introduce himself or his profession, and to boast of his feats and his talents (Ritson 1790: xii).

Vor dem Hintergrund dieser Zuschreibungen erhält das Anthologisieren überlieferter Balladen seine Bedeutung. Es zeugt von dem Interesse an einer vergangenen Volkskultur, ihren Sitten und Gebräuchen und dem Bedürfnis, sich die Volkskultur im Sinne der Nation anzueignen. Im Anthologisieren überlieferter Balladen manifestiert sich also auch in der englischen Romantik die „Idee des Volkes" (Giesen 1999: 178), die das Nationenkonzept deutscher Romantiker durchdringt:

> Die romantische Idee des Volkes bezieht sich auf einen jenseitigen Horizont der Verständigung und des Verstehens, der die universalistische Gemeinschaft der Aufklärung durch die partikulare Gemeinschaft der Nation ersetzte (ebd.).

Unter dieser Prämisse ist auch die Selektion der Balladen zu beurteilen, die mythologische Topoi verhandeln. Sie bieten eine Projektionsfläche, um ein goldenes Zeitalter der Nation zu imaginieren, das dem historisch Greifbaren entrückt ist und sich gerade deshalb mit Bildern einer verklärten Minne- und Ritterkultur ausmalen lässt. *The Legend of King Arthur* (vgl. Percy 1996 [1765b]: 37–41) und *Sir Lancelot du Lake* (vgl. Percy 1996 [1765a]: 181–186), die um die Ritter der Tafelrunde kreisen, wecken entsprechende Assoziationen. *Robin Hood and Guy of Gisborne* berichtet von Robin Hoods Sieg über den Vasallen des Sheriffs von Nottingham und schildert dann die waghalsige Befreiung von Robins Gefolgsmann Little John aus den Händen des Sheriffs, der sich – anders als Robin Hood – durch feiges, ‚unmännliches' Verhalten auszeichnet. So begibt er sich nicht allein, sondern in bewaffneter Begleitung in den Wald und hat eine Belohnung ausgesetzt, um den Vogelfreien ergreifen zu lassen (vgl. ebd.: 77–86). Eine explizite nationale Zuschreibung von Robin Hood geht auf Walter Scott zurück (siehe Seite 105, Fußnote 22), aber der genannte Text und seine paratextuelle Klassifizierung als ‚Reliquie' bieten die Basis, um eine entsprechende Zuschreibung vornehmen zu können. Die romantikspezifische Selektion der überlieferten Balladen nimmt also wie der paratextuelle Diskurs eine Rückkopplung der Nation an eine vergangene Volkskultur vor und sucht, das bereits durch Überlieferung mit der Nation verknüpfte Normensystem mit den Säulen ‚Ursprünglichkeit' und ‚Ritterlichkeit' weiter festzuschreiben.

Jenseits der Aussagen, die über die Nation getroffen werden, tragen die vielfältigen Paratexte sowie die Textselektion zur Historisierung und Literarisierung der englischen Nation bei. Paratexte und überlieferte Balladen werden darüber hinaus zum sinnstiftenden Geflecht, das diejenigen Balladen umgibt, die während der englischen Romantik neu entstehen. Dies gilt auch für jene Scotts, mit denen die Betrachtungen vom Mittelalter als nationalem Assoziationsraum eingeleitet wurden. Wordsworth, der Percys *Reliques of Ancient English Poetry* und dessen Ausführungen zu überlieferten Balladen kannte (vgl. Bandiera 2002: 202), knüpft im Klartext an dieses Geflecht an, wenn er seinem experimentellen Gedichtband den Titel *Lyrical Ballads* gibt. Auf paratextueller Ebene wird *Englishness* also mit einem Geschichts- und Kulturbewusstsein assoziiert sowie mit einer ungekünstelten ‚Einfachheit'. Die Gattung wird damit „a bridge between past and present" (Rigney 2001: 125), wie es Rigney für Balladen und andere Texte, die volkstümliche Lyrik imitieren, konstatiert (vgl. ebd.).

7.4 Heroische Epik und satirische Komik: Inszenierungen der (Zeit-)Geschichte

Wiederkehrende, sich zum Topos komprimierende zeitgeschichtliche Ereignisse sind die entscheidenden Schlachten gegen das Napoleonische Frankreich. In den entsprechenden Balladen werden diese zum Stoff eines knappen, aber deshalb nicht minder machtvollen Heldenepos. Ein solches bindet in Anlehnung an Assmann nicht „das Gestern ans Heute“ (Assmann 2007: 16), sondern ein Heute ans Morgen. Ähnlich wie die Zuhörerschaft von Homers Ilias können sich mit diesem Heldenepos zukünftige Generationen der englischen Nation an die (nationalen) zum Mythos verklärten Helden und deren Taten erinnern. Erzeugt wird ein englisches Epos durch ein heterogenes Bündel unterschiedlicher Elemente – inhaltliche, formale und strukturelle –, die entweder eine unmittelbare oder eine eher mittelbare Funktion haben. Die Erhöhung des nationalen Selbst durch eine Rhetorik im erhabenen Stil gewinnt noch einmal Kontur, wenn es vor dem Hintergrund einer satirisch-komischen Darstellung des national Anderen und dessen militärischer Niederlage gelesen wird.

7.4.1 *Trafalgar und Waterloo: Balladen als ‚tragisches' Heldenepos*

The Battle of Trafalgar (1805) thematisiert die gleichnamige Schlacht, in der die britische Marine unter Admiral Horatio Nelson die französisch-spanische Flotte Napoleons vernichtend geschlagen und damit auch die Pläne des französischen Kaisers, das englische Festland anzugreifen, zerstört hatte (vgl. Hahn 2008: 122). Die Ballade erzählt die Schlacht, die Nelson selbst allerdings nicht überlebte (vgl. Gibson 1995: 162), als ein knappes Heldenepos mit dramatischen Elementen. Ähnlich wie in Homers Ilias wird das Schicksal des ‚Helden' dadurch entschieden, dass eine Göttin in das Geschehen eingreift (15–16).

Eine scheinbare Unmittelbarkeit der Ereignisse ruft die prägnante wie machtvolle Sprache hervor. Dazu gehören auch die lateinischstämmigen Adjektive, die darauf abzielen, das Geschilderte erhaben und würdevoll erscheinen zu lassen. Ähnlich wie in der klassischen Tragödie spitzt sich die Handlung dramatisch auf den tragischen Höhepunkt zu, hier den Tod von Admiral Nelson (13–20). Nelsons Bedeutung lässt sich u. a. daran erkennen, dass er als Protagonist eingeführt wird (9) und dass ihm mehrere der insgesamt 28 Zeilen der Ballade gewidmet sind. Dass hier ein englisches Heldenepos gesungen wird, lässt sich bereits in den ersten beiden Zeilen erkennen:

1 'Twas noon, when England's gallant fleet
2 The sails of France and Spain discern'd;

3 Or victory or death to meet
4 Each British tar with ardour burn'd.

5 Destructive showers of bullets fly;
6 The scuppers flow with streams of blood;
7 Harsh thunders rend the vaulted sky;
8 Fierce lightnings blaze along the flood.

9 Undaunted NELSON foremost stands–
10 The cause his Country's and his King's
11 When, lo! to aid the Gallic bands,
12 From Hell malignant Envy springs.

13 In human guise, at length to stop
14 The Hero's bright meridian fame,
15 From Santa Trinidada's top
16 She takes, alas! too sure an aim.

17 Th' envenom'd shot deep-pierc'd his heart,
18 A heart disdainful of all blows
19 By man directed: – But, what art
20 Can guard against infernal foes? […]

25 The splendors of proud Gaul are past!
26 Britannia mourns her NELSON'S fall.
27 E'en foes shall deck his grave: – THEIR MAST
28 HIS COFFIN, AND THEIR FLAGS HIS PALL

NAUTICUS 1976 [1805]: 353.

Nationale Stereotype und Kontrastrelationen bewirken, dass die Schlacht von Trafalgar mit ihrem Protagonisten Nelson als ein englisches Epos erscheint, in dem der Admiral nicht nur die Rolle eines Helden, sondern die eines Nationalhelden übernimmt. Die englische Flotte wird mit dem Attribut „gallant" (1) versehen, das nicht nur charmant oder galant, sondern in seiner ersten Bedeutung ‚heldenhaft' und ‚mutig' meint (vgl. COED 1995). Damit werden das Autostereotyp des englischen Gentleman und dessen Implikationen aktiviert. Der englischen Flotte wird die Rolle des Retters zugeordnet, der die Gegenspieler Frankreich und Spanien mit einem beherzten Handstreich besiegt (2). Das englische Autostereotyp findet sich in der Figurengestaltung Nelsons wieder, denn dieser ist am englischen Gentleman modelliert: Seine Entschlossenheit und seine Hingabe an Land und König (10) zeigen sich zunächst in der auktorialen, expliziten Charakterisierung als „[u]ndaunted“ (9). Bestätigt werden seine Unerschrockenheit und sein Todesmut im Textverlauf mit „A heart disdainful of all blows“ (18). Die kontinuierlich voranschreitenden Jamben sowie die maskulinen Endreime unterstreichen auf formaler Ebene die auktoriale, explizite Charakterisierung, die durch die Erzählstimme erfolgt. Sowohl die Stilisierung Nelsons zur übermenschlichen, nationalen Heldenfigur als auch dessen englische Konnotation wird herausgestellt, indem ein französisches Anderes die Funktion einer negativen Kontrastfolie erhält. Hier kommt ein Verfahren zum Einsatz, mit dessen Hilfe traditionell *Englishness* Kontur erhielt, jedoch nicht *Welshness* oder *Scottishness*. Ausgearbeitet ist die Kontrastierung des englischen Helden mit einem degradierten französischen Anderen in vier, ineinander verflochtenen Oppositionspaaren: oben und unten, einer und viele, Ruhe und Aktionismus, engelsgleiche Lichtgestalt und Hölle. Nelson steht allein aufrecht an Deck (9), dennoch können die französischen Truppen nichts gegen ihn ausrichten, obwohl sie sich in Überzahl befinden (11). Zu Fall bringen lässt sich die Lichtgestalt (14), die dem französischen Kugelhagel wie dem Sturm auf See trotzt (5–8), durch keine menschliche Gewalt. Sie stürzt nur deshalb, weil die Göttin der Zwietracht aus der Hölle emporsteigt, um den Franzosen zu Hilfe zu eilen (11–12).

Gemeinsam mit der preußischen Armee unter General Blücher versetzten die alliierten Kräfte, angeführt von Lord Wellington, Napoleon und seinen Soldaten 1815 bei Waterloo den vernichtenden Schlag (vgl. Gibson 1995: 168). *The Battle of Waterloo* (1815) rekapituliert aus englischer Perspektive diese titelgebende Schlacht. Im heroischen Ton und in einem intertextuellen Bezug manifestieren sich ähnlich wie in *The Battle of Trafalgar* Reminiszenzen antiker Epik und Mythologie. Explizit wird auf die Barden (13, 23) und insbesondere auf Homer (29) Bezug genommen. Der Dichter der Odyssee und der Ilias soll, so die Forderung des Sprechers, den nationalen Helden Wellington besingen und hier über jede mögliche Steigerung hinauswachsen, wohl wissend, dass damit Wellingtons Ruhm nie gebührend gepriesen werden kann (23–25). Mit dem Bezug auf die Musen (17) und die römische Schicksalsgöttin Fortuna (33) wird suggeriert, der Ausgang der Schlacht sei gottgewollt. Wellington wird als Liebling der Götter stilisiert (33), und auch seine Mitstreiter in der britischen Armee, die Offiziere Picton und Ponsonby (30–31), die bei Waterloo fielen (vgl. Forrest 2015: 55–56), werden als heldenhaft besungen.

1 “[…]

9 MERCY, too long abused, will cease to plead,
10 When the World dooms THE MAN OF BLOOD TO BLEED!

11 And should DEGRADED FRANCE his cause maintain,
12 She shares his guilt, and ought to share his pain."
13 So sang THE BARD, whose lays for years express'd,
14 The honest hatred of a Patriot breast,
15 Against the vile OPPRESSOR of mankind,
16 To whose black crimes some dazzled eyes were blind.
17 The muse's prophecy's complete at last,
18 Thy reign, DETESTED CORSICAN, is past! […]

23 Such Bard, in strength and loftiness of lays,
24 May soar beyond hyperbole of praise,
25 And yet not give the tribute that is due
26 To BRITONS, WELLINGTON, led on by you!!
27 For to the plains of WATERLOO belong
28 The magic numbers of immortal song!
29 A HOMER'S lyre, or CAESAR'S pen, should tell
30 How BRUNSWICK died, and valiant PICTON fell;
31 How PONSONBY, too, shar'd their honour'd fate,
32 And join'd in death the GALLANT and the GREAT!
33 How laurell'd WELLINGTON seiz'd Fortune's hour,
34 To blast like lightning BUONAPARTE'S power […]

FITZGERALD 1976 [1815]: 492–493.

Hinter dem lorbeerbekränzten Wellington treten die anderen historischen Figuren der Schlacht zurück, so auch der preußische General Blücher. Während die zu Tode gekommenen Generäle sowie Blücher als nicht englischer General in ihrer Darstellung Menschen bleiben, wird Wellington zur gottgleichen Gestalt erhöht. Es werden hier Assoziationen vom Gottvater Zeus erweckt, indem die Art, mit der Wellington Napoleon vernichtet, mit einem Blitz verglichen wird, der Waffe des antiken Gottes (34).

Ein Oppositionspaar, das sich in *The Battle of Waterloo* identifizieren lässt, ist der leuchtend heroische Wellington (34) versus Napoleon, der antonymisch mit dem ‚schwarzen' Verbrechen assoziiert ist (16). Die beiden historischen Figuren können als Metonyme verstanden werden, die die jeweiligen Nationen repräsentieren. Die ihnen zuerkannten Eigenschaften lassen sich entsprechend als Qualitäten der englischen (wie der britischen) bzw. der französischen Nation lesen. Während England (bzw. Großbritannien) eine glorifizierende Erhöhung erfährt, wird Frankreich als eine erniedrigte Nation präsentiert (11). Ein weiteres Oppositionspaar, das sich – wie ausgeführt wurde – in ähnlicher Weise auch in *The Battle of Trafalgar* zeigt, ist

Standfestigkeit versus Aktionismus. Die britischen Truppen erscheinen mit einer gottgleichen Standhaftigkeit ausgestattet (53–54), gegen die die immer und immer wieder anstürmenden Franzosen nichts auszurichten vermögen (40–41).

40 Ten times they charge, ten times retire;
41 Again they face the BRITISH fire […]

53 Thus long defensive BRITONS stood,
54 And brav'd the overwhelming flood […]

79 There ever shall each SISTER ISLE behold
80 Her gallant Sons immortaliz'd in gold […]

EBD.: 493–494.

Die Nationen, aus denen sich Großbritannien zusammensetzt, werden als britische Schwesterinseln bezeichnet (79). Mit der Nennung Ponsonbys (31) werden außerdem die Nationen Schottland, England und Irland assoziativ aufgerufen, denn General Ponsonby befehligte die britische Kavalleriebrigade *Union brigade*, die ein englisches, ein schottisches und ein irisches Regiment umfasste (vgl. Forrest 2015: 45). Dennoch wird in dieser Ballade England mit einer Hegemonie ausgestattet und Großbritannien erscheint wie ein erweitertes England. Deutlich wird dies beispielsweise, wenn die Erzählstimme Wellington ausrufen lässt:

61 "FORWARD! he cries, "FOR ENGLAND'S GLORY!"
62 The veteran bands of GALLIA yield,
63 And WATERLOO'S triumphant field
64 Shall shine in BRITISH story […]

FITZGERALD 1976 [1815]: 493.

Dass England hier die Blaupause für den Entwurf eines englischen wie britischen Eigenbildes darstellt, zeigt sich außerdem in signifikanter Weise in den dichten historischen Bezügen. Die „kulturelle Erinnerung", der Teil des kulturellen Wissens, der sich auf die Kenntnis „von vergangenen Personen, Orten und Ereignissen" (Neumann 2006a: 43) bezieht, beschränkt sich hier auf England. Die Schlacht von Waterloo mit dem als Helden gezeichneten Wellington wird als eine Fortführung englischer und nicht etwa schottischer Geschichte inszeniert. Stichwortartig werden entscheidende Schlachten vergangener Jahrhunderte zwischen England und Frankreich aufgerufen, in denen die

Inselnation einen Sieg davontragen konnte. In den entsprechenden Zeilen ändert sich wieder das Versmaß zum *heroic couplet*:

> 65 Not CRESSY, AGINCOURT, or BLENHEIM'S day,
> 66 Could bear a nobler wreath of fame away;
> 67 And PRINCELY EDWARD, HENRY, MARLBOROUGH too,
> 68 Had done that justice, WELLINGTON, to you [...]
> FITZGERALD 1976 [1815]: 493.

In der Schlacht von Crécy (1346) hatte der als Schwarzer Prinz in die Geschichte eingegangene Sohn von Edward III. gekämpft, um den Anspruch seines Vaters auf den französischen Thron geltend zu machen (vgl. Gibson 1995: 11–13). In der Schlacht von Agincourt (1415) stritt Heinrich V. ebenfalls darum, den französischen Thron zu besteigen (vgl. ebd.: 17). Eine Parallele zur Schlacht von Waterloo lässt sich dahin gehend ziehen, dass auch aus den mittelalterlichen kriegerischen Konflikten England siegreich hervorging, obwohl die französischen Truppen zahlenmäßig überlegen waren.

> [A] retreating English army, overtaken by vastly superior French forces, each time won a shattering victory by fighting on terrain that enabled it to exploit the long bows of its archers with devastating effect (ebd.: 13).

In der Schlacht von Blenheim (1704) ging es wiederum um dynastische Streitigkeiten sowie um den Ausbau englischer Macht auf dem europäischen Kontinent (vgl. ebd.: 81–82). Als Denkmal dieses historischen Ereignisses zeugte in der englischen Romantik (und zeugt auch noch heute) das Schloss von Blenheim, das der Herzog von Marlborough, Oberbefehlshaber der Truppen, zum Dank erhielt (vgl. ebd.: 82).

7.4.2 *Napoleons Russlandfeldzug als satirische Komödie: Entmachtung des national Anderen*

A Droll Ballad (1815) karikiert den Russlandfeldzug Napoleons (1812–1814) und – wie der Titel bereits indiziert – ist es das Komische, das hier den alles erfassenden Ton angibt. Die Ballade knüpft an die satirische Tradition der Gattung an und inszeniert den Russlandfeldzug, bei dem mehrere Hunderttausend Menschen zu Tode kamen, als humorigen Ausflug.

> 1 Buonaparte he would set out
> 2 For a summer excursion to Moscow,
> 3 The fields were green, and the sky was blue,

4 Morbleu! Parbleu!
5 What a pleasant excursion to Moscow! [...]
ANON. 1976 [1815]: 486.

Ein Spektrum von ineinandergreifenden Elementen – liedhaft-rhythmische Elemente, die Erzählstimme, Stereotype als Grundlage der Figurencharakterisierung und rhetorische Stilmittel – zeichnet diesen Ausflug als missglückte Landpartie. Die meist vier- und dreihebigen Zeilen der Strophen, in denen Jamben und Anapäste alternieren und die mit einem variierenden Refrain abschließen, tragen dazu bei, den qualvollen, militärischen Marsch der Soldaten eher als beschwingten Tanz erscheinen zu lassen. In Korrespondenz dazu mokiert sich die Erzählstimme über den fehlgeschlagenen Feldzug in ironisch-schadenfroher Manier (74–76). Diese Grundhaltung setzt sich auf der Figurenebene fort. Napoleon wird als lächerliche Figur gezeichnet und erscheint als schwacher Heerführer, der keine angemessenen Vorkehrungen für den wichtigen Feldzug getroffen hat. Dass der französische Kaiser mit einem Spitznamen versehen wird (65), drückt einen Mangel an Respekt gegenüber seiner Stellung aus, und ‚Nap' als Homonym gelesen, beschreibt ihn als verschlafene Figur, mit der nicht gerechnet werden muss.

65 Nap would rather *parlez vous* than fight—
66 But *parlez vous* no more would do,
67 Morbleu! Parbleu!
68 For they remember'd Moscow [...]

74 The fields were so *white*, and the sky so blue,
75 Cacubleu! Ventrebleu!
76 What a terrible journey from Moscow! [...]

84 He stole away--I tell you true—
85 All on the road from Moscow
EBD.: 488.

In der Gestalt Napoleons finden sich Elemente eines französischen Heterostereotyps, denn, als sich das Blatt zu wenden beginnt, stiehlt er sich feige davon, anstatt seinen Soldaten als Feldherr zur Seite zu stehen (84). In Übereinstimmung mit dem geläufigen Heterostereotyp werden die Franzosen mit der lyrisch-typischen knappen Sprache als verweichlicht präsentiert. ‚*Parlez vous*' (66) signalisiert, dass sie sich gern dem gesellschaftlichen Geplauder hingeben und nicht für einen ‚mannhaften' Krieg gerüstet sind (65–66).

Kontrastiert werden die Franzosen mit den kriegerisch versierten Russen, denen ihrerseits die gesellschaftliche Plauderei fern liegt. Über diese Verkehrung der stereotypen französischen Eigenschaften wird den Russen Zivilisiertheit und Gesellschaftsfähigkeit aberkannt.

> 51 And last of all an Admiral came,
> 52 A terrible Hun, with a terrible name,
> 53 A name which you all must know very well
> 54 Nobody can speak, and nobody can spell:
>
> EBD.

Zum Tragen kommt hier ein Heterostereotyp, in dem der Aspekt des Unzivilisierten und Barbarisch-Kriegerischen hervorsticht und schablonisierte Bilder über Russland und Zentralasien ineinanderfließen.[13] Wenn ein russischer Admiral mit einem scheinbar unaussprechlichen Namen – vermutlich Admiral Chichagov – abfällig als ‚schrecklicher Hunne' charakterisiert wird, führt die Ballade eine Linie in einem westlichen Bild von Zentralasien fort. Gespeist wurde dieses Bild über Jahrhunderte hinweg von den Kriegszügen des Hunnenkönigs Atilla (vgl. Balakaeva 2007: 124).

Die Namen der Generäle und Offiziere, die in den verschiedenen Schlachten Teile der russischen Armee führten, sind in ihrer Schreibweise so verändert, dass sie als englische Verben erscheinen. Mithilfe dieser Parechese wird das Schlachtgeschehen in komisch-verzerrter Weise beschrieben. Hier zeigt sich, was Neumann als die zweite Funktion der Rhetorik der Nation bestimmt hat, nämlich ihre „erwartbare[..] Unterhaltung" und „vorhersehbare[..] Komik" (Neumann 2009: 368).

> 55 And Platoff he play'd them off,
> 56 And Markoff he mark'd them off,
> 57 And Touchkoff he touch'd them off,
> 58 And Kutousoff he cut them off,
> 59 And Woronzoff he worried them off,

13 Dieses Heterostereotyp begann sich im 16. Jahrhundert auszuformen. "In Western eyes [...] Russia was considered a backward, sparsely populated realm of nobles and serfs, with little political organization and no cultural or intellectual achievement" (Naarden/Leerssen 2007: 227). Wenn in *A Droll Ballad* auf das negative Heterostereotyp zurückgegriffen wird, werden damit parallel existierende Bilder Russlands ausgeblendet. Dies gilt u. a. für die Wahrnehmung der Regentschaft Katharinas der Großen als aufgeklärter Absolutismus. Ausgeblendet wird ebenfalls, dass vor allem St. Petersburg während der Napoleonischen Kriege vielen Exilanten ein Zuhause bot (vgl. ebd.).

60 And Dochtoroff he doctor'd them off,
61 And Rodinoff he flogg'd them off;
62 They stuck close to him with all their might,
63 They were on the left, and on the right
64 Behind and before, by day and by night;

ANON. 1976 [1815]: 488.

Mithilfe des Wortspiels wird suggeriert, dass die russischen Soldaten die französische Armee scheinbar mühelos und mit großem kriegshandwerklichen Geschick geschlagen haben (55–61).[14]

Ein englisches Eigenbild ist in *A Droll Ballad* nicht durch Darstellungen des nationalen Selbst in den Text eingeschrieben. Es bildet eine Leerstelle, die durch die Vororientierungen, die diese Ballade bietet, Kontur gewinnt. Anders als *Frenchness* ist *Englishness* mit Tapferkeit und Ernsthaftigkeit belegt. Im Unterschied zu *Russianness* ist die Tapferkeit, auch im Krieg das Land zu verteidigen, nicht negativ als barbarisch oder unzivilisiert konnotiert. Es ist vielmehr der Wertekanon des englischen Gentleman, der in *A Droll Ballad* silhouettenhaft hinter den Darstellungen des national Anderen aufscheint. Eine Erhöhung des englischen (oder britischen) Selbst erfolgt insofern über das Komische, als es das national Andere degradiert und so zu diesem eine Distanz herstellt. Jenseits der Kontrastfolie für ein eigenes Selbst dient die komisch-satirische Verzerrung des national Anderen der Entlastung. Die Angst vor einer napoleonischen Invasion war in der englischen und britischen Öffentlichkeit lange allgegenwärtig. Geschürt wurde sie durch Napoleon selbst, der 1803 nach dem Ende des Friedens von Amiens angeordnet hatte, alle Engländer in Frankreich unverzüglich zu verhaften (vgl. Gibson 1995: 150). Angefacht wurde die Angst auch im eigenen Land, denn „[d]as Propagandamaterial zeichnet Napoleon als den Dämon schlechthin" (Meyer S. 2003: 209). Mithilfe der Komik und der satirischen Verzerrung kann die Angst ‚weggelacht' werden. Über das Lachen wird ein Aspekt in einem englischen Selbstbild aufgerufen, der in den bisher analysierten Gattungen nicht in Erscheinung getreten ist: Es

14 M. Kutuzov wurde 1812 russischer Oberbefehlshaber (vgl. Lieven 2010: 190). Nachdem die Truppen Napoleons Moskau Mitte Oktober 1812 verlassen hatten (vgl. ebd.: 250), führte M. Platov seine Soldaten 1812 gegen die Franzosen (vgl. ebd.: 261–262). Die Offiziere E. I. Markov, M. Kutuzov, M. Vorontsov und D. Dokhturov fochten 1813 gegen die sich weiter auf dem Rückzug befindenden Truppen (vgl. ebd.: 541–542). Die Offiziere P. A. und N. A. Tuchkov waren bereits an Kämpfen gegen die napoleonische Armee beteiligt, als diese gegen Moskau marschierte (vgl. ebd.: 169 und 197). Der Kosakenführer Mark Ivanovich Rodionov nahm ebenfalls an verschiedenen Schlachten gegen Napoleon teil (vgl. Mikaberidze 2005: 333).

ist das Lachen-Können, das Sich-amüsieren-Können. In der Ballade wird *Englishness* also mit der Anlage zum Humor verschränkt.

7.5 John Bull und der Chorus der Nation

Das Autostereotyp des englischen Gentleman ist die unterliegende Struktur in der Figurencharakterisierung von Nelson und Wellington, zeitgeschichtliche Persönlichkeiten, die sich – so zeichnet es die Gattung – an vorderster Front um die Nation verdient gemacht haben. Das Autostereotyp des John Bull ist in der Gattung nicht nur unterliegende Struktur, sondern obendrein auch Figur, die in politischen Balladen mit konservativer Botschaft zur Identifikation einlädt. Im Unterschied zu seinem Gegenpart, dem englischen Gentleman, verkörpert er den zupackenden, fröhlich derben Engländer. Als solcher erscheint er auch in *Here's a health to right honest John Bull* (1793):

III.

11 Now John is a good humour'd fellow,
12 Industrious, honest, and brave

ANTIGALLICAN SONGSTER IIb 1793: 3.

Analog zu den zeitgeschichtlichen Persönlichkeiten dominiert eine auktoriale, explizite Charakterisierung, die an Einträge in Epithetonlexika erinnert. Die Attribute gutmütig, fleißig, ehrlich und mutig (11–12) werden als ‚natürlich' gewachsen und englisch präsentiert. Klimatheoretische Anklänge schwingen mit, wenn John Bull in Zeile vier als von der alten Mutter England – „Old England, his mother" (ebd.) – genährt beschrieben wird. Von ihr erhält er seine Bildung und seine Werte – Vaterlandstreue sowie eine protestantisch konnotierte Gottesfürchtigkeit (6–8) –, die (nur) auf englischem Boden gedeihen.

II.

6 She gave him a good education,
7 Bade him keep to his Church and his King,
8 Be loyal and true to the Nation,
9 And then go be merry and sing.
10 Be loyal, &c

EBD.

In *The Frenchman's Attempt to milch John Bull* (1793) ist es das Element der kulinarischen Besonderheiten eines französischen Heterostereotyps, das die Eigenschaften des Titelhelden als englisch unterstreicht:

27 We'll teach you to live on soup-maigre and frog,
28 For if we succeed, you'll have no other prog

ANTIGALLICAN SONGSTER Ib 1793: 13.

Hier wird auf einen geläufigen Topos zurückgegriffen, denn „die Assoziation von Franzosen und Fröschen war bereits fest etabliert im ausgehenden 17. Jahrhundert" (Meyer S. 2003: 211–212). Über die scheinbaren kulinarischen Vorlieben der Franzosen wird in der Ballade versucht, Unmännlichkeit als eine typisch französische Eigenschaft herauszustellen. ‚Unmännlichkeit' konzentriert sich hier weitgehend auf die Physis, denn es wird der Eindruck erweckt, das als französisch apostrophierte Essen würde nur ‚Schwächlinge' hervorbringen. Eindeutig erhält *Englishness* so eine geschlechtsspezifische Konnotation und wird mit ‚echter' Männlichkeit verschränkt. Diese Männlichkeit ist nicht so sehr die des englischen Gentleman und damit bürgerlich konnotiert, sondern sie ist eher derb und hemdsärmelig. Sichtbar wird dies, wenn die Leerstelle, die die Ballade hinsichtlich John Bulls Ernährung lässt, mit den Essensgewohnheiten gefüllt wird, die gemeinhin mit diesem Autostereotyp verbunden sind. Dank Roastbeef und Pudding – so die Suggestion – ist John Bull eben kein magerer, verweichlichter Franzose, sondern ein Engländer, der für sein fröhlich-rundes Gesicht und seinen ausladenden Bauch bewundert wird (vgl. Gibson 1995: 128). Dieser Engländer erscheint als unverzichtbares und Stabilität gebendes Fundament – „we shan't find such another" (2) –, auf dem eine positiv verklärte, hierarchische Gesellschaftsordnung gebaut ist (16–24).

IV.

16 For there must be fine Lords, and fine Ladies,
17 There must be some Little, some Great,
18 Their Wealth the supply of our Trade is,
19 Our Hands the Support of their State.
20 Their Wealth, & c.

V.

21 Some are born for the Court and the City,
22 And some for the Village and Cot;

23 But Oh! 'twere a dolorous Ditty
24 If all became Equal in Lot.
25 But Oh! 'twere, & c.

VI.

26 If our Ships had no Pilots to steer,
27 What wou'd come of poor Jack in the Shrouds!
28 Or our Troops no Commanders to fear,
29 They'd soon be Arm'd Robbers in Crowds.
30 Or our Troops, & c.

VII.

31 Then the Plough and the Loom must stand still
32 If they made us gentlemen all;

ANTIGALLICAN SONGSTER IIb 1793: 3–4.

Die hierarchische Gesellschaftsordnung wird als verbindendes Element zwischen verschiedenen sozialen Gruppen dargestellt, denn sie sind hier als sich ergänzende Zweierpaare, nicht als Oppositionspaare gezeichnet. Pflug und Webstuhl symbolisieren die arbeitende Landbevölkerung und die Industriearbeiter (31); das Autostereotyp Jack Tar, Sinnbild des Matrosen niederen Ranges, steht synekdochisch für die Marine und die Truppen repräsentieren das Heer (27–28). Angetrieben wird diese englische Gesellschaft vom Handel und Besitzstreben – einem harmoniestiftenden Motor, der eine wohlhabende Klasse und die wirtschaftende Bevölkerung verbindet, da sie wechselseitig aufeinander angewiesen sind (18–19).

Die Attribute, die dem Titelhelden in *Here's a health to right honest John Bull* zuerkannt werden, finden sich in weiteren Balladen wieder, die dieser Figur gewidmet sind. „[H]onest Englishmen" (Antigallican Songster Ib 1793: 13), heißt es beispielsweise in der vierten Zeile von *The Frenchman's Attempt to milch John Bull*. Der Refrain dieser Ballade ist nahezu austauschbar mit jenem von *Church and King* (nicht zum Korpus gehörend):

5 We Britons still united sing,
6 Old England's glory – Church and King

ANTIGALLICAN SONGSTER IIa 1793: 9.

31 But all hearts unite, and most cheerfully sing,
32 God prosper all Englishmen – God save the King

ANTIGALLICAN SONGSTER Ib 1793: 13!

Der stereotypen Lexik und dem hier besonders hervorstechenden epigonalen Charakter der Balladen kommt im Hinblick auf das Erzeugen von *Englishness* eine entscheidende Rolle zu. Diese Spezifik trägt dazu bei, dass sich die einzelnen Texte gegenseitig als Intertexte aufrufen und so ihre Aussagen über scheinbare englische Qualitäten bestätigen.

7.6 Das Meer, die Seefahrernation und ihre Protagonisten

Auf die Rolle von Naturräumen (oder Landschaften) für das Erzeugen von *Englishness* hat die Forschungsliteratur aufmerksam gemacht. "Symbolic landscapes and places have specific cultural meanings that construct, maintain, and circulate myths of a unified national identity" (Burden 2006: 14). In den Balladen, in denen England als Seemacht figuriert, wird das Meer als Raum national aufgeladen. Gerade weil hier die Spezifizierung in Bezug auf die Beschaffenheit ausbleibt, wird das Meer zu einer Art territorialer Tabula rasa. Eine solche lässt sich mit Assoziationen hinsichtlich der englischen Nation – mythologischen, historischen oder auch zukunftsträchtigen – im buchstäblichen Wortsinn beschreiben. Das Meer wird damit zum angestammten nationalen Territorium, das es zu verteidigen gilt.

Dafür verantwortlich sind sowohl die (zeit-)geschichtlichen Figuren – in *The Battle of Trafalgar* ist es Nelson (siehe 7.4.1) – als auch die Matrosen, die explizit als Krieger der Meere charakterisiert werden. Sie entsprechen, ähnlich den Nationalhelden, dem Autostereotyp des englischen Gentleman und transportieren infolgedessen den Wertekanon, für den er steht. Die Eigenschaften Mut, Pflichtgefühl, Beständigkeit, Aufopferungsbereitschaft und das Vermögen zum Mitfühlen werden in *A Small Tribute to the Character of British Seamen* (1810) anschaulich:

9 When on the rough billows an insolent foe
10 The battle tremendous provokes,
11 *With courage undaunted his spirit does glow,*
12 And at their loud thunder he jokes:[...]

17 To knot the torn rigging he cheerily hies,
18 *Or steadily serves at his gun:*
19 If "Board" be the word, with his cutlass he flies,
20 *The foremost in danger to run:*
21 How dreadful the conflict! Death follows each blow!
22 The enemy struggles in vain;
23 Behold their red scuppers with streams overflow,
24 And Britons the victory gain.

25 A lion in battle--nought e'er can withstand,
26 His fury that dares to oppose,
27 He fights for his Liberty, King, and his Land,
28 And ruin dread hurls on their foes:
29 Yet oft, when the din of contention was o'er,
30 I've seen his bold visage adorn'd
31 *With a tear of compassion for those who before,*
32 When in arms, were the foes he had scorn'd [...]

R. B. 1976 [1810]: 434, Hervorhebungen nicht im Original.

Es ist auf herausragende Weise die Metapher des Löwen als Sinnbild von Kraft und Kampfeswillen, die den Matrosen mit entsprechenden Eigenschaften apostrophiert (25), eine Assoziation, die zeitgenössische Intertexte aufruft. „Again thy lion-glance appals thy foes" (Hemans 2002 [1808]: 97), heißt es in Zeile 44 in Felicia Hemans' weit rezipiertem epischen Gedicht *From England and Spain; or, Valour and Patriotism* (1808). Über den Löwen wird darüber hinaus eine direkte Anknüpfung an die Nation und die Monarchie vorgenommen, denn der Löwe ist Teil des englischen Wappens und lässt sich – wie Abbildungen in Beiträgen zur Heraldik belegen – bis ins Mittelalter zurückverfolgen (vgl. Galbreath/Jéquier 1978: 128).

Bemerkenswert ist die Parallele zwischen der Charakterisierung des Matrosen und der des Nationalhelden Nelson. Der Mut des Seemannes niederen Ranges wird als „undaunted" beschrieben (11), also mit demselben Adjektiv klassifiziert wie der hoch dekorierte Admiral in *The Battle of Trafalgar* (9) (siehe 7.4.1). Beständigkeit und Pflichtgefühl des Matrosen zeigen sich in dessen Bereitschaft, sofort die Waffen aufzunehmen und ungeachtet der Gefahr für das eigene Leben Befehlen zu gehorchen (18–20). Seine Fähigkeit zur Empathie zeigt sich in seinem Mitgefühl für den Feind (31–32). Dieses Porträt mit seinen expliziten Attribuierungen ist in die lyrisch geraffte Schilderung einer Schlacht eingebettet, sodass hier das narrative Element wirksam wird und auf der Handlungsebene die Eigenschaften des Matrosen bestätigt werden. Die Analogie zwischen Nationalhelden und Seemann niederen Ranges setzt sich im Sprachduktus fort, denn der heroische Ton und die erhaben wirkende Lexik aus Balladen, die um Nelson oder Wellington kreisen, finden hier ihren Widerhall. Sie erhöhen den Matrosen zum nationalen Helden, als der er auch im Klartext benannt wird:

1 Tho' heroes of Fancy oft furnish a theme
2 For displaying the powers of verse,

3 Of merit or valour let other men dream, [...]

7 My hero's mere name shall his merit bespeak –
8 'Tis an honest and true British Tar
R. B. 1976 [1810]: 434.

Eine deutliche Verschränkung des Autostereotyps Jack Tar mit dem des englischen Gentleman zeigt sich in *A Family Dialogue, on a Son's Wishing to Go to Sea* (1797), indem die Dichotomie von Buchwissen versus charakterbildende körperliche Betätigung aktualisiert wird, die dem englischen Gentleman innewohnt:

7 "Not of the law, I cannot drudge,"
8 "I'm sure I ne'er should be a judge;"
9 "Not of the church, perhaps to clear,"
10 "As you do, fifty pounds a year;"
11 "Throw physic to the dogs for me,"
12 "My choice, my object is the sea."
ANON. 1976 [1797]: 197.

Trotz ihrer sozialen Stellung und ihrer finanziellen Sicherheit lehnt der Sohn alle bürgerlichen Berufe ab, die ein Universitätsstudium voraussetzen – Richter, Pfarrer und Arzt –, und entscheidet sich stattdessen für das entbehrungsreiche Leben auf See. Dem unvermittelten Monolog – um Jochen Petzolds Begriff des „unvermittelten Dialog[s]" (Petzold 2017: 246) zu adaptieren – kommt hier eine besondere Funktion zu. Gerade weil kein Erzähler als Mediator auftritt und der Sohn für sich selbst sprechen darf, erhalten seine Worte Authentizität.

Die nationalen Errungenschaften, für die der Matrose auf See kämpft, sind dieselben, für die auch die nationalen Helden und John Bull eintreten. Dies sind vor allem der König als Sinnbild der Monarchie und damit Garant sozialer Stabilität sowie eine ‚englische' (oder ‚britische') Freiheit. Im Hinblick auf den rekursiven Freiheitstopos ist auffällig, dass er nicht ausgestaltet, sondern durch Signalwörter assoziativ aktiviert wird. „To fight for our *Liberty*, Laws, and our King" (Anon. 1976 [1803b]: 294, Hervorhebung nicht im Original), heißt es in Zeile acht in der (nicht zum Korpus gehörenden) Ballade *The Voice of the British Isles* (1803). Über eine Verknappung der Sprache wird ein harmonischer Dreiklang aus Freiheit, Gesetz und Monarchie erzeugt, wobei Freiheit als ein bedrohtes ‚nationales' Gut erscheint, dessen Verteidigung in den Händen der Jack Tars liegt.

Die Bedrohung, die der Nation von außen entgegenschlägt, verkörpern Heterostereotype, wobei die Darstellungen Frankreichs und Spaniens überwiegen. Die pointiert dichte Sprache der Lyrik lässt die Heterostereotype und das Autostereotyp als „pairs of antithetical signifiers" (Gilman 1985: 27) erscheinen. In *The Voice of the British Isles* stehen die Antonyme ‚mutig' und ‚niederträchtig', die die englischen Seemänner bzw. die Franzosen beschreiben, in zwei aufeinanderfolgenden Zeilen, also nahe beieinander. Lautlich betont wird der Kontrast durch die Assonanz in den beiden Adjektiven, die einen gleichklingenden Vokal haben, aber sich eben nicht reimen.

1 Away, my *brave* boys! haste away to the shore;
2 Our foes, the *base* French, boast they're straight coming o'er,
3 To murder, and plunder, and ravish; and burn –

ANON. 1976 [1803b]: 294, Hervorhebungen nicht im Original.

Über die jeweiligen Oppositionspaare oder auch nur über die Heterostereotype und das stichwortartige Nennen eines Begriffes werden zudem die zeitgenössischen kriegerischen Auseinandersetzungen mit Frankreich und aus dem „Archiv der kollektiven Memoria" (Beller 2012: 45) die weiter zurückliegenden Streitigkeiten mit Spanien assoziativ aufgerufen. Dies zeigt sich etwa in Richard Braines (nicht zum Korpus gehörenden) *Serious Advice to Bonaparte* (1803):[15]

6 Though I fear not this *proud fellow*'s *bluster*;
7 Not his Armada great, which *rides in such state*,
8 Nor all the *proud* Dons he can muster

BRAINE 1976 [1803]: 297, Hervorhebungen nicht im Original.

Die Schlacht gegen die spanische Armada (1588) ist im 18. Jahrhundert bereits ein etablierter Topos, der eingesetzt wurde, um England als die protestantische Seemacht zu charakterisieren. Mit dem vernichtenden Schlag gegen die spanische Flotte hatte das protestantische England die Rekatholisierung Europas gebremst (vgl. Klein 2004: 152).

In diesen historischen Bezügen manifestiert sich, dass in der Ballade die Figur des Jack Tar ein zentrales Element im gattungsspezifischen Eigenbild darstellt. Das Sinnbild des Matrosen ist Ausdruck „of a unified national identity

15 *Serious Advice to Bonaparte* erschien 1803 in *The Gentleman's Magazine* (vgl. Bennett 1976a: 297).

and an essential British character, transcending […] regional […] differences" (Quilley 2000: 82). Geoff Quilleys Befund hinsichtlich des Autostereotypes ist hinzuzufügen, dass es in der Ballade zu einer Überschneidung von *Englishness* mit *Britishness* kommt. *Britishness* schreibt hier ein englisches Eigenbild weiter, wobei konkurrierende Identitäten untergeordnet werden, wie es Leerssen für das 19. Jahrhundert in Fortführung einer langen Tradition konstatiert (vgl. Leerssen 2018b: 821).

7.7 *Harmonious Rural England: Anglia jocosa* als nationaler Rückzugsort

Ein ländlich-landschaftlicher Raum stellt in der Ballade das Pendant zum Meer dar. Dieser Raum erscheint nicht als Tabula rasa, sondern ist weitgehend romantisch ‚ausgemalt'. Von zentraler Bedeutung ist in diesem Zusammenhang der Bildkomplex *Anglia jocosa* (*Merry England*), der Bilder und Vorstellungen von erbaulichen, ‚schönen' und angenehm wirkenden Landschaften und Gärten vereint (vgl. Blaicher 2000: 9). „Stolz auf die schöne Landschaft, Besinnung auf die volkstümlichen Bräuche des ‚village green' und auf beliebte mythologische Figuren wie Robin Hood" (ebd.: 63) hat Günther Blaicher als charakteristisch für das *Merry England* der späten Romantik und des beginnenden Viktorianismus identifiziert (vgl. ebd.). Der Frage, inwieweit in der Gattung der Bildkomplex *Merry England* adaptiert wird und dazu beiträgt, *Englishness* zu erzeugen, gilt das weitere Interesse.

7.7.1 Merry England *als* Harmonious Rural England *in gesungenen Balladen*

In *Come, blithe lads and lasses* (1800) wird ein ländliches Leben beschrieben, das Menschen glücklich und zufrieden zu machen scheint. Ein Spektrum von Adjektiven und Substantiven, die in nahezu jeder Zeile Frohsinn und gemeinsame Fröhlichkeit zum Ausdruck bringen, erzeugt dieses Bild. So werden die angesprochenen Burschen und Mädchen vom Sprecher explizit als frohgemut charakterisiert (1). Selbst die personifizierte Erde lächelt (4), und beim Anblick des korngolden strahlenden Feldes fällt das für den Bildkomplex *Anglia jocosa* kennzeichnende Adjektiv *‚merry'* (3). Die goldene Farbe, die dazu beiträgt, ein harmonisches Mensch-Natur-Bild zu entwerfen, wird außerdem von der Sonne verströmt, die die Sicheln der Burschen und Mädchen glänzen lässt und damit das Arbeitswerkzeug wie selbstverständlich in das Bild einfügt (1–2):

1 Come, blithe lads and lasses, while Phoebus so cheerly,
2 Bespangles your sickles away to the fields;

3 The gay golden prospect makes ev'ry heart merry,
4 For smiling abundance the teeming earth yields:
5 At ev'ning each neighbour, with pipe and with tabor,
6 Shall jig it, for Care from our village is flown;
7 Come see mirth and hilarity,
8 Joy and good-humour our industry crown. [...]

14 So jocund let's laugh, then, though Fortune be fickle,
15 Content will our life and its comforts prolong;
16 And sowing, or threshing, or wielding the sickle,
17 Success to the plough be the theme of our song.
18 At eve then each neighbour, & C.

BRITISH SONGSTER 1800: 53–54.

Liegt der Schwerpunkt in der ersten Strophe darauf, die ‚Protagonisten' – eine idealisierte ländliche Bevölkerung und die mit Gaben überbordende Erde – vorzustellen, verlagert sich das Gewicht in der dritten Strophe auf die landwirtschaftliche Arbeit: säen, dreschen, mähen und den Acker pflügen (16–17). Unterstrichen werden die dargestellte Eintracht zwischen Mensch und ländlichem Raum und der zyklische Rhythmus der Arbeit durch die melodisch fließenden Jamben, die Kreuzreime sowie durch die Alliterationen (1, 3, 5, 14) und den Binnenreim in einer Zeile des Refrains (5, 18). Eine Rückkopplung vom Heute ans Gestern erfolgt in *Come, blithe lads and lasses* in der Adressierung der Burschen und Mädchen, in der das Appellative des mündlichen Vortrags überlieferter Balladen nachklingt. Dieses Element ruft Assoziationen von reisenden Bänkelsängern auf, die im Dorf oder auf dem *village green* ihre Balladen zu Gehör brachten. Die Rückkopplung ans Gestern zeigt sich ferner in einer volkstümlich wirkenden Lexik. Wenn etwa die Mädchen als *‚lasses'* (1) bezeichnet werden, spezifiziert dies nicht nur das weibliche Geschlecht. Zugleich transportiert die volks- und altertümliche Konnotation des Begriffs das Stereotyp eines frischen, fröhlichen und kräftigen Landmädchens. Um auf das eingangs skizzierte Selbstbild *Merry England* zurückzukommen, zeigen die bisherigen Überlegungen, dass sich in *Come, blithe lads and lasses* bereits Elemente der Art und Weise finden, wie sich der Bildkomplex *Merry England* während des Übergangs von der Romantik zum Viktorianismus ausformt. Er erhält jedoch eine spezifische Akzentsetzung, weil aus *Merry England* ein *Harmonious Rural England* wird. Der ländliche Raum und seine Bevölkerung erscheinen als Projektionsfläche eines ‚einfachen', kraftvollen wie arbeitsamen und stolzen englischen Selbst.

Dieses *Harmonious Rural England* kann von Text zu Text eine variierende Akzentuierung und eine unterschiedliche Funktion erhalten. In *Pastoral Ballad* (1795) klagt ein junges Bauernmädchen sein Leid, weil sein Liebster es verlassen hat:

4 The first of the May is now near.
5 The Cuckow has utter'd her strain,
6 The Thrush is now heard on each spray,
7 And the Nightingale seems to complaim [sic!],
8 As tho' you my dear Swain were away.
9 What's the Spring, if you keep from my sight?
10 What the sweets of the field and the grove? […]

DELICATE SONGSTER 1795: 141.

Die Vögel – Kuckuck und Drossel – scheinen dem Frühling entgegenzujubilieren (4–6), der Jahreszeit, in der die Natur erblüht, sich die Tiere paaren und die Felder beginnen, Frucht zu tragen. Dieses Bild ländlicher Naturidylle steht konträr zur Situation des Mädchens, dem das Liebesglück verwehrt bleibt (8). Allein die symbolträchtige Nachtigall klagt das Leid des Mädchens (7), das sich nach seinem Bauernburschen sehnt. Trauer und Anklage, die in den Zeilen zum Ausdruck kommen, sind jedoch in die Harmonie zwischen Mensch und Natur eingebunden. Der ländliche Raum, der das Mädchen beheimatet, wird zum Spiegelbild der Seele und bietet alle Chiffren, um Emotionen – die des Glücks und der Klage – zu artikulieren. Dieser Raum erhält – ähnlich wie in *Come, blithe lads and lasses* – einen zeitlosen Charakter, der eher an eine nicht spezifizierte Vergangenheit als an die Gegenwart anknüpft.

Anders als in den bisher analysierten Balladen bieten die beiden zuletzt betrachteten auch Repräsentationen von Weiblichkeit. Diese Repräsentationen unterscheiden sich jedoch signifikant von jenen im romantischen Reisebericht und in der *Gothic novel*. In den Prosagattungen ist Weiblichkeit, wenn auch in unterschiedlicher Form, letztlich mit Sittsamkeit und einem Sich-Zurücknehmen assoziiert. Gegenläufig verhält es sich in Balladen mit einem volkstümlichen Sujet. Mädchen und junge Frauen sind hier ein aktiver Part im sozialen Miteinander. Gemeinsam mit Männern gehen sie körperlicher Arbeit nach, und Ihre Emotionen dürfen durchaus ein sexuelles Begehren einschließen. Thematisiert findet sich das weibliche Interesse am männlichen Geschlecht auch in *A Favourite Ballad* (1790). Der Sprecher entwirft in stereotyper Weise die möglichen Liebhaber junger Mädchen, so in Zeile neun den schneidigen Soldaten „red coat“, in Zeile 13 den Gecken „the Coxcomb“ und in Zeile 21 schließlich den ehrlichen Burschen „the lad who is honest and kind“

(Billington Songster 1790: 380–381). Bereits in der ersten Strophe werden die jungen Mädchen als an einer Liebschaft interessiert beschrieben. Ihr Erröten (5) wird nicht als Zeichen weiblicher Unschuld und Bescheidenheit verstanden, sondern eher als Teil eines Rollenspiels mit den gegenseitigen Erwartungen der Geschlechter.

1 COME, lasses, and list to my song,
2 A good matrimonial receipt;
3 In choosing you'll never be wrong,
4 I'll mark you the lover complete: –
5 For, 'spite of your blushes, I know
6 A lover is never amiss;
7 The lass that's most apt to say – No,
8 Is sometimes inclin'd to say – Yes [...]

EBD.: 380.

Bilder eines *Harmonious Rural England* entstehen auch in Balladen, die zwischen Volks- und Kunstballade changieren. Das lyrische Ich in John Clares *Song* (1821) fühlt sich ganz im Einklang mit der ihn umgebenden Natur. „ONE gloomy eve I roam'd about" (Clare 1821: 120), heißt es in der ersten Zeile, und nach einer Schilderung der Umgebung fährt der Bauernbursche in Zeile fünf fort: „And soothing was the scene to me" (ebd.: 121). Die alternierenden vier- und dreihebigen Jamben tragen hier zum hüpfenden Charakter der Ballade bei und unterstützen auf formaler Ebene das harmonische Mensch-Natur-Empfinden. Auch bei Clare stellt die arbeitende Landbevölkerung die Protagonisten. Allerdings ist es hier nicht das Herz eines Mädchens, das durch das andere Geschlecht aus dem Gleichgewicht gebracht wird. Vielmehr lässt sich die Ballade als „love lyric for an absent and idealised female figure" (White A. 2017: 56) lesen, denn es ist die vorbeilaufende Milchmagd Nelly, die das Herz des Bauernburschen in Unruhe versetzt.

13 One careless look on me she flung,
14 As bright as parting day;
15 And like a hawk from covert sprung,
16 It pounc'd my peace away

CLARE 1821: 121.

Eine Verwebung des Bildkomplexes *Anglia jocosa* mit der zeitgenössischen Situation, die 1803 bereits durch die Konflikte mit dem Napoleonischen Frankreich geprägt war, findet sich in *The Ploughman's Ditty* (1803):

10 Shall my garden so sweet,
11 And my orchard so neat,
12 Be the pride of a foreign oppressor? […]

19 I've a dear little wife,
20 Whom I love as my life; […]

46 King, Church, Babes and Wife,
47 Laws, Liberty, Life,--
48 Now tell me I've nothing to loose […]

ANON. 1976 [1803a]: 314–315.

Die Schlüsselbegriffe ‚Garten' und ‚Obstgarten' (10–11) sowie die geliebte Ehefrau als Sinnbild eines romantischen Familienglücks (19–20 und 46) indizieren den Bildkomplex. Geschützt scheint das Familienglück durch die Verfassung, den König und die Kirche, die ebenfalls gegen die feindliche Macht verteidigt werden müssen (46–47). In Zeile 40 der Ballade wird deutlich, dass es sich bei dieser Macht um Frankreich und Napoleon – „Shou'd *Boni* come now" (ebd.: 315) – handelt.

7.7.2 *Die Kunstballade als literarische Erinnerungsstätte eines verlorenen* Harmonious Rural England

Pittoreske Landschaften, in denen eine idealisierte, naturverwachsene Landbevölkerung figuriert, gehören zu den wiederkehrenden Bildern der avantgardistischen Kunstballade der Epoche. Sie artikulieren eine dialektische Spannung, denn sie lassen sich als Wunschbild einer verlorenen Mensch-Natur-Harmonie lesen, in dem die Silhouette der ausgeblendeten sozioökonomischen Umwälzungen, eben weil sie ausgeblendet wird, deutlich durchscheint. *We are Seven* (1798) porträtiert ein kleines Bauernmädchen, dessen äußeres Erscheinungsbild bereits auf sein mit der Natur in Einklang stehendes Wesen hinweist:

7 Her hair was thick with many a curl
8 That cluster'd round her head.

9 She had a *rustic, woodland air,*
10 And she was *wildly clad*;
11 Her eyes were fair, and very fair […]

WORDSWORTH W. 1976c [1798]: 66, Hervorhebungen nicht im Original.

Die dialektische Spannung zeigt sich auch in dem Verhältnis des Sprechers zu dem von ihm Erzählten. Der gebildete Stadtmensch kann Natur nur auf einer reflexiven Ebene aus der Distanz wahrnehmen. Schließlich ist es der Sprecher, der das Wunschbild entwirft und damit ein Fehlen der beschriebenen Harmonie in sich selbst diagnostiziert. Die in der Natur verwurzelten Menschen nehmen die Harmonie hingegen auf einer intuitiven Ebene wahr. Ähnlich wie das Bauernmädchen erscheinen in *The Idiot Boy* (1798) auch der im Titel eingeführte Protagonist und seine Mutter als Teil der harmonischen Natur:

> 412 By this the stars were almost gone,
> 413 The moon was setting on the hill,
> 414 So pale you scarcely looked at her:
> 415 The little birds began to stir,
> 416 Though yet their tongues were still.
>
> 417 The pony, Betty, and her boy,
> 418 Wind slowly through the woody dale: [...]
>
> WORDSWORTH W. 1976b [1798]: 100.

Kontrastiert werden dieses pittoreske Idyll und das fast symbiotische Miteinander von Mensch und Natur mit der Beschreibung der namenlosen Stadt. Sie steht metonymisch für einen lebensfeindlichen urbanen Raum, der den entwurzelten Menschen umgibt. Verkörpert wird dieser Mensch in *The Idiot Boy* in den Zeilen 269 bis 271 durch einen emotional verarmten Arzt, der angesichts des Verschwindens von Bettys geliebtem Sohn ungerührt bleibt (vgl. ebd.: 95). Die verdichtete lyrische Sprache macht diese Dichotomie von ländlichem versus urbanen Raum auditiv und visuell erfahrbar: Eine unnatürliche Stille kennzeichnet die Stadt – „'Tis silence all on every side" (ebd.: 94), heißt es in Zeile 254 – und die ländliche Geborgenheit verschwindet in artifizieller Geometrie, wie sich in Zeile 255 zeigt: „The town so long, the town so wide" (ebd.). Damit kündigt sich in der Kunstballade an, was John Lucas für Wordsworths autobiografisches Gedicht *The Prelude* (1805) konstatiert und was charakteristisch für die nachfolgenden Jahrhunderte werden sollte:

> The city is therefore somehow not England, and here [...] we have the beginnings of that formulation which becomes increasingly familiar throughout the following two centuries: the heart of England is to be found in rural circumstance (Lucas 1990: 97).

Die Repräsentation pittoresker Lanschaftsräume und der hier verwurzelten Bevölkerung lässt sich als eine Projektionsfläche für die Bedürfnisse einer

Gesellschaft verstehen, die im Wandel begriffen ist.[16] Anders als in den gesungenen Balladen fehlen dem *Harmonious Rural England* in der Kunstballade das ‚Lebendige' und ‚Frische'. Stattdessen wirkt es getrübt, gebrochen und traumartig. Nachgespürt werden kann ihm nur – so scheint es – in einer lyrischen Gattung, die Bilder einer verklärten Volkskultur weckt. Zu diesen Bildern gehört auch die vage Skizze einer mythischen Vergangenheit. Bereits der Titel von Keats' *Robin Hood* (1820) aktiviert auf paratextueller Ebene assoziativ den geläufigen Nationaltopos des normannischen Jochs, der einen festen Erzählstrang im historischen Narrativ der englischen Nation bildet.[17] Keats entwirft ein fast mystisches Bild des mittelalterlichen Vogelfreien, dessen Entschwundensein durch emphatische, onomatopoetische Wiederholungen von „no" bedauert wird:

1 No, the bugle sounds no more,
2 And the twanging bow no more; […]

5 There is no mid-forest laugh […]

KEATS 1973 [1820]: 224.

In der Kunstballade geht es also um die Erinnerung an ein verlorenes *Harmonious Rural England*. Es handelt sich in erster Linie um das Erinnern des gebildeten Stadtbürgers, denn dieser tritt als Sprecher auf. Anders als die Landbevölkerung, die sowohl in der Kunstballade als auch in den als Liedtext intendierten Balladen im *Harmonious Rural England* zuhause ist, scheint dem Stadtbürger dieser nationale Rückzugsort entglitten zu sein. Dass die Kunstballade jedoch nicht nur als bürgerliche, sondern auch als nationale Erinnerungsstätte zu verstehen ist, zeigt sich beispielsweise in Keats *Robin Hood*. Aufgerufen wird hier ein Nationalheld, der im frühen 19. Jahrhundert noch nicht eindeutig ‚gentrifiziert' war.

---

16 Hierin lässt sich eine Parallele zur *Invasion novel* des 20. Jahrhunderts beobachten: Diese entwirft eine „*unspoilt Englishness*" (Spiering 1992: 164), die sich zeitlich und räumlich in „the past and the country" (ebd.) ausformt. In dieser Konstruktion von Zeit und Raum artikuliert sich die Angst vor dem Verlust nationaler Identität angesichts eines Jahrhunderts, das durch soziale Verwerfungen, einen scheinbaren Sittenverfall und eine zunehmende Urbanisierung gekennzeichnet ist (vgl. ebd.: 162–163).

17 Seit Scotts *Ivanhoe* (1819) erfuhr Robin Hood eine explizite nationale Zuschreibung, die ihn mit dem Topos des normannischen Jochs verknüpft, der zentral für ein englisches Eigenbild ist (vgl. Knight 2006: 154–155).

7.8 Die funktionale Rückkopplung: die Gattung als Plattform von Sozialkritik und pointierter Meinungsäußerung

Die avantgardistische Kunstballade transportiert, wie in der vorausgegangenen Diskussion bereits anklang, eine soziale und damit auch eine politische Kritik.

> Many of the *Lyrical Ballads* […] explore the divergence between idealized versions of the nation and its people and the often unpleasant reality of that nation and those people (Garrett 2008: 72).

In den betrachteten Balladen von Wordsworth und Keats handelt es sich um eine Kritik an der wandelbedingten Entfremdung des bürgerlichen Individuums von der Natur. Eine weit konkretere Anklage äußern die *Lyrical Ballads* in Gedichten, die die Politik des *enclosure* thematisieren, mit der öffentlicher Weidegrund privatisiert und als Konsequenz die Landbevölkerung in die Armut getrieben wurde (vgl. Casaliggi/Fermanis 2016: 52). Die *Lyrical Ballads* stehen damit in einer langen Tradition. "The use of poetry and ballads to comment on social and economic conditions was not new to the eighteenth century" (Ganev 2009: 42). Eine Kunstballade, die soziale Missstände in der großstädtischen Sphäre thematisiert, ist William Blakes *London* (1794). Das Dichter-Ich unternimmt hier einen Streifzug durch die vom Elend gezeichneten Straßen der Hauptstadt, die Pars pro Toto für England steht. Es prangert Kinderprostitution (13–14) an und im Rückgriff auf das zum Stereotyp geronnene Bild des Kaminfegerjungen (vgl. Heywood 2001: 121) Kinderarbeit (9) sowie die menschenunwürdige Situation der Soldaten (11).

1 I wander thro' each charter'd street, […]

8 The mind-forg'd manacles I hear
9 How the Chimney-sweepers cry […]

11 And the hapless Soldiers sigh […]

13 But most thro' midnight streets I hear
14 How the youthful Harlots curse
15 Blasts the new- born Infants tear […]

BLAKE 1970 [1794]: Plate 46.

In der Anklage finden sich auch Hinweise auf die Verursacher des Elends: „mind-forg'd manacles" (8) ist, wie die Forschungsliteratur verschiedentlich festgestellt hat, ein zeitgenössischer Code, der auf das hannoversche Herrschaftsregime deutet (vgl. Freeman 2017: 152). Eine direkte Verbindung zur politisch radikalen Bewegung der Zeit stellen die Worte „each charter'd street" (1) dar, die auf das rücksichtslose wirtschaftliche Nutzbarmachen ungeschminkt hindeuten, wie es auch Thomas Paine in *Rights of Man* kritisch zur Sprache bringt. "Tom Paine was an important influence on the poem, whose *Rights of Man* refers to the aristocracy's chartering of towns" (ebd.). Mit diesem Anschluss an die radikale politische Bewegung und ihren intellektuell leitenden Persönlichkeiten spannt die hochkomplexe Kunstballade *London* einen Bogen zu den ästhetisch und literarisch weit weniger gehaltvollen politischen Balladen, die zum gemeinsamen Singen intendiert waren. In diesen spiegeln sich die politischen Haltungen – eine radikale und eine konservative –, die im Zusammenhang mit dem politischen Essay umrissen wurden. Anders als bei der Prosagattung wird die politische Haltung allerdings in weit knapperer Form und durchgängig in pointiert-satirischer Weise bekundet. So thematisiert *A Sheepsheering Song* (1795) die hohe Besteuerung gering verdienender Bevölkerungsgruppen und die Selbstbereicherung der herrschenden Klasse. Damit knüpft diese Ballade an mittelalterliche Vorläufer an, in der nicht nur Neuigkeiten von den reisenden Bänkelsängern verkündet wurden, sondern auch politische Missstände öffentlich zur Sprache kamen.

1 COME to a song of rustic growth
2 List all my jolly hearers,
3 Whose moral plainly tends to prove
4 That all the world are sheerers,
5 How *shepherds* sheer their silly sheep,
6 How *statemen* sheer the state,
7 And all when they can sheer no more
8 Are sheer'd themselves by fate

THELWALL 1795a: 190.

Der Rhythmus, der durch Wiederholungen und Alliterationen entsteht, die einfache Lexik und die zugängliche Metapher verleihen der Aussage der Ballade Eingängigkeit. Leicht dechiffrierbare rhetorische Figuren zeichnen auch andere Balladen aus, die eine sozialkritische oder politische Botschaft transportieren. Eine prominente Rolle übernimmt hier das Wortspiel, das beispielsweise in Thomas Hoods (nicht zum Korpus gehörender) *Faithless Nelly Gray: A Pathetic Ballad* (1826) eingesetzt wird, um in drastisch-ironischen Bildern die Praxis zu kritisieren, Soldaten in den Krieg zu entsenden, ohne ihnen ein parlamentarisches Mitspracherecht zu gewähren (vgl. Stewart 2018: 177–178).

Das Stilmittel des Wortspiels kommt auch in *Pat Riot* (1793) aus *Anti-Levelling Songster*, der einem „vulgar conservatism" (Philp 1995: 42) zuzurechnen ist, zum Tragen. Der ‚Titelheld' ist die schematisierte Verkehrung von John Bull und seiner konservativen Ansichten. Schließlich ist mit ‚Pat Riot' ein Aufrührer gemeint, der sich zwar als Patriot ausgibt, dessen Vaterlandsliebe jedoch nur vordergründiger Natur ist und dessen Pläne und Vorstellungen im zeitgenössischen konservativen Verständnis höchst unpatriotisch sind. An dieser Stelle gilt es, sich ins Gedächtnis zu rufen, dass bereits vor der Romantik Vaterlandsliebe (Amor Patriae) ein geläufiger Topos der Lyrik war (vgl. Leerssen 2018c: 109). Über das Wortspiel mit ‚Patriot' und ‚Pat Aufrührer' – um es frei ins Deutsche zu übertragen – wird bereits auf paratextueller Ebene eine konservative, monarchietreue Grundhaltung artikuliert. Darüber hinaus kündigt das Wortspiel an, dass im Folgenden die zeitgenössischen Radikalen aufs Korn genommen werden, die sich selbst durchaus als ‚echte' Patrioten verstanden.

1 OCH! my Name is PAT RIOT, and I'm never easy
2 For when all is quiet it turns my head crazy;
3 So to kick up a dust, by my soul, I delight in –
4 Then to lay it again – *I fall to without fighting*,
5 CHORUS. – Row, row, row, row, row.

6 Nought but Times *topsy-turvy* suit my Constitution,
7 And all that I want is a *snug* Revolution;
8 Then in *Rank*, and in *Riches*, I'll *equal* my *Betters*,
9 And a long list of *Creditors* change into *Debtors*.–

10 I dare not be *loyal*, for this *loyal* reason –
11 My *Tutor*, TOM PAINE. tells me Loyalty's *Treason* –
12 And PRIESTLEY, [thy] Faith, has shook to its Foundation,
13 So I've no [prosper on] *Earth* but *eternal Damnation*! –

14 In this Plight I've a Plan – tho' it's not ripe for broaching,
15 But between you and me – 'tis a little encroaching,
16 By a *Stroke* – [*Right*] of *Hand* – to surprise all Beholders!
17 I mean to take off the KING'S Head from his Shoulders!– [...]

24 I mean to pull down all old *orthodox Structures*, [...]

34 THE LAW, long establish'd, no *longer* shall bind me!
35 With my FATHER before. or my FATHER behind me,

36 I've nothing to do; then your *bother* pray cease, Sir.
37 I'll *lay down* THE LAW by a *Breach* of the Peace, Sir.

38 Thus the Law and the Gospel I've taken by storm, Sir;
39 Physicians next swallow my Pills of Reform, Sir; [...]

ANTI-LEVELLING SONGSTER I 1793: 10–11.[18]

Pat Riot ist weder mutig und kampfesbereit (4) noch loyal (10). Er möchte die bestehende Gesellschaftsordnung stürzen (24, 39) und – so lassen die Verweise auf Paine und Priestley vermuten (11–12) – eine egalitäre Ordnung etablieren (24), die jedoch de facto den Ruin der Nation bedeuten würde. Mit dem Plan, den König zu enthaupten (17), wird sowohl auf die Französische Revolution als auch auf den englischen Bürgerkrieg im 17. Jahrhundert angespielt. Wie Ludwig XVI. war über hundert Jahre zuvor Charles I. in ähnlicher Manier hingerichtet worden. Eine innenpolitische Standortbestimmung erfolgt in *Pat Riot*, indem führende Radikale, die dem Dissenter-Milieu entstammen – Thomas Paine und der Pfarrer Joseph Priestley – als Aufrührer diffamiert werden (11–12). Indirekt wird so die *Church of England* als religiöse Institution der Nation hervorgehoben.

Konservative Balladen generieren also *Englishness*, indem sie das Festhalten am Tradierten propagieren. Anders verhält es sich in den radikalen politischen Balladen und den Kunstballaden. Hier ist es weniger der Inhalt und dafür die Wahl der Gattung, die eine Rolle spielt. Schließlich führen sie trotz aller Unterschiede die Tradition weiter, die Gattung als Plattform politischer Meinungsäußerung einzusetzen und um Kritik am ‚Eigenen' zu üben.

7.9 Die eingeschriebenen Adressaten: die Ballade als soziales Abbild und die Nation als sozialverbindende Gemeinschaft

Aufgrund der Vielfalt innerhalb der Gattung ist im Hinblick auf die Ballade von einem eingeschriebenen Adressatenkreis zu sprechen. Er umfasst klassisch gebildete Leser, die Anspielungen auf die antike Mythologie verstehen, Matrosen niederen Ranges und politisch aktive Bürger – konservative wie radikal orientierte. Teil des eingeschriebenen Rezipientenkreises sind zudem die Landbevölkerung – Männer wie Frauen – und die avantgardistisch Interessierten der

18 Die in Klammern gesetzten Wörter zeigen an, dass hier die Faksimiles schwer zu lesen sind und einige Buchstaben nicht eindeutig identifiziert werden können. Die Buchstaben wurden hier dem angenommenen Wortsinn entsprechend ergänzt.

Zeit. Eine Verbindung zwischen diesen heterogenen Gruppen wird auf inhaltlicher Ebene erreicht, indem häufig Vertrautes angesprochen wird, das national aufgeladen ist. Die nationalen Stereotype und Topoi weisen den eingeschriebenen Adressaten als englisch aus, denn sie gehören zu einem vor allem englischen Bildgedächtnis. Nur in einem Rezipienten, der mit dem Autostereotyp des John Bull oder dem des Frösche verzehrenden Franzosen vertraut ist und diese zu einem englischen Selbst in Beziehung setzt, können identitätsstiftende Assoziationen intuitiv ausgelöst werden. Neben den Stereotypen sind es die historischen Ereignisse, die aus verschiedenen Schichten des kollektiven Gedächtnisses heraufgeholt werden. Die Balladen setzen hier eine Kenntnis englischer Geschichte und deren Deutung im Sinne der englischen Nation voraus und stellen damit zugleich die Weichen, mit dieser Deutung die Leerstellen in den Texten zu füllen. Erinnert sei etwa an die mittelalterlichen Schlachten, in denen England Frankreich trotz Unterzahl besiegen konnte. Angesprochen ist hier ein englischer Adressat, der – so die Suggestion – mit der Geschichtsdeutung konform geht.

Einen englischen Anstrich erhalten die eingeschriebenen Adressaten in besonderer Weise über Intertexte im weiteren Sinne, denn um 1800 waren Karikaturen als Druckgrafiken und in Form anderer Medien der Populärkultur fast allgegenwärtig:

> Kinderdrucke und Illustrationen in Büchern beschrieben nationale Stereotype ebenso wie Pamphlete, Balladen, *furniture prints* und Karikaturen. Das Thema war also nicht auf politische Karikaturen und damit auf eine gebildete und wohlhabende Schicht beschränkt. Die einfachen Leute lachten über die nationalen Stereotype, und sie konnten nur darüber lachen, wenn sie die Vielzahl der Anspielungen, die Attribute und ihre satirischen Spitzen auch verstanden (Meyer S. 2003: 73–74).

Druckgrafiken, die als konkrete Intertexte dienen, sind die weit verbreiteten Bildsatiren, die auf den Deckblättern der politischen Liedersammlungen abgedruckt sind. Der *Antigallican Songster* zeigt Thomas Rowlandsons *The Contrast* (1792) als Titelbild und reproduziert damit eine Auftragsarbeit aus konservativen Kreisen, die sich beispielsweise auch auf Sammeltassen fand (vgl. ebd.: 42–43 und 48). In ihrer Gegenüberstellung einer ‚englischen' und einer ‚französischen' Freiheit verbindet *The Contrast* die geläufigen nationalen Symbole mit den Schlagworten, die die konservative Haltung in der *revolutionary controversy* zusammenfassen. Ein Baum (möglicherweise die national konnotierte Eiche), unter dem Britannia sitzt, signalisiert Einheit, Tradition und Stabilität. Die Magna Carta und die Waage der Gerechtigkeit erwecken die Suggestion, die englische Verfassung sorge für Gerechtigkeit.[19] Englands bzw. Großbritanniens militärische und wirtschaftliche Stärke wird durch einen Löwen zu Britannias Füßen und durch ein Handelsschiff demonstriert (vgl. Rowlandson 1793). Von der personifizierten französischen Freiheit gehen hingegen, wie ihr Medusenhaupt und die hingerichteten Menschen unmissverständlich klar machen, Tod und Elend aus (vgl. ebd.). Die Begriffe, die sich unter dieser Satire finden, hinterlassen keinen Zweifel über das Urteil, das über England und das revolutionäre Frankreich in *The Contrast* gefällt wird: „Religion, Morality, Loyalty, [...], Independence, Personal Security, Justice, Inheritance, Protection, Property, Industry, National Prosperity, Happiness" (ebd.), ist unter der Darstellung der englischen Freiheit zu lesen. Unter ihrem französischen Pendant finden sich die entsprechenden Antonyme (vgl. ebd.). „WHICH IS BEST?" (ebd.) wird damit zur ironischen Suggestivfrage, die einen beipflichtenden englischen Leser zu implizieren scheint.

Mit den Balladen, die politischen Liedheften entstammen, erschließt sich ein weiterer intermedialer Raum, der Assoziationen bezüglich *Englishness* nahelegt. Den eingeschriebenen Adressaten apostrophiert dieser Raum deshalb als englisch, weil hier ein Vertrautsein mit der zeitgenössischen englischen Populärkultur vorausgesetzt wird. *Song* (1793) aus *Antigallican Songster* soll – so der Vorschlag am Rand des Liedtextes – auf die Melodie von *Hearts of Oak* gesungen werden. Damit wird dieses Lied mit seinem Kontext aufgerufen und zur gegenwärtigen Situation mit Frankreich in Beziehung gesetzt. David Garrick hatte *Hearts of Oak* während des Siebenjährigen Krieges (1756–1763) anlässlich eines erfolgreich abgewehrten französischen Invasionsversuchs verfasst (vgl. Hahn 2008: 71). Diese inoffizielle Nationalhymne verleiht den Worten in *Song* Gewicht. „Of King, Liberty, Laws" (Antigallican Songster Ia: 3), tönt der bekannte wie eingängige Dreiklang in Zeile 6, und in Zeile 9 findet sich dort der Appell: „To defend our Old England" (ebd.). Über das Zusammenspiel mit *Hearts of Oak* richtet sich dieser Appell zur patriotischen Gesinnung an verschiedene Bevölkerungsgruppen.

> [T]hrough the poem's twenty-seven verses are twenty-two first-person plural pronouns that merge the sailor-subject with the officer-speaker and civilian reader (Hahn 2008: 71).

---

19 Dass es sich um die Magna Carta handelt, ist auf dem Deckblatt des *Antigallican Songsters* in der hier verwendeten Ausgabe der *Eighteenth Century Collections Online* nicht erkennbar. Doch auf der Reproduktion des Drucks in Silke Meyers *Die Ikonographie der Nation* ist es klar zu lesen (vgl. Meyer S. 2003: 49).

Ein weiterer intermedialer und zugleich selbstreferenzieller Raum, den die Gattung aktiviert und über den Zusammengehörigkeit suggeriert wird, ist die Ballade selbst. Dies funktioniert paratextuell über den Titel wie in *A Droll Ballad* oder im Gedichtband *Lyrical Ballads*. Auf textueller Ebene ist es die zur Formel erstarrte Ansprache, mit der eine Reihe der Texte zum Zuhören einlädt.

7.10 Resümee: die Ballade als polyphoner patriotischer Chor der Nation

Die Analyse der romantischen Ballade hat gezeigt, dass in dieser ansonsten heterogenen Gattung Schablonisierung ein verbindendes Element ist, das auf herausragende Weise zum Erzeugen von *Englishness* beiträgt. Die Schablonisierung bezieht sich hier gleichermaßen auf Topoi, personifizierte Auto- und Heterostereotype wie auf die Darstellung von Räumen. Abweichend von den bisher betrachteten Gattungen spielen hier Autostereotype eine Rolle, die ein mythologisch verwurzeltes, historisches Kontinuum der Nation suggerieren, explizit ‚untere' Bevölkerungsschichten mit einbeziehen und eine Verbindung von Meer und Land als sich ergänzende nationale Territorien herstellen. Der Topos eines verklärten und unspezifischen Mittelalters sowie dessen ebenfalls im Vagen belassene Minne- und Ritterkultur evozieren die Vorstellung einer nebulösen Vorzeit der Nation.

Autostereotype sind die unterliegenden Strukturen, auf denen geschichtsträchtige Nationalhelden gestaltet sind. John Bull, der zupackende Festlandbewohner, und Jack Tar, der die Seemacht England vor Angriffen schützt, transportieren wie die Nationalhelden einen Wertekanon. Mut, Ehrlichkeit, Loyalität, Aufopferungsbereitschaft und das Eintreten für eine konservative, hierarchische und zugleich als freiheitlich empfundene Gesellschaftsordnung werden mit *Englishness* assoziiert. Aufgrund der tragenden Rolle der beiden Autostereotype erhalten ‚untere' Bevölkerungsgruppen nationale Identifikationsfiguren, und sie werden als existenziell für eine funktionierende Nation präsentiert. Darüber hinaus suggerieren die genannten Autostereotype eine gewisse historische Kontinuität der Nation. Eine scharfe Konturierung erfahren diese Autostereotype durch Heterostereotype, wobei der Schwerpunkt hier auf Frankreich liegt. Balladen, die die kriegerischen Konflikte Englands – historische wie zeitgenössische – thematisieren, erschließen das Meer als nationales Territorium. Über Balladen, die ein ländliches Milieu pittoresk-verzerrt porträtieren, werden auch ein ländlicher Raum und die dort lebende Bevölkerung in die nationale Gemeinschaft inkorporiert. Es ist hier der Bildkomplex *Anglia jocosa*, der in seiner gattungstypischen Ausprägung als *Harmonious Rural England* einen idealisierten ländlichen Raum englisch konnotiert. Die

Kunstballade beweint dessen Verlust und schafft damit der Gegenwart eine scheinbar friedvolle, harmonische Vergangenheit. Eine historische Rückkopplung und die Vorstellung der englischen Nation als Kontinuum erfolgen in der Gattung über das stichwortartige Aufrufen vergangener Schlachten. Einen mittelbaren, aber deshalb nicht minder gehaltvollen Beitrag, dieses gattungstypische Eigenbild zu entwerfen, leisten rhetorische Figuren – Wortspiele, die bildhafte Sprache, Anaphern und Alliterationen – sowie formale Elemente – Versmaß, Reimschemata und Refrain. Eine Funktion übernimmt außerdem der jeweilige Ton, der in den Texten mitschwingt. Dieser lässt die dargestellten Ereignisse und Figuren heroisch-tragisch oder komisch erscheinen.

Im Zusammenspiel lassen die genannten Elemente die Gattung zu einem polyphonen Chor werden, der auf patriotische Weise die englische Nation ‚herbeisingt'. Die anklagenden und polemischen Töne, die in gesellschaftskritischen Kunstballaden und Balladen, die politisch radikale Botschaften transportieren, recht eindringlich anklingen, sorgen hier für eine gewisse Dissonanz. Diese wirkt aber deshalb integriert, weil trotz des revolutionären Gehalts der Texte über die Wahl der Ballade als Ausdrucksform ein Anschluss an das nationale Kollektiv vorgenommen wird. Zu berücksichtigen ist hier, dass die Gattung Ballade bereits in früheren Epochen als Sprachrohr politischer Meinungsäußerung diente. Das paratextuelle Geflecht und die epochentypische Selektion überlieferter Balladen unterstreicht eine im Nebulösen und Wunderbaren verhaftete Vorzeit der Nation, wie sie auch in der Gattung selbst erzeugt wird. Damit bieten die Gattung und ihre romantikspezifische Interpretation einen entlastenden Kontrapunkt für die von der Aufklärung entzauberte Welt. Die romantische Balladenrezeption erschließt so die Möglichkeit, das durch die Aufklärung entstandene Sinnvakuum im Anderson'schen Sinne mit der Nation zu füllen (vgl. Anderson 2006: 11).

KAPITEL 8

Das Verhältnis von Gattung und Nation in der englischen Romantik: Synthese und Ausblick

> For the literature of England, an energetic developement of which has ever preceded or accompanied a great and free developement of the national will, has arisen as it were from a new birth. [...] [O]ur own will be a memorable age in intellectual achievements, and we live among such philosophers and poets as surpass beyond comparison any who have appeared since the last national struggle for civil and religious liberty. The most unfailing herald, companion, and follower of the awakening of a great people to work a beneficial change in opinion or institution, is Poetry (Shelley P. 2002 [1840]: 535).

In *A Defence of Poetry* formuliert Shelley in pathetisch verbrämter Sprache das Substrat des romantischen Verständnisses von Literatur und Imagination. Er definiert Dichtung (*poetry*) zunächst ganz allgemein als Ausdruck der Imagination, also als Ausdruck jener Kraft, mit der der Dichter einen gottgleichen Schöpfungsakt vollbringen kann. Diesen literarischen Schöpfungsakt assoziiert Shelley mit der Nation, mit ihrer Bevölkerung und Geschichte. So ist es die Dichtung bzw. – in einem erweiterten Verständnis dieser – die Literatur, die ein ‚großartiges' Volk in seinem ‚Erwachen' begleitet. Bei Shelley ist dieses ‚Erwachen' romantisch verklärt, denn er zeichnet die Nation als Kollektivindividuum, das zu sich selbst findet und sich seiner bewusst wird. Dieses Zu-sich-selbst-Finden und Sich-bewusst-Werden ist untrennbar mit der Vorstellung von der Freiheit der Nation verbunden. Damit findet sich in der kurzen Passage aus *A Defence of Poetry* die für die Romantik kennzeichnende Beziehung zwischen Literatur und Nation kondensiert.

Diese Beziehung hat die vorausgegangene Untersuchung in folgende Fragestellung übersetzt: Wie sieht die jeweilige Erscheinungsform eines englischen Eigenbildes im politischen Essay, im Reisebericht, in der *Gothic novel* und in der Ballade aus und welche Eigenschaften werden jeweils mit *Englishness* assoziiert? Welche Elemente der jeweiligen Gattung leisten dazu unmittelbar oder eher mittelbar einen Beitrag und wie wirken diese Gattungselemente zusammen? Die Fallstudie hat aufgezeigt, dass in den vier Gattungen nicht ein und dasselbe englische Eigenbild entsteht, sondern dass dieses klar erkennbare gattungstypische Ausprägungen erhält. Hier wurden zu jeder einzelnen

 | DOI:10.1163/9789004407787_009

Gattung neue Erkenntnisse gewonnen. Weil das Analyseinstrumentarium der Imagologie trotz aller Differenziertheit nicht ausgereicht hat, ist es im Rahmen der Arbeit substanziell ergänzt worden. Nur so war es möglich, neben den Elementen, die unmittelbar zum Erzeugen von *Englishness* beitragen, auch jene zu erfassen, die einen eher mittelbaren Beitrag leisten. Dies war die Voraussetzung dafür, dass sich die Erscheinungsformen eines englischen Eigenbildes überhaupt in ihrer gattungstypischen Eigenheit nachzeichnen ließen.

Erst ein direkter Vergleich, wie er im Weiteren erfolgt, kann jedoch die gattungsspezifischen Unterschiede herausstellen. Mit einer solchen Synthese der Ergebnisse lässt sich zudem aufzeigen, inwiefern sich die Kernthesen, die in 2.4 formuliert worden sind, verifizieren ließen. Außerdem ist sie die notwendige Basis, auf der sich die Herangehensweise, die im Zusammenhang mit der Fallstudie erarbeitet worden ist, evaluieren und ihr wegweisendes Potenzial für die Imagologie aufzeigen lässt.

8.1 Gattungstypische Erscheinungsformen von *Englishness*

In den vier untersuchten Gattungen erscheint die Nation als positiv besetzte Kraft, die ein Zusammengehörigkeitsgefühl erzeugt. Jenseits dessen ist das nationenbezogene Eigenbild – so eine zentrale Erkenntnis dieser Arbeit – jedoch gattungsspezifisch, und die Eigenschaften, mit welchen *Englishness* belegt wird, unterscheiden sich voneinander. Damit hat sich die erste Kernthese – ein englisches Eigenbild erhält jeweils einen gattungstypischen Zuschnitt – bestätigt.

Im politischen Essay stellt sich die Nation zunächst als politisches Kollektiv dar, das um seine Koordinaten kontrovers streitet. Sie erscheint als eine freiheitliche Gemeinschaft, die sich zwischen Tradition und Vision bewegt und auf eine politisch wie sozial einigende Historie zurückblickt. Der romantische Reisebericht apostrophiert die Nation ebenfalls als freiheitlich und zeichnet sie zudem als gut organisierte Großmacht, in der das Bürgertum die formgebende Kraft darstellt. Als Konsequenz ist *Englishness* mit einem bürgerlichen Wertekanon verschränkt, der gender-spezifische Implikationen birgt. Männliche Stärke und weibliche Reinheit und Tugendhaftigkeit genauso wie Bildung, ein Gefühl zivilisatorischer und machtpolitischer Überlegenheit sowie in geringerem Maße Humor sind hier die englischen Eigenschaften.

In der *Gothic novel* bleibt die Nation einerseits im Vagen und Mittelalterlichen verhaftet, andererseits erhält sie eine aufklärerisch-protestantische Prägung. *Englishness* ist in der Gattung also stark religiös gebunden. Weibliche Sanftmut, Engelsgleichheit und Empfindsamkeit haben ihre männlichen Pendants in christlicher Aufopferungsbereitschaft, Ritterlichkeit und Mut. Die Genderspezifik von *Englishness* unterscheidet sich also in der *Gothic novel* von jener im romantischen Reisebericht. Mythische, in einer verklärten Ritterkultur ankernde Wurzeln, die sich zu konkreten historischen Strängen verdichten, zeichnen in der Ballade die Nation aus. Zentral im englischen Eigenbild ist hier das Selbstverständnis, sowohl eine wehrhafte Seefahrernation als auch eine harmonische, polyphone Gemeinschaft zu sein. Im Unterschied zu den Prosagattungen entstammen die gestaltenden Akteure einem breiten sozialen Spektrum. *Englishness* ist mit Ritterlichkeit, militärischer Überlegenheit, harmonischer Naturverwachsenheit, Geschichtsbewusstsein und der Fähigkeit zum Humor belegt.

Um die Nuancierungen in den zunächst schlagwortartig zusammengefassten Erscheinungsformen von *Englishness* nachzeichnen zu können, gilt es, diese noch einmal aufzufalten. Im politischen Essay finden sich zwei Ausformungen des nationenbezogenen Eigenbildes, die wie zwei antithetische Pole zueinander stehen, jedoch desselben Ursprungs sind. In der konservativen Ausformung ist die Nation hierarchisch organisiert, traditionell ausgerichtet und ablehnend gegenüber jeglicher Art politischer wie gesellschaftlicher Veränderung. ‚Traditionell' wird dabei nicht als Synonym von ‚rückwärtsgewandt' verstanden. Vielmehr erscheint die Tradition – das gewachsene parlamentarische System und die bestehende hierarchische Gesellschaftsordnung – als Garant dafür, dass die Nation sozial geordnet weiter gedeihen kann und sich nicht, wie angeblich Frankreich, durch revolutionäre Umwälzungen selbst zersetzt. In radikalen politischen Essays gewinnt die Nation als visionäre Gemeinschaft Gestalt, die in einem veränderten, d. h. republikanischen und demokratischen Selbstverständnis in die Zukunft schreitet, ohne dabei ihre historisch-mythologischen Wurzeln zu ‚vergessen'.

Diese beiden Varianten haben ihren Ursprung in der politischen Auseinandersetzung, die in der Gattung die Nation, ungeachtet der jeweiligen Ausprägung, zu einer politischen Gemeinschaft macht. Diese Gemeinschaft stellt ein historisches Kontinuum dar, das sich auf eine – um Jan Assmanns Metapher noch einmal aufzugreifen – gemeinsam bewohnte Vergangenheit gründet. Die roten Fäden im nationalen Narrativ der Vergangenheit, um die eine Aura des Mythischen geflochten wird, sind die normannische Eroberung (1066) und der mit ihr assoziierte Mythos des normannischen Jochs, die Glorreiche Revolution (1688/1689) sowie eine nicht näher ausgeführte Verfassungsgeschichte. Die Gruppen, die die Nation tragen und gestalten, sind durch die politische Haltung – eine konservative oder eine radikale – bestimmt. Einerseits sind es die Aristokratie, die *gentry* und das wohlhabende Bürgertum, andererseits sind es die nachstehend genannten Gruppen, die allerdings Schnittmengen miteinander bilden: die religiös-radikalen Dissenter, Handwerker und

Arbeiter sowie die Intellektuellen der Zeit, die auch als Kulturschaffende Epoche machten.

Im romantischen Reisebericht erscheint die Nation konsensuell als eine freiheitliche und republikanische Gemeinschaft, worin sich eine Parallele zu radikalen politischen Essays ziehen lässt. In beiden Fällen wird dem revolutionären Frankreich eine Vorbildfunktion zugeordnet. Frankreich führt vor, so die Vorstellung, dass sich eine Nation erneuern und in sozialer wie parlamentarischer Hinsicht radikal verändern lässt. Der romantische Reisebericht unterscheidet sich hier jedoch in zweifacher Hinsicht von radikalen politischen Essays: Erstens kommt dem revolutionären Frankreich eine weniger prominente Rolle zu, zweitens finden sich in einzelnen Texten weitere Nationen, denen eine entsprechende Vorbildfunktion zuerkannt wird. In Shelleys *History* beispielsweise übernehmen die Alpenrepublik Schweiz und der Schweizer Nationalheld Wilhelm Tell eine entsprechende Rolle.

Eine Abweichung gegenüber dem politischen Essay als Gesamtheit liegt deshalb vor, weil im romantischen Reisebericht die Nation nicht als kontroverse, sondern als harmonische Gemeinschaft erscheint. Im Gegensatz zu den drei anderen untersuchten Gattungen ist darüber hinaus ein selbstbewusstes, gebildetes, aber nicht unbedingt wohlhabendes Bürgertum die gestaltende Kraft in der nationalen Gemeinschaft. Die herausragenden Merkmale des Bürgertums und damit der Nation sind hier Effizienz und ein Wertekanon, der geschlechtsspezifische Akzentsetzungen aufweist. Erstere Eigenschaft manifestiert sich in einer gut funktionierenden Administration. ‚Englische Männlichkeit' zeigt sich in ‚aufrechter' Stärke und in dem Vermögen, den Staat zu organisieren. ‚Weibliche Reinheit' artikuliert sich in einer Kontrolle des Körpers, die sich auch im äußeren Erscheinungsbild spiegelt. Der bürgerlich-nationale Wertekanon ruht – so die Suggestion – im besonderen englischen Vermögen, das Transzendente in der Natur zu erkennen. Dem liegt die Vorstellung zugrunde, dass in monumentalen Landschaften – hohen Bergen oder tiefen Schluchten – der Mensch dem Erhabenen ausgesetzt ist, worin sich Gott den Menschen offenbart. Der Hegemonieanspruch Englands, der in der Gattung indirekt formuliert wird, zeigt sich in einem alles erfassenden englischen Blick, dem ‚English eye', mit dem das englische reisende Ich, das ‚English I', den Raum des national Anderen im Sinne der englischen Nation ästhetisch auflädt. Das Protestantische als Eigenschaft von *Englishness* lässt sich im romantischen Reisebericht ebenfalls feststellen. Es spielt aber eine untergeordnete Rolle und tritt vor allem in solchen Texten hervor, die Reisen in katholische Länder schildern.

In der *Gothic novel* ist das religiöse Element dasjenige, das das nationale Eigenbild dominiert. Eine detaillierte Ausgestaltung des Protestantismus als englisch konnotierter Konfession und damit des nationalen Eigenbildes lässt sich jedoch nicht feststellen. Es fehlen auch jegliche Verweise darauf, dass der Protestantismus um 1800 in England keineswegs homogen war, sondern protestantische Gruppen, die sich klar von der *Church of England* wie von der Monarchie distanzierten, für sozialen Sprengstoff sorgten. Im Unterschied zum romantischen Reisebericht konzentriert sich in der *Gothic novel* der Aspekt des Zivilisatorischen auf das menschliche, aufgeklärte wie empfindsame Mitfühlen, das hier die Basis der Familie wie der Gesellschaft ist. Gerade weil das Aufklärerisch-Protestantische in der *Gothic novel* nur indirekt Gestalt gewinnt, erhält die englische Nation scharfe Konturen, während das, was sie im Detail ausmacht, diffus und interpretatorisch dehnbar bleibt. Es erscheint als Verkehrung des national Anderen, das als stereotyp katholisch, dunkel, mittelalterlich und menschlich entgrenzt charakterisiert wird. Ausgearbeitet findet sich der Aspekt des Aufgeklärten, Menschlichen und des Mitfühlens dennoch eindeutig in einzelnen Texten, wie beispielsweise in Radcliffes *The Romance of the Forest.* In diesem Roman bieten ein von Güte durchströmter protestantischer Pfarrer und seine Familie, zu der auch eine naturwissenschaftlich forschende Tante zählt, der Protagonistin ein zeitweiliges Zuhause.

Ähnlich wie im politischen Essay (aber anders als im romantischen Reisebericht) wird in der *Gothic novel* die Nation historisch verwurzelt. Im Unterschied zum politischen Essay lassen sich hier jedoch keine klaren ‚Meilensteine' identifizieren, wie die normannische Eroberung oder die Glorreiche Revolution. Stattdessen wird die Nation mit der Aura einer dem Greifbaren entrückten Vergangenheit umhüllt, die Raum für ganz unterschiedliche Assoziationen lässt. Eine kulturelle Verortung, die mit der historischen verschlungen ist, stellt die Traditionslinie der Romanze dar, die in der *Gothic novel* fortgeschrieben wird. Sie stellt die *Gothic novel* in einen nationalliterarischen Diskurs, stand die Romanze während der englischen Romantik doch im Zentrum des national-antiquarischen Interesses. Konnektoren sind sowohl der Figurentypus der verfolgten Unschuld, anhand dessen die Heldinnen in der *Gothic novel* modelliert sind, als auch eine im weitesten Sinne mittelalterliche Kulisse, vor der sich die Handlung entspinnt. In diesem narrativen Rahmen gestaltet die Gattung in chiffrierter Weise die zeitgenössische Sorge, Frankreich könne tatsächlich eine Invasion wagen. Gerade weil sie Vergangenheit und Gegenwart verschränkt, lässt sich die *Gothic novel* – wie im entsprechenden Resümee ausgeführt – als Therapeutikum gegen nationale Ängste lesen. Es sind der Plot und der Figurentypus der verfolgten Unschuld, die das Narrativ einer verfolgten Nation repräsentieren, einer Nation, die allen Widersachern zum Trotz gestärkt aus ihren Prüfungen – d. h. den tatsächlichen Konflikten mit Frankreich und auch Spanien, die die vorausgegangenen Jahrhunderte geprägt hatten – hervorgegangen ist.

Eine Anknüpfung an die Gegenwart lässt sich auch in dem Wertekanon erkennen, den die *Gothic novel* als englisch ausweist. Vor allem in den als weiblich apostrophierten Attributen sanftmütig, fragil und empfindsam ist ein bürgerliches Weiblichkeitsideal zu sehen, wie es sich schließlich im 19. Jahrhundert verfestigte. In einer ‚männlichen' Ritterlichkeit finden sich Elemente eines tradierten Selbstbildes, in dem zwar eine aristokratische Konnotation mitschwingt, das aber mit den Elementen einer paternalistischen Fürsorge und einem romantischen Liebesideal eine klar bürgerliche Akzentuierung erhält. Mit diesen bürgerlichen Werten ist eine Parallele zum romantischen Reisebericht gegeben. Zu betonen ist allerdings, dass die Werte nicht ganz deckungsgleich sind und in ihrer Interpretation verschiedene Akzente gesetzt werden. Liegt im romantischen Reisebericht der Schwerpunkt einer ‚englischen' Weiblichkeit auf körperlicher und moralischer Sittsamkeit, wird der Aspekt des Moralischen in der *Gothic novel* bis ins Sakrale gesteigert. Dies zeigt sich auch an einer ‚englischen' Männlichkeit. Sie ist in der *Gothic novel* mit der Fähigkeit zur Aufopferung verschränkt, die im romantischen Reisebericht gänzlich fehlt.

Die romantische Ballade ist die einzige Gattung im untersuchten Korpus, die verschiedene soziale Gruppen in die Nation integriert und diesen außerdem eine aktive, gestaltende Rolle zuweist. Zum festen nationalen Personal gehören der Matrose, der für die Verteidigung der Seefahrernation auf den Meeren zuständig ist, der zupackende John Bull und eine idealisierte Landbevölkerung, die die Nation als *Harmonious Rural England* apostrophiert. England als Seefahrernation und als *Harmonious Rural England* sind hier keine konkurrierenden Modelle, sondern ineinander verschränkte Pole eines englischen Eigenbildes.

Ein verklärtes Mittelalter dient in der Ballade als mythologische Projektionsfläche, und ähnlich wie im politischen Essay erhält die Nation Geschichtlichkeit. Allerdings nimmt die Geschichtlichkeit in der lyrischen Gattung eine andere Form an. Bezieht sie sich im politischen Essay auf historische Ereignisse, die mit der englischen Verfassung und dem politischen System assoziiert sind, werden in der romantischen Ballade kriegerische Erfolge angesprochen. Im Zentrum stehen Auseinandersetzungen mit Frankreich, beispielsweise die Schlacht von Crécy (1346). Infolgedessen kann die Nation im Unterschied zu den anderen drei Gattungen hier auf nationale Helden zurückblicken, so auch auf den Herzog von Marlborough, der in der Schlacht von Blenheim (1704) die Truppen gegen Frankreich führte. Solche Helden braucht und hat die Nation auch in der Gegenwart des frühen 19. Jahrhunderts in ihren Auseinandersetzungen mit dem Napoleonischen Frankreich.

In der Gattung erscheint die Nation nicht als homogene Gemeinschaft, wie im romantischen Reisebericht oder in der *Gothic novel*, dennoch wirkt sie gewachsen und stabil. Die verschiedenen Gruppen, die sie beheimatet, werden zu einem polyphonen, aber harmonischen, nationalbewussten Chor. Sozial- und politisch kritische Töne erscheinen deshalb integriert, weil die Ballade während der englischen Romantik national stark aufgeladen war. Wurde sie als Form gewählt, um Kritik zu äußern, stellte man sich damit nicht außerhalb der Gemeinschaft, vielmehr wurde an eine nationale Tradition angeknüpft, die bereits Jahrhunderte bestand.

8.2 Die epochale Farbpalette und die gattungstypischen Pinselstriche: unmittelbare und mittelbare Erzeugungsverfahren von *Englishness*

Alle Erscheinungsformen eines englischen Eigenbildes, wie sie bisher zusammengefasst wurden, sind – um die Bild-Metapher weiterzuspinnen – mit den Farben gemalt, die die Romantik als Epoche zur Verfügung stellt. In Bezug auf die Nation sind dies tradierte oder an die Zeitgeschichte angepasste nationale Stereotype und Topoi, das Konzept ‚Nationalcharakter' sowie die Klimatheorie. Kenntnisse über die nationale Geschichte und die europäische Zeitgeschichte, namentlich die Französische Revolution, gehören ebenfalls dazu. Gleiches gilt für ein Wissen um die spannungsgeladene politische Arena und die sozialen Verwerfungen der Epoche, wie die Kontroverse um das Wahlrechtssystem und die Politik des *Enclosure*. In ideengeschichtlicher Hinsicht befinden sich in der romantischen Farbpalette die ästhetischen Konzepte des Erhabenen, des Pittoresken und das der Imagination sowie eine Überhöhung der Natur und des vermeintlich Natürlichen. Teil ist auch das Schwelgen im Emotionalen und im Mitfühlen, das der Bewegung der Empfindsamkeit entspringt. Intertexte und formale Konventionen der Lyrik als Elemente eines breit gefächerten kulturellen Wissens zählen ebenfalls dazu. Das Schauerliche, das Groteske und das Abgründige sind die dunklen Töne, die die Romantik bereitstellt.

In den vier Gattungen wird – wie die Untersuchung gezeigt hat – nicht jeweils die gesamte Farbpalette, sondern nur eine Auswahl ‚genutzt'. Es ist zudem der gattungstypische Pinselstrich, der die jeweilige Erscheinungsform des englischen Eigenbildes entwirft und der durch die verschiedenen Gattungselemente bestimmt ist. Der Pinselstrich der *Gothic novel* verschränkt beispielsweise das Plotmuster der verfolgten Unschuld mit dem Abgründigen und Nationalen. Die Techniken der Rhetorik, die im politischen Essay die Rezipientenadressierung charakterisieren, sind in der Gattung daran beteiligt, *Englishness* zu zeichnen.

Die weitere Synthese der Forschungsergebnisse wendet sich zunächst denjenigen Elementen oder Aspekten von Gattungen zu, die klar sichtbar eine

Nation oder scheinbare nationale Eigenheiten repräsentieren. Auf diejenigen Elemente und Verfahren, die nicht oder nicht offen sichtbar national konnotiert sind, wird im Anschluss gesondert eingegangen. Hier zeigt sich, dass die Analyse auch die zweite und dritte Kernthese bestätigt hat, die noch einmal gerafft ins Gedächtnis gerufen werden sollen: Erst im Zusammenspiel verschiedener Elemente entsteht das gattungstypische Eigenbild in all seinen Facetten. Neben personifizierten Darstellungen von Nationen oder nationalen Topoi tragen auch solche Elemente von Gattungen mittelbar zum Erzeugen von *Englishness* bei, die in keinem expliziten nationalen Kontext stehen.

8.2.1 *Nationale Stereotype und Topoi: ihre Ausprägungen und Funktionen in den untersuchten Gattungen*

Im politischen Essay finden sich nationale Stereotype in unterschiedlichen Texten eingestreut. In ihrer Gesamtheit dienen sie dazu, den eingeschriebenen Adressaten an die Nation zu binden, da die Stereotype als Teil eines breiteren nationalen Wissensbestandes erscheinen. Jenseits dessen lässt sich keine Funktion erkennen, die sie in der Gattung als Gesamtheit erfüllen. Grund hierfür ist, dass kein Muster zugrunde liegt, nach dem sie eingesetzt werden, und dass zudem die Häufigkeit, in der sie erscheinen, in den Texten variiert.

In konservativen politischen Essays konzentrieren sie sich – so sie vorhanden sind – in der Regel auf Frankreich und können, wie in Burkes *Reflections*, mit einem religiösen, genauer mit einem katholischen Heterostereotyp verschmelzen. Weil das tradierte Stereotyp eines abergläubischen Katholizismus die neuen und – aus konservativer Sicht – illegitimen Machthaber im revolutionären Frankreich repräsentiert, trägt es dazu bei, das sich im Aufruhr befindende Nachbarland negativ zu charakterisieren. In radikalen Essays haben die Stereotype nur einen leichten nationalen Anstrich und sind weit stärker von einem religiösen Element bestimmt. Ihre Funktion ist hier, die Nation nach innen abzustecken. Von Ausnahmen abgesehen, trifft dies nur auf solche Texte zu, die eine Dissenter-Handschrift tragen. Es sind also Texte, in denen die angemahnten innenpolitischen Reformen (wie die Abschaffung der Monarchie und die Erneuerung des parlamentarischen Systems) von einer religiösen Vorstellung abgeleitet werden.

Eine Stereotypisierung bzw. Schablonisierung des national Anderen erfolgt in einzelnen Texten der Gattung, indem Verfahren anderer Gattungen entlehnt werden. So zeichnet Burke mit Techniken der *Gothic novel* Frankreich als *locus terribilis*. Zum Erzeugen von *Englishness* trägt das Frankreichbild (unabhängig davon, ob es negativ oder positiv ist) eher mittelbar bei. Anders als bei einem englischen Autostereotyp, wie beispielsweise dem englischen Gentleman, ist ein englisches Eigenbild erst dann erkennbar, wenn Frankreich entweder als Kontrastfolie oder als Projektionsfläche interpretiert wird. Hierin bestätigt sich der imagologische Konsens, dass jedem Fremdbild bzw. – um in der Terminologie der Arbeit zu bleiben – jedem Bild des national Anderen eine Vorstellung vom national Eigenen innewohnt.

Die Elemente im politischen Essay, die explizit mit dem national Eigenen verbunden sind und zu einem tradierten englischen Selbstbild gehören, sind die folgenden historisch-mythologischen Wissenselemente: die normannische Eroberung (1066), das mit ihr verbundene normannische Joch und die Glorreiche Revolution (1688/1689). Die normannische Eroberung hatte die vermeintliche Ära einer freiheitlichen angelsächsischen Gesellschaft jäh beendet und stattdessen das normannische Joch – eine französische Fremdherrschaft – institutionalisiert. Die Glorreiche Revolution brachte einen neuen Gesellschaftsvertrag zwischen König und Aristokratie mit sich und fixierte die Rechte und Pflichten des Monarchen in der Verfassung. Teil der aktivierten Wissenselemente ist außerdem die Verfassung selbst, wobei es sich hier nicht primär um einen mehr oder minder festgeschriebenen und nachlesbaren Gesetzestext handelt, als vielmehr um eine mit Assoziationen befrachtete Vorstellung von der englischen Verfassung. Diese historischen Wissenselemente tragen deshalb im politischen Essay unmittelbar zum Generieren von *Englishness* bei, weil mit ihnen eine englische Historie konstruiert und außerdem der nationale Topos ‚englische Freiheit' aktiviert wird.

Im romantischen Reisebericht sind explizite Repräsentationen des national Anderen ein fester Bestandteil im Narrativ. In die Gattung sind die nationalen Stereotype in unterschiedliche epische Kleinformen eingewoben und erfüllen jeweils eine leicht veränderte Funktion. Sie finden sich im expliziten Nationenvergleich, in dem das national Andere und das national Eigene als Kontrastpaar mit „binary-opposed character traits" (Beller 2007c: 433) porträtiert wird. Eine andere Form des Vergleichs umreißt ebenfalls das national Andere auf unmittelbare Weise, indem es dieses mit negativen Bildern belegt, in denen Geringschätzung zum Ausdruck kommt. Wenn beispielsweise das national Andere als Tonklumpen charakterisiert wird, der nicht vom prometheischen Feuer erleuchtet worden sei, werden intellektuelle Fähigkeiten in Abrede gestellt. *Englishness* gewinnt hier mittelbar erst dann Gestalt, wenn das englische Eigenbild als positives Gegenstück vorgestellt wird.

Gleiches gilt, wenn das national Andere in schablonisierter Weise in Anekdoten gefasst ist. Weil die Anekdoten Humor erzeugen, wird außerdem *Englishness* mit dem Vermögen zum Lachen, mit der Fähigkeit, sich zu amüsieren, ausgestattet. Nationale Stereotype übernehmen darüber hinaus gemeinsam mit weiteren kulturellen Wissenselementen die Funktion, eine Rückkopplung zum Leser herzustellen. Zu den Wissenselementen, die eine nationale

Konnotation haben, gehören auch die Klimatheorie und die Temperamentenlehre, mit denen um 1800 immer noch angebliche Nationalcharaktere unhinterfragt taxonomiert wurden und die einen Zusammenhang zwischen Wesen und Aussehen von Menschen und ihrer Umgebung postulieren.

In der *Gothic novel* finden sich nationale Stereotype als Element der Figurencharakterisierung, diese sind jedoch von Figurentypen wie dem *Gothic villain*, der verfolgten Unschuld oder dem bösen katholischen Priester überlagert. Es waren auch hier die Klimatheorie und sehr punktuell die Temperamentenlehre, die es möglich gemacht haben, die nationalen und vor allem die englischen Stereotype als solche zu identifizieren. Sie waren der ‚Kompass', mit dessen Hilfe als Südeuropäerinnen bzw. Südeuropäer ‚verkleidete' Engländerinnen und Engländer erkannt werden konnten. In dieser Gattung sind die Figuren als Gegensatzpaare angeordnet, denen das Imagem Norden versus Süden unterliegt. Der sanftmütigen, engelsgleichen, oft blonden und blauäugigen Protagonistin steht eine herrschsüchtige, grausame und sinnliche Antagonistin gegenüber. Der männlichen Helferfigur, in der sich der Typus des christlichen Helden und das Autostereotyp des englischen Gentleman überlappen, ist als Kontrahent der (südeuropäische) *Gothic villain*, der seinen Sinnes- und Machtgelüsten freien Lauf lässt, zugeordnet. In der englischen Interpretation der Klimatheorie ist ein engelsgleiches Gemüt bzw. ein ritterlicher Mann, der sich selbst in den Dienst des Nächsten stellt, eher in einem nördlichen Klima beheimatet. Ein grausamer, zügelloser Charakter hingegen ist den Theorien zufolge im Süden zu finden. Den moralisch korrumpierten Süden repräsentieren auch die als *loci terribiles* gezeichneten Schauplätze, denn sie stellen die Kulisse für den ausschweifenden Lebensstil und die ‚verkommene' christliche Konfession seiner Bewohner. Ein nationales Stereotyp bzw. ein nationaler Topos übernimmt hier eine unmittelbare Funktion in der Charakterisierung des national Anderen. Je nach Roman handelt es sich dabei um ein französisches, ein spanisches oder ein italienisches Anderes. Die Implikationen, die sich hieraus für *Englishness* ergeben, zeigen sich erst, wenn ein englisches Eigenbild als Verkehrung vom Bild des national Anderen wahrgenommen wird. Einige Texte der Gattung, so etwa in Mary Shelleys *Frankenstein* und Ann Radcliffes *The Romance of the Forest*, spielen auf den Topos einer englischen Freiheit an und charakterisieren England damit als freiheitlichen und friedlichen Raum, wobei dieser keine nähere Spezifizierung erhält.

In einer Reihe romantischer Balladen bestimmen Auto- und Heterostereotype ebenfalls die Figurencharakterisierung, allerdings ohne dass diese – wie in der *Gothic novel* – erst über ‚Umwege' als solche identifiziert werden müssen. Die Figuren sind hier klar als Engländer oder im Fall von Heterostereotypen als Franzosen ausgewiesen. Die Eigenschaften, die ihnen zugeordnet werden, müssen nicht herausgeschält werden, sondern lesen sich wie Attribute in Epithetonlexika. Englische Helden werden explizit als mutig und aufopfernd, Franzosen explizit als feige beschrieben. Das Autostereotyp des englischen Gentleman zeigt sich hier in zu nationalen Helden stilisierten zeitgeschichtlichen Persönlichkeiten, wie Lord Nelson und dem Duke of Wellington. Spezifisch ist außerdem, dass John Bull, das hemdsärmelige, derbe Pendant des englischen Gentleman, und Jack Tar, der ungeachtet der Gefahr für Leib und Leben für die Nation die Segel hisst, die Bühne betreten. Das Autostereotyp des Matrosen niederen Ranges und der Bildkomplex *Anglia jocosa* tragen dazu bei, England als unbezwingbare Seefahrernation und zugleich *Harmonious Rural England* zu inszenieren. Kontrastrelationen zwischen national Eigenem und national Anderem müssen in der Gattung nicht ergänzt werden, denn die lyriktypische Knappheit der Sprache sorgt dafür, dass entsprechende Gegensatzpaare sofort und zweifelsfrei als solche erkennbar sind.

Die einschneidenden Ereignisse der Zeitgeschichte und weiter zurückliegende kriegerische Verwicklungen mit den Rivalen Frankreich und Spanien, die England zu seinen Gunsten entscheiden konnte, erzeugen in der Ballade die Vorstellung von Geschichtlichkeit und Kontinuität. Die Schlacht bei Waterloo (1815) und die Seeschlacht bei Trafalgar (1805) erscheinen als Fortsetzung des Sieges über die Armada (1588) und der Schlacht von Agincourt (1415), um nur einige Beispiele aufzugreifen. Die Geschichtlichkeit macht sich hier – anders als im politischen Essay – in erster Linie an kriegerischen Konflikten fest und erhält nicht – wie in der Prosagattung – eine gewisse Brüchigkeit durch unterschiedliche Deutungen der Geschichte.

8.2.2 *Der mittelbare Beitrag von Gattungselementen zum Erzeugen von* Englishness

Selbst wenn ein nationaler Aspekt keine offensichtliche Rolle spielt, können die Figurengestaltung, das Handlungsmuster, Erzähl- und Perspektivierungsverfahren in narrativen Gattungen eine Funktion beim Erzeugen von *Englishness* übernehmen. Diese vierte Kernthese hat die Analyse der *Gothic novel* bestätigt. Weder der Plot der verfolgten Unschuld noch die entsprechende Figurenkonstellation haben eine offensichtlich nationale Konnotation. Erst nachdem die Nationalität der Figuren ermittelt wurde und auch die subtilen Anspielungen auf den zeitgenössischen Konflikt zwischen England und Frankreich einbezogen wurden, ließ sich die *Gothic novel* als ein englisches Narrativ lesen, in dem die Figur ‚verfolgte Unschuld' metonymisch für England steht. Die Klimatheorie und punktuell die Temperamentenlehre boten in diesem Zusammenhang den Schlüssel für die Analyse. Von Ausnahmen abgesehen schildert in der Gattung eine heterodiegetische Erzählinstanz von außen das

Geschehen und gibt Einblicke in die Gefühlswelt verschiedener Figuren. Die Null-Fokalisierung trägt hier mittelbar zum Erzeugen eines englischen Eigenbildes bei, wenn sie beispielsweise die Wahrnehmung der Protagonistin als die ‚wahre' kennzeichnet, weil ihre Ängste und Sorgen durch die Innenansichten des *Gothic villain* (etwa seine pervertierte sexuelle Begierde) bestätigt werden.

Im Vergleich mit den erzählerischen Techniken des romantischen Reiseberichtes, tritt die Mittelbarkeit der Funktion von Erzähl- und Perspektivierungsverfahren in der *Gothic novel* noch einmal signifikant hervor. Im romantischen Reisebericht beschränkt sich die Perspektive auf die einer einzigen Figur – auf die des reisenden Ichs. Die Herkunftskultur der reisenden Ichs macht diese interne Fokalisierung zum ‚English eye'. Sowohl die Herkunftskultur, die sich im ‚English eye' spiegelt, als auch die Art und Weise, wie diese kulturelle Linse das national Andere ‚bricht' und infolgedessen erscheinen lässt, geben Hinweise auf die Beschaffenheit eines englischen Eigenbildes.

Ton, rhetorische und formale Aspekte geben einem englischen Eigenbild ebenfalls sein gattungstypisches Gepräge. Diese fünfte Kernthese hat die Untersuchung des politischen Essays und der Ballade belegt. In radikalen politischen Essays verleiht ein pathetisch-empfindsamer Ton der oft faktenarmen Darstellung Aussagekraft und verweist zugleich auf die Sprecher und deren Vorstellung einer englischen Nation. So lässt der ‚Lack' des Pathos das Bild des national Anderen als positive Projektionsfläche für eine vom Gefühl geleitete englische Gemeinschaft erstrahlen.

Im politischen Essay sind es darüber hinaus zwei rhetorische Verfahren, die mittelbar daran beteiligt sind, *Englishness* hervorzubringen, und die sich so in keiner der weiteren untersuchten Gattungen nachweisen ließen. Einer emphatischen ‚wir'-beschwörenden Ansprache der Leserschaft steht eine Distanz erzeugende Rhetorik gegenüber, mit deren Hilfe dem politischen Gegner Redlichkeit und Vaterlandsliebe abgesprochen wird. Diese Technik verleiht der jeweiligen politischen Position Nachdruck und unterstreicht den traditionellen bzw. visionären Entwurf der Nation.

In verschiedenen Balladen hüllt ein erhaben-emphatischer Ton die Nation in eine Aura des Sakralen und lässt kriegerische Zäsuren der Zeit – die Schlachten bei Trafalgar und Waterloo – als nationale Prüfungen erscheinen. In der lyrischen Gattung ist die besondere Funktion rhetorischer Figuren für das Erzeugen von *Englishness* hervorzuheben. Eine Bildsprache und Wortspiele stellen hier in weiten Teilen die flankierenden Techniken für die Charakterisierung von Nationen. "Markoff he mark'd them off", mit dieser Parechese wird – um ein Beispiel aufzugreifen – in *A Droll Ballad* der Name eines russischen Generals stellvertretend für das national Andere komisch verzerrt und in diesem Zuge das Eigene als überlegen apostrophiert. Wechselt etwa ein Kreuzreim zum *heroic couplet*, um die Taten der eigenen ‚Nationalhelden' zu rühmen, zeigt sich, dass auch formale Gattungselemente mittelbar zum Generieren von *Englishness* beitragen.

Ästhetische und philosophische Konzepte der Romantik sind, so die sechste Kernthese, indirekt beteiligt, einem englischen Eigenbild die jeweils gattungstypische Färbung zu geben. In der Tat kommen der Empfindsamkeit, der Imagination und vor allem der Ästhetik des Erhabenen und Pittoresken eine herausragende Rolle zu. Aufklärerische und humanistische Werte geben in radikalen politischen Essays der Gemeinschaft ihre Koordinaten und der Kompass orientiert sich neben einem idealisierten Frankreich an der Bewegung der Empfindsamkeit, ihrem Imperativ der Herzensbildung und der Ratio als ihrem Grundstein.

In der *Gothic novel* hat die Empfindsamkeit ebenfalls ihren Abdruck hinterlassen und zwar nicht zuletzt in den Protagonistinnen und den männlichen Helferfiguren mit ihrer ausgeprägten Herzensbildung. Weil sie Pars pro Toto für die englische Nation stehen, erscheint eben auch diese Eigenschaft als ein englisches Charaktermerkmal. Um den mittelbaren Beitrag der Empfindsamkeit zu identifizieren, war es notwendig, mithilfe der Klimatheorie die ‚eigentliche Nationalität' dieser Figuren zu bestimmen. In der *Gothic novel* ist es außerdem die Imagination, die im Zusammenspiel mit einem im 18. Jahrhundert geläufigen Intertext ein englisches Eigenbild mit hervorruft. Das *Book of Martyrs* (1563), das lebendig illustriert, welche Qualen Protestanten durch die Inquisition und die Rekatholisierung im 16. Jahrhundert zu erdulden hatten, erlaubt es, die Leerstellen, die in der bloß schemenhaften Darstellung eines mittelalterlichen Katholizismus auftreten, mit entsprechend schauererregenden Assoziationen zu füllen.

Das Erhabene als ästhetische Kategorie dient in der romantischen Ballade stellenweise dazu, das national Eigene zu erhöhen. Im romantischen Reisebericht dominiert es die Landschaftsporträts und damit die Repräsentation des national Anderen. Die Funktion, die sich hier in Bezug auf *Englishness* abzeichnet, ist indirekt und ließ sich nur herausfiltern, weil die transzendentale Dimension des Erhabenen mit berücksichtigt worden ist. Es ist das reisende Ich – das ‚English I' – das stellvertretend für die englische Nation steht und dem im Betrachten der Landschaften die transzendentale Dimension des Erhabenen aufgeschlossen wird (die Bevölkerung des bereisten Landes tritt in der Regel nicht als betrachtendes Subjekt in Erscheinung). Eine Parallele ergibt sich hier zur *Gothic novel*, denn ihre Heldinnen (nicht ihre Gegenspielerinnen) spüren die Kraft der Landschaft und der Natur und erhalten so innere Einkehr.

Das Pittoreske wird im romantischen Reisebericht eingesetzt, um das national Andere als beschaulich erscheinen zu lassen, sodass eine englische Nation silhouettenhaft als eine zivilisatorisch ‚weiter' entwickelte Gemeinschaft Gestalt gewinnt. Sie bedarf jedoch eines Raumes der Entlastung, in dem sich die beginnende Industrialisierung, die agrarindustrielle Nutzung von Land und die kriegerischen Konflikte mit Frankreich ausklammern lassen. In der romantischen Ballade kommt dem Pittoresken eine ähnliche Funktion zu. Hier ist es der eigene ländliche Raum, der entsprechend ästhetisiert wird, sodass sich die Sehnsucht nach einem friedvollen, ‚zivilisationsfernen' Ort nicht erst in der Ferne, sondern zu Hause stillen lässt. So zeichnet die Gattung das Bild eines *Harmonious Rural England* als gattungstypische Ausformung des Bildkomplexes *Anglia jocosa*. Folglich trägt im romantischen Reisebericht das Pittoreske mittelbar und in der romantischen Ballade eher unmittelbar zum Erzeugen eines englischen Eigenbildes bei.

In Gattungen der englischen Romantik sind der jeweilige eingeschriebene Adressat, die in den Gattungen vorhandenen Leerstellen und das jeweils aktivierte kulturelle Wissen Teil des Erzeugungsgeflechtes von *Englishness*. Diese miteinander verbundenen Kernthesen sieben und acht erhärten sich in den untersuchten Gattungen in der ihnen eigenen Weise. Im politischen Essay erscheint der eingeschriebene Adressat zunächst als ein politisch informierter und klar positionierter Rezipient, der den Ausführungen nicht nur folgt, sondern beipflichtet. Es sind die kulturellen Wissenselemente, die sich hier auf das Historische konzentrieren und die den eingeschriebenen Adressaten englisch konnotieren. Die Wissenselemente werden in der Regel nicht erläutert, sondern ihre Ausgestaltung und ihr Kontext als bekannt vorausgesetzt. Der eingeschriebene Adressat wird so als ein Rezipient charakterisiert, der mit den Wissenselementen vertraut ist und sie zu einem nationalen Selbst in Beziehung setzen kann. Das kulturelle Bezugssystem (vor allem die nationale Geschichte) ist das verbindende Element, das die angesprochenen Rezipientengruppen – die konservativen und die radikalen Leser, die sich u. a. in konservative Landwirte oder radikale Dissenter ausdifferenzieren lassen – verbindet.

Im romantischen Reisebericht sind es die Intertexte in ihrer Gesamtheit, die den eingeschriebenen Adressaten als einen gebildeten, bürgerlichen Leser zeichnen und ihn darüber hinaus englisch apostrophieren, weil beispielsweise Wissen über frühere englische Reiseberichte vorausgesetzt wird. Einzelne Texte der *Gothic novel* entwerfen den eingeschriebenen Adressaten als englischen Leser. Radcliffes *The Italian* macht ihn beispielsweise zu einem englischen *armchair traveller*. Genau wie der englische Reisende der Rahmengeschichte vertieft er sich in die unerhörten Begebenheiten, von denen die Binnengeschichte erzählt, und ist genau wie dieser von einem wohligen Schauer erfüllt. Daneben konnotieren die Leerstellen den eingeschriebenen Adressaten als ‚englisch'. Gerade die negativen religiösen Heterostereotype, die das Bild eines dunklen und bösen Anderen entwerfen, lassen das Eigene als Leerstelle offen, dessen Ausgestaltung allerdings vorgezeichnet ist. Die Verkehrung des zugleich religiös und national Anderen wird hier zur Projektionsfläche für einen englischen aufgeklärten Protestantismus. Der eingeschriebene Adressat erscheint als ein Leser, der die Kontrastrelationen entsprechend selbstständig ergänzt, die Leerstellen mit intertextuellem Material füllt und zu einem religiösen wie nationalen Selbst in Beziehung setzt. Rezeptionsästhetische Elemente unterstreichen hier also den Wertekanon, den auch der Inhalt der Handlung und die polare Figurenkonstellation transportieren und der in der Gattung mit *Englishness* verknüpft ist.

Im Fall der romantischen Ballade wird ein breiterer Rezipientenkreis angesprochen. Er setzt sich aus den unterschiedlichen eingeschriebenen Adressaten der Texte zusammen und reflektiert zentrale Gruppen im Sozialgefüge. Es ist hier das kulturelle Wissen – die Auto- und Heterostereotype, aber auch die Kenntnis über gewonnene Schlachten vergangener Jahrhunderte –, das den Rezipientenkreis englisch apostrophiert. In ihrer Gesamtheit erscheinen diese Wissenselemente (wie auch die Wissenselemente, die in den anderen Gattungen aktiviert werden) als ein englisches kulturelles Bezugssystem, auf das die eingeschriebenen Adressaten nicht nur zugreifen, sondern das sie auch zu einem nationalen Selbst in Beziehung setzen können.

8.3 Die Weiterentwicklung der Imagologie als Analyseverfahren nationenbezogener Bilder

René Welleks vernichtende Kritik an der komparatistischen Literaturwissenschaft und insbesondere an der Imagologie als einem ihrer Forschungszweige – "It is national psychology, sociology, and, as literary study, nothing else but a revival of the old *Stoffgeschichte*" (Wellek 1963: 284–285) – hat die Imagologie lange Zeit marginalisiert (vgl. Leerssen 2007: 23).[1] Wenn hier Welleks Kritik angesprochen wird, geschieht dies nicht deshalb, weil ihr nicht längst der Wind aus den Segeln genommen worden ist. Vielmehr wird sie an dieser Stelle aufgenommen, weil sie trotz aller Polemik positive Impulse für die Imagologie und auch für diese Arbeit gegeben hat. Ausgangspunkt für den neuen Weg, der im Zusammenhang der vorliegenden Untersuchung beschritten worden

1 Die von Wellek in der Imagologie ausgelöste Debatte ist in der Forschungsliteratur zur Genüge diskutiert worden und kann vor allem in Beiträgen zur Geschichte der Imagologie nachvollzogen werden. Hier finden sich auch Hinweise darauf, wo und wann Wellek seine Kritik äußerte (siehe u. a. Leerssen 2007).

ist, war eine Rückbesinnung auf den Ursprungskontext der Imagologie: die Literaturwissenschaft. Integraler Bestandteil der Herangehensweise ist das *close reading*. In *Concepts of Criticism* (1963), also in jenem Buch, in dem Wellek die Imagologie als Forschungszweig grundlegend infrage stellt, findet sich Folgendes über diese literaturwissenschaftliche Analysetechnik zu lesen:

> [I]t [close reading] is surely here to stay, as any branch of knowledge can advance and has advanced only by a careful, minute inspection of its objects, by putting things under the microscope (Wellek 1963: 9).

Die Technik des *close reading* und das der Fallstudie zugrunde liegende Gattungsverständnis, das jedes Gattungselement im Gesamtgefüge als bedeutsam erachtet, sind die Voraussetzung dafür gewesen, dass

1. der Fokus weg vom nationenbezogenen Bild hin zur Gattung gerichtet werden konnte,
2. die Gattungen mit ihren einzelnen, ineinandergreifenden Elementen untersucht werden konnten und
3. sich solche Elemente einer Gattung, die nicht unmittelbar eine Nation repräsentieren, darauf überprüfen ließen, inwiefern sie mittelbar zum Erzeugen von *Englishness* beitragen.

Es hat sich als äußerst lohnenswert erwiesen, das *close reading* auf alle vier Gattungen gleichermaßen anzuwenden, ungeachtet ihres fiktionalen Gehaltes und der Breite ihres Deutungshorizontes. Die hier entwickelte Herangehensweise hat das *close reading* jedoch nur als Ausgangspunkt gewählt und bleibt keineswegs auf dieses beschränkt.

> Um Ethnotypen als Akteure analysieren und verstehen zu können, ist der Einsatz nicht nur von literaturhistorischen, sondern auch von poetologisch-narratologischen analytischen Methoden hilfreich und notwendig (Leerssen 2012: 16).

Dieser Hinweis wurde gern als Appell aufgegriffen. Für jede einzelne der vier Gattungen wurden daher Modelle und terminologisches Rüstzeug aus literaturwissenschaftlichen Teilforschungsbereichen ausgewählt und gemeinsam mit dem bereits bestehenden Analyseinstrumentarium der Imagologie angewendet. Eingang in die Untersuchung aller vier Gattungen haben das aus der Rezeptionsästhetik entlehnte Konzept des impliziten Lesers sowie das des kulturellen Gedächtnisses gefunden. Sie haben – wie in 8.2.2 noch einmal gebündelt gezeigt – einen entscheidenden Beitrag geleistet, um herauszustellen, welche Rolle der eingeschriebene Adressat, mögliche Leerstellen und die aufgerufenen Wissenselemente beim Erzeugen von *Englishness* spielen. Über das intrinsische Gattungsgefüge hinausgehend hat die Untersuchung einen breiten extratextuellen Rahmen berücksichtigt, denn eine ertragreiche Analyse nationenbezogener Bilder lässt sich ohne Kontextbewusstsein kaum bewerkstelligen. Weit stärker als bisherige imagologische Studien hat die Untersuchung Einsichten und analytisches Instrumentarium der Narratologie integriert und bei jeder Prosagattung mit einem eigens angepassten Werkzeug gearbeitet.

Für den politischen Essay wurde auf die Erkenntnisse über das historiografische Erzählen zurückgegriffen wie auf Booths Konzept des implizierten Autors. Um die Rezipientenadressierung in der Gattung zu untersuchen, hat sich der Begriff ‚Sprache der Nähe' der Textlinguistik angeboten. Mithilfe der Genette'schen terminologischen Kategorisierung zur Analyse von Erzähltexten konnten im romantischen Reisebericht und in der *Gothic novel* Erzählinstanz und Perspektive differenziert im Hinblick auf ihre Funktion beim Erzeugen von *Englishness* betrachtet werden. (Wertvolle Denkanstöße haben in diesem Zusammenhang Birgit Neumanns Ausführungen zum Reisebericht des 18. Jahrhunderts gegeben.) Im Fall der *Gothic novel* hat sich darüber hinaus das Greimas'sche aktantielle Modell als besonders geeignet erwiesen, um den Plot der verfolgten Unschuld als ‚Narration der Nation' lesen zu können. Wie rhetorische und formale Elemente ein englisches Eigenbild mittelbar in der Ballade mitgestalten, konnte dank der Terminologie der Lyrikanalyse zu Stilfiguren, Versmaß und Reimschemata aufgeschlüsselt werden.

Wenn die Fallstudie Forschungslücken geschlossen hat, hat sie zugleich auch Forschungslücken freigelegt: Im Hinblick auf die englische Romantik muss eine ganze Reihe von Gattungen einer imagologischen Untersuchung unterzogen werden. Zu den Prosagattungen, die es genau zu betrachten gilt, gehören beispielsweise das Fragment, die Autobiografie und die Romanze, im Feld der Lyrik sind es u. a. das Sonett, die Ode oder die Elegie. Der Bezugsrahmen der vorausgegangenen Untersuchung ist Europa. Zukünftig zu klären ist also auch, welches Eigenbild in den vier explorierten Gattungen jeweils entsteht, wenn ein anderer Kontinent thematisch im Mittelpunkt steht und die Verflechtungen der englischen Romantik mit außereuropäischen kulturellen Traditionen mitbedacht werden. Erst wenn eine Vielheit von Gattungen untersucht worden ist, lässt sich ein Mosaik zusammensetzen, das die verschiedenen Erscheinungsformen von *Englishness* und ihre Erzeugung während der englischen Romantik differenziert widerspiegelt. Ein vollständiges Mosaik erlaubt es, auch zeitgenössische Gattungen daraufhin zu befragen, an welche historischen, gattungsspezifischen Erscheinungsformen eines englischen Eigenbildes sie möglicherweise anknüpfen.

Gerade weil die Untersuchung bewiesen hat, dass neben nationalen Stereotypen und Topoi auch Elemente von Gattungen, die nicht national konnotiert sind, mittelbar dazu beitragen, *Englishness* zu entwerfen, hat sie den Charakter nationenbezogener Bilder deutlich herausgearbeitet: Es handelt sich bei diesen um hochkomplexe ästhetisch-literarische Bildgefüge, die aus ganz verschiedenen, ineinander verwobenen Elementen entstehen. Damit wird ihnen keineswegs ihr Potenzial zu diskriminierenden nationalen und kulturellen Differenzbildungen abgesprochen. Vielmehr wird so eindringlich deutlich, dass bei ihrer Analyse der imagologische Sucher nicht eng auf national Konnotiertes eingestellt bleiben darf. Stattdessen muss eine genaue wie weitwinklige Perspektive das imagologische Objektiv bestimmen. Die vorliegende Fallstudie hat hier den Weg gewiesen und erprobt, wie sich nationenbezogene Bilder zukünftig nuancierter nachzeichnen und im Zuge dessen besser dekonstruieren und entmachten lassen. Angesichts beunruhigender aktueller Entwicklungen, an denen Literaturschaffende und Intellektuelle durchaus beteiligt sind, hat diese Aufgabe der Imagologie weder an Dringlichkeit noch an Brisanz verloren.

Literaturverzeichnis

Anmerkungen

Die Quellen, die in der Primärliteratur mit einem „*“ gekennzeichnet sind, sind der anglistischen Datenbank *Eighteenth Century Collections Online* des Gale Verlages entnommen.

Sind Quellen in der Primärliteratur mit einem „~“ markiert, entstammen sie der Datenbank *Corvey Digital Collection: Literature of the 18th and 19th Centuries* von Belser Wissenschaftlicher Dienst.

Texte aus der Datenbank *HathiTrust Digital Library* kennzeichnet ein „°“. Zugang zu diesen Datenbanken ist über den Universitätskatalog der Leuphana Universität Lüneburg bzw. über die Bibliotheken anderer Universitäten möglich.

Bei Ausgaben, die zwei oder mehrere Faksimiledrucke enthalten, sind nur dann Seitenzahlen angegeben, sofern sich diese auf das gesamte Buch beziehen. Falls die einzelnen Faksimiles jeweils eigene Seitennummerierungen haben, weil die Originale als eigenständige Schriften veröffentlicht worden sind, werden keine Seitenzahlen angegeben. Entsprechende bibliografische Angaben sind dann mit einem „#“ versehen.

Wenn Texte wie etwa Jonathan Wordsworths Einleitung zu Mary und Percy B. Shelley *History of a six Weeks' Tour* ohne Seitenzahlen abgedruckt sind, wurden, um die Nachvollziehbarkeit der Textstellen zu gewährleisten, von der Verfasserin Seitenzahlen beigefügt, die sich durch das Zählen der Seiten ergeben haben. Diese bibliografischen Angaben sind mit einem „+“ gekennzeichnet. Wenn nur die Initialen angegeben sind, waren weitere Angaben zu den Namen nicht vorhanden und ließen sich nicht zuverlässig recherchieren.

Literarische Texte und weitere Quellen

Adams, John (1796). *The Flowers of Modern History: Comprehending, on a New Plan, the most Remarkable Revolutions and Events, as well as the most Eminent and Illustrious Characters, of Modern Times; with a View of the Progress of Society and Manners, Arts and Sciences, from the Irruption of the Goths and Vandals, and other Northern Nations, upon the Roman Empire, to the Conclusion of the American War: Designed for the Improvement and Entertainment of Youth* [A New Edition, Enlarged]. London: Printed for G. Kearsley at Johnson's Head, No. 46, Fleet Street.*

Alison, Archibald and Patrick Fraser Tytler (1816a). *Travels in France, during the Years 1814–15: Comprising a Residence at Paris, during the Stay of the Allied Armies, and at Aix, at the Period of the Landing of Bonaparte. Vol. I* [Second Edition, Corrected and Enlarged]. Edinburgh: Printed for Macredie et al.

Alison, Archibald and Patrick Fraser Tytler (1816b). *Travels in France, during the Years 1814–15: Comprising a Residence at Paris, during the Stay of the Allied Armies, and at Aix, at the Period of the Landing of Bonaparte. Vol. II* [Second Edition, Corrected and Enlarged]. Edinburgh: Printed for Macredie et al.

Anon. (1976 [1815]). "A Droll Ballad." *British War Poetry in the Age of Romanticism: 1793–1815*. Ed. Betty T. Bennett. New York/London: Garland. 486–488.

Anon. (1976 [1803a]). "The Ploughman's Ditty." *British War Poetry in the Age of Romanticism: 1793–1815*. Ed. Betty T. Bennett. New York/London: Garland. 314–315.

Anon. (1976 [1803b]). "The Voice of the British Isles." *British War Poetry in the Age of Romanticism: 1793–1815*. Ed. Betty T. Bennett. New York/London: Garland. 294–297.

Anon. (1976 [1797]). "A Family Dialogue, on a Son's Wishing to Go to Sea." *British War Poetry in the Age of Romanticism: 1793–1815*. Ed. Betty T. Bennett. New York/London: Garland. 197–198.

Antigallican Songster Ia (1793). "Song." *The Antigallican Songster Number I*. London: Printed for J. Downes, 240, Near Temple-Bar, Strand. 3.*

Antigallican Songster Ib (1793). "The Frenchman's Attempt to milch John Bull: A new song." *The Antigallican Songster Number I*. London: Printed for J. Downes, 240, Near Temple-Bar, Strand. 13.*

Antigallican Songster IIa (1793). "Church and King." *The Antigallican Songster Number II*. London: Printed for J. Downes, 240, Near Temple-Bar, Strand. 9–10.*

Antigallican Songster IIb (1793). "Here's a health to right honest John Bull." *The Antigallican Songster Number II*. London: Printed for J. Downes, 240, Near Temple-Bar, Strand. 3–4.*

Anti-Levelling Songster I (1793). "Pat Riot." *The Anti-Levelling Songster I*. London: Printed for J. Downes, 240, Near Temple-Bar, Strand. 10–11.*

Aristoteles (2006 [ca. 335 v. Chr.]). *Poetik Griechisch/Deutsch* [Übersetzt und herausgegeben von Manfred Fuhrmann]. Stuttgart: Reclam.

Billington Songster (1790). "A Favourite Ballad." *The Billington: or, Town and Country Songster: Containing upwards of seven hundred of the Newest and Most Approved Songs, Duets, Trios, Cantatas, Catches, and Glees; in which are included, all the favourite airs that have been sung at the theatres from 1760 to this present season and the new songs sung at Ranelagh and Vauxhall this summer* (*1790*). London: Printed for E. Wenman, 144, Fleet-Street. 380–381.*

Blake, William (1970 [1794]). "London." *Songs of Innocence and of Experience: Shewing the Two Contrary States of the Human Soul* [Reproduction in the original size of

William Blake's Illuminated Book with an Introduction and Commentary by Sir Geoffrey Keynes]. Oxford/New York: Oxford University Press. Plate 46.

Bodkin, Strap (1793). "A Plain and Earnest Address to Britons, Especially Farmers, on the Interesting State of Public Affairs in Great Britain and France." *Association Papers. Part II. A Collection of Tracts* No. VI: 1–9.*

Bowles, John (1793). "A Protest against T. Paine's Rights of Man: addressed to the Members of a Book Society, in consequence of the Vote of their Committee for including the above work in a list of new publications resolved to be purchased for the use of the Society." *Association Papers. Part I. Publications* No. III: 7–32.*

Braine, Richard (1976 [1803]). "Serious Advice to Bonaparte." *British War Poetry in the Age of Romanticism: 1793–1815*. Ed. Betty T. Bennett. New York/London: Garland. 297–298.

British Songster (1800). "Come, blithe lads and lasses." *The British Songster; or, the Pocket Companion: A Choice Collection of Comic and Entertaining Songs, Duets, Trios, Glees, &c.* London: Printed at the Minerva Press, for William Lane, Leadenhall-Street. 53–54.*

Burke, Edmund (1964 [1790]). *Reflections on the Revolution in France*. London: Dent.

Burke, Edmund (1998 [1757]). *A Philosophical Enquiry into the Origins of our Ideas of the Sublime and Beautiful*. Ed. with an Introduction and Notes by Adam Phillips. Oxford/New York: Oxford University Press.

Byron, Lord George Gordon (2000 [1812–1818]). "Childe Harold's Pilgrimage." *Lord Byron. The Major Works*. Ed. with an Introduction and Notes by Jerome J. McGann. Oxford/New York: Oxford University Press. 19–206.

Canning, George (1970 [1799]). "Prospectus." *William Gifford: The Anti-Jacobin, or Weekly Examiner* [Facsimile of the Fourth Edition, Revised and Corrected: Vol. I. Printed by J. Wright, Piccadilly. With an Introduction by Edgar Mertner]. Hildesheim/New York: Georg Olms Verlag. 1–9.

Chambers, Ephraim (1788). "Nation." *Cyclopædia. Or, an Universal Dictionary of Arts and Sciences. Containing an Explanation of the Terms, and an Account of the Several Subjects, in the Liberal and Mechanical Arts, and the Sciences Human and Divine. Intended as a Course of Ancient and Modern Learning. with the Supplement and Modern Improvements, Incorporated in one Alphabet. By Abraham Rees. Vol. 3*. Ed. Ephraim Chambers. London: W. Strahan et al. 573.*

Clare, John (1821). "Song." *The Village Minstrel, and Other Poems*. Stamford: Printed for Taylor and Hessey, Fleet Street; and E. Drury. 120–121.°

Coleridge, Samuel Taylor (1983 [1817]). "Biographia Literaria or Biographical Sketches of My Literary Life and Opinions. Part I." *The collected Works of Samuel Taylor Coleridge. Vol. 7*. Eds. James Engell and W. Jackson Bate. Princeton: Princeton University Press.

Coxe, William (1792). *Travels into Poland, Russia, Sweden, and Denmark: Illustrated with charts and engravings. Vol. 5* [Fourth Edition]. London: T. Cadell.*

Delicate Songster (1795). "Pastoral Ballad." *The Delicate Songster, or, Ladies Vocal Repository.* London: Printed for J. Cooke, at Shakespeare's Head in Pater-noster-Row. 141.*

Dyer, George (1812). *Poetics; or, a Series of Poems, and Disquisitions on Poetry. Vol. 2.* London: J. Johnson and Co. [online available at: <http://babel.hathitrust.org/cgi/pt?id=nyp.33433074849112;view=1up;seq=7> Date of access: 14.12.2015]

Falconer, William (1781). *Remarks on the Influence of Climate, Situation, Nature of the Country, Population, Nature of Food, and Way of Life, on the Disposition and Temper, Manners and Behaviour, Intellects, Laws and Customs, Form of Government, and Religion, of Mankind.* London: C. Dilly.*

Fitzgerald, William Thomas (1976 [1815]). "The battle of Waterloo." *British War Poetry in the Age of Romanticism: 1793–1815.* Ed. Betty T. Bennett. New York/London: Garland. 492–494.

Foxe, John (2007 [1563]). *Foxe's Book of Martyrs. A History of Lives. Sufferings, and Triumphant Deaths of the Early Christian and the Protestant Martyrs* [Fourth printing. Ed. William Byron Forbush]. Peabody (Mass.): Hendrickson Publishers.

Gilpin, William (2001 [1808]). "Three Essays: On Picturesque Beauty; On Picturesque Travel; And on Sketching Landscape: With a Poem, on Landscape Painting. To these are now added Two Essays, giving an Account of the Principles and Mode in which the Author executed his own drawings." [Third Edition. London: Printed for T. Cadell and W. Davies, Strand.] *Aesthetics and the Picturesque 1795–1840. Vol. 1.* Ed. and introduced by Gavin Budge. Bristol: Thoemmes Press.#

Goethe, Johann Wolfgang v. (1949 [1827]). „Noten und Abhandlungen zu besserem Verständnis des West-östlichen Divans." *Gedichte und Epen. Goethes Werke. Bd. II.* Textkritisch durchgesehen und mit Anmerkungen versehen von Erich Trunz. Hamburg: Christian Wegner. 126–267.

Hazlitt, William (1967a [1826]). "Notes of a Journey through France and Italy." *Sketches of the Principle Picture Galleries in England and Notes of a Journey through France and Italy. The Complete Works of William Hazlitt. Vol. 10.* Ed. Percival Presland Howe. New York: AMS Press. 83–303.

Hazlitt, William (1967b [1819]). "On the Living Poets (Lecture 8)." *Lectures on the English Poets and a View of the English Stage. The Complete Works of William Hazlitt. Vol. 5.* Ed. Percival Presland Howe. New York: AMS Press. 142–168.

Hazlitt, William (1967c [1819]). "Preface." *Political Essays, with Sketches of Public Characters. The Complete Works of William Hazlitt. Vol. 7.* Ed. Percival Presland Howe. New York: AMS Press. 7–22.

Hemans, Felicia (2002 [1808]). "From England and Spain; or, Valour and Patriotism." *Felicia Hemans Selected Poems, Prose and Letters.* Ed. Gary Kelly. Peterborrough (Ontario)/Ormskirk: Broadview Press. 96–102.

Hunt, Leigh (1811). "Athens and England." *The Reflector. A quarterly magazine, on subjects of philosophy, politics and the liberal arts*. ART. XXI, Jun 1811; 2, 4; British Periodicals: 419–426. [online available at Bibliothekskatalog Leuphana Universität Lüneburg: <http://search.proquest.com/docview/3909093?pq-origsite=summon> Copyright 2007 ProQuest.csa LLC. Date of access: 14.09.2015]

Hunt, Leigh (1810). "The Reformers; or, Wrongs of Intellect. – A fragment of a Political Dialogue." *The Reflector. A quarterly magazine, on subjects of philosophy, politics, and the liberal arts*. ART. II, Oct 1810; 1, 1; British Periodicals: 17–28. [online available at Bibliothekskatalog Leuphana Universität Lüneburg: <http://search.proquest.com/docview/3889982?pq-origsite=summon> Copyright 2007 ProQuest.csa LLC. Date of access: 30.03.2016]

J. G. G. (1822). "To the Editor of the Literary Speculum." *Literary Speculum* (*Ballad Poetry*) Vol. 1/3: 161–162. [online available at Bibliothekskatalog Leuphana Universität Lüneburg: <http://search.proquest.com/docview/5724841/28E03C5F7AB34748PQ/1?accountid=12188> Copyright 2007 ProQuest.csa LLC. Date of access: 22.02.2016]

Kant, Immanuel (2001 [1790]). *Kritik der Urteilskraft* [Mit einer Einleitung und Bibliographie hrsg. v. Heiner F. Klemme. Mit Sachanmerkungen v. Piero Giordanetti]. Hamburg: Felix Meiner.

Keats, John (1973 [1820]). "Robin Hood." *John Keats: The Complete Poems*. Ed. John Barnard. Harmondsworth/Baltimore: Penguin. 223–225.

Keats, John (1980 [1817]). "To Benjamin Bailey." *The Letters of John Keats 1814–1821. Vol. 1*. Ed. Hyder Edward Rollins. Cambridge (Mass.)/London: Harvard University Press. 183–187.

Knight, Richard Payne (2001 [1795]). "The Landscape, a Didactic Poem." [Second Edition. Addressed to Uvedale Price, Esq. London: Printed by W. Bulmer and Co.] *Aesthetics and the Picturesque 1795–1840. Vol. 1*. Ed. and introduced by Gavin Budge. Bristol: Thoemmes Press.#

Lewis, Matthew Gregory (1998 [1796]). *The Monk* [Ed. Howard Anderson with an Introduction and Notes by Emma McEvoy]. Oxford/New York: Oxford University Press.

Macaulay, Catharine (1997 [1790]). *Observations on the Reflections of the Right Hon. Edmund Burke, on the Revolution in France, in a Letter to the Right Hon. the Earl of Stanhope* [London: Printed for C. Dilly. A Series of Facsimile reprints chosen and introduced by Jonathan Wordsworth]. Poole (England)/Herndon (VA): Woodstock Books.

Milton, John (2005 [1667]). *Paradise Lost* [Introduced by Philip Pullman]. Oxford/New York: Oxford University Press.

NAEL I (1993). *The Norton Anthology of English Literature. Vol. I* [Sixth edition]. Ed. M. H. Abrams. New York/London: W. W. Norton & Company.

NAEL II (1993). *The Norton Anthology of English Literature. Vol. II* [Sixth edition]. Ed. M. H. Abrams. New York/London: W. W. Norton & Company.

Nauticus (1976 [1805]). "The Battle of Trafalgar." *British War Poetry in the Age of Romanticism: 1793–1815*. Ed. Betty T. Bennett. New York/London: Garland. 353.

NLA – National Library of Australia (2016). *Pat Riot*. Date of access: 23.03.2016. <http://catalogue.nla.gov.au/Record/2285101>.

Paine, Thomas (1971 [1791/1792]). *Rights of Man* [Ed. with an Introduction by Henry Collins]. Harmondsworth/Baltimore: Penguin Books.

Percy, Thomas, ed. (1996 [1765a]). *Reliques of Ancient English Poetry. Vol. 1* [Thomas Percy A reprint of the 1765 edition, with a New Introduction by Nick Groom]. London: Routledge-/Thoemmes Press.

Percy, Thomas, ed. (1996 [1765b]). *Reliques of Ancient English Poetry. Vol. 3* [Thomas Percy A reprint of the 1765 edition, with a New Introduction by Nick Groom]. London: Routledge-/Thoemmes Press.

Price, Richard (1789). *A Discourse on the Love of our Country, delivered on Nov. 4, 1789, at the Meeting-House in the old Jewry, to the Society for Commemorating the Revolution in Great Britain: With an Appendix, containing the Report of the Committee of the Society; an Account of the Population of France; and the Declaration of Rights by the National Assembly of France*. London: Printed by George Stafford, for T. Cadell, in the Strand.*

Price, Uvedale (2001 [1810]). "Essays on the Picturesque, as compared with the Sublime and the Beautiful; and, on the Use of Studying Pictures, for the Purpose of Improving Real Landscape." [London: printed for J. Mawman.] *Aesthetics and the Picturesque 1795–1840. Vol. 3*. Ed. and introduced by Gavin Budge. Bristol: Thoemmes Press.#

R. B. (1976 [1810]): "A Small Tribute to the Character of British Seamen." *British War Poetry in the Age of Romanticism: 1793–1815*. Ed. Betty T. Bennett. New York/London: Garland. 434–436.

Radcliffe, Ann (1998 [1797]). The Italian or the Confessional of the Black Penitents. A Romance [Ed. Frederick Garber with an Introduction and Notes by E. J. Clery]. Oxford/New York: Oxford University Press.

Radcliffe, Ann (1998 [1794]). *The Mysteries of Udolpho* [Ed. by Bonamy Dobrée with an Introduction and Notes by Terry Castle]. Oxford/New York: Oxford University Press.

Radcliffe, Ann (1999 [1791]). *The Romance of the Forest* [Ed. with an Introduction and Notes by Chloe Chard]. Oxford/New York: Oxford University Press.

Ritson, Joseph (1790). "Observations on the Ancient English Minstrels." *Ancient Songs, from the Time of King Henry the Third, to the Revolution*. Ed. Joseph Ritson. London: J. Johnson. i–xxvi.*

Rousseau, Jean-Jacques (1959 [1782/1789]). »Les Confessions.« *Œuvres Complètes. Vol. 1. Les Confessions. Autres Textes Autobiographiques*. Eds. Bernard Gagnebin et Marcel Raymond. Dijon: Gallimard. 5–656.

Rowlandson (1793). "The Contrast." *Antigallican Songster Number I*. London: Printed for J. Downes, 240, Near Temple-Bar, Strand. (title page)*

Schlegel, August W. (1989 [1801–1802]). „Über das Verhältniß der Kunst zur Natur, über Täuschung und Wahrscheinlichkeit, über Styl und Manier." *Vorlesungen über Ästhetik I (1798–1803)* [Kritische Ausgabe der Vorlesungen. Mit Kommentar und Nachwort v. Ernst Behler]. Hg. Ernst Behler. Paderborn/ München: Schöningh. 252–266.

Scott, Walter (1815a). "Romance of Dunois." *The Vision of Don Roderick, the Field of Waterloo, and other Poems.* Edinburgh: Printed by James Ballentyne and Co. for Longman, Hurst, Rees, Orme, and Brown, and John Murray, London; and Archibald Constable and Company, Edinburgh. 252–253.~

Scott, Walter (1815b). "The Troubadour." *The Vision of Don Roderick, the Field of Waterloo, and other Poems.* Edinburgh: Printed by James Ballentyne and Co. for Longman, Hurst, Rees, Orme, and Brown, and John Murray, London; and Archibald Constable and Company, Edinburgh. 254–256.~

Scott, Walter (1830). "Introductory Remarks on Popular Poetry, and on the Various Collections of Ballads of Britain, Particularly those of Scotland." *The Poetical Works of Sir Walter Scott Baronet in Eleven Volumes. Vol. XI.* Edinburgh: Printed for Cadell & Co., Edinburgh and, Simpkin and Marshall, London. 1–83.~

Shelley, Mary (1994 [1818]). *Frankenstein or, The modern Prometheus.* London/New York: Penguin Books.

Shelley, Mary Wollstonecraft and Percy Bysshe Shelley (2002 [1817]). *History of a six Weeks' Tour through a Part of France, Switzerland, Germany and Holland: with Letters descriptive of a Sail round the Lake of Geneva, and of the Glaciers of Chamouni* [London: published by T. Hookham jun. and C. and J. Ollier. With a revised Introduction by Jonathan Wordsworth]. Otley West Yorkshire/Herndon (VA): Woodstock Books.

Shelley, Percy Bysshe (2002 [1840]). "A Defence of Poetry; or, Remarks Suggested by an Essay Entitled 'The Four Ages of Poetry'." *Shelley's Poetry and Prose: Authoritative Texts and Criticism.* Selected and edited by Donald H. Reiman and Neil Fraistat. London/New York: Norton. 510–535.

Southey, Robert (1960). "Journals of a Residence in Portugal 1800–1801." *Robert Southey. Journals of a Residence in Portugal 1800–1801 and a Visit to France 1838: Supplemented by Extracts from his Correspondence.* Ed. Adolfo Cabral. London/Glasgow: Oxford at the Clarendon Press. 1–61.

Stanhope, Earl (1789). "Appendix: Society for commemorating Glorious Revolution of 1688." *A Discourse on the Love of our Country, delivered on Nov. 4, 1789, at the Meeting-House in the old Jewry, to the Society for Commemorating the Revolution in Great Britain. With an Appendix, containing the Report of the Committee of the Society; an Account of the Population of France; and the Declaration of Rights by the National Assembly of France.* Ed. and author Richard Price. London: Printed by George Stafford, for T. Cadell, in the Strand. 11–13.*

Tate (2016). *Here's a Health to Honest John Bull.* Date of access: 23.03.2016. <http://www.tate.org.uk/art/artworks/turner-inscription-by-turner-transcript-of-a-song-heres-a-health-to-honest-john-bull-d40860>.

The Anti-Jacobin (1970 [1799]). "On the Origin and Progress of the French Revolution, and its Effects on France and other Countries." *William Gifford: The Anti-Jacobin, or Weekly Examiner* [Facsimile of the Fourth Edition, Revised and Corrected: Vol. I. Printed by J. Wright, Piccadilly. With an Introduction by Edgar Mertner]. Hildesheim/New York: Georg Olms Verlag. 22–26.

Thelwall, John (2009 [1795]). "The Lecture on the Revolution in 1688." *Selected Political Writings of John Thelwall Vol. 2: Selections from The Tribune 1795–1796.* Eds. Robert Lamb and Corinna Wagner. London/Brookfield (VT): Pickering & Chatto. 255–270.

Thelwall, John (1995 [1795]). "The Second Lecture on the Unfortunate Restoration of the House of Stuart, with Strictures on the Differences Between the English Revolution 1649, and that of France, in 1792, and the Impossibility of restoring Royalty in the latter Country: including a Delineation of the Character of Cromwell." *The Politics of English Jacobinism: Writings of John Thelwall.* Ed. Gregory Claeys. Pennsylvania: Pennsylvania State University Press. 298–314.

Thelwall, John (1795). "A Sheepsheering Song." [Political Songs. No. 2.] *The Tribune. A periodical publication, consisting chiefly of the political lectures of J. Thelwall. Vol. I.* Ed. John Thelwall. London: Printed for the author. 190–192.*

Thelwall, John (1795b). "News from Toulon; or, The Men of Gotham's Expedition." [Political Songs. No. 1.] *The Tribune. A periodical publication, consisting chiefly of the political lectures of J. Thelwall. Vol. I.* Ed. John Thelwall. London: Printed for the author. 166–168.*

Walpole, Horace (1967 [1773]). "To Mann, Tuesday 13 July 1773." *Horace Walpole's Correspondence with Sir Horace Mann. Vol. 7.* Eds. W. S. Lewis and Warren Hunting Smith. New Haven: Yale University Press. 495–500.

Walpole, Horace (2001 [1764]). *The Castle of Otranto. A Gothic Story* [Ed. with an Introduction and Notes by Michael Gamer]. London/New York: Penguin.

Williams, Helen Maria (2002 [1790]). *Letters written in France, in the Summer of 1790, to a Friend in England containing various Anecdotes relative to the French Revolution* [Eds. Neil Fraistat and Susan S. Lanser]. Peterborough (ON)/Orchard Park (NY): broadview literary texts.

Wittgenstein, Ludwig (2003 [1945]). *Philosophische Untersuchungen* [Auf der Grundlage der Kritisch-genetischen Edition neu hrsg. v. Joachim Schulte mit einem Nachwort des Herausgebers]. Frankfurt a. M.: Suhrkamp.

Wollstonecraft, Mary (2009 [1796]). *Letters written during a short residence in Sweden, Norway, and Denmark* [Ed. with an Introduction and Notes by Tone Brekke and Jon Mee]. Oxford/New York: Oxford University Press.

Wordsworth, Dorothy (1997 [1874]). *Recollections of a Tour made in Scotland* [Introduction, Notes and Photographs by Carol Kyros Walker]. New Haven/London: Yale University Press.

Wordsworth, William (2000 [1807a]). "I travelled among unknown Men." *William Wordsworth. The Major Works* [Ed. and with an Introduction and Notes by Stephen Gill]. Oxford/New York: Oxford University Press. 237.

Wordsworth, William 2000 [1807b]). "I wandered lonely as a Cloud." *William Wordsworth. The Major Works* [Ed. and with an Introduction and Notes by Stephen Gill]. Oxford/New York: Oxford University Press. 303.

Wordsworth, William (1976 [1800]). "Preface." *Lyrical Ballads* [Wordsworth and Coleridge. Reprint. The Text of the 1798 Edition with the additional 1800 Poems and the Prefaces. Edited with Introduction, Notes and Appendices by R. L. Brett and A. R. Jones]. London: Methuen & Co. 241–272.

Wordsworth, William (1976a [1798]). "Lines written a few miles above Tintern Abbey, on revisiting the banks of the wye during a tour." *Lyrical Ballads* [Wordsworth and Coleridge. Reprint. The Text of the 1798 Edition with the additional 1800 Poems and the Prefaces. Edited with Introduction, Notes and Appendices by R. L. Brett and A. R. Jones]. London: Methuen & Co. 113–118.

Wordsworth, William (1976b [1798]). "The Idiot Boy." *Lyrical Ballads* [Wordsworth and Coleridge. Reprint. The Text of the 1798 Edition with the additional 1800 Poems and the Prefaces. Edited with Introduction, Notes and Appendices by R. L. Brett and A. R. Jones]. London: Methuen & Co. 86–101.

Wordsworth, William (1976c [1798]). "We are Seven." *Lyrical Ballads* [Wordsworth and Coleridge. Reprint. The Text of the 1798 Edition with the additional 1800 Poems and the Prefaces. Ed. with Introduction, Notes and Appendices by R. L. Brett and A. R. Jones]. London: Methuen & Co. 66–68.

Wortley Montagu, Lady Mary (2013 [1763]). *The Turkish Embassy Letters* [Eds. Teresa Heffernan and Daniel O'Quinn]. Peterborough/London: Broadview Press.

Young, Arthur (2009 [1792]). *Travels During The Years 1787, 1788, and 1789*. Legacy Reprints. Milton Keynes: Kessinger Publishing's.

Forschungsliteratur

Abramson, Daniel (2001). "Architecture." *An Oxford Companion to the Romantic Age: British Culture 1776–1832* [1999]. Ed. Iain McCalman. Oxford/New York: Oxford University Press. 260–269.

Andersen, Flemming G. (1999). "There Were Three Sisters (Child 10): One Ballad and Two World Views." *Ballads into Books: The Legacies of Francis James Child: Selected Papers from the 26th International Ballad Conference (SIEF Ballad Commision),*

Swansea, Wales, 19.–24. July 1996. Eds. Tom Cheesman and Sigrid Rieuwerts. Bern/Berlin: Peter Lang. 125–137.

Anderson, Benedict (2006). *Imagined Communities: Reflections on the Origin and Spread of Nationalism* [revised edition] [1983]. London/New York: Verso.

Andrews, Kerri (2011). "A Reluctant Traveller: Robert Southey by Stages." *Wordsworth Circle* Vol. 42/1: 73–77.

Ashton, Rosemary (1998). "England and Germany." *A Companion to Romanticism.* Ed. Duncan Wu. Oxford/Malden (Mass.): Blackwell. 495–504.

Assmann, Jan (2007). *Das kulturelle Gedächtnis. Schrift, Erinnerung und politische Identität in frühen Hochkulturen* [1987]. München: C. H. Beck.

Assmann, Jan (1988). „Kollektives Gedächtnis und kulturelle Identität." *Kultur und Gedächtnis.* Hgg. Jan Assmann und Toni Hölscher. Frankfurt a. M.: Suhrkamp. 9–19.

Atkinson, David (2002). *The English Traditional Ballad: Theory, Method, and Practise.* Aldershot/Burlington (VT): Ashgate.

Atkinson, David and Steve Roud, eds. (2014). *Street Ballads in Nineteenth-Century Britain, Ireland, and North America: The Interface between Print and Oral Traditions.* Farnham (Surrey)/Burlington (VT): Ashgate.

Balakaeva, Deliash (2007). "Central Asia." *Imagology: The cultural construction and literary representation of national characters: A critical survey.* Eds. Manfred Beller and Joep Leerssen. Amsterdam/New York: Rodopi. 123–126.

Bandiera, Laura (2002). "'In Days of Yore How Fortunately Fared the Minstrel': Towards a Cultural Genealogy of Wordsworth's Preface to Lyrical Ballads." *European Journal of English Studies* Vol. 6/2: 189–206.

Banks, Brenda (1997). "Rhetorical Missiles and Double-Talk: Napoleon, Wordsworth, and the Invasion Scare of 1804." *Romanticism, Radicalism, and the Press.* Ed. Stephen C. Behrendt. Detroit: Wayne State University Press. 103–119.

Barnard, John (2008). "Print Culture and the Book Trade." *Romanticism: An Oxford Guide* [2005]. Ed. Nicholas Roe. Oxford/New York: Oxford University Press. 77–89.

Baßler, Moritz (2010). „Intertextualität und Gattung." *Handbuch Gattungstheorie.* Hg. Rüdiger Zymner. Stuttgart/Weimar: Metzler. 56–58.

Bate, Jonathan (1986). *Shakespeare and the English Romantic Imagination.* Oxford/New York: Clarendon Press.

Beller, Manfred (2012). „Die Technik des Vergleichs in der Imagologie." *Imagologie heute. Ergebnisse. Herausforderungen. Perspektiven. Imagology today: Achievements, Challenges, Perspectives* [2011]. Hg. Davor Dukić. Bonn: Bouvier. 39–51.

Beller, Manfred (2007a). "Climate." *Imagology: The cultural construction and literary representation of national characters: A critical survey.* Eds. Manfred Beller and Joep Leerssen. Amsterdam/New York: Rodopi. 298–304.

Beller, Manfred (2007b). "Perception, image, imagology." *Imagology: The cultural construction and literary representation of national characters: A critical survey.* Eds. Manfred Beller and Joep Leerssen. Amsterdam/New York: Rodopi. 3–16.

Beller, Manfred (2007c). “Stereotype.” *Imagology: The cultural construction and literary representation of national characters: A critical survey*. Eds. Manfred Beller and Joep Leerssen. Amsterdam/New York: Rodopi. 429–434.

Beller, Manfred (2007d). “Topos.” *Imagology: The cultural construction and literary representation of national characters: A critical survey*. Eds. Manfred Beller and Joep Leerssen. Amsterdam/New York: Rodopi. 441–442.

Beller, Manfred and Joep Leerssen, eds. (2007). *Imagology: The cultural construction and literary representation of national characters: A critical survey*. Amsterdam/New York: Rodopi.

Bennett, Betty T., ed. (1976a). *British war poetry in the age of romanticism: 1793–1815*. New York/London: Garland.

Bennett, Betty T. (1976b). “Introduction.” *British war poetry in the age of romanticism: 1793–1815*. Ed. Betty T. Bennett. New York/London: Garland. 1–67.

Bermingham, Ann (1986). *Landscape and Ideology: The English Rustic Tradition 1740–1860*. Berkeley/Los Angeles: University of California Press.

Berressem, Hanjo (2004). „Erhabene, das.“ *Metzler Lexikon Literatur- und Kulturtheorie. Ansätze – Personen – Grundbegriffe* [3. aktualisierte und erweiterte Auflage] [1998]. Hg. Ansgar Nünning. Stuttgart/Weimar: Metzler. 152.

Black, Jeremy (1992). “The eighteenth century British press.” *The Encyclopedia of the British press 1422–1992*. Ed. Dennis Griffiths. Basingstoke: Macmillan. 13–23.

Blaicher, Günther (2000). *Merry England. Zur Bedeutung und Funktion eines englischen Stereotypes*. Tübingen: Gunter Narr.

Blaicher, Günther (1992). *Das Deutschlandbild in der englischen Literatur*. Darmstadt: Wissenschaftliche Buchgesellschaft.

Blaicher, Günther, Hg. (1987). *Erstarrtes Denken. Studien zu Klischee, Stereotyp und Vorurteil in englischsprachiger Literatur*. Tübingen: Gunter Narr.

Bohls, Elizabeth A. (1999). *Women Travel Writers and the Language of Aesthetics, 1716–1818* [1995]. Cambridge/New York: Cambridge University Press.

Bohls, Elizabeth A. and Ian Duncan, eds. (2008). *Travel Writing 1700–1830: An Anthology* [2005]. Oxford/New York: Oxford University Press.

Booth, Wayne C. (1983). *The Rhetoric of Fiction* [1961]. Chicago/London: University of Chicago Press.

Brekke, Tone and Jon Mee (2009). “Introduction.” *Mary Wollstonecraft: Letters written during a short residence in Sweden, Norway, and Denmark* [1796]. Ed. with an Introduction and Notes by Tone Brekke and Jon Mee. Oxford/New York: Oxford University Press. ix–xxviii.

Brenner, Peter J. (1998). *Das Problem der Interpretation. Eine Einführung in die Grundlagen der Literaturwissenschaft*. Tübingen: Max Niemeyer Verlag.

Broich, Ulrich (2004). „Die Geschichtlichkeit von Texten.“ *Ein anglistischer Grundkurs. Einführung in die Literaturwissenschaft* [1985]. Hg. Bernhard Fabian. Berlin: Erich Schmidt. 126–151.

Budge, Gavin (2001). “Introduction.” *Aesthetics and the Picturesque 1795–1840*. Ed. Gavin Budge. Bristol: Thoemmes Press. v–xv.

Burden, Robert (2006). “Introduction: Englishness and Spatial Practices.” *Landscape and Englishness*. Eds. Robert Burden and Stephan Kohl. Amsterdam/New York: Rodopi. 13–26.

Butler, James A. (1998). “Travel Writing.” *A Companion to Romanticism*. Ed. Duncan Wu. Oxford/Malden (Mass.): Blackwell. 364–370.

Butler, Marilyn (2001). “Antiquarianism (Popular).” *An Oxford Companion to the Romantic Age: British Culture 1776–1832* [1999]. Ed. Iain McCalman. Oxford/New York: Oxford University Press. 328–338.

Butler, Marilyn (1998). “Introductory essay.” *Burke, Paine, Godwin and the Revolution Controversy* [1984]. Ed. Marilyn Butler. Cambridge/New York: Cambridge University Press. 1–17.

Butler, Marilyn (1988). *Literature as a Heritage: or Reading Other Ways (Inaugural Lecture)*. Cambridge: Cambridge University Press.

Cabral, Adolfo (1960a). “Preface.” *Robert Southey: Journals of a Residence in Portugal 1800–1801 and a Visit to France 1838: Supplemented by Extracts from his Correspondence.* Ed. Adolfo Cabral. London/Glasgow: Oxford at the Clarendon Press. vii–ix.

Cabral, Adolfo, ed. (1960b). *Robert Southey: Journals of a Residence in Portugal 1800–1801 and a Visit to France 1838: Supplemented by Extracts from his Correspondence.* London/Glasgow: Oxford at the Clarendon Press.

Casaliggi, Carmen and Porscha Fermanis (2016). *Romanticism: A Literary and Cultural History*. Abingdon/New York: Routledge.

Castein, Hanne (1971). *Die Anglo-Irische Strassenballade – mit einem Anthologieteil.* München: Wilhelm Fink Verlag.

Chatman, Seymour (1980). *Story and Discourse: Narrative Structure in Fiction and Film* [1978]. Ithaca (NY)/London: Cornell University Press.

Christie, William (2008). “Essays, newspapers, and magazines.” *Romanticism: An Oxford Guide* [2005]. Ed. Nicholas Roe. Oxford/New York: Oxford University Press. 426–444.

Christie, William (2001). “Reform Act of 1832.” *An Oxford Companion to the Romantic Age: British Culture 1776–1832* [1999]. Ed. Iain McCalman. Oxford/New York: Oxford University Press. 671.

Clery, E. J. (1998). “Introduction.” *Ann Radcliffe: The Italian or the Confessional of the Black Penitents: A Romance* [1797]. Eds. Frederick Garber with an Introduction and Notes by E. J. Clery. Oxford/New York: Oxford University Press. vii–xxxi.

COED (1995). *Concise Oxford English Dictionary* [Ninth edition] [1911]. Ed. Della Thompson. Oxford/New York: Oxford University Press.

Coke, David (2015). *Vauxhall Gardens*. Last updated: 15.06.2015. Date of access: 27.08.2015. <www.vauxhallgardens.com>.

Coke, David and Alan Borg (2011). *Vauxhall Gardens: A History*. New Haven/London: Yale University Press.

Colbert, Benjamin (2005). *Shelley's Eye: Travel Writing and Aesthetic Vision*. Aldershot: Ashgate.

Colley, Linda (2005). *Britons Forging the Nation 1707–1837* [1992]. New Haven/London: Yale University Press.

Collins, Henry (1971). "Introduction." *Rights of Man* [1791]. Ed. Thomas Paine. Harmondsworth/Baltimore: Penguin Books. 9–47.

Crook, Nora (2000). "Mary Shelley Author of *Frankenstein*." *A Companion to the Gothic*. Ed. David Punter. Oxford/Malden: Blackwell Publishers. 58–69.

Cubitt, Geoffrey (1998). "Introduction." *Imagining Nations*. Ed. Geoffrey Cubitt. Manchester/New York: Manchester University Press. 1–20.

de Bruyn, Frans (1996). *The Literary Genres of Edmund Burke: The Political Uses of Literary Form*. Oxford/New York: Clarendon Press.

Demata, Massimiliano (2006). "Italy and the Gothic." *Gothic Studies* Vol. 8/1: 1–8.

de Obaldia, Claire (1995). *The Essayistic Spirit: Literature, Modern Criticism, and the Essay*. Oxford/New York: Clarendon Press.

Derschka, Harald (2013). *Die Viersäftelehre als Persönlichkeitstheorie. Zur Weiterentwicklung eines antiken Konzepts im 12. Jahrhundert*. Ostfildern: Jan Thorbecke Verlag.

Drabble, Margaret (2000a). "Autobiography." *The Oxford Companion to English Literature* [sixth revised edition] [1932]. Ed. Margaret Drabble. Oxford/New York: Oxford University Press. 53.

Drabble, Margaret (2000b). "Ballad." *The Oxford Companion to English Literature* [sixth revised edition] [1932]. Ed. Margaret Drabble. Oxford/New York: Oxford University Press. 62.

Drabble, Margaret (2000c). "Defence of Poetry." *The Oxford Companion to English Literature* [sixth revised edition] [1932]. Ed. Margaret Drabble. Oxford/New York: Oxford University Press. 266–267.

Duff, David (2018). "Introduction." *The Oxford Handbook of British Romanticism*. Ed. David Duff. Oxford/New York: Oxford University Press. 1–9.

Duff, David (2009). *Romanticism and the Uses of Genre*. Oxford/New York: Oxford University Press.

Dyserinck, Hugo (2012). „Komparatistische Imagologie: ,Une ethnopsychologie qui n'ose pas dire son nom'?" *Imagologie heute. Ergebnisse. Herausforderungen. Perspektiven. Imagology today: Achievements, Challenges, Perspectives* [2011]. Hg. Davor Dukić. Bonn: Bouvier. 17–27.

Eccleshall, Robert (1990). *English Conservatism since the Restoration: An Introduction and Anthology*. London: Unwyn Hyman.

Engell, James (1981). *The Creative Imagination: Enlightenment to Romanticism*. Cambridge (Mass.)/London: Harvard University Press.

Erll, Astrid and Ann Rigney (2009). “Introduction: Cultural Memory and its Dynamics.” *Mediation, Remediation, and the Dynamics of Cultural Memory*. Eds. Astrid Erll and Ann Rigney. Berlin/New York: Walter de Gruyter. 1–11.

Fischer, Joachim (2000). *Das Deutschlandbild der Iren 1890–1939. Geschichte, Form, Funktion*. Heidelberg: Universitätsverlag C. Winter.

Florack, Ruth (2007a). *Bekannte Fremde. Zu Herkunft und Funktion nationaler Stereotype in der Literatur*. Tübingen: Niemeyer.

Florack, Ruth (2007b). “French.” *Imagology: The cultural construction and literary representation of national characters: A critical survey*. Eds. Manfred Beller and Joep Leerssen. Amsterdam/New York: Rodopi. 154–159.

Florack, Ruth (2001). *Tiefsinnige Deutsche, frivole Franzosen. Nationale Stereotype in deutscher und französischer Literatur*. Stuttgart/Weimar: Metzler.

Forrest, Alan (2015). *Waterloo: Great Battles*. Oxford/New York: Oxford University Press.

Fowler, Alastair (1982). *Kinds of Literature: An Introduction to the Theory of Genres and Modes*. Oxford/New York: Clarendon Press.

Fraistat, Neil and Susan S. Lanser (2002). “Introduction.” [2001] *Helen Maria Williams: Letters written in France, in the Summer of 1790, to a Friend in England containing various Anecdotes relative to the French Revolution* [1790]. Eds. Neil Fraistat and Susan S. Lanser. Peterborough (ON)/Orchard Park (NY): broadview literary texts. 9–50.

François, Etienne und Hagen Schulze (2003). „Einleitung.“ *Deutsche Erinnerungsorte I* [4. durchgesehene Auflage] [2001]. Hgg. Etienne François und Hagen Schulze. München: C. H. Beck. 9–24.

Freeman, Kathryn S. (2017). *Guide to the Cosmology of William Blake* [e-book]. London/New York: Routledge. [online available at Bibliothekskatalog Leuphana Universität Lüneburg: < http://www.myilibrary.com?ID=974124> Date of access: 30.05.2017]

Fricke, Harald (1981). *Norm und Abweichung. Eine Philosophie der Literatur*. München: C. H. Beck.

Fulcher, Jonathan (2001). “Gagging acts.” *An Oxford Companion to the Romantic Age: British Culture 1776–1832* [1999]. Ed. Iain McCalman. Oxford/New York: Oxford University Press. 516.

Galbreath, Donald Lindsay und Léon Jéquier (1978). *Lehrbuch der Heraldik* [Aus dem Französischen von Ottfried Neubecker]. München: Battenberg Verlag.

Ganev, Robin (2009). *Songs of Protest, Songs of Love: Popular Ballads in Eighteenth-century Britain*. Manchester/New York: Manchester University Press.

Garber, Klaus (2009). *Arkadien. Ein Wunschbild der europäischen Literatur*. München: Wilhelm Fink Verlag.

Garrett, James M. (2008). *Wordsworth and the Writing of the Nation* [1988]. Hampshire/Burlington: Ashgate Publishing.

Genette, Gérard (2010). *Die Erzählung* [3. durchgesehene und korrigierte Auflage. Aus dem Französischen von Andreas Knop] [1998]. Paderborn: Fink.

Genette, Gérard (2001). *Paratexte. Das Buch vom Beiwerk des Buches* [Aus dem Französischen von Dieter Hornig] [1987]. Frankfurt a. M.: Suhrkamp.

Genette, Gérard (1993). *Palimpseste. Die Literatur auf zweiter Stufe* [Aus dem Französischen von Wolfram Bayer und Dieter Hornig nach der ergänzten zweiten Auflage] [1982]. Frankfurt a. M.: Suhrkamp.

Gibson, Robert (1995). *Best of Enemies: Anglo-French Relations since the Norman Conquest*. London: Sinclair-Stevenson.

Giese, Wolfgang (2004). *Die Goten*. Stuttgart: Kohlhammer.

Giesen, Bernhard (1999). *Kollektive Identität. Die Intellektuellen und die Nation. Bd. 2*. Frankfurt a. M.: Suhrkamp.

Giesen, Bernhard (1991). „Einleitung." *Nationale und kulturelle Identität. Studien zur Entwicklung des kollektiven Bewußtseins in der Neuzeit*. Hg. Bernhard Giesen. Frankfurt a. M.: Suhrkamp. 9–18.

Giesen, Bernhard und Kay Junge (1991). „Vom Patriotismus zum Nationalismus. Zur Evolution der ‚Deutschen Kulturnation'." *Nationale und kulturelle Identität. Studien zur Entwicklung des kollektiven Bewußtseins in der Neuzeit*. Hg. Bernhard Giesen. Frankfurt a. M.: Suhrkamp. 255–303.

Gill, Stephen, ed. (2000). *William Wordsworth: The Major Works* [1984]. Oxford/New York: Oxford University Press.

Gilman, Sander L. (1985). *Difference and Pathology: Stereotypes of Sexuality, Race, and Madness*. Ithaca (NY)/London: Cornell University Press.

Glover, David and Scott McCracken (2012). "Introduction." *The Cambridge Companion to Popular Fiction*. Eds. David Glover and Scott McCracken. Cambridge/New York: Cambridge University Press. 1–14.

Goetsch, Paul (1985). „Fingierte Mündlichkeit in der Erzählkunst entwickelter Schriftkulturen." *Poetica* Vol. 17: 202–218.

Good, Graham (1988). *The observing Self: Rediscovering the Essay*. London/New York: Routledge.

Graham, Allen (2000). *Intertextuality*. London/New York: Routledge.

Greiffenhagen, Martin und Sylvia Greiffenhagen (1979). *Ein schwieriges Vaterland. Zur politischen Kultur Deutschlands*. München: Paul List Verlag.

Greimas, Algirdas Julien (1971). *Strukturale Semantik. Methodologische Untersuchungen* [Aus dem Französischen von Jens Ihwe] [1966]. Braunschweig: Friedrich Viehweg und Sohn.

Groom, Nick (1999). *The Making of Percy's Reliques*. Oxford/New York: Oxford University Press.

Hahn, George H. (2008). *The Ocean Bards: British Poetry and the War at Sea 1793–1815*. Frankfurt a. M.: Peter Lang.

Hallet, Wolfgang (2006). „Intertextualität als methodisches Konzept einer kulturwissenschaftlichen Literaturwissenschaft." *Kulturelles Wissen und Intertextualität.*

Theoriekonzeptionen und Fallstudien zu Kontextualisierung von Literatur. Hgg. Marion Gymnich, Birgit Neumann und Ansgar Nünning. Trier: Wissenschaftlicher Verlag Trier. 53–70.

Hardison, O. B. Jr. (1989). "Binding Proteus. An Essay on the Essay." *Essays on the Essay. Redefining the Genre*. Ed. Alexander J. Butrym. Athens/London: The University of Georgia Press. 11–28.

Heffernan, Teresa and Daniel O'Quinn (2013). "Introduction." *Lady Mary Wortley Montagu: The Turkish Embassy Letters* [1763]. Eds. Teresa Heffernan and Daniel O'Quinn. Peterborough/London: Broadview Press. 11–34.

Heyl, Christoph (2010). "London as a Latter-Day Rome? From Neo-Classicist to Post-Colonial Urban Imagination and Beyond, 1666–1945." *Literatur in Wissenschaft und Unterricht* Heft XLIII 2/3: 103–126.

Heywood, Colin (2001). *A History of Childhood. Children and Childhood in the West from Medieval to Modern Times*. Malden: Blackwell Publishers.

Hibbert, Christopher (1987). *The Grand Tour*. London: Methuen.

Hill, Christopher (1989). "The English Revolution and patriotism." *Patriotism: The Making and Unmaking of British National Identity: Vol. 1 History and Politics*. Ed. Raphael Samuel. London/New York: Routledge. 159–168.

Hirst, Wolf Z. (1996). "How Dreams Become Poems: Keats's Imagined Sculpture and Re-Vision of Epic." *The Romantic Imagination: Literature and Art in England and Germany*. Eds. Frederick Burwick and Jürgen Klein. Amsterdam/Atlanta: Rodopi. 301–314.

Hoagwood, Terence Allan (2010). *From Song to Print: Romantic Pseudo-Songs*. New York: Palgrave Macmillan.

Hodson, Jane (2007). *Language and Revolution in Burke, Wollstonecraft, Paine, and Godwin*. Aldershot/Burlington: Ashgate.

Höffe, Otfried (2001). *Kleine Geschichte der Philosophie*. München: C. H. Beck.

Holmes, Susanne (2006). *Synthesis der Vielheit. Die Begründung der Gattungstheorie bei August Wilhelm Schlegel*. Paderborn u. a.: Schöningh.

Iser, Wolfgang (1994a). *Der Akt des Lesens. Theorie ästhetischer Wirkung* [1976]. München: Wilhelm Fink Verlag.

Iser, Wolfgang (1994b). *Der implizite Leser. Kommunikationsformen des Romans von Bunyan bis Beckett* [1972]. München: Wilhelm Fink Verlag.

Jarvis, Robin (1997). *Romantic Writing and Pedestrian Travel*. Basingstoke: Macmillan Press.

Jones, Chris (1993). *Radical Sensibility: Literature and Ideas in the 1790s*. London/New York: Routledge.

Joseph, M. K. (1998). "Introduction." [1969] *Mary Shelley: Frankenstein or, The modern Prometheus* [1818]. Ed. M. K. Joseph. Oxford/New York: Oxford University Press. v–xiii.

Kaiser, Gerhard R. (1974). „Zur Dynamik literarischer Gattungen." *Die Gattungen in der Vergleichenden Literaturwissenschaft*. Ed. Horst Rüdiger. Berlin: Walter de Gruyter. 32–62.

Kassler, Michael (2004). *Music Entries at Stationers' Hall 1710–1818* [Compiled by Michael Kassler from lists prepared for William Hawes, Donald William Krummel and Alan Tyson and from other sources]. Aldershot (England)/Burlington (VT): Ashgate Publishing.

Kendall, Kenneth E. (1971). *Leigh Hunt's Reflector*. The Hague/Paris: Mouton & Co.

Kennedy, Deborah (2002). *Helen Maria Williams and the Age of Revolution*. Lewisburg/London: Bucknell University Press.

Kidson, Peter (1996). "Introduction." *The dictionary of art: Vol. 13*. Ed. Jane Turner. London: Macmillan. 33–35.

Kitson, Peter J. (2002). "Not a reforming patriot but an ambitious tyrant: representations of Cromwell and the English Republic in the late eighteenth and early nineteenth centuries." *Radicalism in British Literary Culture, 1650–1830: Fom Revolution to Revolution*. Eds. Timothy Morton and Nigel Smith. Cambridge/New York: Cambridge University Press. 183–200.

Klein, Jürgen (2005). *Schwarze Romantik. Studien zur englischen Literatur im europäischen Kontext*. Frankfurt a. M.: Peter Lang.

Klein, Jürgen (2004). *Elisabeth I. und ihre Zeit*. München: C. H. Beck.

Klein, Jürgen (1996). "Genius, Ingenium, Imagination: Aesthetic Theories of Production from the Renaissance to Romanticism." *The Romantic Imagination: Literature and Art in England and Germany*. Eds. Frederick Burwick and Jürgen Klein. Amsterdam/Atlanta: Rodopi. 19–62.

Kleine, Inge (2001). *Dread and Exultation. Symbolische Männlichkeit und Weiblichkeit im klassischen englischen Schauerroman*. Frankfurt a. M.: Peter Lang.

Knight, Stephen (2006). "Remembering Robin Hood: Five centuries of outlaw ideology." European Journal of English Studies Vol. 10/2: 149–161.

Koch, Peter und Wulf Oesterreicher (1985). „Sprache der Nähe – Sprache der Distanz. Mündlichkeit und Schriftlichkeit im Spannungsfeld von Sprachtheorie und Sprachgeschichte." *Romanistisches Jahrbuch* Bd. 36: 15–43.

Kohns, Oliver (2012). „Die Auflösung des Dramas als Form des Sozialen (Peter Szondi, Gottfried Keller)." *Gattung und Geschichte. Literatur- und medienwissenschaftliche Ansätze zu einer neuen Gattungstheorie*. Hgg. Oliver Kohns und Claudia Liebrand. Bielefeld: transcript Verlag. 57–78.

Korte, Barbara (1996). *Der englische Reisebericht. Von der Pilgerfahrt bis zur Postmoderne*. Darmstadt: Wissenschaftliche Buchgesellschaft.

Krnić, Goran (2012). „Erinnerung an den Anderen. Imagologie und Stereotypenforschung im Kontext des Kollektiven Gedächtnisses." *Imagologie heute. Ergebnisse.*

Herausforderungen. Perspektiven. Imagology today: Achievements, Challenges, Perspectives [2011]. Hg. Davor Dukić. Bonn: Bouvier. 127–135.

Kucich, Greg (2016). "Of Precious Loobies, Bag Wigs, and Posthumous Orators: Leigh Hunt's 'Ressurrection' of Robert Southey." *The Regency Revisited*. Eds. Tim Fulford and Michael E. Sinatra. Basingstoke/New York: Palgrave Macmillan. 119–131.

Kucich, Greg (2008). "Romance." *Romanticism: An Oxford Guide* [2005]. Ed. Nicholas Roe. Oxford/New York: Oxford University Press. 463–481.

Kuczynski, Ingrid (2003). "Only by the Eye: Visual Perception in Women's Travel Writing in the 1790s." *Mary Wollstonecraft's Journey to Scandinavia: Essays*. Eds. Anka Ryall and Catherine Sandbach-Dahlström. Stockholm: Almqvist & Wiksell International. 25–52.

Kuczynski, Ingrid (1993). "The Image of the Other in Eighteenth-Century English European Travel Literature." *English Studies in Transition: Papers from the ESSE Inaugural Conference*. Eds. Robert Clark and Piero Boitani. London/New York: Routledge. 185–195.

Kumar, Krishan (2006). *The Making of English National Identity* [2003]. Cambridge/New York: Cambridge University Press.

Kunkel, Wolfgang und Roland Wittmann (1995). *Staatsordnung und Staatspraxis der Römischen Republik. Zweiter Abschnitt. Die Magistratur* [Handbuch der Altertumswissenschaft]. München: Beck'sche Verlagsbuchhandlung.

Lawrence, Karen R. (1994). *Penelope Voyages: Women and Travel in the British Literary Tradition*. Ithaca (NY)/London: Cornell University Press.

Leask, Nigel (2001). "Salons, Alps and Cordilleras: Helen Maria Williams, Alexander von Humboldt, and the Discourse of Romantic travel." *Women, Writing and the Public Sphere: 1700–1830*. Eds. Elizabeth Eger, Charlotte Grant, Clíona Ó Gallchoir and Penny Warburton. Cambridge/New York: Cambridge University Press. 217–235.

LeBlanc, Jacqueline (1997). "Politics and Commercial Sensibility in Helen Maria Williams' Letters from France." *Eighteenth century life* Vol. 21/1: 26–44.

Leerssen, Joep, ed. (2018a). *Encyclopedia of Romantic Nationalism in Europe: Vol. 1–2*. Amsterdam: Amsterdam University Press.

Leerssen, Joep (2018b). "Englishness and Empire." *Encyclopedia of Romantic Nationalism in Europe: Vol. 2*. Ed. Joep Leerssen. Amsterdam: Amsterdam University Press. 821–822.

Leerssen, Joep (2018c). "Patriotic poetry and verse." *Encyclopedia of Romantic Nationalism in Europe: Vol. 1*. Ed. Joep Leerssen. Amsterdam: Amsterdam University Press. 109–111.

Leerssen, Joep (2012). „Ethnotypen sind Akteure. Zur Poetik und Rhetorik des Vorurteils." *Wir und die Anderen. Stereotypen in der Schweiz*. Hg. Balz Engler. Fribourg: Acad. Press. 5–20.

Leerssen, Joep (2007). "Imagology: History and Method." *Imagology: The cultural construction and literary representation of national characters: A critical survey*. Eds. Manfred Beller and Joep Leerssen. Amsterdam/New York: Rodopi. 17–32.

Leerssen, Joep (2004). "Sublime Landscape and National Character." *Beziehungen und Identitäten. Österreich, Irland und die Schweiz. Connections and Identities: Austria, Ireland and Switzerland.* Hgg. Gisela Holfter, Marieke Krajenbrink und Edward Moxon-Browne. Bern/Berlin: Peter Lang. 25–35.

Leerssen, Joep (2000). "The Rhetoric of National Character: A Programmatic Survey." *Poetics Today* Vol. 21/2: 267–292.

Leerssen, Joep (1997). »L'Effet de Typique.« *Mœurs et Images. Études d'Imagologie Européenne*. Ed. Alain Montandon. Clermont-Ferrand: Université Blaise Pascal Centre de Recherches sur les Littératures Modernes et Contemporaines. 129–134.

Lehmann, Gustav Adolf (2004). *Demosthenes von Athen. Ein Leben für die Freiheit. Biographie*. München: C. H. Beck.

Lieven, Dominic (2010). *Russia against Napoleon: The Battle for Europe, 1807 to 1814* [2009]. London/New York: Penguin.

Link, Jürgen (1988). „Literaturanalyse als Interdiskursanalyse. Am Beispiel des Ursprungs literarischer Symbolik in der Kollektivsymbolik." *Diskurstheorien und Literaturwissenschaft*. Hgg. Jürgen Fohrmann und Harro Müller. Frankfurt a. M.: Suhrkamp. 284–307.

Lippmann, Walter (1961). *Public Opinion* [1922]. New York: Macmillan.

Lucas, John (1990). *England and Englishness: Ideas of Nationhood in English Poetry 1688–1900*. London: Hogarth Press.

Majeed, Javed (2001). "Southey." *An Oxford Companion to the Romantic Age: British Culture 1776–1832* [1999]. Ed. Iain McCalman. Oxford/New York: Oxford University Press. 713–714.

Mazzeo, Tilar J. (2016). "William Blake and the Decorative Arts." *The Regency Revisited*. Eds. Tim Fulford and Michael E. Sinatra. Basingstoke/New York: Palgrave Macmillan. 63–80.

McCalman, Iain (2001). "Society for Constitutional Information." *An Oxford Companion to the Romantic Age: British Culture 1776–1832* [1999]. Ed. Iain McCalman. Oxford/New York: Oxford University Press. 711.

McCue, Kirsteen (2018). "The Culture of Song." *The Oxford Handbook of British Romanticism*. Ed. David Duff. Oxford/New York: Oxford University Press. 643–657.

McEathron, Scott (1998). "Wordsworth and Coleridge: Lyrical Ballads." *A Companion to Romanticism*. Ed. Duncan Wu. Oxford/Maldon (Mass.): Blackwell. 144–156.

McEvoy, Emma (1998). "Introduction." [1995] *Mathew Gregory Lewis: The Monk* [1796]. Ed. Howard Anderson with an Introduction and Notes by Emma McEvoy. Oxford/New York: Oxford University Press. vii–xxx.

McMillan, Dorothy (2012). "On the look-out for Beauty: Dorothy Wordsworth in the Trossachs." *Literary Tourism: The Trossachs and Walter Scott.* Ed. Ian Brown. Glasgow: Scottish Literature International. 113–123.

Mee, Jon (2016). *Print, Publicity, and Popular Radicalism in the 1790s: The Laurel of Liberty.* Cambridge/New York: Cambridge University Press.

Mee, Jon (2001). "Ossianism." *An Oxford Companion to the Romantic Age: British Culture 1776–1832* [1999]. Ed. Iain McCalman. Oxford/New York: Oxford University Press. 630.

Mertner, Edgar (1970). "Introduction." *William Gifford: The Anti-Jacobin, or Weekly Examiner* [Facsimile of the Fourth Edition, Revised and Corrected: Vol. I. Printed by J. Wright, Piccadilly. With an Introduction by Edgar Mertner] [1799]. Hildesheim/New York: Georg Olms Verlag. V–XIX.

Meyer, Michael (2005). *The Bedford Introduction to Literature: Reading, Thinking, Writing* [seventh revised edition] [1987]. Boston/New York: Bedford/St. Martin's.

Meyer, Silke (2017). "Learning to See: Eighteenth-Century Children's Prints and the Discourse of Othering." *Imagining Sameness and Difference in Children's Literature: From the Enlightenment to the Present Day.* Eds. Emer O'Sullivan and Andrea Immel. London: Palgrave Macmillan. 29–49.

Meyer, Silke (2003). *Die Ikonographie der Nation. Nationalstereotype in der englischen Druckgraphik des 18. Jahrhunderts.* Münster/New York: Waxmann.

Miall, David S. (1998). "Gothic Fiction." *A Companion to Romanticism.* Ed. Duncan Wu. Oxford/Malden (Mass.): Blackwell. 345–354.

Mikaberidze, Alexander (2005). *The Russian Officer Corps in the Revolutionary and Napoleonic Wars 1792–1815.* Staplehurst (Kent)/New York: Spellmount.

Milbank, Alison (2007). "Gothic Femininities." *The Routledge Companion to Gothic.* Eds. Catherine Spooner and Emma McEvoy. London/New York: Routledge. 155–163.

Miles, Robert (2007). "Eighteenth-Century Gothic." *The Routledge Companion to Gothic.* Eds. Catherine Spooner and Emma McEvoy. London/New York: Routledge. 10–18.

Miles, Robert (2000). "Ann Radcliffe and Matthew Lewis." *A Companion to the Gothic.* Ed. David Punter. Oxford/Malden: Blackwell Publishers. 41–57.

Mingay, Gordon (1975). *Arthur Young and his Times.* London/Basingstoke: Macmillan.

Müller, Wolfgang G. (2004). „Das Problem der Subjektivität in der Lyrik der englischen Romantik." *Eine andere Geschichte der englischen Literatur. Epochen, Gattungen und Teilgebiete im Überblick* [1998]. Hg. Ansgar Nünning. Trier: Wissenschaftlicher Verlag Trier. 127–149.

Naarden, Bruno and Joep Leerssen (2007). "Russians." *Imagology: The cultural construction and literary representation of national characters: A critical survey.* Eds. Manfred Beller and Joep Leerssen. Amsterdam/New York: Rodopi. 226–230.

Neumann, Birgit (2009). *Die Rhetorik der Nation in britischer Literatur und anderen Medien des 18. Jahrhunderts.* Trier: Wissenschaftlicher Verlag Trier.

Neumann, Birgit (2006a). „Kulturelles Wissen und Literatur.“ *Kulturelles Wissen und Intertextualität. Theoriekonzeptionen und Fallstudien zu Kontextualisierung von Literatur*. Hgg. Marion Gymnich, Birgit Neumann und Ansgar Nünning. Trier: Wissenschaftlicher Verlag Trier. 29–51.

Neumann, Birgit (2006b). „Performanz und Literatur. Vorschläge zur Konzeptualisierung der Text-Kontext-Relationen.“ *Kulturelles Wissen und Intertextualität. Theoriekonzeptionen und Fallstudien zu Kontextualisierung von Literatur*. Hgg. Marion Gymnich, Birgit Neumann und Ansgar Nünning. Trier: Wissenschaftlicher Verlag Trier. 87–106.

Neumann, Birgit und Ansgar Nünning (2007). „Einleitung: Probleme, Aufgaben und Perspektiven der Gattungstheorie und Gattungsgeschichte.“ *Gattungstheorie und Gattungsgeschichte*. Hgg. Marion Gymnich, Birgit Neumann und Ansgar Nünning. Trier: Wissenschaftlicher Verlag Trier. 1–28.

Newman, Gerald (1997). *The Rise of English Nationalism: A Cultural History 1740–1830* [1987]. Houndmills/Basingstoke: Macmillan.

Noble, Andrew (2001). “Scott.” *An Oxford Companion to the Romantic Age: British Culture 1776–1832* [1999]. Ed. Iain McCalman. Oxford/New York: Oxford University Press. 692.

Nünning, Ansgar (2004). „Close Reading.“ *Metzler Lexikon Literatur- und Kulturtheorie. Ansätze – Personen – Grundbegriffe* [3. aktualisierte und erweiterte Auflage] [1998]. Hg. Ansgar Nünning. Stuttgart/Weimar: Metzler. 87–88.

Nünning, Vera (2003). “A ‘Usable Past’: Fictions of Memory and British National Identity.” *Journal for the study of British cultures* Vol. 10/1: 27–48.

Nünning, Vera (1998). *A revolution in sentiments, manners, and moral opinions. Catharine Macaulay und die politische Kultur des englischen Radikalismus, 1760–1790* [1995]. Heidelberg: Universitätsverlag C. Winter.

Nusser, Peter (1991). *Trivialliteratur*. Stuttgart: Metzlersche Verlagsbuchhandlung.

OED (1961). “Romantic.” *The Oxford English Dictionary: Vol. VIII* [Being a corrected Re-Issue with an Introduction, Supplement, and Bibliography of a new English Dictionary on historical Principles founded mainly on the Materials collected by the Philological Society]. Oxford/London: Clarendon Press. 769–770.

O’Neill, Michael (2008). “Romantic forms: an introduction.” *Romanticism: An Oxford Guide* [2005]. Ed. Nicholas Roe. Oxford/New York: Oxford University Press. 275–291.

O’Sullivan, Emer (2017). “Picturing the World for Children: Early Nineteenth-Century Images of Foreign Nations.” *Imagining Sameness and Difference in Children’s Literature: From the Enlightenment to the Present Day*. Eds. Emer O’Sullivan and Andrea Immel. London: Palgrave Macmillan. 51–70.

O’Sullivan, Emer (2015). “Englishness in German translations of *Alice in Wonderland*.” *Interconnecting Translation Studies and Imagology*. Eds. Luc van Doorslaer, Peter

Flynn and Joep Leerssen. Amsterdam/Philadelphia: John Benjamins Publishing Company. 87–107.

O'Sullivan, Emer (2014). „Bilderwelten – Weltbilder. Intermediale Repräsentation fremder und eigener Nationen in ABC- und Bilderbüchern." *Kinder- und Jugendliteraturforschung international. Ansichten und Aussichten. Festschrift für Hans-Heino Ewers.* Eds. Gabriele von Glasenapp, Bernd Dolle-Weinkauff und Ute Dettmar. Frankfurt a. M.: Peter Lang Verlag. 89–108.

O'Sullivan, Emer (2009). "S is for Spaniard: The representation of foreign nations in ABCs and picturebooks." *European Journal of English Studies* Vol. 13/3: 333–349.

O'Sullivan, Emer (2007). „Idylle und Ernüchterung. Eine imagologische Analyse des Irlandbilds in der deutschsprachigen Literatur nach dem Zweiten Weltkrieg." *Horizonte verschmelzen. Zur Hermeneutik der Vermittlung. Hartmut Eggert zum 70. Geburtstag.* Hgg. Hans Richard Brittnacher et al. Würzburg: Königshausen & Neumann. 117–128.

O'Sullivan, Emer (1990). *Friend and Foe: The image of Germany and the Germans in British children's fiction from 1870 to the present.* Tübingen: Gunter Narr.

O'Sullivan, Emer (1989). *Das ästhetische Potential nationaler Stereotypen in literarischen Texten. Auf der Grundlage einer Untersuchung des Englandbildes in der deutschsprachigen Kinder- und Jugendliteratur nach 1960.* Tübingen: Stauffenburg.

Perkins, David (1993). *Is Literary History Possible?* [1992]. Baltimore: Johns Hopkins University Press.

Perkins, Pam (2006). "John Moore, Ann Radcliffe and the Gothic Vision of Italy." *Gothic Studies* Vol. 8/1: 35–51.

Perry, Seamus (1998). "Romanticism: The Brief History of a Concept." *A Companion to Romanticism.* Ed. Duncan Wu. Oxford/Malden (Mass.): Blackwell. 3–11.

Petzold, Jochen (2017). „‚A Dialogue I'll tell you as true as my life': Formen und Funktionen des Dialogs in der englischen Straßenballade." *Das Dialoggedicht. Studien zur deutschen, englischen und romanischen Lyrik. Dialogue Poems: Studies in German, English and Romance Language Poetry.* Hgg. Christina Johanna Bischoff, Till Kinzel und Jarmila Mildorf. Heidelberg: Universitätsverlag Winter. 243–258.

Philp, Mark (2001). "Paine, Thomas (1737–1809)." *An Oxford Companion to the Romantic Age: British Culture 1776–1832* [1999]. Ed. Iain McCalman. Oxford/New York: Oxford University Press. 632–633.

Philp, Mark (1995). "Vulgar Conservatism 1792–3." *The English Historical Review* Vol. 110/435: 42–69. [online available at: <http//www.jstor.org/stable/573375> Date of access: 10.09.2015]

Pinch, Adela (2008). "Sensibility." *Romanticism: An Oxford Guide* [2005]. Ed. Nicholas Roe. Oxford/New York: Oxford University Press. 49–61.

Pittock, Murray (2009). "To see ourselves as others see us: The Scot in English eyes since 1707." *European Journal of English Studies* Vol. 13/3: 293–304.

Poole, Steve (2009a). "'Not Precedents to be followed, but Examples to be weighed': John Thelwall and the Jacobin Sense of the Past." *John Thelwall: Radical Romantic and acquitted Felon*. Ed. Steve Poole. London/Brookfield: Pickering & Chatto. 161–173.

Poole, Steve (2009b). "Preface." John Thelwall: Radical Romantic and acquitted Felon. Ed. Steve Poole. London/Brookfield: Pickering & Chatto. xiii–xvi.

Pratt, Mary Luise (2008). *Imperial Eyes: Travel Writing and Transculturation* [1992]. London/New York: Routledge.

Praz, Mario (1970). *Liebe, Tod und Teufel. Die schwarze Romantik. Bd. 1* [1988]. München: Deutscher Taschenbuch Verlag.

Quilley, Geoff (2000). "Duty and Mutiny: The Aesthetics of Loyalty and the Representation of the British Sailor c. 1789–1800." *Romantic Wars: Studies in Culture and Conflict: 1793–1822*. Ed. Philip Shaw. Aldershot/Burlington (VT): Ashgate. 80–109.

Rajan, Tilottama and Julia M. Wright (1998). "Introduction." *Romanticism: History and the Possibilities of Genre: Re-forming Literature 1789–1837*. Eds. Tilottama Rajan and Julia M. Wright. Cambridge/New York: Cambridge University Press. 1–18.

Reilly, Terry (2006). "Arthur Young's Travels in France: Historicity and the Use of Literary Forms." *Recording and Reordering: Essays on the Seventeenth- and Eighteenth-Century Diary and Journal*. Eds. Dan Doll and Jessica Munns. Cranbury: Rosemont. 122–136.

Rieuwerts, Sigrid (1998). "Percy, Thomas (1729–1811)." *Encyclopedia of Folklore and Literature*. Eds. Mary Ellen Brown and Bruce A. Rosenberg. Santa Barbara (CA)/Denver (CO): ABC-CLIO. 495–497.

Rigney, Ann (2018). "The historical novel." *Encyclopedia of Romantic Nationalism in Europe: Vol. 1*. Ed. Joep Leerssen. Amsterdam: Amsterdam University Press. 114–116.

Rigney, Ann (2012). *Walter Scott: Memory on the Move*. Oxford/New York: Oxford University Press.

Rigney, Ann (2001). *Imperfect Histories: The Elusive Past and the Legacy of Romantic Historicism*. Ithaca/London: Cornell University Press.

Roberts, Andrew Michael (2008). "Psychoanalysis." *Romanticism: An Oxford Guide* [2005]. Ed. Nicholas Roe. Oxford/New York: Oxford University Press. 219–236.

Robertson, Fiona (2001). "Novels." *An Oxford Companion to the Romantic Age: British Culture 1776–1832* [1999]. Ed. Iain McCalman. Oxford/New York: Oxford University Press. 286–295.

Roe, Nicholas (2008a). "Introduction." *Romanticism: An Oxford Guide* [2005]. Ed. Nicholas Roe. Oxford/New York: Oxford University Press. 1–12.

Roe, Nicholas, ed. (2008b). *Romanticism: An Oxford Guide* [2005]. Oxford/New York: Oxford University Press.

Rossington, Michael (2008). "Rousseau and Tacitus: republican inflections in the Shelley's History of a six Weeks' Tour." *European Romantic Review* Vol. 19/4: 321–333.

Ruston, Sharon (2007). *Romanticism*. London/New York: Continuum.

Ryall, Anka (2003). "A Vindication of Struggling Nature: Mary Wollstonecraft's Scandinavia." *Mary Wollstonecraft's Journey to Scandinavia: Essays*. Eds. Anka Ryall and Catherine Sandbach-Dahlström. Stockholm: Almqvist & Wiksell International. 117–137.

Sanders, Andrew (2004). *The Short Oxford History of English Literature* [3. revised edition] [1994]. Oxford/New York: Oxford University Press.

Sawyer, Sean (2001a). "Knight." *An Oxford Companion to the Romantic Age: British Culture 1776–1832* [1999]. Ed. Iain McCalman. Oxford/New York: Oxford University Press. 573.

Sawyer, Sean (2001b). "Price." *An Oxford Companion to the Romantic Age: British Culture 1776–1832* [1999]. Ed. Iain McCalman. Oxford/New York: Oxford University Press. 660.

Schmitt, Cannon (1997). *Alien Nation: Nineteenth Century Gothic Fictions and English Nationality*. Philadelphia: Pennsylvania University Press.

Schnyder, Peter and Manfred Beller (2007). "Swiss." *Imagology: The cultural construction and literary representation of national characters: A critical survey*. Eds. Manfred Beller and Joep Leerssen. Amsterdam/New York: Rodopi. 251–254.

Schröder, Hans-Christoph (1986). *Die Revolution Englands im 17. Jahrhundert*. Frankfurt a. M.: Suhrkamp.

Schweppenhäuser, Gerhard (2007). *Ästhetik. Philosophische Grundlagen und Schlüsselbegriffe*. Frankfurt a. M./New York: Campus Verlag.

Seeber, Hans Ulrich (2004). „Romantik und Viktorianische Zeit." *Englische Literaturgeschichte* [4. erweiterte Auflage] [1991]. Hg. Hans Ulrich Seeber. Stuttgart: Metzler. 224–313.

Seifert, Martina (2016). *Die Bilderfalle. Kanada in der deutschsprachigen Kinder- und Jugendliteratur. Produktion und Rezeption*. Augsburg: Wißner-Verlag.

Shen, Dan (2008). "Story Discourse Distinction." *Routledge Encyclopedia of Narrative Theory* [2005]. Eds. David Herman, Manfred Jahn and Marie-Laure Ryan. London/New York: Routledge. 566–568.

Six, Bernd (1987). „Stereotype und Vorurteile im Kontext sozialpsychologischer Forschung." *Erstarrtes Denken. Studien zu Klischee, Stereotyp und Vorurteil in englischsprachiger Literatur*. Hg. Günther Blaicher. Tübingen: Gunter Narr. 41–54.

Spiering, Menno (2007). "English." *Imagology: The cultural construction and literary representation of national characters: A critical survey*. Eds. Manfred Beller and Joep Leerssen. Amsterdam/New York: Rodopi. 145–151.

Spiering, Menno (1992). *Englishness: Foreigners and Images of National Identity in Postwar Literature*. Amsterdam/Atlanta: Rodopi.

Stafford, Fiona (2018). "England and Englishness." *The Oxford Handbook of English Romanticism*. Oxford/New York: Oxford University Press.91–105.

Stanzel, Franz K. (1998). *Europäer. Ein imagologischer Essay* [2. aktualisierte Auflage] [1997]. Heidelberg: Universitätsverlag C. Winter.

Stephan, Inge (2001). „Romantik als Lebens- und Schreibform.“ *Deutsche Literaturgeschichte. Von den Anfängen bis zur Gegenwart* [6. verbesserte und erweiterte Auflage] [1979]. Hgg./Autoren Wolfgang Beutin, Klaus Ehlert, Wolfgang Emmerich u. a. Stuttgart/Weimar: Metzler. 202–209.

Stevens, David (2007). *The Gothic Tradition* [2000]. Cambridge/New York: Cambridge University Press.

Stewart, David (2018). *The Form of Poetry in the 1820s and 1830s: A Period of Doubt* [E-Book]. Cham: Palgrave Macmillan.

Stock, Paul (2009). “Liberty and Independence: The Shelley-Byron Circle and the State(s) of Europe.” *Romanticism* Vol. 15/2: 121–130.

Suerbaum, Ulrich (2004). „Text, Gattung, Intertextualität.“ *Ein anglistischer Grundkurs. Einführung in die Literaturwissenschaft* [1985]. Hg. Bernhard Fabian. Berlin: Erich Schmidt. 82–125.

Szegedy-Maszák, Mihály (1986). “The Idea of National Character: A Romantic Heritage.” *Concepts of national Identity: an Interdisciplinary Dialogue. Interdisziplinäre Betrachtungen zur Frage der nationalen Identität.* Ed. Peter Boerner. Baden-Baden: Nomos. 45–61.

Taine, Hyppolite (1999). *Histoire de la Littérature Anglaise. Tome 4* [fac-similé de la quatrième édition, revue et augmentée, publiée à Paris, par la Librairie Hachette, en 1878] [1864]. Coevres-et-Valsery: Ressouvenances.

Thomas, Sophie (2008). “The Fragment.” *Romanticism: An Oxford Guide* [2005]. Ed. Nicholas Roe. Oxford/New York: Oxford University Press. 502–520.

Thompson, Carl (2008). “Travel writing.” *Romanticism: An Oxford Guide* [2005]. Ed. Nicholas Roe. Oxford/New York: Oxford University Press. 555–573.

Thompson, Edward P. (1979). *The Making of the English Working Class* [1963]. Harmondsworth/New York: Penguin Books.

Thompson, Judith (1998). “‘A Voice in the Representation’: John Thelwall and the enfranchisement of literature.” *Romanticism: History and the Possibilities of Genre: Re-forming Literature 1789–1837*. Eds. Tilottama Rajan and Julia M. Wright. Cambridge/New York: Cambridge University Press. 122–148.

Tombs, Robert and Isabelle Tombs (2006). *That Sweet Enemy: The French and the British from the Sun King to the Present*. London: William Heinemann.

Towner, John (2011). “Literature, Tourism and the Grand Tour.” *Literature and Tourism: Essays in the Reading and Writing of Tourism* [2002]. Eds. Mike Robinson and Hans-Christian Andersen. Andover: Cengage Learning. 226–238.

Trott, Nicola (2008). “Gothic.” *Romanticism: An Oxford Guide* [2005]. Ed. Nicholas Roe. Oxford/New York: Oxford University Press. 482–501.

Trott, Nicola (1998a). "Milton and the Romantics." *A Companion to Romanticism*. Ed. Duncan Wu. Oxford/Malden (Mass.): Blackwell. 520–534.

Trott, Nicola (1998b). "The Picturesque, the Beautiful and the Sublime." *A Companion to Romanticism*. Ed. Duncan Wu. Oxford/Malden (Mass.): Blackwell. 72–90.

Tuite, Clara (2001). "Gilpin." *An Oxford Companion to the Romantic Age: British Culture 1776–1832* [1999]. Ed. Iain McCalman. Oxford/New York: Oxford University Press. 523–524.

Turner, Katherine (2001). *British Travel Writers in Europe 1750–1800: Authorship, Gender, and National Identity*. Aldershot/Burlington: Ashgate.

Urry, John (2002). *The Tourist Gaze* [1990]. London/Thousand Oaks: Sage Publications.

Vincent, Patrick, Diane Piccitto and Angela Esterhammer (2015). "Introduction." *Romanticism, Rousseau, Switzerland: New Prospects*. Eds. Patrick Vincent, Diane Piccitto and Angela Esterhammer. Basingstoke/New York: Palgrave Macmillan. 1–20.

Voßkamp, Wilhelm (1994). „Gattungen." *Literaturwissenschaft. Ein Grundkurs* [1992]. Hgg. Helmut Brackert und Jörn Stückrath. Reinbek (bei Hamburg): Rowohlt. 253–269.

Voßkamp, Wilhelm (1977). „Gattungen als literarisch-soziale Institutionen. Zu Problemen sozial- und funktionsgeschichtlich orientierter Gattungstheorie und -historie." *Textsortenlehre – Gattungsgeschichte*. Hg. Walter Hinck. Heidelberg: Quelle & Meyer. 27–44.

Walker, Carol Kyros, ed. (1997). *Recollections of a Tour made in Scotland: Dorothy Wordsworth* [1874]. New Haven/London: Yale University Press.

Wein, Toni (2002). *British Identities, heroic Nationalisms, and the Gothic Novel 1764–1824*. Basingstoke/New York: Palgrave Macmillan.

Wellek, René (1963). *Concepts of Criticism* [Ed. and with an introduction by Stephen G. Nichols, Jr.]. New Haven/London: Yale University Press.

Wende, Peter (1995). *Geschichte Englands* [2. überarbeitete und erweiterte Auflage] [1985]. Stuttgart/Berlin: W. Kohlhammer.

White, Adam (2017). *John Clare's Romanticism*. Milton Keynes: The Open University.

White, Hayden (2007). "The narrativization of real events." *Narrative Theory: Critical Concepts in Literary and Cultural Studies: Vol. IV Interdisciplinarity* [2004]. Ed. Mieke Bal. London/New York: Routledge. 90–95.

Wordsworth, Jonathan (2002). "Introduction." *Mary Wollstonecraft Shelley and Percy Bysshe Shelley: History of a six Weeks' Tour through a Part of France, Switzerland, Germany and Holland: with Letters descriptive of a Sail round the Lake of Geneva, and of the Glaciers of Chamouni* [London: published by T. Hookham jun. and C. and J. Ollier. With a revised Introduction by Jonathan Wordsworth] [1817]. Otley West Yorkshire/Herndon (VA): Woodstock Books. 1–6.+

Wright, Angela (2015). *Britain, France and the Gothic, 1764–1820: The Import of Terror* [2013]. Cambridge/New York: Cambridge University Press.

Wright, Eugene P. (1970, summer). "A Divine Analysis of *The Romance of the Forest*." *Discourse* Vol. 13/3. 379–387.

Zacharasiewicz, Waldemar (1977). *Die Klimatheorie in der englischen Literatur und Literaturkritik. Von der Mitte des 16. bis zum frühen 18. Jahrhundert.* Wien/Stuttgart: Wilhelm Braumüller.

Zymner, Rüdiger (2003). *Gattungstheorie. Probleme und Positionen der Literaturwissenschaft.* Paderborn: Mentis.

Stichwortregister

Personenregister

Printed in the United States
By Bookmasters